소송실무자료

2020년 3월 1일 시행에 따른
영유아보육법 절차실무

편저 : 법률연구회

법률정보센터

목 차

제1편 영유아보육법

제1장 총 칙

1. **목적** ··· 1
   - 가. 목적 ··· 1
     - (1) 목적 ··· 1
     - (2) 목적 ··· 1
2. **정의** ··· 1
3. **보육 이념** ··· 2
4. **책임** ··· 2
5. **보육정책조정위원회** ··· 2
   - 가. 보육정책조정위원회 ··· 2
     - (1) 보육정책조정위원회 위원의 임기 ······································· 3
     - (2) 보육정책조정위원회의 운영 등 ··· 3
     - (3) 보육정책조정위원회의 회의 ··· 4
     - (4) 보육정책조정위원회 위원의 해촉 ······································· 4
     - (5) 보육정책조정위원회의 운영세칙 ··· 4
6. **보육정책위원회** ··· 4
   - 가. 보육정책위원회 ··· 4
     - (1) 보육정책위원회의 구성 ··· 5
     - (2) 보육정책위원회의 기능 ··· 6
     - (3) 보육정책위원회 위원의 임기 ··· 7
     - (4) 보육정책위원회의 운영 등 ··· 7
     - (5) 보육정책위원회의 회의 ··· 7
     - (6) 위원의 제척·기피·회피 ·· 7
     - (7) 각 보육정책위원회 위원의 해임 및 해촉 ························· 8
     - (8) 보육정책위원회의 운영세칙 ··· 9

7. 육아종합지원센터 ·· 9
가. 육아종합지원센터 ·· 9
(1) 육아종합지원센터의 설치 ·· 9
(2) 육아종합지원센터의 기능 ·· 9
(3) 육아종합지원센터의 장의 자격 및 직무 ···································· 10
(4) 보육전문요원의 자격 및 직무 ·· 10
(5) 상담전문요원의 자격 ·· 11
(6) 육아종합지원센터의 직원 ·· 11

8. 한국보육진흥원의 설립 및 운영 ·· 11

9. 보육 실태 조사 ·· 12
가. 보육 실태 조사 ·· 12
(1) 보육 실태 조사의 방법 및 내용 ·· 12

10. 보호자 교육 ·· 13
가. 보호자 교육 ·· 13
(1) 보호자 교육 ·· 13

제2장 어린이집의 설치

1. 어린이집의 종류 ·· 14
가. 어린이집의 종류 ·· 14
(1) 법인·단체등어린이집의 종류 ·· 14
(2) 보육계획의 내용, 수립 시기 및 절차 ·· 15

2. 보육계획의 수립 및 시행 ·· 15

3. 어린이집 또는 어린이집용지 확보 ·· 15

4. 국공립어린이집의 설치 등 ·· 16
가. 국공립어린이집의 설치 등 ·· 16
(1) 국공립어린이집의 설치 및 운영 ·· 16

5. 국공립어린이집 외의 어린이집의 설치 ·· 17
가. 국공립어린이집 외의 어린이집의 설치 ·································· 17
(1) 어린이집의 설치 전 상담 ·· 17

(2) 어린이집의 설치인가 등 ·· 17
　　　(3) 어린이집의 변경인가 등 ·· 19
　　　(4) 산업단지 내의 어린이집 ·· 20
6. 직장어린이집의 설치 등 ·· 21
　가. 직장어린이집의 설치 등 ·· 21
　　　(1) 직장어린이집의 설치 ··· 21
　　　(2) 공동직장어린이집의 설치 ·· 22
　　　(3) 위탁보육 ·· 22
7. 직장어린이집 설치의무 미이행 사업장 명단 공표 등 ·············· 22
　가. 직장어린이집 설치의무 미이행 사업장 명단 공표 등 ········ 22
　　　(1) 직장어린이집 설치 등 의무 이행 조사기관 ················· 23
　　　(2) 의무이행 실태조사의 방법 등 ····································· 24
　　　(3) 명단 공표의 시기·방법 등 ·· 24
　　　(4) 명단 공표 제외 사유 ··· 25
　　　(5) 직장어린이집명단공표심의위원회의 설치·운영 ············ 25
　　　(6) 소명기회 부여 ··· 26
8. 어린이집 설치기준 ·· 26
　가. 어린이집 설치기준 ·· 26
　　　(1) 어린이집의 설치기준 등 ·· 26
9. 놀이터 설치 ·· 27
10. 비상재해대비시설 ·· 27
11. 폐쇄회로 텔레비전의 설치 등 ··· 28
　가. 폐쇄회로 텔레비전의 설치 등 ·· 28
　　　(1) 폐쇄회로 텔레비전 미설치 등에 관한 동의 또는 신고의 방법 등 ····· 29
　　　(2) 영상정보의 보관기준 및 보관기간 등 ························· 29
12. 영상정보의 열람금지 등 ·· 30
　가. 영상정보의 열람금지 등 ··· 30
　　　(1) 영상정보의 안전성 확보 조치 ····································· 31
　　　(2) 보호자의 영상정보의 열람시기·절차 및 방법 등 ········ 31
　　　(3) 보육관련 안전업무를 수행하는 기관의 영상정보의
　　　　　열람시기·절차 및 방법 등 ··· 32

(4) 영상정보 열람시 증표의 제시 ·· 32
(5) 영상정보 열람대장의 작성 및 보관 ································· 32
(6) 영상정보 저장 가능 저장장치 ·· 33
(7) 폐쇄회로 텔레비전의 설치·관리 및 열람 실태의
    조사·점검 등 ·· 33

13. 결격사유 ··· 34

제3장 보육교직원

1. 보육교직원의 배치 ··· 34
   가. 보육교직원의 배치 ·· 34
      (1) 보육교직원의 배치기준 ·· 35
      (2) 보육교직원의 배치기준 ·· 35
2. 보육교직원의 직무 ··· 35
3. 보육교직원의 책무 ··· 35
4. 보육교직원의 임면 등 ·· 36
   가. 보육교직원의 임면 등 ·· 36
      (1) 보육교직원의 임면 ·· 36
      (2) 어린이집의 원장의 사전직무교육 (규칙 제11조의2) ·········· 36
5. 결격사유 ··· 37
6. 어린이집의 원장 또는 보육교사의 자격 ······································ 37
   가. 어린이집의 원장 또는 보육교사의 자격 ·································· 37
      (1) 어린이집의 원장 및 보육교사의 자격기준 ·························· 37
      (2) 보육 관련 교과목 및 학점 등 ·· 38
      (3) 교육훈련시설의 지정 등 ·· 38
      (4) 교육훈련시설의 설치기준 등 ·· 39
      (5) 교육훈련시설의 변경사항 ·· 39
      (6) 교육훈련시설 지정의 취소 ·· 39
7. 어린이집의 원장 또는 보육교사 자격증의 교부 등 ·················· 40
   가. 어린이집의 원장 또는 보육교사 자격증의 교부 등 ·············· 40
      (1) 어린이집의 원장 또는 보육교사의 자격의 검정 ················ 40

　　　　(2) 자격증의 발급 등 ·· 41
　　　　(3) 수수료 ·· 41
8. 명의대여 등의 금지 ··· 42
9. 어린이집 원장의 보수교육 ··· 42
　　가. 어린이집 원장의 보수교육 ·· 42
　　　　(1) 보수교육의 실시 ·· 42
10. 보육교사의 보수교육 ·· 43
11. 교육명령 ·· 43
　　가. 교육명령 ·· 44
　　　　(1) 교육명령 등 ·· 44

제4장　어린이집의 운영

1. 어린이집의 운영기준 등 ·· 45
　　가. 어린이집의 운영기준 등 ··· 45
　　　　(1) 어린이집의 운영기준 ·· 46
　　　　(2) 국공립어린이집의 운영위탁 ·· 46
　　　　(3) 국공립 어린이집 위탁체 선정관리 기준 ··· 47
　　　　(4) 국공립어린이집 운영 위탁의 취소 ··· 47
2. 보육시간의 구분 ··· 48
3. 어린이집운영위원회 ·· 48
　　가. 어린이집운영위원회 ·· 48
　　　　(1) 어린이집운영위원회의 설치 범위 ·· 49
　　　　(2) 어린이집운영위원회의 구성·운영 ··· 49
4. 부모모니터링단 ··· 49
　　가. 부모모니터링단 ··· 50
　　　　(1) 부모모니터링단의 구성·운영 등 ·· 50
5. 보호자의 어린이집 참관 ·· 51
　　가. 보호자의 어린이집 참관 ··· 51
　　　　(1) 보호자의 어린이집 참관 방법 ··· 51

6. 취약보육의 우선 실시 등 ··· 52
가. 취약보육의 우선 실시 등 ·· 52
(1) 취약보육의 종류 ··· 52

7. 시간제보육 서비스 ·· 52
가. 시간제보육 서비스 ··· 52
(1) 시간제보육서비스지정기관 지정 취소의 사유 ·· 53
(2) 시간제보육 서비스 지원 방법 등 ··· 54

8. 어린이집 이용대상 ·· 55
가. 어린이집 이용대상 ·· 55
(1) 어린이집 이용대상의 관리 ·· 55

9. 보육의 우선 제공 ··· 55
가. 보육의 우선 제공 ·· 55
(1) 보육의 우선 제공 ··· 56
(2) 보육의 우선 제공 ··· 56

10. 보육과정 ·· 57
가. 보육과정 ·· 57
(1) 보육과정 ··· 58
(2) 특별활동프로그램 ··· 58

11. 어린이집 생활기록 ··· 58

12. 어린이집 평가 ·· 59
가. 어린이집 평가 ·· 59
(1) 평가의 실시 ··· 59
(2) 평가등급의 조정 ·· 60
(3) 확인점검 ··· 60
(4) 평가 결과의 공표 ·· 61

제5장 건강·영양 및 안전

1. 건강관리 및 응급조치 ·· 61
가. 건강관리 및 응급조치 ··· 61

  (1) 건강진단 ·· 62
2. 어린이집 안전공제사업 등 ·· 62
 가. 어린이집 안전공제사업 등 ·· 62
  (1) 어린이집 안전공제회의 설립허가 ·· 63
  (2) 공제회의 정관기재사항 ·· 64
  (3) 공제회의 운영 및 감독 ·· 64
  (4) 민감정보 및 고유식별정보의 처리 ·· 65
  (5) 규제의 재검토 ·· 66
3. 예방접종 여부의 확인 ·· 67
4. 치료 및 예방조치 ·· 67
5. 급식 관리 ·· 67
 가. 급식 관리 ·· 68
  (1) 급식 관리 ·· 68
6. 어린이집 차량안전관리 ·· 68

제6장 비 용

1. 무상보육 ·· 68
 가. 무상보육 ·· 68
  (1) 무상보육의 내용 및 범위 등 ·· 69
  (2) 무상보육 실시 비용 ·· 69
2. 양육수당 ·· 70
 가. 양육수당 ·· 70
  (1) 양육수당 지원의 대상 및 기준 등 ······································ 70
3. 보육서비스 이용권 ·· 71
 가. 보육서비스 이용권 ·· 71
  (1) 보육서비스 이용권의 신청 및 발급 ···································· 72
  (2) 보육서비스 이용권의 전자적 관리 ······································ 72
  (3) 보육서비스 비용의 사전 예탁 ·· 72
4. 비용 지원의 신청 ·· 73

가. 비용 지원의 신청 ·· 73
　　　　　(1) 비용 지원의 신청방법·절차 ·· 73
5. 조사·질문 ··· 74
　　　가. 조사·질문 ·· 74
　　　　　(1) 확인 조사 ··· 75
6. 비용 지원 신청 관련 정보의 고지 ··· 75
　　　가. 비용 지원 신청 관련 정보의 고지 ·· 75
　　　　　(1) 비용 지원 신청 관련 정보 고지의 방식 등 ·· 75
7. 비용의 보조 등 ·· 76
　　　가. 비용의 보조 등 ··· 76
　　　　　(1) 비용의 보조 ·· 76
8. 사업주의 비용 부담 ·· 77
　　　가. 사업주의 비용 부담 ·· 77
　　　　　(1) 사업주의 비용 부담 ·· 77
9. 보육료 등의 수납 ·· 77
10. 세제 지원 ·· 77
11. 국·공유재산의 대부 등 ··· 78
12. 비용 및 보조금의 반환명령 ·· 78
　　　가. 비용 및 보조금의 반환명령 ·· 78
　　　　　(1) 착오 또는 경미한 과실로 보조금을 교부받은 경우 ······················· 78
13. 보육비용 지원액의 환수 ··· 79

제7장　지도 및 감독

1. 지도와 명령 ·· 79
2. 보고와 검사 ·· 79
3. 위법행위의 신고 및 신고자 보호 ·· 80
　　　가. 위법행위의 신고 및 신고자 보호 ··· 80
　　　　　(1) 위법행위의 신고 절차·방법 및 포상금의 지급 기준 등 ···················· 80

4. 어린이집의 폐지·휴지 및 재개 등의 신고 ·· 81
가. 어린이집의 폐지·휴지 및 재개 등의 신고 ····································· 81
(1) 어린이집의 폐지·휴지 ·· 81
(2) 어린이집 운영의 재개 ·· 82

5. 어린이집에 대한 휴원명령 ··· 82
6. 시정 또는 변경 명령 ·· 82
7. 직장어린이집 설치의무 미이행 사업장에 대한 이행명령 ···················· 83
8. 이행강제금 ·· 84
가. 이행강제금 ·· 84
(1) 이행강제금의 부과 및 반환 ·· 84
(2) 이행강제금의 반환 ·· 85

9. 어린이집의 폐쇄 등 ·· 85
가. 어린이집의 폐쇄 등 ·· 85
(1) 어린이집에 대한 행정처분 등 ·· 86

10. 과징금 처분 ··· 87
가. 과징금 처분 ·· 87
(1) 과징금의 산정기준 ·· 87
(2) 과징금의 부과 및 징수절차 ·· 87
(3) 과징금 징수절차 ·· 88

11. 행정제재처분효과의 승계 ··· 88
가. 행정제재처분효과의 승계 ··· 88
(1) 행정제재처분 등 확인요청 ·· 89

12. 어린이집의 원장의 자격정지 ··· 89
가. 어린이집의 원장의 자격정지 ··· 89
(1) 어린이집의 원장 및 보육교사에 대한 행정처분 ······························· 90

13. 보육교사의 자격정지 ·· 90
14. 어린이집의 원장 또는 보육교사의 자격취소 ··································· 90
15. 청문 ··· 91
16. 어린이집 정보의 공시 등 ·· 91

가. 어린이집 정보의 공시 등 ·· 91
　　　(1) 어린이집 정보 공시의 범위·횟수 및 시기 ··· 92
　　　(2) 어린이집 정보 공시의 방법 등 ·· 93
17. 위반사실의 공표 ··· 93
　가. 위반사실의 공표 ·· 93
　　　(1) 위반사실의 공표사항 등 ·· 94
　　　(2) 공표의 절차 및 방법 등 ·· 94
　　　(3) 공표대상 금액 ··· 95

제8장 보 칙

1. 경력의 인정 ··· 96
2. 권한의 위임 ··· 96
　가. 권한의 위임 ·· 96
　　　(1) 권한의 위임 ·· 96
3. 업무의 위탁 ··· 97
　가. 업무의 위탁 ·· 97
　　　(1) 업무의 위탁 ·· 97
　　　(2) 육아종합지원센터의 운영위탁 ·· 99
　　　(3) 보수교육 실시의 위탁 절차 등 ··· 100
4. 관계 기관 간 업무협조 ·· 100
5. 도서·벽지·농어촌지역 등의 어린이집 ··· 101
　가. 도서·벽지·농어촌지역 등의 어린이집 ··· 101
　　　(1) 도서·벽지 및 농어촌 지역 등의 어린이집 ·· 101
6. 어린이집연합회 ·· 101
　가. 어린이집연합회 ·· 101
　　　(1) 어린이집연합회의 조직 및 기능 등 ·· 102

제9장 벌 칙

1. 벌칙 · 103
2. 양벌규정 · 104
3. 과태료 · 104

   가. 과태료 · 104
      (1) 과태료의 부과기준 · 104
      (2) 규제의 재검토 · 105

영유아보육법 시행령 별표

[별표 1] 어린이집의 원장과 보육교사의 자격기준 · 106
[별표 1의2] 포상금 지급의 기준 · 109
[별표 1의3] 이행강제금의 부과기준 · 110
[별표 1의4] 과징금의 산정기준 · 111
[별표 1의5] 어린이집 공시정보의 범위 및 공시 횟수·시기 · 113
[별표 2] 과태료의 부과기준 · 115

시행규칙 별표 및 서식

[별표 1] 어린이집의 설치기준 · 117
[별표 1의2] 폐쇄회로 텔레비전의 관리기준 · 125
[별표 2] 보육교직원의 배치기준 · 126
[별표 3] 보육교직원의 임면 · 127
[별표 4] 보육 관련 교과목 및 학점 · 128
[별표 5] 교육훈련시설의 교육과정 · 130
[별표 6] 교육훈련시설의 시설기준 등 · 131
[별표 7] 보수교육 실시기준 · 132
[별표 8] 어린이집의 운영기준 · 134
[별표 8의2] 국공립어린이집 위탁체 선정관리 기준 · 139
[별표 8의3] 보육의 우선 제공 대상에 대한 적용 방법 및 기준 · · · · · · · · · · · · · · · · 141
[별표 8의4] 표준보육과정 · 143

[별표 8의5] 삭제	144
[별표 9] 어린이집에 대한 행정처분의 세부기준	145
[별표 9] 어린이집에 대한 행정처분의 세부기준	152
[별표 10] 어린이집의 원장 및 보육교사에 대한 행정처분의 세부기준	158
[별지 제1호서식] [별지 제19호서식]으로 이동	160
[별지 제2호서식] [별지 제20호서식]으로 이동	160
[별지 제3호서식] [별지 제21호서식]으로 이동	160
[별지 제4호서식] 어린이집 인가신청서	161
[별지 제5호서식] 어린이집 인가증	163
[별지 제6호서식] 어린이집 변경인가신청서	165
[별지 제7호서식] 인사기록카드	167
[별지 제8호서식] 교육훈련시설 지정신청서	170
[별지 제9호서식] 교육훈련시설 지정서	171
[별지 제10호서식] 교육훈련시설 지정사항 변경신청서	173
[별지 제11호서식] (어린이집의 원장, 보육교사)자격증 (발급, 재발급)신청서	174
[별지 제12호서식] 삭제	175
[별지 제12호의2서식] 자격증	175
[별지 제13호서식] [별지 제22호서식]으로 이동	175
[별지 제14호서식] [별지 제23호서식]으로 이동	175
[별지 제15호서식] 어린이집 위탁신청서	176
[별지 제16호서식] 어린이집 위탁계약증서	178
[별지 제17호서식] 어린이집 위탁사항 변경신청서	179
[별지 제17호의2서식] 이용 신청자 명부	180
[별지 제17호의3서식] 특별활동프로그램 실시 동의(요청)서	181
[별지 제18호서식] 어린이집 폐지·휴지·재개 신고서	182
[별지 제18호의2서식] 어린이집 행정제재처분 등 확인 신청서	183
[별지 제18호의3서식] 어린이집 행정제재처분 등 확인서	184
[별지 제19호서식] 육아종합지원센터 위탁신청서	185
[별지 제20호서식] 육아종합지원센터 위탁계약증서	187
[별지 제21호서식] 육아종합지원센터 위탁사항 변경신청서	188
[별지 제22호서식] 보수교육 위탁신청서	190
[별지 제23호서식] 보수교육기관 위탁계약증서	191
[별지 제25호서식] 어린이집 모니터링 승인서	192
[별지 제26호서식] 부모모니터링단 신분증	193

제2편　각종 지침·고시

◎ 국공립어린이집 위탁체 선정관리 세부심사기준 ·································· 194
◎ 국방부 청사 어린이집 운영 예규 ·· 199
　[별지 제1호서식] 국방부 청사어린이집 입소 신청서 ································ 211
　[별지 제2호서식] 국방부 청사어린이집 퇴소신청서 ································· 212
　[별지 제3호서식] 위임장 ·· 213
　[별지 제4호서식] 현금출납부 ··· 214
　[별지 제5호서식] 총계정원장 ··· 215
　[별지 제6호서식] 봉급대장 ·· 216
　[별지 제7호서식] 보육료대장 ··· 217
　[별지 제8호서식] 정부보조금명세서 ·· 218
　[별지 제9호서식] 비품대장 ·· 219
　[별지 제10호서식] 세입예산서 ··· 220
　[별지 제11호서식] 세출예산서 ··· 221
　[별지 제12호서식] 세입결산서 ··· 222
　[별지 제13호서식] 세출결산서 ··· 223
　[별지 제14호서식] 수입결의서 ··· 224
　[별지 제15호서식] 지출결의서 (앞면) ·· 225
　[별지 제15호서식] 지출결의서 (뒷면) ·· 226
　[별지 제16호서식] 반납결의서 ··· 228
　[별지 제17호서식] 세입·세출결산 총괄설명 ··· 230
　[별지 제18호서식] 추가경정세입예산서 ·· 231
　[별지 제19호서식] 추가경정세출예산서 ·· 232
　[별지 제20호서식] 예비비사용조서 ·· 233
　[별지 제21호서식] 과목전용조서 ··· 234
◎ 군 어린이집 관리·운영 훈령 ·· 235
　[별표 1] 어린이집 설치과정 ·· 249
　[별표 2] 어린이집 정보공시의 범위 및 횟수·시기 ······································· 250
◎ 보육시설종사자 자격검정위원회 운영규정 ·· 252
◎ 어린이집 평가인증에 관한 수수료 고시 ·· 255
◎ 어린이집 표준보육과정 고시 ·· 256

◎ **표준보육과정의 구체적 보육내용 및 교사지침** ··· 305
　〈표 I-1〉 표준보육과정에서 보육과정의 목적 일부 개정 내용과 개정근거 ············ 315
　〈표 Ⅰ-2〉 표준보육과정 6개 영역별 내용범주 ······································· 321
　〈표 Ⅰ-3〉 만 2세 미만 표준보육과정의 내용을 영역과 내용범주별 재조직표 ······· 322
　〈표 Ⅰ-4〉 기본생활영역의 내용범주별 보육내용과 내용의 연령간 연계 ················ 323
　〈표 Ⅰ-5〉 의사소통영역의 연령집단별 보육목표 ···································· 324
　〈표 Ⅰ-6〉 기본생활영역(건강한 생활)의 만 2세미만 수준별 보육내용 ················ 325
　〈표 Ⅰ-7〉 기본생활영역(건강한 생활)의 연령집단별 교사지침 ·························· 326
　〈표 Ⅰ-8〉 기본생활영역의 건강한 생활 내용범주에 따른 보육내용 ···················· 327
　〈표 Ⅰ-9〉 만 2세 미만 보육과정> 건강한 생활 내용범주 ······························ 327
　〈표 Ⅰ-10〉 만 2세 보육과정> 건강한 생활 내용범주 ································ 328
　〈표 Ⅰ-11〉 만 3~4세 보육과정> 건강한 생활 내용범주 ······························ 328
　〈표 Ⅰ-12〉 보육과정을 통합적으로 운영한 활동의 예 ································· 337
　〈표 Ⅰ-13〉 연령별 반편성 원칙 ··· 339
　〈표 Ⅰ-14〉 혼합연령 반편성 원칙 ··· 339
　〈표 Ⅰ-15〉 평가 지침 ··· 348
　〈표 Ⅱ-1-1〉 기본생활 영역 내용범주 ·· 351
　〈표 Ⅱ-2-1〉 신체운동 영역 내용범주 ·· 356
　〈표 Ⅱ-3-1〉 사회관계 내용범주 ·· 361
　〈표 Ⅱ-4-1〉 의사소통영역 내용범주 ··· 366
　〈표 Ⅱ-5-1〉 자연탐구 영역 내용범주 ·· 372
　〈표 Ⅱ-6-1〉 예술경험영역 내용범주 ··· 379

◎ **보육시설의 장 또는 보육교사의 자격 검정 및 자격증
　교부에 관한 업무위탁고시** ·· 411

◎ **탁아시설 및 새마을유아원의 운영만을 목적으로 하는 기존 재단법인
　등기부를 사회복지법인 등기부로 변경** ··· 412

◎ **서울특별시 강남구 어린이회관 설치 및 운영 조례** ··································· 413
　[별표 1] 회관시설 이용료 ·· 419
　[별표 2] 사용료 등의 반환기준 ·· 420

제1편 영유아보육법

제1장 총 칙

1. 목적

가. 목적 (법 제1조)

이 법은 영유아(img37964601)의 심신을 보호하고 건전하게 교육하여 건강한 사회 구성원으로 육성함과 아울러 보호자의 경제적·사회적 활동이 원활하게 이루어지도록 함으로써 영유아 및 가정의 복지 증진에 이바지함을 목적으로 한다. <개정 2011. 8. 4.> [전문개정 2007. 10. 17.]

(1) 목적 (영 제1조)

이 영은 「영유아보육법」에서 위임된 사항과 그 시행에 필요한 사항을 규정함을 목적으로 한다. [전문개정 2009. 6. 30.]

(2) 목적 (규칙 제1조)

이 규칙은 「영유아보육법」 및 같은 법 시행령에서 위임된 사항과 그 시행에 필요한 사항을 규정함을 목적으로 한다. [전문개정 2009. 7. 3.]

2. 정의 (법 제2조)

이 법에서 사용하는 용어의 뜻은 다음과 같다. <개정 2008. 12. 19., 2011. 6. 7.>
 1. "영유아"란 6세 미만의 취학 전 아동을 말한다.
 2. "보육"이란 영유아를 건강하고 안전하게 보호·양육하고 영유아의 발달 특성에 맞는 교육을 제공하는 어린이집 및 가정양육 지원에 관한 사회복지 서비스를 말한다.
 3. "어린이집"이란 보호자의 위탁을 받아 영유아를 보육하는 기관을 말한다.
 4. "보호자"란 친권자·후견인, 그 밖의 자로서 영유아를 사실상 보호하고 있는

자를 말한다.
5. "보육교직원"이란 어린이집 영유아의 보육, 건강관리 및 보호자와의 상담, 그 밖에 어린이집의 관리·운영 등의 업무를 담당하는 자로서 어린이집의 원장 및 보육교사와 그 밖의 직원을 말한다.
[전문개정 2007. 10. 17.]

3. 보육 이념 (법 제3조)

① 보육은 영유아의 이익을 최우선적으로 고려하여 제공되어야 한다.
② 보육은 영유아가 안전하고 쾌적한 환경에서 건강하게 성장할 수 있도록 하여야 한다.
③ 영유아는 자신이나 보호자의 성, 연령, 종교, 사회적 신분, 재산, 장애, 인종 및 출생지역 등에 따른 어떠한 종류의 차별도 받지 아니하고 보육되어야 한다. <개정 2011. 8. 4.> [전문개정 2007. 10. 17.]

4. 책임 (법 제4조)

① 모든 국민은 영유아를 건전하게 보육할 책임을 진다.
② 국가와 지방자치단체는 보호자와 더불어 영유아를 건전하게 보육할 책임을 지며, 이에 필요한 재원을 안정적으로 확보하도록 노력하여야 한다. <개정 2013. 1. 23.>
③ 특별자치도지사·시장·군수·구청장(자치구의 구청장을 말한다. 이하 같다)은 영유아의 보육을 위한 적절한 어린이집을 확보하여야 한다. <개정 2011. 6. 7., 2011. 8. 4.>
④ 국가와 지방자치단체는 보육교직원의 양성 및 근로여건 개선을 위하여 노력하여야 한다. <신설 2015. 5. 18.> [전문개정 2007. 10. 17.]

5. 보육정책조정위원회

가. 보육정책조정위원회 (법 제5조)

① 보육정책에 관한 관계 부처 간의 의견을 조정하기 위하여 국무총리 소속으로 보육정책조정위원회(이하 "보육정책조정위원회"라 한다)를 둔다.
② 보육정책조정위원회는 다음 각 호의 사항을 심의·조정한다.

1. 보육정책의 기본 방향에 관한 사항
2. 보육 관련 제도개선과 예산지원에 관한 사항
3. 보육에 관한 관계 부처간 협조 사항
4. 그 밖에 위원장이 회의에 부치는 사항

③ 보육정책조정위원회는 위원장을 포함한 12명 이내의 위원으로 구성하되, 위원장은 국무조정실장이 되고 위원은 다음 각 호의 자가 된다. <개정 2013. 3. 23.>

1. 기획재정부차관, 교육부차관, 보건복지부차관, 고용노동부차관 및 여성가족부차관
2. 제1호의 위원이 추천하여 위원장이 위촉하는 보육계·유아교육계·여성계·사회복지계·시민단체 및 보호자를 대표하는 자 각 1명

④ 보육정책조정위원회의 구성과 운영 등에 필요한 사항은 대통령령으로 정한다.
[전문개정 2007. 10. 17.]

(1) 보육정책조정위원회 위원의 임기 (영 제2조)

① 「영유아보육법」(이하 "법"이라 한다) 제5조제1항에 따라 국무총리 소속으로 두는 보육정책조정위원회(이하 "보육정책조정위원회"라 한다)의 위원 중 같은 조 제3항제2호에 따른 공무원이 아닌 위원의 임기는 2년으로 하며, 연임할 수 있다.
② 위원의 사임 등으로 인하여 새로 위촉된 위원의 임기는 전임위원 임기의 남은 기간으로 한다. [전문개정 2009. 6. 30.]

(2) 보육정책조정위원회의 운영 등 (영 제3조)

① 보육정책조정위원회의 위원장은 보육정책조정위원회를 대표하며 보육정책조정위원회의 업무를 총괄한다.
② 보육정책조정위원회의 부위원장은 보건복지부차관이 되고, 위원장을 보좌하며, 위원장이 부득이한 사유로 직무를 수행할 수 없을 때에는 그 직무를 대행한다. <개정 2010. 3. 15.>
③ 보육정책조정위원회에 보육정책조정위원회의 사무를 처리할 간사 1명을 두며, 간사는 보건복지부에서 보육정책을 담당하는 3급 공무원 또는 고위공무원단에 속하는 일반직 공무원이 된다. <개정 2010. 3. 15.>
④ 간사는 보육정책조정위원회의 회의에 출석하여 발언할 수 있다.
[전문개정 2009. 6. 30.]

(3) 보육정책조정위원회의 회의 (영 제4조)

① 보육정책조정위원회의 회의는 위원장이 필요하다고 인정하거나 재적위원 3분의 1 이상의 요청이 있을 때에 위원장이 소집한다.
② 보육정책조정위원회의 회의는 재적위원 과반수의 출석으로 개의(開議)하고, 출석위원 과반수의 찬성으로 의결한다.
③ 위원장은 업무를 수행하기 위하여 필요하다고 인정하는 경우에는 관계 기관·단체 등에 관련 자료 또는 의견의 제출 등을 요청할 수 있다.
④ 보육정책조정위원회의 회의에 출석한 위원에게는 예산의 범위에서 수당과 여비를 지급할 수 있다. 다만, 공무원인 위원이 그 소관 업무와 직접적으로 관련되어 출석하는 경우에는 그러하지 아니하다. [전문개정 2009. 6. 30.]

(4) 보육정책조정위원회 위원의 해촉 (영 제4조의2)

보육정책조정위원회의 위원장은 법 제5조제3항제2호에 따른 위원이 다음 각 호의 어느 하나에 해당하는 경우에는 해당 위원을 해촉(解囑)할 수 있다.
  1. 심신장애로 인하여 직무를 수행할 수 없게 된 경우
  2. 직무와 관련된 비위사실이 있는 경우
  3. 직무태만, 품위손상이나 그 밖의 사유로 인하여 위원으로 적합하지 아니하다고 인정되는 경우
  4. 위원 스스로 직무를 수행하는 것이 곤란하다고 의사를 밝히는 경우
  [본조신설 2015. 12. 10.]

(5) 보육정책조정위원회의 운영세칙 (영 제5조)

이 영에서 규정한 것 외에 보육정책조정위원회의 운영에 필요한 사항은 보육정책조정위원회의 의결을 거쳐 위원장이 정한다. [전문개정 2009. 6. 30.]

6. 보육정책위원회

가. 보육정책위원회 (법 제6조)

① 보육에 관한 각종 정책·사업·보육지도 및 어린이집 평가에 관한 사항 등을 심

의하기 위하여 보건복지부에 중앙보육정책위원회를, 특별시·광역시·도·특별자치도(이하 "시·도"라 한다) 및 시·군·구(자치구를 말한다. 이하 같다)에 지방보육정책위원회를 둔다. 다만, 지방보육정책위원회는 그 기능을 담당하기에 적합한 다른 위원회가 있고 그 위원회의 위원이 제2항에 따른 자격을 갖춘 경우에는 시·도 또는 시·군·구의 조례로 정하는 바에 따라 그 위원회가 지방보육정책위원회의 기능을 대신할 수 있다. <개정 2018. 12. 11.>
② 제1항에 따른 중앙보육정책위원회와 지방보육정책위원회(이하 "보육정책위원회"라 한다)의 위원은 보육전문가, 어린이집의 원장 및 보육교사 대표, 보호자 대표 또는 공익을 대표하는 자, 관계 공무원 등으로 구성한다. <개정 2011. 6. 7.>
③ 보육정책위원회의 구성·기능 및 운영 등에 필요한 사항은 대통령령으로 정한다. [전문개정 2007. 10. 17.]

(1) 보육정책위원회의 구성 (영 제6조)

① 법 제6조제1항 본문에 따라 보건복지부에 두는 중앙보육정책위원회(이하 "중앙보육정책위원회"라 한다)는 위원장 1명과 부위원장 1명을 포함한 20명 이내의 위원으로 구성하고, 특별시·광역시·도·특별자치도(이하 "시·도"라 한다) 및 시·군·구(자치구를 말한다. 이하 같다)에 두는 지방보육정책위원회(이하 "지방보육정책위원회"라 한다)는 위원장 1명과 부위원장 1명을 포함한 15명 이내의 위원으로 구성한다. <개정 2010. 3. 15., 2012. 6. 29.>
② 중앙보육정책위원회의 위원장은 보건복지부차관이 되고, 부위원장은 위원 중에서 호선(互選)하며, 위원은 다음 각 호의 사람이 된다. <개정 2010. 3. 15., 2011. 12. 8.>
  1. 법 제6조제2항에 따른 보육전문가, 어린이집의 원장 및 보육교사 대표, 보호자 대표 또는 공익을 대표하는 자 중에서 보건복지부장관이 위촉하는 사람
  2. 보건복지부에서 보육정책을 담당하는 3급 공무원 또는 고위공무원단에 속하는 일반직 공무원
③ 지방보육정책위원회의 위원장 및 부위원장은 위원 중에서 호선하며, 위원은 법 제6조제2항에 따른 보육전문가, 어린이집의 원장 및 보육교사 대표, 보호자 대표 또는 공익을 대표하는 자, 관계 공무원(지방의회의원은 제외한다) 중에서 해당 지방보육정책위원회가 속하는 지방자치단체의 장이 위촉하거나 임명하는 사람이 된다. 이 경우 위원의 구성비율은 다음 각 호와 같다. <개정 2010. 3. 15., 2011. 12. 8., 2012. 6. 29.>

1. 보호자 대표 및 공익을 대표하는 자: 전체 위원의 100분의 45 이상
2. 보육전문가: 전체 위원의 100분의 20 이하
3. 관계 공무원: 전체 위원의 100분의 15 이하
4. 어린이집의 원장: 전체 위원의 100분의 10 이하
5. 보육교사 대표: 전체 위원의 100분의 10 이하
[전문개정 2009. 6. 30.]

(2) **보육정책위원회의 기능 (영 제7조)**

① 중앙보육정책위원회는 다음 각 호의 사항을 심의한다. <개정 2019. 6. 4.>
   1. 법 제11조에 따른 보육계획 및 이 영 제19조제2항에 따른 연도별 시행계획의 수립에 관한 사항
   2. 법 제29조에 따른 보육과정의 개발에 관한 사항
   3. 법 제30조에 따른 어린이집의 평가에 관한 사항
   3의2. 삭제 <2015. 9. 15.>
   4. 그 밖에 보육 관련 업무의 위탁 등 보육에 관하여 위원장이 회의에 부치는 사항
② 지방보육정책위원회는 다음 각 호의 사항을 심의한다. <개정 2013. 12. 4.>
   1. 삭제 <2012. 6. 29.>
   2. 법 제11조에 따른 보육계획 및 이 영 제19조제2항에 따른 연도별 시행계획의 수립에 관한 사항
   3. 법 제12조 및 제24조제2항에 따른 공립어린이집의 설치 및 운영 위탁에 관한 사항. 다만, 공립어린이집의 운영 위탁에 관한 사항 중 보건복지부령으로 정하는 바에 따라 지방보육정책심의위원회의 심의를 생략할 수 있는 사항은 제외한다.
   4. 법 제21조제2항제2호에 따른 교육훈련시설의 지정에 관한 사항
   5. 법 제23조제1항 및 제23조의2제1항에 따른 보수교육의 실시 위탁에 관한 사항
   6. 법 제38조에 따른 어린이집 이용자가 납부할 보육료 등에 관한 사항
   7. 삭제 <2015. 9. 15.>
   8. 삭제 <2012. 6. 29.>
   9. 법 제52조에 따른 도서·벽지·농어촌지역 등의 어린이집 설치기준 및 보육교직원의 배치기준에 관한 사항
   10. 그 밖에 보육에 관하여 위원장이 회의에 부치는 사항
   [전문개정 2009. 6. 30.]

(3) 보육정책위원회 위원의 임기 (영 제8조)

① 중앙보육정책위원회 및 지방보육정책위원회(이하 "각 보육정책위원회"라 한다)의 위원 중 민간 위원의 임기는 2년으로 하며, 한 차례만 연임할 수 있다.
② 위원의 사임 등으로 인하여 새로 위촉된 위원의 임기는 전임위원 임기의 남은 기간으로 한다. [전문개정 2009. 6. 30.]

(4) 보육정책위원회의 운영 등 (영 제9조)

① 각 보육정책위원회의 위원장은 해당 위원회를 대표하며, 위원회의 업무를 총괄한다.
② 각 보육정책위원회의 부위원장은 위원장을 보좌하며, 위원장이 부득이한 사유로 직무를 수행할 수 없을 때에는 그 직무를 대행한다.
③ 각 보육정책위원회에 각 보육정책위원회의 사무를 처리할 간사 1명씩을 두며, 간사는 각 보육정책위원회가 속하는 기관 및 지방자치단체의 장이 소속 공무원 중에서 지명하는 사람으로 한다. 이 경우 간사는 회의록을 작성하여야 한다. [전문개정 2009. 6. 30.]

(5) 보육정책위원회의 회의 (영 제10조)

① 각 보육정책위원회의 회의는 각 보육정책위원회가 속하는 기관·지방자치단체의 장 또는 재적위원 3분의 1 이상의 요청이 있거나 위원장이 필요하다고 인정할 때에 위원장이 소집한다.
② 각 보육정책위원회의 회의는 재적위원 과반수의 출석으로 개의하고, 출석위원 과반수의 찬성으로 의결한다.
③ 각 보육정책위원회의 회의에 출석한 위원에 대한 수당 및 여비의 지급 등에 관하여는 제4조제4항을 준용한다.
④ 각 보육정책위원회의 회의 결과와 회의 내용은 공개하는 것을 원칙으로 한다. 이 경우 공개의 방법은 각 보육정책위원회의 운영세칙으로 정한다.
[전문개정 2009. 6. 30.]

(6) 위원의 제척·기피·회피 (영 제10조의2)

① 각 보육정책위원회의 위원이 다음 각 호의 어느 하나에 해당하는 경우에는

해당 안건의 심의에서 제척된다. <개정 2012. 6. 29.>
1. 위원 또는 그 배우자나 배우자였던 사람이 안건의 당사자이거나 안건에 관하여 당사자와 공동권리자 또는 공동의무자의 관계에 있는 경우
2. 위원이 안건의 당사자와 친족관계에 있는 경우
3. 위원 또는 위원이 속한 법인 또는 단체 등이 안건의 당사자의 대리인으로서 관여하거나 관여하였던 경우
4. 그 밖에 안건의 당사자와 직접적인 이해관계가 있다고 인정되는 경우

② 각 보육정책위원회에서 심의하는 안건의 당사자는 위원에게 심의의 공정을 기대하기 어려운 사정이 있는 경우에는 기피신청을 할 수 있다.

③ 위원이 제1항 또는 제2항의 사유에 해당하는 경우에는 스스로 해당 안건의 심의를 회피하여야 한다. <개정 2015. 12. 10.> [본조신설 2009. 6. 30.]

(7) 각 보육정책위원회 위원의 해임 및 해촉 (영 제10조의3)

① 보건복지부장관은 제6조제2항제1호에 따른 중앙보육정책위원회의 위원이 다음 각 호의 어느 하나에 해당하는 경우에는 해당 위원을 해촉할 수 있다.
1. 심신장애로 인하여 직무를 수행할 수 없게 된 경우
2. 직무와 관련된 비위사실이 있는 경우
3. 직무태만, 품위손상이나 그 밖의 사유로 인하여 위원으로 적합하지 아니하다고 인정되는 경우
4. 제10조의2제1항 각 호의 어느 하나에 해당하는 데에도 불구하고 회피하지 아니한 경우
5. 위원 스스로 직무를 수행하는 것이 곤란하다고 의사를 밝히는 경우

② 지방자치단체의 장은 제6조제3항에 따른 지방보육정책위원회의 위원이 다음 각 호의 어느 하나에 해당하는 경우에는 해당 위원을 해임하거나 해촉할 수 있다.
1. 심신장애로 인하여 직무를 수행할 수 없게 된 경우
2. 직무와 관련된 비위사실이 있는 경우
3. 직무태만, 품위손상이나 그 밖의 사유로 인하여 위원으로 적합하지 아니하다고 인정되는 경우
4. 제10조의2제1항 각 호의 어느 하나에 해당하는 데에도 불구하고 회피하지 아니한 경우
5. 위원 스스로 직무를 수행하는 것이 곤란하다고 의사를 밝히는 경우
[본조신설 2015. 12. 10.]

(8) 보육정책위원회의 운영세칙 (영 제11조)

각 보육정책위원회의 운영세칙에 관하여는 제5조를 준용한다. [전문개정 2009. 6. 30.]

7. 육아종합지원센터

가. 육아종합지원센터 (법 제7조)

① 영유아에게 제26조의2에 따른 시간제보육 서비스를 제공하거나 보육에 관한 정보의 수집·제공 및 상담을 위하여 보건복지부장관은 중앙육아종합지원센터를, 특별시장·광역시장·특별자치시장·도지사·특별자치도지사(이하 "시·도지사"라 한다) 및 시장·군수·구청장은 지방육아종합지원센터를 설치·운영하여야 한다. 이 경우 필요하다고 인정하는 경우에는 영아·장애아 보육 등에 관한 육아종합지원센터를 별도로 설치·운영할 수 있다. <개정 2018. 12. 24.>
② 제1항에 따른 중앙육아종합지원센터와 지방육아종합지원센터(이하 "육아종합지원센터"라 한다)에는 육아종합지원센터의 장과 보육에 관한 정보를 제공하는 보육전문요원 및 보육교직원의 정서적·심리적 상담 등의 업무를 하는 상담전문요원 등을 둔다. <개정 2013. 6. 4., 2015. 5. 18.>
③ 삭제 <2011. 8. 4.>
④ 육아종합지원센터의 설치·운영 및 기능, 육아종합지원센터의 장과 보육전문요원 및 상담전문요원의 자격 및 직무 등에 필요한 사항은 대통령령으로 정한다. <개정 2015. 5. 18.> [전문개정 2007. 10. 17.] [제목개정 2013. 6. 4.]

(1) 육아종합지원센터의 설치 (영 제12조)

법 제7조제1항에 따라 보건복지부장관이 설치·운영하는 중앙육아종합지원센터(이하 "중앙육아종합지원센터"라 한다)와 특별시장·광역시장·특별자치시장·도지사·특별자치도지사(이하 "시·도지사"라 한다) 및 시장·군수·구청장(자치구의 구청장을 말한다. 이하 같다)이 설치·운영하는 지방육아종합지원센터(이하 "지방육아종합지원센터"라 한다)에는 자료실, 상담실 및 교육실 등을 두어야 한다. <개정 2014. 2. 11.> [전문개정 2009. 6. 30.] [제목개정 2013. 12. 4.]

(2) 육아종합지원센터의 기능 (영 제13조)

① 중앙육아종합지원센터와 지방육아종합지원센터(이하 "각 육아종합지원센터"라 한다)는 다음 각 호의 기능을 수행한다. <개정 2019. 6. 4.>
  1. 시간제보육 서비스의 제공
  1의2. 보육에 관한 정보의 수집 및 제공
  2. 보육 프로그램 및 교재·교구(敎具)의 제공 또는 대여
  3. 보육교직원에 대한 상담 및 구인·구직 정보의 제공
  4. 어린이집 설치·운영 등에 관한 상담 및 컨설팅
  5. 장애아 보육 등 취약보육(脆弱保育)에 대한 정보의 제공
  6. 부모에 대한 상담·교육
  7. 영유아의 체험 및 놀이공간 제공
  8. 영유아 부모 및 보육교직원에 대한 영유아 학대 예방 교육
  9. 그 밖에 어린이집 운영 및 가정양육 지원 등에 관하여 필요한 사항
② 중앙육아종합지원센터는 지방육아종합지원센터의 업무를 지원하고, 지방육아종합지원센터는 관할지역의 어린이집과 보육 수요자에 대하여 지역 특성에 기초한 서비스를 제공하여야 한다. <개정 2011. 12. 8., 2013. 12. 4.>
[전문개정 2009. 6. 30.] [제목개정 2013. 12. 4.]

(3) 육아종합지원센터의 장의 자격 및 직무 (영 제14조)

① 각 육아종합지원센터의 장은 제15조제1항에 따른 보육전문요원의 자격을 취득한 이후 보육업무에 5년 이상 종사한 경력이 있는 사람으로 한다. <개정 2013. 12. 4., 2017. 6. 20.>
② 각 육아종합지원센터의 장은 해당 육아종합지원센터를 대표하고 그 업무를 총괄한다. <개정 2013. 12. 4.>
③ 각 육아종합지원센터의 장은 상근(常勤)을 원칙으로 한다. <개정 2013. 12. 4.> [전문개정 2009. 6. 30.] [제목개정 2013. 12. 4.]

(4) 보육전문요원의 자격 및 직무 (영 제15조)

① 법 제7조제2항에 따른 보육전문요원은 다음 각 호의 어느 하나에 해당하는 자격을 가진 사람으로 한다.
  1. 별표 1에 따른 보육교사 1급 자격을 가진 사람
  2. 「사회복지사업법」에 따른 사회복지사 1급 자격을 취득한 이후 보육업무에 3년 이상 종사한 경력이 있는 사람

② 보육전문요원은 제13조에 따른 육아종합지원센터의 업무를 수행하고, 육아종합지원센터의 장이 부득이한 사유로 직무를 수행할 수 없을 때에는 선임 보육전문요원이 그 직무를 대행한다. <개정 2013. 12. 4.> [전문개정 2009. 6. 30.]

(5) 상담전문요원의 자격 (영 제16조)

법 제7조제2항에 따른 상담전문요원은 다음 각 호의 어느 하나에 해당하는 자격을 가진 사람으로 한다.
1. 「국가기술자격법」에 따른 임상심리사 2급 이상의 자격을 가진 사람
2. 「고등교육법」 제2조 각 호에 따른 학교에서 상담·심리분야의 학사학위 이상을 취득한 사람(법령에 따라 이와 동등 이상의 학력이 있다고 인정한 사람을 포함한다)으로서 상담 업무와 관련하여 3년 이상 실무경력이 있는 사람

[본조신설 2015. 9. 15.]

(6) 육아종합지원센터의 직원 (규칙 제2조)

「영유아보육법」(이하 "법"이라 한다) 제7조에 따른 육아종합지원센터(이하 "육아종합지원센터"라 한다)에는 보육에 관한 정보 제공 등의 업무를 수행하기 위하여 필요한 경우에는 보육전문요원 및 상담전문요원 외에 전산원, 영양사, 간호사, 그 밖의 직원을 둘 수 있다. <개정 2015. 9. 18.>
[전문개정 2009. 7. 3.] [제목개정 2011. 12. 8., 2013. 12. 5.]

8. 한국보육진흥원의 설립 및 운영 (법 제8조)

① 보육서비스의 질 향상을 도모하고 보육정책을 체계적으로 지원하기 위하여 한국보육진흥원(이하 "진흥원"이라 한다)을 설립한다.
② 진흥원은 다음 각 호의 업무를 수행한다.
 1. 어린이집 평가척도 개발
 2. 보육사업에 관한 교육·훈련 및 홍보
 3. 영유아 보육프로그램 및 교재·교구 개발
 4. 보육교직원 연수프로그램 개발 및 교재 개발
 5. 이 법에 따라 보건복지부장관으로부터 위탁받은 업무
 6. 그 밖에 보육정책과 관련하여 보건복지부장관이 필요하다고 인정하는 업무

③ 진흥원은 법인으로 하고, 주된 사무소의 소재지에 설립등기를 함으로써 성립한다.
④ 진흥원은 보조금, 기부금, 그 밖의 수입금으로 운영한다.
⑤ 보건복지부장관은 진흥원의 운영에 필요한 경비를 예산의 범위에서 지원할 수 있다.
⑥ 진흥원은 제2항제3호 및 제4호의 업무를 관련 전문기관 등에 위탁할 수 있다.
⑦ 진흥원에 관하여 이 법과 「공공기관의 운영에 관한 법률」에서 정한 사항 외에는 「민법」 중 재단법인에 관한 규정을 준용한다. [전문개정 2018. 12. 11.]

9. 보육 실태 조사

가. 보육 실태 조사 (법 제9조)

① 보건복지부장관은 이 법의 적절한 시행을 위하여 보육 실태 조사를 3년마다 하여야 한다. <개정 2008. 2. 29., 2010. 1. 18., 2011. 6. 7.>
② 제1항에 따른 보육 실태 조사의 방법과 내용 등에 필요한 사항은 보건복지부령으로 정한다. <개정 2008. 2. 29., 2010. 1. 18.> [전문개정 2007. 10. 17.]

(1) 보육 실태 조사의 방법 및 내용 (규칙 제4조)

① 법 제9조에 따라 보건복지부장관이 실시하는 보육 실태 조사는 가구 조사와 어린이집 조사로 구분한다. <개정 2010. 3. 19., 2011. 12. 8.>
② 제1항에 따른 가구 조사에는 다음 각 호의 사항이 포함되어야 한다. <개정 2010. 3. 19., 2011. 12. 8.>
  1. 가구 및 영유아의 특성에 관한 사항
  2. 어린이집 이용 현황
  3. 어린이집 이용 시 만족도 및 요구사항
  4. 그 밖에 향후 어린이집 이용계획 등 어린이집의 이용과 관련하여 보건복지부장관이 정하는 사항
③ 제1항에 따른 어린이집 조사에는 다음 각 호의 사항이 포함되어야 한다. <개정 2010. 3. 19., 2011. 12. 8.>
  1. 어린이집의 환경 및 설비
  2. 보육교직원의 실태에 관한 사항
  3. 어린이집의 지역별·유형별 분포
  4. 어린이집의 정원·현원에 관한 사항

5. 보육내용 및 보육비용에 관한 사항
  6. 그 밖에 어린이집을 이용하는 영유아의 건강·영양 및 안전관리에 관한 사항 등 어린이집 운영에 관하여 보건복지부장관이 필요하다고 인정하는 사항 [전문개정 2009. 7. 3.]

10. 보호자 교육

가. 보호자 교육 (법 제9조의2)

① 국가와 지방자치단체는 영유아의 보호자에게 영유아의 성장·양육방법, 보호자의 역할, 영유아의 인권 등에 대한 교육을 실시할 수 있다.
② 보건복지부장관 또는 지방자치단체의 장은 예산의 범위에서 제1항에 따른 교육에 필요한 비용을 보조할 수 있다.
③ 제1항에 따른 교육의 내용, 실시 방법 등에 필요한 사항은 보건복지부령으로 정한다. [본조신설 2017. 3. 14.]

(1) 보호자 교육 (규칙 제4조의2)

① 법 제9조의2에 따른 보호자 교육에는 다음 각 호의 사항이 포함되어야 한다.
  1. 영유아의 성장·양육방법
  2. 보호자의 역할
  3. 영유아의 인권보호 및 아동학대 예방
  4. 가족윤리 및 예절
  5. 가족의 건강·영양·안전 등
② 제1항에 따른 보호자 교육은 육아종합지원센터 등 보육 관련 기관의 집합교육이나 인터넷 강의 등의 방법으로 실시할 수 있다. [본조신설 2017. 9. 15.]
[종전 제4조의2는 제4조의3으로 이동 <2017. 9. 15.>]

제2장 어린이집의 설치

1. 어린이집의 종류

가. 어린이집의 종류 (법 제10조)

어린이집의 종류는 다음 각 호와 같다. <개정 2017. 3. 14.>
1. 국공립어린이집 : 국가나 지방자치단체가 설치·운영하는 어린이집
2. 사회복지법인어린이집 : 「사회복지사업법」에 따른 사회복지법인(이하 "사회복지법인"이라 한다)이 설치·운영하는 어린이집
3. 법인·단체등어린이집: 각종 법인(사회복지법인을 제외한 비영리법인)이나 단체 등이 설치·운영하는 어린이집으로서 대통령령으로 정하는 어린이집
4. 직장어린이집 : 사업주가 사업장의 근로자를 위하여 설치·운영하는 어린이집(국가나 지방자치단체의 장이 소속 공무원 및 국가나 지방자치단체의 장과 근로계약을 체결한 자로서 공무원이 아닌 자를 위하여 설치·운영하는 어린이집을 포함한다)
5. 가정어린이집 : 개인이 가정이나 그에 준하는 곳에 설치·운영하는 어린이집
6. 협동어린이집 : 보호자 또는 보호자와 보육교직원이 조합(영리를 목적으로 하지 아니하는 조합에 한정한다)을 결성하여 설치·운영하는 어린이집
7. 민간어린이집 : 제1호부터 제6호까지의 규정에 해당하지 아니하는 어린이집
[전문개정 2007. 10. 17.] [제목개정 2011. 6. 7.]

(1) 법인·단체등어린이집의 종류 (영 제18조의2)

법 제10조제3호에서 "대통령령으로 정하는 어린이집"이란 다음 각 호의 어느 하나에 해당하는 어린이집을 말한다.
1. 「유아교육법」, 「초·중등교육법」 및 「고등교육법」에 따른 법인 또는 학교법인이 설치·운영하는 어린이집
2. 종교단체가 설치·운영하는 어린이집
3. 「산업재해보상보험법」에 따른 근로복지공단이 설치·운영하는 어린이집
4. 법 제21조제2항제2호에 따른 교육훈련시설이 설치·운영하는 어린이집
5. 제1호부터 제4호까지에서 규정한 어린이집에 준하는 어린이집으로서 보건복지부장관이 정하는 어린이집
[본조신설 2012. 2. 3.]

(2) 보육계획의 내용, 수립 시기 및 절차 (영 제19조)

① 보건복지부장관, 시·도지사 및 시장·군수·구청장은 법 제11조제1항에 따라 다음 각 호의 사항이 포함된 보육계획을 수립하여야 한다. <개정 2010. 3. 15., 2011. 12. 8.>
   1. 보육사업의 기본방향
   2. 어린이집의 설치 및 수급에 관한 사항
   3. 보육교직원에 관한 사항
   4. 어린이집 운영 및 평가에 관한 사항
   5. 보육비용에 관한 사항
   6. 그 밖에 영유아 보육에 관하여 필요한 사항
② 보건복지부장관, 시·도지사 및 시장·군수·구청장은 제1항에 따른 보육계획을 5년마다 수립하여야 하고, 매년 2월 말일까지 연도별 시행계획을 수립하여야 한다. <개정 2010. 3. 15.> [전문개정 2009. 6. 30.]

2. 보육계획의 수립 및 시행 (법 제11조)

① 보건복지부장관, 시·도지사 및 시장·군수·구청장은 보육사업을 원활하게 추진하기 위하여 보건복지부장관의 경우에는 중앙보육정책위원회, 그 밖의 경우에는 각 지방보육정책위원회의 심의를 거쳐 어린이집 수급계획 등을 포함한 보육계획을 수립·시행하여야 한다. 이 경우 보육계획에는 국공립어린이집의 공급에 관한 계획 및 목표가 포함되어야 한다. <개정 2013. 8. 13.>
② 보건복지부장관, 시·도지사 및 시장·군수·구청장은 제1항에 따른 보육계획의 수립·시행을 위하여 필요하면 어린이집, 보육 관련 법인·단체 등에 대하여 자료 제공 등의 협조를 요청할 수 있으며, 그 요청을 받은 어린이집과 보육 관련 법인·단체 등은 정당한 사유가 없으면 요청에 따라야 한다. <개정 2008. 2. 29., 2010. 1. 18., 2011. 6. 7.>
③ 제1항에 따른 보육계획의 내용, 수립 시기 및 절차 등에 필요한 사항은 대통령령으로 정한다. [전문개정 2007. 10. 17.]

3. 어린이집 또는 어린이집용지 확보 (법 제11조의2)

시·도지사, 시장·군수·구청장은 「도시개발법」, 「도시 및 주거환경정비법」,

「택지개발촉진법」, 「산업입지 및 개발에 관한 법률」 및 「공공주택 특별법」 등에 따라 시행하는 개발·정비·조성사업에 어린이집 또는 어린이집용지가 확보될 수 있도록 노력하여야 한다. <개정 2015. 8. 28.> [본조신설 2008. 1. 17.] [제목개정 2011. 6. 7.]

4. 국공립어린이집의 설치 등

가. 국공립어린이집의 설치 등 (법 제12조)

① 국가나 지방자치단체는 국공립어린이집을 설치·운영하여야 한다. 이 경우 국공립어린이집은 제11조의 보육계획에 따라 다음 각 호의 지역에 우선적으로 설치하여야 한다. <개정 2018. 12. 24.>
  1. 도시 저소득주민 밀집 주거지역 및 농어촌지역 등 취약지역
  2. 삭제 <2018. 12. 24.>
  3. 「산업입지 및 개발에 관한 법률」 제2조제8호에 따른 산업단지 지역
② 국가나 지방자치단체가 제1항에 따라 국공립어린이집을 설치할 경우 제6조제1항에 따른 지방보육정책위원회의 심의를 거쳐야 한다. <신설 2018. 12. 24.>
③ 국가나 지방자치단체는 「주택법」 제2조제3호에 따른 공동주택에 같은 법 제35조에 따라 설치되어야 하는 어린이집을 국공립어린이집으로 운영하여야 한다. 다만, 「공동주택관리법」 제2조제7호에 따른 입주자등의 과반수가 국공립어린이집으로의 운영에 찬성하지 아니하는 경우 등 대통령령으로 정하는 경우에는 그러하지 아니하다. <신설 2018. 12. 24.>
④ 제3항에 따라 국공립어린이집을 설치·운영하여야 하는 공동주택의 규모와 국공립어린이집의 설치·운영에 필요한 사항은 대통령령으로 정한다. <신설 2018. 12. 24.> [전문개정 2007. 10. 17.] [제목개정 2011. 6. 7.]

  (1) 국공립어린이집의 설치 및 운영 (영 제19조의2)

① 법 제12조제3항에 따라 국공립어린이집을 설치·운영해야 하는 공동주택의 규모는 500세대 이상으로 한다.
② 법 제12조제3항 단서에서 "대통령령으로 정하는 경우"란 다음 각 호의 경우를 말한다.
  1. 「공동주택관리법」 제2조제1항제7호에 따른 입주자등의 과반수가 국공립어린이집으로의 운영에 찬성하지 않는 것을 서면으로 표시한 경우
  2. 해당 공동주택의 특성상 보육 수요가 없는 등 국공립어린이집으로의 운영

이 필요하지 않다고 지방보육정책위원회가 심의한 경우
③ 특별자치도지사·시장·군수·구청장은 「주택법」 제2조제10호에 따른 사업주체가 같은 법 제49조에 따른 사용검사를 신청하기 전까지 사업주체와 국공립어린이집(특별자치도지사·시장·군수·구청장이 운영하는 경우로 한정한다)의 정원 및 설치·운영에 드는 비용의 분담비율 등에 대하여 협약을 체결해야 한다. [전문개정 2019. 6. 4.]

5. 국공립어린이집 외의 어린이집의 설치

가. 국공립어린이집 외의 어린이집의 설치 (법 제13조)

① 국공립어린이집 외의 어린이집을 설치·운영하려는 자는 특별자치도지사·시장·군수·구청장의 인가를 받아야 한다. 인가받은 사항 중 중요 사항을 변경하려는 경우에도 또한 같다. <개정 2011. 6. 7., 2011. 8. 4.>
② 특별자치도지사·시장·군수·구청장은 제1항에 따른 인가를 할 경우 해당 지역의 보육 수요를 고려하여야 한다. <신설 2019. 1. 15.>
③ 제1항에 따라 어린이집의 설치인가를 받은 자는 어린이집 방문자 등이 볼 수 있는 곳에 어린이집 인가증을 게시하여야 한다. <신설 2019. 1. 15.>
④ 제1항에 따른 인가에 필요한 사항은 보건복지부령으로 정한다. <개정 2019. 1. 15.> [전문개정 2007. 10. 17.] [제목개정 2011. 6. 7.]

(1) 어린이집의 설치 전 상담 (규칙 제4조의3)

법 제13조제1항 및 법 제14조제1항에 따라 어린이집을 설치하려는 자는 해당 지역의 보육수요 등 지역적 여건과 어린이집 설치기준 등에 대하여 관할 특별자치도지사·시장·군수·구청장(자치구의 구청장을 말한다. 이하 같다)과 미리 상담할 수 있다. 이 경우 관할 특별자치도지사·시장·군수·구청장은 이에 적극 협조하여야 한다. <개정 2012. 2. 3.> [전문개정 2009. 7. 3.] [제목개정 2011. 12. 8.] [제4조의2에서 이동 <2017. 9. 15.>]

(2) 어린이집의 설치인가 등 (규칙 제5조)

① 법 제13조제1항 및 법 제14조제1항에 따라 어린이집의 설치인가를 받으려는 자는 별지 제4호서식의 어린이집 인가신청서(전자문서로 된 신청서를 포함한다)에 다음 각 호의 서류(전자문서를 포함한다)를 첨부하여 관할 특별자치도

지사·시장·군수·구청장에게 제출하여야 한다. <개정 2011. 4. 7., 2011. 12. 8., 2013. 12. 5., 2014. 3. 7., 2017. 9. 15.>
1. 법인의 정관 및 출연금 등에 관한 서류(법인인 경우만 해당한다)
2. 단체의 회칙 또는 규약(단체인 경우만 해당한다)
3. 임대차계약서(부동산을 임차하는 경우만 해당한다)
4. 어린이집의 구조별 면적이 표시된 평면도와 어린이집 및 설비 목록
5. 어린이집의 원장의 자격을 증명하는 서류
6. 보육교직원 채용계획서
7. 어린이집 운영계획서(운영경비와 유지방법을 포함한다)
8. 경비의 지급 및 변제 능력에 관한 서류(설립자가 개인인 경우만 해당한다)
9. 인근 놀이터 이용계획서(영유아 50명 이상의 어린이집으로서 옥외놀이터나 옥내놀이터를 설치하지 아니하는 경우만 해당한다)
10. 「도시가스사업법 시행규칙」 제25조 및 「액화석유가스의 안전관리 및 사업법 시행규칙」 제71조에 따른 정기검사증명서
11. 「소방용품의 품질관리 등에 관한 규칙」 제5조에 따른 현장처리물품의 방염성능검사성적서 및 방염성능검사확인표시

② 제1항에 따른 신청을 받은 특별자치도지사·시장·군수·구청장은 「전자정부법」 제36조제1항에 따른 행정정보의 공동이용을 통하여 다음 각 호의 사항을 확인하여야 한다. <개정 2010. 9. 1., 2012. 8. 17., 2015. 1. 28., 2017. 9. 15.>
1. 법인 등기사항증명서(법인인 경우만 해당한다)
2. 건축물대장 및 건물 등기사항증명서
3. 「전기사업법 시행규칙」 제38조에 따른 전기안전점검확인서

③ 제1항에 따른 신청을 받은 특별자치도지사·시장·군수·구청장은 어린이집이 제9조에 따른 설치기준에 적합한지 여부를 현장에서 확인한 결과를 고려하여 인가 여부를 결정해야 한다. 이 경우 특별자치도지사·시장·군수·구청장은 2층 이상에 어린이집을 설치하려는 자가 제1항에 따른 신청을 한 때에 법 제15조의3에 따라 어린이집이 갖추어야 하는 비상재해대비시설(소방시설 및 피난시설에 한정한다. 이하 이 조에서 같다)에 대하여 「화재예방, 소방시설 설치·유지 및 안전관리에 관한 법률」 제7조제6항 전단에 따라 그 어린이집의 소재지를 관할하는 소방본부장이나 소방서장에게 그 어린이집의 비상재해대비시설이 같은 법 또는 같은 법에 따른 명령을 따르고 있는지에 대한 확인을 요청해야 한다. <개정 2015. 9. 18., 2017. 9. 15., 2019. 6. 12.>

④ 특별자치도지사·시장·군수·구청장은 어린이집을 인가한 경우에 신청인에게 별지 제5호서식의 어린이집 인가증을 발급하여야 한다. <신설 2015. 9.

18.>
⑤ 삭제 <2011. 4. 7.>
⑥ 삭제 <2011. 4. 7.>
⑦ 특별자치도지사·시장·군수·구청장은 어린이집의 설치 및 운영 현황을 매 반기가 끝난 후 1개월 이내에 특별시장·광역시장·특별자치시장·도지사·특별자치도지사(이하 "시·도지사"라 한다)를 거쳐 보건복지부장관에게 보고하여야 한다. <개정 2013. 12. 5.> [전문개정 2009. 7. 3.] [제목개정 2011. 12. 8.]

(3) 어린이집의 변경인가 등 (규칙 제5조의2)

① 제5조제3항 및 제4항에 따라 어린이집의 설치인가를 받아 어린이집을 운영하는 자는 어린이집의 대표자, 어린이집의 종류·명칭·소재지 또는 보육정원을 변경하려는 경우에는 법 제13조제1항 후단에 따라 별지 제6호서식의 어린이집 변경인가신청서(전자문서로 된 신청서를 포함한다)에 다음 각 호의 서류(전자문서를 포함한다)를 첨부하여 특별자치도지사·시장·군수·구청장에게 제출하여야 한다. <개정 2017. 9. 15.>
1. 법인의 이사회 회의록(법인의 대표자가 변경되는 경우만 해당한다)
2. 경비의 지급 및 변제 능력에 관한 서류(대표자가 변경되고 변경되는 대표자가 개인인 경우만 해당한다)
2의2. 삭제 <2012. 8. 17.>
3. 변경되는 어린이집의 평면도(소재지 또는 보육정원의 변경 등으로 어린이집 시설이 변경되는 경우만 해당한다)
4. 삭제 <2015. 1. 28.>
5. 시설 및 재산에 관한 사용·처분계획서(소재지가 변경되는 경우만 해당한다)
6. 보육 영유아에 대한 조치계획서(소재지가 변경되는 경우만 해당한다)
7. 어린이집 인가증
8. 임대차계약서(대표자 또는 소재지가 변경되는 경우로서 부동산을 임차하는 경우만 해당한다)
9. 어린이집 운영계획서(운영경비와 유지방법을 포함하며, 대표자가 변경되는 경우만 해당한다)
10. 인근 놀이터 이용계획서(대표자 또는 소재지가 변경되는 경우 중 영유아 50명 이상의 어린이집으로서 옥외놀이터나 옥내놀이터를 설치하지 아니하는 경우만 해당한다)

11. 「도시가스사업법 시행규칙」 제25조 및 「액화석유가스의 안전관리 및 사업법 시행규칙」 제71조에 따른 정기검사증명서(소재지가 변경되는 경우만 해당한다)
12. 「소방용품의 품질관리 등에 관한 규칙」 제5조에 따른 현장처리물품의 방염성능검사성적서 및 방염성능검사확인표시(대표자 또는 소재지가 변경되는 경우만 해당하되, 대표자만을 변경하면서 현장처리물품을 교체하지 않은 때에는 이에 대한 소방관서의 확인서로 갈음할 수 있다)

② 제1항에 따른 신청을 받은 특별자치도지사·시장·군수·구청장은 「전자정부법」 제36조제1항에 따른 행정정보의 공동이용을 통하여 다음 각 호의 사항을 확인하여야 한다. <개정 2011. 12. 8., 2012. 8. 17., 2017. 9. 15.>
 1. 건축물대장 및 건물 등기사항증명서(소재지 또는 보육정원의 변경 등으로 어린이집 시설이 변경되는 경우만 해당한다)
 2. 「전기사업법 시행규칙」 제38조에 따른 전기안전점검확인서(소재지가 변경되는 경우만 해당한다)

③ 제1항에 따른 신청을 받은 특별자치도지사·시장·군수·구청장은 어린이집이 2층 이상인 경우로서 소방시설 및 피난시설의 설치 및 변경이 있는 경우에는 법 제15조의3에 따라 어린이집이 갖추어야 하는 비상재해대비시설(소방시설 및 피난시설에 한정한다. 이하 이 조에서 같다)에 대하여 「화재예방, 소방시설 설치·유지 및 안전관리에 관한 법률」 제7조제6항 전단에 따라 그 어린이집의 소재지를 관할하는 소방본부장이나 소방서장에게 그 어린이집의 비상재해대비시설이 같은 법 또는 같은 법에 따른 명령을 따르고 있는지에 대한 확인을 요청하여야 한다. <신설 2015. 9. 18., 2017. 9. 15.>

④ 특별자치도지사·시장·군수·구청장은 제1항에 따른 변경인가신청서를 받은 경우에는 변경사항을 확인한 후 변경인가 여부를 결정하여야 한다. 이 경우 변경인가 신청을 한 사항이 양도에 따른 어린이집의 대표자 변경인 경우에는 해당 지역의 보육수요를 고려하여 해당 어린이집의 정원 조정을 조건으로 변경인가를 할 수 있다. <개정 2011. 12. 8., 2012. 8. 17., 2015. 9. 18.>

⑤ 특별자치도지사·시장·군수·구청장은 제4항에 따라 변경인가를 하였을 때에는 그 내용을 별지 제5호서식의 어린이집 인가증에 적어 신청인에게 발급하여야 한다. <신설 2012. 8. 17., 2015. 9. 18.>

[본조신설 2011. 4. 7.] [제목개정 2011. 12. 8.]
[종전 제5조의2는 제5조의3으로 이동 <2011. 4. 7.>]

(4) 산업단지 내의 어린이집 (규칙 제5조의4)

「산업집적활성화 및 공장설립에 관한 법률」 제28조의6제1항제1호에 따른 지식산업센터의 관리단, 같은 법 제31조제2항에 따른 산업단지관리공단·입주기업협의체 또는 같은 법 제45조의9에 따른 한국산업단지공단은 법 제13조에 따른 설치인가를 받아 「산업입지 및 개발에 관한 법률」에 따른 산업단지(이하 "산업단지"라 한다)에 해당 기관 및 산업단지 입주기업체·지원기관의 근로자를 위하여 어린이집을 설치·운영할 수 있다. [본조신설 2011. 12. 8.]

6. 직장어린이집의 설치 등

가. 직장어린이집의 설치 등 (법 제14조)

① 대통령령으로 정하는 일정 규모 이상의 사업장의 사업주는 직장어린이집을 설치하여야 한다. 다만, 사업장의 사업주가 직장어린이집을 단독으로 설치할 수 없을 때에는 사업주 공동으로 직장어린이집을 설치·운영하거나, 지역의 어린이집과 위탁계약을 맺어 근로자 자녀의 보육을 지원(이하 이 조에서 "위탁보육"이라 한다)하여야 한다. <개정 2011. 6. 7., 2014. 5. 20.>
② 제1항 단서에 따라 사업장의 사업주가 위탁보육을 하는 경우에는 사업장 내 보육대상이 되는 근로자 자녀 중에서 위탁보육을 받는 근로자 자녀가 보건복지부령으로 정하는 일정 비율 이상이 되도록 하여야 한다. <개정 2014. 5. 20.>
③ 제1항에 따른 어린이집의 설치 및 위탁보육에 필요한 사항은 보건복지부령으로 정한다. <신설 2014. 5. 20.> [전문개정 2007. 10. 17.] [제목개정 2011. 6. 7.]

(1) 직장어린이집의 설치 (영 제20조)

① 법 제14조제1항에 따라 사업주가 직장어린이집을 설치하여야 하는 사업장은 상시 여성근로자 300명 이상 또는 상시근로자 500명 이상을 고용하고 있는 사업장으로 한다. <개정 2011. 12. 8.>
② 제1항을 적용하는 경우 둘 이상의 국가행정기관이 청사를 공동으로 사용하면 이를 하나의 사업장으로 본다.
③ 제2항에 따라 직장어린이집을 설치하여야 하는 경우 그 설치·관리를 주관하는 기관은 다음 각 호의 순서에 따른다. 다만, 청사를 공동으로 사용하는 기관 간의 협의를 통하여 달리 정할 수 있다. <개정 2011. 12. 8.>
  1. 청사를 관리하는 기관(청사가 국유재산이 아닌 경우에는 청사의 주된 기능

과 관련이 있는 기관)
　2. 보육 수요가 가장 많은 기관
④ 제2항 및 제3항에 따라 설치되는 직장어린이집의 운영에 필요한 비용은 그 어린이집을 이용하는 영유아의 수에 비례하여 각 기관이 부담한다. 다만, 부득이한 사유로 비용 분담을 조정할 필요가 있는 경우에는 설치·관리를 주관하는 기관과 이용 기관이 협의하여 정한다. <개정 2011. 12. 8.>
⑤ 제1항 및 제2항에 따른 사업장 외의 사업주는 필요한 경우에는 사업장 근로자의 자녀를 보육하기 위한 직장어린이집을 설치할 수 있다. <개정 2011. 12. 8., 2014. 12. 30.> [전문개정 2009. 6. 30.] [제목개정 2011. 12. 8.]

　(2) 공동직장어린이집의 설치 (규칙 제6조)

법 제14조제1항에 따라 사업주 공동으로 직장어린이집을 설치·운영할 때에는 어린이집의 설치·관리 및 운영에 관한 업무를 협의하기 위하여 조합 또는 협의체를 구성할 수 있다. <개정 2011. 12. 8.> [전문개정 2009. 7. 3.] [제목개정 2011. 12. 8.]

　(3) 위탁보육 (규칙 제7조)

① 법 제14조제1항에 따라 직장어린이집을 설치할 수 없는 사업주가 지역의 어린이집과 위탁계약을 체결할 때에는 위탁기간·보육비용 등을 정하여 위탁계약을 체결하여야 한다. <개정 2011. 12. 8., 2015. 1. 28.>
② 법 제14조제2항에서 "보건복지부령으로 정하는 일정 비율 이상"이란 100분의 30 이상을 말한다. <신설 2015. 1. 28.> [전문개정 2009. 7. 3.] [제목개정 2015. 1. 28.]

7. 직장어린이집 설치의무 미이행 사업장 명단 공표 등

　가. 직장어린이집 설치의무 미이행 사업장 명단 공표 등 (법 제14조의2)

① 보건복지부장관 및 대통령령으로 정하는 기관("조사기관"이라 한다. 이하 이 조에서 같다)의 장은 제14조에 따른 직장어린이집 설치 등 의무 이행에 관한 실태 조사를 매년 실시하여야 한다. 이 경우, 조사기관의 장은 실태 조사를 완료한 후 그 결과를 보건복지부장관에게 통보하여야 한다.

② 보건복지부장관은 제1항에 따른 실태조사 결과 직장어린이집 설치 등의 의무를 이행하지 아니한 사업장 및 실태조사에 불응한 사업장("미이행 사업장"이라 한다. 이하 이 조에서 같다)의 명단을 공표할 수 있다. 다만, 대통령령으로 정하는 사유가 있는 경우에는 그러하지 아니하다. <개정 2014. 5. 20.>
③ 제2항에 따른 명단 공표 여부를 심의하기 위하여 보건복지부에 직장어린이집 명단공표심의위원회(이하 이 조에서 "위원회"라 한다)를 둔다. 이 경우 위원회의 위원은 위원장을 포함하여 5인 이상으로 구성하고 다음 각 호의 어느 하나에 해당하는 사람 중에서 보건복지부장관이 임명 또는 위촉한다. <개정 2014. 5. 20.>
   1. 보건복지부에서 보육정책을 담당하는 3급 공무원 또는 고위공무원단에 속하는 일반직 공무원
   2. 변호사 등 법률 전문가
   3. 근로자를 대표하는 사람
   4. 사업주를 대표하는 사람
   5. 공익을 대표하는 사람
   6. 그 밖에 보육전문가 등 대통령령으로 정하는 사람
④ 보건복지부장관은 위원회의 심의를 거친 명단공표 대상 사업장의 사업주에게 대통령령으로 정하는 바에 따라 명단 공표 대상자임을 통지하여 소명기회를 주어야 한다.
⑤ 제2항에 따른 공표는 보건복지부·고용노동부의 홈페이지에 1년간 게시하고, 2개 이상 일간지에 게재하는 방법으로 한다. <개정 2014. 5. 20.>
⑥ 제1항부터 제3항까지의 규정에 따른 직장어린이집 설치 등 의무 이행에 관한 실태 조사의 내용과 방법, 미이행 사업장 명단 공표와 관련하여 필요한 사항 및 위원회의 설치·운영 등에 필요한 사항 은 대통령령으로 정한다. [본조신설 2011. 12. 31.]

 (1) 직장어린이집 설치 등 의무 이행 조사기관 (영 제20조의2)

① 법 제14조의2제1항 전단에서 "대통령령으로 정하는 기관"이란 다음 각 호의 기관을 말한다. <개정 2013. 3. 23., 2014. 12. 30.>
   1. 교육부
   2. 고용노동부
   3. 시·도
② 보건복지부장관 및 제1항 각 호의 기관(이하 "조사기관"이라 한다)의 장은 다음 각 호의 구분에 따른 사업장에 대하여 법 제14조제1항에 따른 직장어린이

집 설치 등 의무 이행에 관한 실태 조사(이하 "의무이행 실태조사"라 한다)를 실시한다. <개정 2013. 3. 23., 2014. 2. 11., 2014. 12. 30.>
  1. 교육부장관: 「고등교육법」 제2조에 따른 학교, 「교육공무원법」 제2조제4항 및 제5항에 따른 교육행정기관(교육부는 제외한다) 및 교육연구기관인 사업장
  2. 고용노동부장관: 고용보험에 가입한 사업장
  3. 시·도지사: 해당 시·도의 관할 구역에 있는 지방행정기관(제1호에 해당하는 기관은 제외한다)인 사업장
  4. 보건복지부장관: 제1호부터 제3호까지의 사업장을 제외한 사업장
③ 보건복지부장관 및 조사기관의 장은 의무이행 실태조사를 위하여 필요한 경우에는 관계 행정기관 및 의무이행 실태조사와 관련된 기관 또는 단체 등에 자료나 의견 등의 제출을 요청할 수 있다. 이 경우 요청을 받은 관계 행정기관, 관련 기관 또는 단체 등은 특별한 사정이 없으면 그 요청에 따라야 한다.
[본조신설 2012. 6. 29.]

(2) 의무이행 실태조사의 방법 등 (영 제20조의3)

① 법 제14조의2제1항 전단에 따라 보건복지부장관 및 조사기관의 장은 매년 12월 31일을 기준으로 의무이행 실태조사를 하여야 한다.
② 법 제14조의2제1항 후단에 따라 조사기관의 장은 제1항에 따른 조사결과를 다음 해 2월 말일까지 보건복지부장관에게 통보하여야 한다.
③ 의무이행 실태조사의 내용은 다음 각 호와 같다.
  1. 사업장의 명칭, 상시근로자 수 및 상시 여성근로자 수 등 사업장에 관한 기본사항
  2. 해당 사업장의 보육 대상 영유아의 수 및 보육 수요
  3. 법 제14조에 따른 직장어린이집 설치 등 의무 이행 실태
  4. 법 제14조에 따른 직장어린이집 설치 등 의무를 이행하지 아니한 경우에는 그 사유 및 이행계획(이행시기가 포함되어야 한다)
[본조신설 2012. 6. 29.]

(3) 명단 공표의 시기·방법 등 (영 제20조의4)

① 법 제14조의2제2항 본문에 따라 보건복지부장관은 매년 5월 31일까지 직장어린이집 설치 등의 의무를 이행하지 아니한 사업장 및 실태조사에 불응한 사업장의 명단을 공표하여야 한다. <개정 2014. 12. 30., 2017. 6. 20.>

② 제1항에 따른 명단에는 해당 사업장의 명칭, 주소, 상시근로자 수, 상시 여성 근로자 수, 보육 대상 영유아의 수 및 미이행 사유 또는 실태조사에 불응한 사실이 포함되어야 한다. <개정 2014. 12. 30.>
[본조신설 2012. 6. 29.]

(4) 명단 공표 제외 사유 (영 제20조의5)

법 제14조의2제2항 단서에서 "대통령령으로 정하는 사유가 있는 경우"란 다음 각 호의 경우를 말한다.
1. 해당 사업장이 제20조제1항에 따라 직장어린이집 설치 대상인 된 날부터 1년이 지나지 아니한 경우
2. 해당 사업장이 직장어린이집 설치에 관한 계획을 수립하여 건축비용의 일부를 집행하는 등 직장어린이집을 설치 중인 경우
3. 해당 사업장의 상시근로자의 특성상 보육 수요가 없는 경우 등 명단의 공표가 필요하지 아니하다고 인정되는 경우

[본조신설 2012. 6. 29.]

(5) 직장어린이집명단공표심의위원회의 설치·운영 (영 제20조의6)

① 법 제14조의2제3항제6호에서 "보육전문가 등 대통령령으로 정하는 사람"이란 「고등교육법」 제2조에 따른 학교에서 보육 관련 학과의 교수로 재직하고 있는 사람 등 보육에 관한 학식과 경험이 풍부한 사람을 말한다.
② 법 제14조의2제3항에 따른 직장어린이집명단공표심의위원회(이하 "명단공표심의위원회"라 한다)의 위원장은 법 제14조의2제3항제1호에 해당하는 사람이 된다.
③ 명단공표심의위원회의 위원 중 위촉위원의 임기는 2년으로 하고, 한 차례만 연임할 수 있으며, 위원의 사임 등으로 새로 위촉된 위원의 임기는 전임위원 임기의 남은 기간으로 한다. <개정 2015. 12. 10.>
④ 명단공표심의위원회의 위원장은 명단공표심의위원회를 대표하며, 명단공표심의위원회의 업무를 총괄한다.
⑤ 명단공표심의위원회의 회의는 위원장이 필요하다고 인정하거나 재적위원 3분의 1 이상의 요청이 있을 때에 위원장이 소집한다.
⑥ 명단공표심의위원회의 회의는 재적위원 과반수의 출석으로 개의(開議)하고, 출석위원 과반수의 찬성으로 의결한다.
⑦ 명단공표심의위원회의 회의에 출석한 위원에게는 예산의 범위에서 수당과 여

비를 지급할 수 있다. 다만, 공무원인 위원이 그 소관 업무와 직접 관련되어 출석하는 경우에는 그러하지 아니하다.
⑧ 명단공표심의위원회의 사무를 처리하기 위하여 명단공표심의위원회에 간사 1명을 두며, 간사는 보건복지부 소속 공무원 중에서 보건복지부장관이 지명한다.
⑨ 보건복지부장관은 법 제14조의2제3항제2호부터 제6호까지의 규정에 따른 명단공표심의위원회의 위원이 다음 각 호의 어느 하나에 해당하는 경우에는 해당 위원을 해촉할 수 있다. <신설 2015. 12. 10.>
  1. 심신장애로 인하여 직무를 수행할 수 없게 된 경우
  2. 직무와 관련된 비위사실이 있는 경우
  3. 직무태만, 품위손상이나 그 밖의 사유로 인하여 위원으로 적합하지 아니하다고 인정되는 경우
  4. 위원 스스로 직무를 수행하는 것이 곤란하다고 의사를 밝히는 경우
⑩ 제1항부터 제9항까지에서 규정한 사항 외에 명단공표심의위원회의 운영에 필요한 사항은 명단공표심의위원회의 심의를 거쳐 위원장이 정한다. <개정 2015. 12. 10.> [본조신설 2012. 6. 29.]

(6) 소명기회 부여 (영 제20조의7)

보건복지부장관은 제20조의4에 따라 명단을 공표하기 전에 법 제14조의2제4항에 따라 명단공표 대상 사업장의 사업주에게 그 사실을 서면으로 통지하고, 그 사업주가 통지를 받은 날부터 20일 이내에 소명자료를 제출하거나 직장어린이집명단공표심의위원회에 출석하여 의견을 진술할 수 있도록 소명기회를 주어야 한다. [본조신설 2012. 6. 29.]

8. 어린이집 설치기준

가. 어린이집 설치기준 (법 제15조)

어린이집을 설치·운영하려는 자는 보건복지부령으로 정하는 설치기준을 갖추어야 한다. 다만, 놀이터, 비상재해대비시설 및 폐쇄회로 텔레비전의 설치와 관련된 사항은 각각 제15조의2부터 제15조의4까지에 따른다. <개정 2015. 5. 18.>
[전문개정 2007. 10. 17.] [제목개정 2011. 6. 7.]

(1) 어린이집의 설치기준 등 (규칙 제9조)

① 법 제15조에 따른 어린이집의 설치기준(법 제15조의2부터 법 제15조의4까지에 따른 놀이터, 비상재해대비시설 및 폐쇄회로 텔레비전의 설치기준을 포함한다)은 별표 1과 같다.
② 법 제15조의4에 따른 폐쇄회로 텔레비전의 관리기준은 별표 1의2와 같다.
[전문개정 2015. 9. 18.]

9. 놀이터 설치 (법 제15조의2)

① 어린이집을 설치·운영하는 자는 놀이터를 설치하여야 하며 설치에 관한 기준은 보건복지부령으로 정한다. 다만, 다음 각 호의 어느 하나에 해당하는 어린이집은 그러하지 아니한다.
  1. 보육 정원 50명 미만인 어린이집
  2. 100미터 이내에 보건복지부령으로 정하는 기준을 충족하는 놀이터가 설치되어 있는 어린이집
② 제1항에도 불구하고 특별자치도지사·시장·군수·구청장은 제6조제1항에 따른 지방보육정책위원회의 심의를 거쳐 2005년 1월 29일 이전에 인가받은 어린이집이 도심지 및 도서·벽지 등 지역의 여건상 놀이터를 설치하기 곤란한 경우로서 보육상 지장이 없다고 인정하는 경우에는 놀이터를 설치하지 아니하거나 놀이터 설치 기준을 완화하여 변경인가할 수 있다. [본조신설 2011. 6. 7.]

10. 비상재해대비시설 (법 제15조의3)

① 어린이집을 설치·운영하는 자는 반드시 1층과 2층 이상 등 종류별 비상재해대비시설을 설치하여야 하며 설치에 관한 기준은 보건복지부령으로 정한다.
② 제1항에도 불구하고 특별자치도지사·시장·군수·구청장은 2009년 7월 3일 이전에 이미 인가받은 어린이집("기인가 어린이집"이라 한다. 이하 이 조에서 같다)이 비상재해 대비에 지장이 없다고 판단할 경우 종전 인가당시 기준을 적용할 수 있다. 이 경우, 특별자치도지사·시장·군수·구청장은 기인가 어린이집이 비상재해 대비에 지장이 없는지 여부를 판단하기 위해 비상재해대비시설기준 심의위원회를 구성·운영하여야 하며 해당 위원회의 심의를 반드시 거쳐야 한다.
③ 제2항에 따른 비상재해대비시설기준 심의위원회의 위원은 5인 이상으로 하며 다음 각 호의 어느 하나에 해당하는 사람 중에서 특별자치도지사·시장·군수·

구청장이 임명하거나 위촉한다. 이 경우 전체 위원의 2분의 1 이상은 제1호부터 제4호까지에 해당하는 사람으로 구성하여야 하며 위원장은 위원 중에서 호선한다.
1. 소방공무원
2. 소방기술사
3. 소방시설관리사
4. 「소방시설 설치·유지 및 안전관리에 관한 법률」 제4조의2에 따른 소방·방재 분야에 관한 전문지식을 갖춘 사람
5. 보육 관련 업무를 담당하는 공무원
6. 「고등교육법」 제2조에 따른 학교에 재직하고 있는 보육 관련 분야 교수

④ 위원의 임기, 운영 및 회의 등에 필요한 사항은 제6조에 따른 지방보육정책위원회 관련 규정을 준용한다. [본조신설 2011. 12. 31.]

11. 폐쇄회로 텔레비전의 설치 등

가. 폐쇄회로 텔레비전의 설치 등 (법 제15조의4)

① 어린이집을 설치·운영하는 자는 아동학대 방지 등 영유아의 안전과 어린이집의 보안을 위하여 「개인정보 보호법」 및 관련 법령에 따른 폐쇄회로 텔레비전(이하 "폐쇄회로 텔레비전"이라 한다)을 설치·관리하여야 한다. 다만, 다음 각 호의 어느 하나에 해당하는 경우에는 그러하지 아니하다.
1. 어린이집을 설치·운영하는 자가 보호자 전원의 동의를 받아 시장·군수·구청장에게 신고한 경우
2. 어린이집을 설치·운영하는 자가 보호자 및 보육교직원 전원의 동의를 받아 「개인정보 보호법」 및 관련 법령에 따른 네트워크 카메라를 설치한 경우

② 제1항에 따라 폐쇄회로 텔레비전을 설치·관리하는 자는 영유아 및 보육교직원 등 정보주체의 권리가 침해되지 아니하도록 다음 각 호의 사항을 준수하여야 한다.
1. 아동학대 방지 등 영유아의 안전과 어린이집의 보안을 위하여 최소한의 영상정보만을 적법하고 정당하게 수집하고, 목적 외의 용도로 활용하지 아니하도록 할 것
2. 영유아 및 보육교직원 등 정보주체의 권리가 침해받을 가능성과 그 위험 정도를 고려하여 영상정보를 안전하게 관리할 것
3. 영유아 및 보육교직원 등 정보주체의 사생활 침해를 최소화하는 방법으로 영상정보를 처리할 것

③ 어린이집을 설치·운영하는 자는 폐쇄회로 텔레비전에 기록된 영상정보를 60일 이상 보관하여야 한다.
④ 제1항에 따른 폐쇄회로 텔레비전의 설치·관리기준 및 동의 또는 신고의 방법·절차·요건, 제3항에 따른 영상정보의 보관기준 및 보관기간 등에 필요한 사항은 보건복지부령으로 정한다. [본조신설 2015. 5. 18.]

(1) 폐쇄회로 텔레비전 미설치 등에 관한 동의 또는 신고의 방법 등 (규칙 제9조의2)

① 어린이집을 설치·운영하는 자는 법 제15조의4제1항제1호에 따라 다음 각 호의 어느 하나에 해당하는 경우에는 보호자 전원으로부터 받은 동의서를 첨부하여 특별자치도지사·시장·군수·구청장에게 신고하여야 한다.
  1. 폐쇄회로 텔레비전을 설치하지 아니하려는 경우
  2. 설치된 폐쇄회로 텔레비전을 관리하지 아니하려는 경우
② 제1항에 따른 동의서를 제출받은 특별자치도지사·시장·군수·구청장은 1년의 범위에서 미설치기간 또는 미관리기간을 정하여 어린이집을 설치·운영하는 자에게 통보하여야 한다.
③ 제1항 및 제2항에서 규정한 사항 외에 폐쇄회로 텔레비전 미설치 등에 관한 동의 또는 신고의 방법 등에 대하여 필요한 사항은 보건복지부장관이 정한다. [본조신설 2015. 9. 18.]

(2) 영상정보의 보관기준 및 보관기간 등 (규칙 제9조의3)

① 폐쇄회로 텔레비전을 설치·관리하는 자는 법 제15조의4제3항에 따라 60일 이상 보관하고 있는 폐쇄회로 텔레비전에 기록된 영상정보를 「영유아보육법 시행령」(이하 "영"이라 한다) 제20조의8제1항제3호에 따른 내부 관리계획에서 정한 주기에 따라 삭제하여야 한다.
② 제1항에도 불구하고 폐쇄회로 텔레비전을 설치·관리하는 자는 폐쇄회로 텔레비전에 기록된 영상정보를 보관하고 있는 기간이 60일이 되기 전에 법 제15조의5제1항 각 호의 어느 하나에 해당하여 영상정보에 대한 열람을 요청받은 경우에는 법 제15조의4제3항에 따른 보관기간이 지나더라도 해당 영상을 삭제해서는 아니 된다. <개정 2016. 1. 12.>
③ 제1항 및 제2항에서 규정한 사항 외에 영상정보의 보관기준 및 보관기간 등에 관하여 필요한 사항은 보건복지부장관이 정한다. [본조신설 2015. 9. 18.]

12. 영상정보의 열람금지 등

가. 영상정보의 열람금지 등 (법 제15조의5)

① 폐쇄회로 텔레비전을 설치·관리하는 자는 다음 각 호의 어느 하나에 해당하는 경우를 제외하고는 제15조의4제1항의 영상정보를 열람하게 하여서는 아니 된다.
  1. 보호자가 자녀 또는 보호아동의 안전을 확인할 목적으로 열람시기·절차 및 방법 등 보건복지부령으로 정하는 바에 따라 요청하는 경우
  2. 「개인정보 보호법」 제2조제6호가목에 따른 공공기관이 제42조 또는 「아동복지법」 제66조 등 법령에서 정하는 영유아의 안전업무 수행을 위하여 요청하는 경우
  3. 범죄의 수사와 공소의 제기 및 유지, 법원의 재판업무 수행을 위하여 필요한 경우
  4. 그 밖에 보육관련 안전업무를 수행하는 기관으로서 보건복지부령으로 정하는 자가 업무의 수행을 위하여 열람시기·절차 및 방법 등 보건복지부령으로 정하는 바에 따라 요청하는 경우
② 어린이집을 설치·운영하는 자는 다음 각 호의 어느 하나에 해당하는 행위를 하여서는 아니 된다.
  1. 제15조의4제1항의 설치 목적과 다른 목적으로 폐쇄회로 텔레비전을 임의로 조작하거나 다른 곳을 비추는 행위
  2. 녹음기능을 사용하거나 보건복지부령으로 정하는 저장장치 이외의 장치 또는 기기에 영상정보를 저장하는 행위
③ 어린이집을 설치·운영하는 자는 제15조의4제1항의 영상정보가 분실·도난·유출·변조 또는 훼손되지 아니하도록 내부 관리계획의 수립, 접속기록 보관 등 대통령령으로 정하는 바에 따라 안전성 확보에 필요한 기술적·관리적 및 물리적 조치를 하여야 한다.
④ 국가 및 지방자치단체는 어린이집에 설치한 폐쇄회로 텔레비전의 설치·관리와 그 영상정보의 열람으로 영유아 및 보육교직원 등 정보주체의 권리가 침해되지 아니하도록 설치·관리 및 열람 실태를 보건복지부령으로 정하는 바에 따라 매년 1회 이상 조사·점검하여야 한다.
⑤ 폐쇄회로 텔레비전의 설치·관리와 그 영상정보의 열람에 관하여 이 법에서 규정된 것을 제외하고는 「개인정보 보호법」(제25조는 제외한다)을 적용한다.
[본조신설 2015. 5. 18.]

(1) 영상정보의 안전성 확보 조치 (영 제20조의8)

① 어린이집을 설치·운영하는 자는 법 제15조의5제3항에 따라 영상정보의 안전성 확보에 필요한 다음 각 호의 조치를 하여야 한다.
  1. 영상정보 침해사고 발생에 대응하기 위한 접속기록의 보관 및 위조·변조 방지를 위한 조치
  2. 영상정보에 대한 접근 통제 및 접근 권한의 제한 조치
  3. 영상정보의 안전한 처리를 위한 내부 관리계획의 수립·시행 조치
  4. 영상정보의 안전한 보관을 위한 보관시설의 마련 또는 잠금장치의 설치 등 물리적 조치
② 제1항에 따른 영상정보의 안전성 확보에 필요한 조치의 구체적인 사항은 보건복지부장관이 정하여 고시한다. [본조신설 2015. 9. 15.]

(2) 보호자의 영상정보의 열람시기·절차 및 방법 등 (규칙 제9조의4)

① 보호자는 법 제15조의5제1항제1호에 따라 자녀 또는 보호아동이 아동학대, 안전사고 등으로 정신적 피해 또는 신체적 피해를 입었다고 의심되는 등의 경우에는 폐쇄회로 텔레비전을 설치·관리하는 자에게 영상정보 열람요청서나 의사소견서를 제출하여 영상정보의 열람을 요청할 수 있다.
② 제1항에 따른 열람 요청을 받은 폐쇄회로 텔레비전을 설치·관리하는 자는 제3항에 따라 열람 요청을 거부할 수 있는 경우가 아니면 열람 요청을 받은 날부터 10일 이내에 열람 장소와 시간을 정하여 보호자에게 통지하여야 한다.
③ 제1항에 따른 열람 요청을 받은 폐쇄회로 텔레비전을 설치·관리하는 자는 다음 각 호의 어느 하나에 해당하는 경우에는 열람 요청을 거부할 수 있다. 이 경우 거부 사유를 열람 요청을 받은 날부터 10일 이내에 서면으로 보호자에게 통지하여야 한다. <개정 2016. 1. 12.>
  1. 법 제15조의4제3항에 따른 보관기간이 지나 영상정보를 파기한 경우
  2. 그 밖에 정당한 사유가 있다고 보건복지부장관이 인정하는 경우
④ 제2항에 따라 열람 장소 등을 통지한 폐쇄회로 텔레비전을 설치·관리하는 자는 열람조치를 하는 경우에 가족관계증명서, 주민등록등본 등 열람을 요청한 보호자와 자녀 또는 보호아동과의 관계를 알 수 있는 서류나 증표를 제출받아 확인하여야 한다.
⑤ 제1항부터 제4항까지에서 규정한 사항 외에 보호자의 영상정보의 열람시기·절차 및 방법 등에 관하여 필요한 사항은 보건복지부장관이 정한다.
[본조신설 2015. 9. 18.]

(3) 보육관련 안전업무를 수행하는 기관의 영상정보의 열람시기·절차 및 방법 등 (규칙 제9조의5)

① 법 제15조의5제1항제4호에서 "보건복지부령으로 정하는 자"란 다음 각 호의 어느 하나에 해당하는 자를 말한다.
  1. 「아동복지법」 제45조에 따른 아동보호전문기관
  2. 법 제31조의2에 따른 어린이집 안전공제회
② 제1항 각 호의 자는 업무의 수행을 위하여 폐쇄회로 텔레비전을 설치·관리하는 자에게 정당한 열람 권한이 있음을 증명하는 신분증, 공문서 등으로 영상정보의 열람을 요청할 수 있다.
③ 제2항에 따른 열람 요청을 받은 폐쇄회로 텔레비전을 설치·관리하는 자는 제4항에 따라 열람 요청을 거부할 수 있는 경우가 아니면 열람 요청을 받은 즉시 제1항 각 호의 자가 열람할 수 있도록 하여야 한다.
④ 제2항에 따른 열람 요청을 받은 폐쇄회로 텔레비전을 설치·관리하는 자는 다음 각 호의 어느 하나에 해당하는 경우에는 열람 요청을 거부할 수 있다. <개정 2016. 1. 12.>
  1. 법 제15조의4제3항에 따른 보관기간이 지나 영상정보를 파기한 경우
  2. 그 밖에 정당한 사유가 있다고 보건복지부장관이 인정하는 경우
⑤ 제1항부터 제4항까지에서 규정한 사항 외에 보육관련 안전업무를 수행하는 기관의 영상정보의 열람시기·절차 및 방법 등에 관하여 필요한 사항은 보건복지부장관이 정한다. [본조신설 2015. 9. 18.]

(4) 영상정보 열람시 증표의 제시 (규칙 제9조의6)

법 제15조의5제1항제2호 및 제3호에 따른 기관에 소속된 직원은 영상정보를 열람하는 경우에 정당한 열람 권한이 있음을 증명하는 신분증, 공문서 등을 폐쇄회로 텔레비전을 설치·관리하는 자에게 제시하여야 한다. [본조신설 2015. 9. 18.]

(5) 영상정보 열람대장의 작성 및 보관 (규칙 제9조의7)

① 폐쇄회로 텔레비전을 설치·관리하는 자는 법 제15조의5제1항 각 호의 어느 하나에 해당하여 영상정보를 열람하게 한 경우에는 다음 각 호의 사항이 포함된 영상정보 열람대장을 작성하여야 한다.
  1. 영상정보 열람 요청자의 성명 및 연락처

2. 열람 요청 영상정보 파일의 명칭 및 내용
3. 영상정보 열람의 목적
4. 그 밖에 영상정보 열람 관리에 필요하다고 보건복지부장관이 정한 사항

② 폐쇄회로 텔레비전을 설치·관리하는 자는 제1항에 따라 작성된 영상정보 열람대장을 3년 동안 보관하여야 한다.

③ 제1항 및 제2항에서 규정한 사항 외에 영상정보 열람대장의 작성 및 보관에 관하여 필요한 사항은 보건복지부장관이 정한다. [본조신설 2015. 9. 18.]

(6) 영상정보 저장 가능 저장장치 (규칙 제9조의8)

법 제15조의5제2항제2호에서 "보건복지부령으로 정하는 저장장치"란 어린이집 내부에 설치되는 저장장치나 기기로서 영 제20조의8제1항제3호에 따른 내부 관리계획에 명시된 저장장치나 기기를 말한다. [본조신설 2015. 9. 18.]

(7) 폐쇄회로 텔레비전의 설치·관리 및 열람 실태의 조사·점검 등 (규칙 제9조의9)

① 국가 및 지방자치단체는 법 제15조의5제4항에 따라 폐쇄회로 텔레비전의 설치·관리 및 열람 실태의 조사·점검을 하는 경우에 다음 각 호의 사항을 포함하여야 한다.
1. 폐쇄회로 텔레비전의 설치 장소, 저장 용량, 화소 등 설치 현황에 관한 사항
2. 내부 관리계획의 수립 실태에 관한 사항
3. 영상정보의 열람 현황 등 영상정보의 사용 실태에 관한 사항
4. 그 밖에 폐쇄회로 텔레비전의 설치·관리 및 열람 실태의 조사·점검에 포함시킬 필요가 있다고 보건복지부장관이 정하는 사항

② 국가 및 지방자치단체는 법 제15조의5제4항에 따라 폐쇄회로 텔레비전의 설치·관리 및 열람 실태의 조사·점검을 하는 경우에 현장조사·점검 또는 정보통신망을 활용한 서면조사 등의 방법으로 하되, 영유아 및 보육교직원 등 정보주체의 권리가 침해되거나 침해될 우려가 있는 시설에 대해서는 현장조사·점검을 실시하고 필요한 조치를 하여야 한다.

③ 제1항 및 제2항에서 규정한 사항 외에 폐쇄회로 텔레비전의 설치·관리 및 열람 실태의 조사·점검 등에 관하여 필요한 사항은 보건복지부장관이 정한다. [본조신설 2015. 9. 18.]

13. 결격사유 (법 제16조)

다음 각 호의 어느 하나에 해당하는 자는 어린이집을 설치·운영할 수 없다. <개정 2018. 12. 11.>
1. 미성년자·피성년후견인 또는 피한정후견인
2. 「정신건강증진 및 정신질환자 복지서비스 지원에 관한 법률」 제3조제1호의 정신질환자
3. 「마약류 관리에 관한 법률」 제2조제1호의 마약류에 중독된 자
4. 파산선고를 받고 복권되지 아니한 자
5. 금고 이상의 실형을 선고받고 그 집행이 종료(집행이 종료된 것으로 보는 경우를 포함한다)되거나 집행이 면제된 날부터 5년(「아동복지법」 제3조제7호의2에 따른 아동학대관련범죄를 저지른 경우에는 20년)이 경과되지 아니한 자
6. 금고 이상의 형의 집행유예를 선고받고 그 유예기간 중에 있는 사람. 다만, 「아동복지법」 제3조제7호의2에 따른 아동학대관련범죄로 금고 이상의 형의 집행유예를 선고받은 경우에는 그 집행유예가 확정된 날부터 20년이 지나지 아니한 사람
7. 제45조에 따라 어린이집의 폐쇄명령을 받고 5년이 경과되지 아니한 자
8. 제54조에 따라 300만원 이상의 벌금형이 확정된 날부터 2년이 지나지 아니한 사람 또는 「아동복지법」 제3조제7호의2에 따른 아동학대관련범죄로 벌금형이 확정된 날부터 10년이 지나지 아니한 사람
9. 제23조의3에 따른 교육명령을 이행하지 아니한 자

[전문개정 2007. 10. 17.]

제3장 보육교직원

1. 보육교직원의 배치

가. 보육교직원의 배치 (법 제17조)

① 어린이집에는 보육교직원을 두어야 한다. <개정 2011. 6. 7.>
② 제24조의2제1항에 따라 보육시간을 구분하여 운영하는 어린이집은 같은 항 각 호에 따른 보육시간별로 보육교사를 배치할 수 있다. <신설 2019. 4. 30.>

③ 어린이집에는 보육교사의 업무 부담을 경감할 수 있도록 보조교사 등을 둔다. <신설 2015. 5. 18., 2019. 4. 30.>
④ 휴가 또는 보수교육 등으로 보육교사의 업무에 공백이 생기는 경우에는 이를 대체할 수 있는 대체교사를 배치한다. <신설 2015. 5. 18., 2019. 4. 30.>
⑤ 보육교직원 및 그 밖의 인력의 배치기준 등에 필요한 사항은 보건복지부령으로 정한다. <개정 2019. 4. 30.> [전문개정 2007. 10. 17.] [제목개정 2011. 6. 7.]

(1) 보육교직원의 배치기준 (규칙 제10조)

법 제17조제4항에 따른 보육교직원의 배치기준은 별표 2와 같다. <개정 2011. 12. 8., 2015. 9. 18.> [전문개정 2009. 7. 3.] [제목개정 2011. 12. 8.]

(2) 보육교직원의 배치기준 (규칙 제10조)

> 법 제17조제5항에 따른 보육교직원의 배치기준은 별표 2와 같다. <개정 2011. 12. 8., 2015. 9. 18., 2019. 6. 12.>
> [전문개정 2009. 7. 3.] [제목개정 2011. 12. 8.] [시행일 : 2020. 3. 1.] 제10조

2. 보육교직원의 직무 (법 제18조)

① 어린이집의 원장은 어린이집을 총괄하고 보육교사와 그 밖의 직원을 지도·감독하며 영유아를 보육한다. <개정 2011. 6. 7.>
② 보육교사는 영유아를 보육하고 어린이집의 원장이 불가피한 사유로 직무를 수행할 수 없을 때에는 그 직무를 대행한다. <개정 2011. 6. 7.>
[전문개정 2007. 10. 17.] [제목개정 2011. 6. 7.]

3. 보육교직원의 책무 (법 제18조의2)

① 보육교직원은 영유아를 보육함에 있어 영유아에게 신체적 고통이나 고성·폭언 등의 정신적 고통을 가하여서는 아니 된다. <개정 2017. 3. 14.>
② 보육교직원은 업무를 수행함에 있어 영유아의 생명·안전보호 및 위험방지를 위하여 주의의무를 다하여야 한다. <신설 2017. 3. 14.>

4. 보육교직원의 임면 등

가. 보육교직원의 임면 등 (법 제19조)

① 특별자치도지사·시장·군수·구청장은 보육교직원의 권익 보장과 근로여건 개선을 위하여 보육교직원의 임면(任免)과 경력 등에 관한 사항을 관리하여야 한다. <개정 2011. 6. 7., 2011. 8. 4.>
② 어린이집의 원장은 보건복지부령으로 정하는 바에 따라 보육교직원의 임면에 관한 사항을 특별자치도지사·시장·군수·구청장에게 보고하여야 한다. <개정 2011. 8. 4.> [전문개정 2007. 10. 17.] [제목개정 2011. 6. 7.]

(1) 보육교직원의 임면 (규칙 제11조)

① 어린이집의 원장은 법 제19조제2항에 따라 보육교직원의 임면사항을 14일 이내에 특별자치도지사·시장·군수·구청장에게 별지 제7호서식의 인사기록카드 사본을 첨부하여 보고하여야 한다. <개정 2011. 12. 8.>
② 제1항에 따라 보육교직원 임면사항을 보고받은 특별자치도지사·시장·군수·구청장은 신원조회 등을 통하여 보육교직원이 법 제20조 각 호의 결격사유에 해당되는지를 확인하여야 한다. <개정 2011. 12. 8.>
③ 제1항 및 제2항에 규정된 사항 외에 임면권자가 보육교직원을 임면할 때의 원칙은 별표 3과 같다. <개정 2011. 12. 8.> [전문개정 2009. 7. 3.] [제목개정 2011. 12. 8.]

(2) 어린이집의 원장의 사전직무교육 (규칙 제11조의2)

① 영 별표 1 제1호바목에 따라 어린이집의 원장의 자격을 갖추기 위하여 받아야 하는 사전직무교육의 교육시간은 80시간 이상으로 한다. <개정 2015. 1. 28., 2015. 9. 18.>
② 제1항에 따른 사전직무교육의 내용, 계획 수립 및 평가 등에 관하여는 제20조제3항·제5항, 별표 7 제1호나목3) 및 같은 표 제2호부터 제4호까지를 준용한다. 이 경우 "보수교육" 및 "승급교육"은 "사전직무교육"으로 본다. <개정 2016. 1. 12., 2016. 3. 30.> [본조신설 2011. 12. 8.]

5. 결격사유 (법 제20조)

다음 각 호의 어느 하나에 해당하는 자는 어린이집에 근무할 수 없다. <개정 2011. 6. 7., 2013. 8. 13.>
  1. 제16조 각 호의 어느 하나에 해당하는 자
  2. 제46조나 제47조에 따라 자격정지 중인 자
  3. 제48조제1항에 따라 자격이 취소된 후 같은 조 제2항에 따른 자격 재교부 기한이 경과되지 아니한 자
  [전문개정 2007. 10. 17.]

6. 어린이집의 원장 또는 보육교사의 자격

가. 어린이집의 원장 또는 보육교사의 자격 (법 제21조)

① 어린이집의 원장은 대통령령으로 정하는 자격을 가진 자로서 보건복지부장관이 검정·수여하는 자격증을 받은 자이어야 한다. <개정 2008. 2. 29., 2010. 1. 18., 2011. 6. 7.>
② 보육교사는 다음 각 호의 어느 하나에 해당하는 자로서 보건복지부장관이 검정·수여하는 자격증을 받은 자이어야 한다. <개정 2008. 1. 17., 2008. 2. 29., 2010. 1. 18., 2011. 8. 4.>
  1. 「고등교육법」 제2조에 따른 학교에서 보건복지부령으로 정하는 보육 관련 교과목과 학점을 이수하고 전문학사학위 이상을 취득한 사람
  1의2. 법령에 따라 「고등교육법」 제2조에 따른 학교를 졸업한 사람과 같은 수준 이상의 학력이 있다고 인정된 사람으로서 보건복지부령으로 정하는 보육 관련 교과목과 학점을 이수하고 전문학사학위 이상을 취득한 사람
  2. 고등학교 또는 이와 같은 수준 이상의 학교를 졸업한 자로서 시·도지사가 지정한 교육훈련시설에서 소정의 교육과정을 이수한 사람
③ 제2항에 따른 보육교사의 등급은 1·2·3급으로 하고, 등급별 자격기준은 대통령령으로 정한다.
④ 제2항제2호에 따른 교육훈련시설의 지정 및 지정 취소, 교육과정 등에 필요한 사항은 보건복지부령으로 정한다. <신설 2011. 8. 4.> [전문개정 2007. 10. 17.] [제목개정 2011. 6. 7.]

  (1) 어린이집의 원장 및 보육교사의 자격기준 (영 제21조)

법 제21조제1항 및 제3항에 따른 어린이집의 원장과 보육교사의 자격기준은 별표 1과 같다. <개정 2011. 12. 8.> [전문개정 2009. 6. 30.] [제목개정 2011. 12. 8.]

(2) 보육 관련 교과목 및 학점 등 (규칙 제12조)

① 법 제21조제2항제1호 및 제1호의2에 따라 보육교사 자격을 취득하기 위하여 「고등교육법」 제2조에 따른 학교(이하 "대학등"이라 한다)에서 이수하여야 하거나, 이와 같은 수준 이상의 학력이 있다고 인정된 사람이 이수하여야 하는 보육 관련 교과목 및 학점은 별표 4와 같다.
② 법 제21조제2항제2호에 따라 보육교사 자격을 취득하기 위하여 교육훈련시설에서 이수하여야 하는 교육과정은 별표 5와 같다. <개정 2016. 1. 12.> [전문개정 2009. 7. 3.]

(3) 교육훈련시설의 지정 등 (규칙 제13조)

① 법 제21조제2항제2호에 따른 교육훈련시설(이하 "교육훈련시설"이라 한다)은 보육교사의 양성 등을 위하여 대학등에 일정한 시설 및 교수요원을 갖추어 설치된 시설 중에서 시·도지사가 법 제6조에 따른 지방보육정책위원회(이하 "지방보육정책위원회"라 한다)의 심의를 거쳐 교육훈련시설로 지정한 시설을 말한다. <개정 2010. 7. 9.>
② 제1항에 따른 교육훈련시설로 지정받으려는 대학등은 별지 제8호서식의 교육훈련시설 지정신청서(전자문서로 된 신청서를 포함한다)에 다음 각 호의 서류(전자문서를 포함한다)를 첨부하여 시·도지사에게 제출하여야 한다.
  1. 법인의 정관 및 출연금 등에 관한 서류
  2. 임대차계약서(부동산을 임차하는 경우만 해당한다)
  3. 시설의 구조별 면적이 표시된 평면도와 시설 및 설비 목록
  4. 교육훈련시설의 장과 교수요원의 자격 및 경력을 증명하는 서류
  5. 교육훈련 계획서 및 예산서
③ 제2항에 따른 신청을 받은 시·도지사는 「전자정부법」 제36조제1항에 따른 행정정보의 공동이용을 통하여 법인 등기사항증명서와 건축물대장(부동산을 임차하는 경우는 제외한다)을 확인하여야 한다. <개정 2010. 9. 1.>
④ 제2항에 따른 지정신청서를 받은 시·도지사가 해당 시설을 지방보육정책위원회의 심의를 거쳐 교육훈련시설로 지정한 경우에는 별지 제9호서식의 교육

훈련시설 지정서를 발급하여야 한다. [전문개정 2009. 7. 3.]

(4) 교육훈련시설의 설치기준 등 (규칙 제14조)

① 교육훈련시설의 장은 학사 이상의 학위소지자로서 보육 또는 교육 업무에 10년 이상 종사한 경력이 있어야 한다. <개정 2010. 7. 9.>
② 교육훈련시설의 시설기준과 교육훈련시설이 갖추어야 하는 교수요원의 수 및 자격기준은 별표 6과 같다. [전문개정 2009. 7. 3.]

(5) 교육훈련시설의 변경사항 (규칙 제15조)

① 교육훈련시설의 대표자, 장, 명칭 또는 소재지가 변경된 경우 교육훈련시설의 대표자는 별지 제10호서식의 교육훈련시설 지정사항 변경신청서(전자문서로 된 신청서를 포함한다)에 다음 각 호의 서류(전자문서를 포함한다)를 첨부하여 시·도지사에게 제출하여야 한다. <개정 2015. 1. 28.>
  1. 교육훈련시설의 장의 자격 및 경력을 증명하는 서류(교육훈련시설의 장이 변경되는 경우만 해당한다)
  2. 임대차계약서(소재지가 변경된 경우로서 부동산을 임차하는 경우만 해당한다)
  3. 시설의 구조별 면적이 표시된 평면도와 시설 및 설비 목록(소재지가 변경되는 경우만 해당한다)
  4. 교육훈련시설 지정서
② 제1항에 따른 신청을 받은 시·도지사는 「전자정부법」 제36조제1항에 따른 행정정보의 공동이용을 통하여 건축물대장(소재지가 변경되는 경우만 해당하며, 부동산을 임차하는 경우는 제외한다)을 확인하여야 한다. <개정 2010. 9. 1.> [전문개정 2009. 7. 3.]

(6) 교육훈련시설 지정의 취소 (규칙 제16조)

① 시·도지사는 다음 각 호의 어느 하나에 해당하는 사유가 발생한 경우에는 교육훈련시설의 지정을 취소할 수 있다.
  1. 교육훈련시설의 시설기준, 교수요원의 수 및 자격기준이 별표 6에서 정하는 기준에 미달한 경우
  2. 교육훈련시설로 지정받은 후 1년 이내에 교육훈련을 실시하지 아니한 경우
  3. 교육훈련 자격 미달자에게 교육을 실시하고 수료증을 발급하거나 교육수료

인정기준 미달자에게 수료증을 발급한 경우
　　4. 교육훈련시설을 1년 이상 휴지하거나 폐지하는 경우
② 시·도지사는 제1항에 따라 교육훈련시설의 지정을 취소하려면 청문을 하여야 한다. [전문개정 2009. 7. 3.]

7. 어린이집의 원장 또는 보육교사 자격증의 교부 등

가. 어린이집의 원장 또는 보육교사 자격증의 교부 등 (법 제22조)

① 보건복지부장관은 제21조제1항 및 제2항에 따라 어린이집의 원장 또는 보육교사의 자격을 검정하고 자격증을 교부하여야 한다. <개정 2008. 2. 29., 2010. 1. 18., 2011. 6. 7.>
② 보건복지부장관은 제1항에 따른 어린이집의 원장 또는 보육교사의 자격증을 교부받거나 재교부(이하 "보육자격증 교부등"이라 한다)를 받으려는 사람에게 보건복지부령으로 정하는 바에 따라 수수료를 받을 수 있다. <신설 2011. 6. 7.>
③ 삭제 <2011. 8. 4.>
④ 삭제 <2011. 8. 4.>
⑤ 제51조의2제1항제2호에 따라 보육자격증 교부등에 관한 업무를 위탁받은 공공 또는 민간 기관·단체는 제2항에 따라 납부받은 수수료를 보건복지부장관의 승인을 받아 보육자격증 교부등에 필요한 경비에 직접 충당할 수 있다. <신설 2011. 6. 7., 2011. 8. 4.>
⑥ 보육자격증 교부등에 필요한 사항은 보건복지부령으로 정한다. <개정 2011. 6. 7.> [전문개정 2007. 10. 17.] [제목개정 2011. 6. 7.]

(1) 어린이집의 원장 또는 보육교사의 자격의 검정 (규칙 제17조)

① 법 제22조에 따른 어린이집의 원장 또는 보육교사의 자격 검정은 시험 없이 영 별표 1에 따른 어린이집의 원장 또는 보육교사의 자격기준에 따라 서류심사의 방법으로 한다. <개정 2011. 12. 8.>
② 보육교사에 대한 자격 검정을 한 결과 그 자격검정 대상자가 다음 각 호의 기준에 해당하는 경우에는 각각 합격으로 한다. <개정 2011. 12. 8., 2016. 1. 12.>
　　1. 대학등을 졸업한 사람 또는 이와 같은 수준 이상의 학력이 있다고 인정된 사람 : 별표 4에 따른 보육 관련 교과목을 17과목 이상, 51학점 이상 취득

한 경우
　2. 교육훈련시설의 교육과정을 수료한 사람 : 별표 5에 따른 교과목을 22과목 이상, 65학점 이상을 취득하고, 각 과목당 평가점수가 70점 이상인 경우
　3. 법 제23조의2제2항에 따른 승급교육을 받은 사람 : 80시간 이상 교육을 받고 평가시험에서 80점 이상을 받은 경우
③ 제1항 및 제2항에서 규정한 사항 외에 어린이집의 원장 또는 보육교사의 자격 검정 절차 등에 관하여 필요한 사항은 보건복지부장관이 정한다. <개정 2010. 3. 19., 2011. 12. 8.> [전문개정 2009. 7. 3.] [제목개정 2011. 12. 8.]

(2) 자격증의 발급 등 (규칙 제18조)

① 법 제22조에 따라 어린이집의 원장 또는 보육교사의 자격을 검정받고 어린이집의 원장 또는 보육교사의 자격증(이하 "자격증"이라 한다)을 발급받으려는 사람은 별지 제11호서식의 자격증 발급·재발급신청서(전자문서로 된 신청서를 포함한다)에 다음 각 호의 서류(전자문서를 포함한다)를 첨부하여 어린이집의 원장 또는 보육교사의 자격 검정 및 자격증 발급에 관한 업무를 위탁받은 연구기관이나 법인 또는 단체(이하 "자격증업무 담당기관"이라 한다)에 제출하여야 한다. <개정 2011. 12. 8., 2015. 1. 28.>
　1. 공통 제출서류 : 사진(6개월 이내에 촬영한 탈모 정면 상반신 반명함판) 1장
　2. 어린이집의 원장: 자격증 사본, 경력증명서, 졸업증명서, 성적증명서, 사전직무교육 수료증 등 자격을 증명할 수 있는 서류
　3. 보육교사 : 졸업증명서, 성적증명서, 보육실습확인서(1998년 3월 이후 졸업한 사람만 해당한다), 교육훈련시설 수료증(해당자로 한정한다), 보수교육 수료증(승급자만 해당한다), 경력증명서 등 자격을 증명할 수 있는 서류
② 제1항에 따라 자격증을 발급받은 사람이 그 자격증을 분실하거나 훼손하여 자격증을 재발급받으려는 경우에는 별지 제11호서식의 자격증 발급·재발급신청서(전자문서로 된 신청서를 포함한다)에 다음 각 호의 서류(전자문서를 포함한다)를 첨부하여 자격증업무 담당기관에 제출하여야 한다. <개정 2015. 1. 28.>
　1. 자격증(훼손된 경우만 해당한다)
　2. 사진(6개월 이내에 촬영한 탈모 정면 상반신 반명함판) 1장
③ 제1항에 따른 자격증은 별지 제12호의2서식에 따른다.
[전문개정 2009. 7. 3.]

(3) 수수료 (규칙 제19조)

법 제22조제2항에 따라 자격증을 발급 또는 재발급받으려는 사람이 납부하여야 하는 수수료는 1만원으로 한다. [전문개정 2009. 7. 3.]

8. 명의대여 등의 금지 (법 제22조의2)

어린이집의 원장 또는 보육교사는 다른 사람에게 자기의 성명이나 어린이집의 명칭을 사용하여 어린이집의 원장 또는 보육교사의 업무를 수행하게 하거나 자격증을 대여하여서는 아니 된다. <개정 2011. 6. 7.> [전문개정 2007. 10. 17.]

9. 어린이집 원장의 보수교육

가. 어린이집 원장의 보수교육 (법 제23조)

① 보건복지부장관은 어린이집 원장의 자질 향상을 위한 보수교육(補修敎育)을 실시하여야 한다. 이 경우 보수교육은 집합교육을 원칙으로 한다. <개정 2015. 5. 18.>
② 제1항에 따른 보수교육은 사전직무교육과 직무교육으로 구분한다. <개정 2011. 12. 31.>
③ 삭제 <2011. 8. 4.>
④ 제1항에 따른 보수교육에는 다음 각 호의 사항에 관한 내용을 포함하여야 한다. <신설 2015. 5. 18., 2015. 12. 29.>
  1. 성폭력 및 아동학대 예방
  2. 실종·유괴의 예방과 방지
  3. 감염병 및 약물의 오남용 예방 등 보건위생 관리
  4. 재난대비 안전
  5. 교통안전
  6. 어린이집 원장의 인성함양(영유아의 인권보호 교육을 포함한다)
  7. 그 밖에 보건복지부령으로 정하는 사항
⑤ 그 밖에 보수교육의 기간·방법 등에 필요한 사항은 보건복지부령으로 정한다. <개정 2015. 5. 18.> [전문개정 2007. 10. 17.] [제목개정 2011. 12. 31.]

(1) 보수교육의 실시 (규칙 제20조)

① 법 제23조제2항 및 제23조의2제2항에 따른 직무교육은 보육에 필요한 지식과 능력을 유지·개발하기 위하여 보육교직원이 정기적으로 받는 교육으로서 교육시간은 40시간 이상으로 한다. <개정 2011. 12. 8., 2012. 6. 29.>
② 법 제23조의2제2항에 따른 승급교육은 보육교사가 3급에서 2급 또는 2급에서 1급으로 승급하기 위하여 필요한 교육으로서 교육시간은 80시간 이상으로 한다. <개정 2011. 12. 8., 2012. 6. 29.>
③ 법 제23조제4항제7호 및 법 제23조의2제3항제7호에서 "보건복지부령으로 정하는 사항"이란 보육에 대한 실무능력 함양을 위한 내용을 말한다. <개정 2015. 9. 18.>
④ 제1항 및 제2항에 따른 직무교육 및 승급교육의 대상자, 교육평가, 교육비 등에 관한 구체적인 내용은 별표 7과 같다.
⑤ 시·도지사는 매년 2월 말일까지 보수교육의 수요를 파악하여 보수교육계획을 수립하여야 한다. [전문개정 2009. 7. 3.]

10. 보육교사의 보수교육 (법 제23조의2)

① 보건복지부장관은 보육교사의 자질 향상을 위한 보수교육(補修敎育)을 실시하여야 한다. 이 경우 보수교육은 집합교육을 원칙으로 한다. <개정 2015. 5. 18.>
② 제1항에 따른 보수교육은 직무교육과 승급교육으로 구분한다.
③ 제1항에 따른 보수교육에는 다음 각 호의 사항에 관한 내용을 포함하여야 한다. <신설 2015. 5. 18., 2015. 12. 29.>
  1. 성폭력 및 아동학대 예방
  2. 실종·유괴의 예방과 방지
  3. 감염병 및 약물의 오남용 예방 등 보건위생 관리
  4. 재난대비 안전
  5. 교통안전
  6. 보육교사의 인성함양(영유아의 인권보호 교육을 포함한다)
  7. 그 밖에 보건복지부령으로 정하는 사항
④ 그 밖에 보수교육의 기간·방법 등에 필요한 사항은 보건복지부령으로 정한다. <개정 2015. 5. 18.> [본조신설 2011. 12. 31.]

11. 교육명령

가. 교육명령 (법 제23조의3)

① 보건복지부장관은 「아동복지법」 제3조제7호의2에 따른 아동학대관련범죄를 저지른 사람이 제16조제5호부터 제8호까지의 결격사유 및 제20조제1호의 결격사유(제16조제5호부터 제8호까지의 결격사유에 해당하는 경우에 한정한다)에 해당하지 아니하게 되어 어린이집을 설치·운영하거나 어린이집에 근무하려는 경우에는 그 사람에 대하여 사전에 아동학대 방지를 위한 교육을 받도록 명하여야 한다. 이 경우 교육 실시에 드는 비용은 교육을 받는 사람이 부담한다. <개정 2015. 5. 18.>
② 제1항에 따른 교육명령의 조치와 관련한 절차, 교육기관, 교육 방법·내용 등에 필요한 사항은 보건복지부령으로 정한다. [본조신설 2013. 8. 13.]

(1) 교육명령 등 (규칙 제21조)

① 법 제23조의3제1항에 따라 어린이집을 설치·운영하거나 어린이집에 근무하기 위하여 아동학대 방지를 위한 교육을 받아야 하는 사람(이하 "아동학대 방지교육 대상자"라 한다)은 관할 시·도지사에게 어린이집을 설치·운영하려는 사실 또는 어린이집에 근무하려는 사실을 서면으로 통지하여야 한다.
② 제1항에 따른 통지를 받은 시·도지사는 아동학대 방지교육 대상자에게 다음 각 호의 어느 하나에 해당하는 기관 또는 단체(이하 "아동학대 방지교육기관"이라 한다)에서 교육을 받을 것을 명령하여야 한다.
  1. 육아종합지원센터
  2. 「아동복지법」 제45조에 따른 아동보호전문기관
  3. 「한국보건복지인력개발원법」 제2조에 따른 한국보건복지인력개발원
  4. 그 밖에 보육 또는 아동 관련 비영리법인 또는 비영리단체로서 시·도지사가 아동학대 방지 교육기관으로 지정·고시한 기관 또는 단체
③ 법 제23조의3제1항에 따라 교육명령을 받은 아동학대 방지교육 대상자는 다음 각 호의 내용에 관하여 40시간 이상의 교육을 받아야 한다.
  1. 아동 권리의 이해
  2. 보육교사의 역할과 윤리
  3. 아동학대의 유형 및 사례
  4. 그 밖에 아동학대 방지를 위해 필요한 내용으로서 보건복지부장관이 고시하는 내용
④ 아동학대 방지교육기관의 장은 제3항에 따른 교육을 마친 사람에게 수료증을 발급하고, 교육 종료일부터 1개월 이내에 교육 실시 결과를 시·도지사에게

보고하여야 한다.
⑤ 아동학대 방지교육기관의 장은 법 제23조의3제1항 후단에 따라 다음 각 호에 관한 비용으로서 시·도지사의 승인을 받은 비용을 아동학대 방지교육 대상자로부터 받을 수 있다.
1. 강사수당
2. 교육교재 비용
3. 그 밖에 교육 관련 사무용품 구입 등에 필요한 경비
[본조신설 2014. 3. 7.]

제4장 어린이집의 운영

1. 어린이집의 운영기준 등

가. 어린이집의 운영기준 등 (법 제24조)

① 어린이집을 설치·운영하는 자는 보건복지부령으로 정하는 운영기준에 따라 어린이집을 운영하여야 한다. <개정 2008. 2. 29., 2010. 1. 18., 2011. 6. 7.>
② 국가나 지방자치단체는 제12조에 따라 설치된 국공립어린이집을 법인·단체 또는 개인에게 위탁하여 운영할 수 있다. 이 경우 최초 위탁은 보건복지부령으로 정하는 국공립어린이집 위탁체 선정관리 기준에 따라 심의하며, 다음 각 호의 어느 하나에 해당하는 자에게 위탁하는 경우를 제외하고는 공개경쟁의 방법에 따른다. <개정 2008. 1. 17., 2011. 6. 7., 2011. 8. 4., 2018. 12. 11.>
   1. 민간어린이집을 국가 또는 지방자치단체에 기부채납하여 국공립어린이집으로 전환하는 경우 기부채납 전에 그 어린이집을 설치·운영한 자
   2. 국공립어린이집 설치 시 해당 부지 또는 건물을 국가 또는 지방자치단체에 기부채납하거나 무상으로 사용하게 한 자
   3. 「주택법」에 따라 설치된 민간어린이집을 국공립어린이집으로 전환하는 경우 전환하기 전에 그 어린이집을 설치·운영한 자
③ 제14조에 따라 직장어린이집을 설치한 사업주는 이를 법인·단체 또는 개인에게 위탁하여 운영할 수 있다. <개정 2011. 6. 7.>
④ 제2항과 제3항에 따른 어린이집 위탁 및 위탁 취소 등에 필요한 사항은 보건복지부령으로 정한다. <개정 2011. 8. 4.> [전문개정 2007. 10. 17.] [제목개정 2011. 6. 7.]

(1) 어린이집의 운영기준 (규칙 제23조)

법 제24조제1항에 따른 어린이집의 운영기준은 별표 8과 같다. <개정 2011. 12. 8.> [전문개정 2009. 7. 3.] [제목개정 2011. 12. 8.]

(2) 국공립어린이집의 운영위탁 (규칙 제24조)

① 보건복지부장관, 시·도지사 또는 시장·군수·구청장은 법 제24조제2항에 따라 국공립어린이집의 운영을 위탁하려는 경우에는 미리 위탁의 기준, 절차 및 방법 등을 해당 기관의 게시판이나 인터넷 홈페이지 등을 이용하여 공고하여야 한다. <개정 2010. 3. 19., 2011. 12. 8.>

② 법 제24조제2항에 따라 국공립어린이집의 운영을 위탁받으려는 자는 별지 제15호서식의 어린이집 위탁신청서(전자문서로 된 신청서를 포함한다)에 다음 각 호의 서류(전자문서를 포함한다)를 첨부하여 보건복지부장관, 시·도지사 또는 시장·군수·구청장에게 제출하여야 한다. <개정 2010. 3. 19., 2011. 12. 8.>

  1. 법인의 정관 및 출연금 등에 관한 서류(법인인 경우만 해당한다)
  2. 단체의 회칙 또는 규약(단체인 경우만 해당한다)
  3. 경비의 지급 및 변제 능력에 관한 서류(개인인 경우만 해당한다)
  4. 어린이집의 원장과 대표자의 자격 및 경력을 증명하는 서류
  5. 어린이집 운영계획서(운영경비와 유지방법을 포함한다)

③ 제2항에 따른 신청을 받은 보건복지부장관, 시·도지사 또는 시장·군수·구청장은 「전자정부법」 제36조제1항에 따른 행정정보의 공동이용을 통하여 법인 등기사항증명서(법인인 경우만 해당한다)를 확인하여야 한다. <개정 2010. 9. 1.>

④ 제2항에 따라 위탁신청서를 받은 보건복지부장관, 시·도지사 및 시장·군수·구청장은 보육정책위원회의 심의를 거쳐 수탁기관을 결정하여 위탁계약을 체결한 후 별지 제16호서식의 어린이집 위탁계약증서를 발급하여야 한다. <개정 2010. 3. 19., 2011. 12. 8.>

⑤ 제4항에도 불구하고 시·도지사 및 시장·군수·구청장은 지방보육정책위원회의 심의를 갈음하여 「사회복지사업법 시행규칙」 제21조제2항에 따른 수탁자선정심의위원회(이하 "수탁자선정심의위원회"라 한다)의 심의를 거쳐 수탁기관을 결정할 수 있다. 이 경우 해당 수탁자선정심의위원회는 지방보육정책위원회 위원의 자격을 갖춘 위원들로 구성되어야 한다. <신설 2010. 7. 9.,

2012. 8. 3.>
⑥ 제4항 및 제5항 전단에 따른 보육정책위원회 또는 수탁자선정심의위원회의 심의항목에는 보육 관련 사업 운영실적, 수탁자의 공신력 및 재정능력, 어린이집 운영계획, 대표자 및 어린이집의 원장의 전문성 등이 포함되어야 한다. <개정 2010. 7. 9., 2011. 12. 8.>
⑦ 보건복지부장관, 시·도지사 및 시장·군수·구청장은 기존 수탁자의 제6항에 따른 보육 관련 사업 운영실적 등을 고려하여 보육정책위원회의 심사를 거쳐 그 기존 수탁자에게 어린이집의 운영을 재위탁할 수 있다. <개정 2010. 3. 19., 2010. 7. 9., 2011. 12. 8.>
⑧ 수탁자는 어린이집의 대표자 또는 어린이집의 원장이나, 어린이집의 명칭을 변경하는 경우 별지 제17호서식의 어린이집 위탁사항 변경신청서(전자문서로 된 신청서를 포함한다)에 다음 각 호의 서류를 첨부하여 보건복지부장관, 시·도지사 또는 시장·군수·구청장에게 제출하여야 한다. <개정 2010. 3. 19., 2010. 7. 9., 2011. 12. 8.>
  1. 변경 사유서
  2. 어린이집의 원장의 자격을 증명하는 서류(어린이집의 원장을 변경하는 경우만 해당한다)
⑨ 어린이집의 운영 위탁에 관한 구체적인 사항은 국립어린이집의 경우 보건복지부장관이 정하고, 공립어린이집의 경우 지방자치단체의 조례로 정한다. <개정 2010. 3. 19., 2010. 7. 9., 2011. 12. 8.> [전문개정 2009. 7. 3.] [제목개정 2011. 12. 8.]

(3) 국공립 어린이집 위탁체 선정관리 기준 (규칙 제24조의2)

법 제24조제2항 각 호 외의 부분 후단에 따른 국공립어린이집 위탁체 선정관리 기준은 별표 8의2와 같다. [본조신설 2012. 2. 3.]

(4) 국공립어린이집 운영 위탁의 취소 (규칙 제25조)

보건복지부장관, 시·도지사 또는 시장·군수·구청장은 수탁자가 다음 각 호의 어느 하나에 해당하는 경우에는 어린이집의 운영 위탁을 취소할 수 있다. <개정 2010. 3. 19., 2011. 12. 8., 2012. 2. 3., 2013. 8. 5., 2015. 1. 28.>
  1. 법 제26조제1항에 따른 취약보육을 우선적으로 실시하지 아니하거나 법 제28조에 따른 저소득층 자녀 등의 우선 보육을 실시하지 아니한 경우
  2. 법 제31조에 따른 건강진단 실시 또는 응급조치 등을 이행하지 아니한 경

우
3. 법 제36조 및 영 제24조에 따른 보조금을 목적 외의 용도에 사용한 경우
4. 법 제36조 및 영 제24조에 따른 보조금을 거짓이나 그 밖의 부정한 방법으로 받은 경우
5. 보육대상 영유아를 방임하거나 학대하는 등 「아동복지법」 제17조에 따른 금지행위를 한 경우
6. 운영위탁 계약서의 계약 내용을 위반한 경우
7. 법 제45조에 따른 운영정지처분을 받은 경우
8. 법 제46조에 따른 자격정지처분을 받은 경우
[전문개정 2009. 7. 3.] [제목개정 2011. 12. 8.]

2. 보육시간의 구분 (법 제24조의2)

① 어린이집은 다음 각 호와 같이 보육시간을 구분하여 운영할 수 있다.
  1. 기본보육: 어린이집을 이용하는 모든 영유아에게 필수적으로 제공되는 과정으로, 보건복지부령으로 정하는 시간 이하의 보육
  2. 연장보육: 기본보육을 초과하여 보호자의 욕구 등에 따라 제공되는 보육
② 제1항에 따른 보육시간 운영기준과 내용에 관한 사항은 보건복지부령으로 정한다. [본조신설 2019. 4. 30.]

3. 어린이집운영위원회

가. 어린이집운영위원회 (법 제25조)

① 어린이집의 원장은 어린이집 운영의 자율성과 투명성을 높이고 지역사회와의 연계를 강화하여 지역 실정과 특성에 맞는 보육을 실시하기 위하여 어린이집에 어린이집운영위원회를 설치·운영할 수 있다. 다만, 제26조에 따른 취약보육(脆弱保育)을 우선적으로 실시하여야 하는 어린이집과 대통령령으로 정하는 어린이집은 어린이집운영위원회를 설치·운영하여야 한다. <개정 2011. 6. 7.>
② 어린이집운영위원회는 그 어린이집의 원장, 보육교사 대표, 학부모 대표 및 지역사회 인사(직장어린이집의 경우에는 그 직장의 어린이집 업무 담당자로 한다)로 구성한다. 이 경우 학부모 대표가 2분의 1 이상이 되도록 구성하여야 한다. <개정 2011. 6. 7., 2015. 5. 18.>
③ 어린이집의 원장은 어린이집운영위원회의 위원 정수를 5명 이상 10명 이내의

범위에서 어린이집의 규모 등을 고려하여 정할 수 있다. <개정 2011. 6. 7.>
④ 어린이집운영위원회는 다음 각 호의 사항을 심의한다. <개정 2011. 6. 7., 2011. 8. 4., 2013. 8. 13., 2015. 5. 18.>
　1. 어린이집 운영 규정의 제정이나 개정에 관한 사항
　2. 어린이집 예산 및 결산의 보고에 관한 사항
　3. 영유아의 건강·영양 및 안전에 관한 사항
　3의2. 아동학대 예방에 관한 사항
　4. 보육 시간, 보육과정의 운영 방법 등 어린이집의 운영에 관한 사항
　5. 보육교직원의 근무환경 개선에 관한 사항
　6. 영유아의 보육환경 개선에 관한 사항
　7. 어린이집과 지역사회의 협력에 관한 사항
　8. 보육료 외의 필요경비를 받는 경우 제38조에 따른 범위에서 그 수납액 결정에 관한 사항
　9. 그 밖에 어린이집 운영에 대한 제안 및 건의사항
⑤ 어린이집운영위원회는 연간 4회 이상 개최하여야 한다. <신설 2015. 5. 18.>
⑥ 그 밖에 어린이집운영위원회의 설치·운영에 필요한 사항은 보건복지부령으로 정한다. <개정 2015. 5. 18.> [전문개정 2007. 10. 17.] [제목개정 2011. 6. 7.]

　(1) 어린이집운영위원회의 설치 범위 (영 제21조의2)

법 제25조제1항 단서에서 "대통령령으로 정하는 어린이집"이란 법 제10조제6호에 따른 부모협동어린이집을 제외한 모든 어린이집을 말한다. <개정 2011. 12. 8., 2012. 2. 3.> [전문개정 2009. 6. 30.] [제목개정 2011. 12. 8.]

　(2) 어린이집운영위원회의 구성·운영 (규칙 제26조)

① 법 제25조제1항에 따라 설치되는 어린이집운영위원회(이하 "운영위원회"라 한다)의 위원장은 해당 보육교직원이 아닌 위원 중에서 호선(互選)한다. <개정 2011. 12. 8.>
② 운영위원회의 회의는 공개하는 것을 원칙으로 한다.
③ 이 규칙에서 정한 사항 외에 운영위원회의 구성·운영에 필요한 사항은 보건복지부장관이 정한다. <개정 2010. 3. 19.> [전문개정 2009. 7. 3.] [제목개정 2011. 12. 8.]

4. 부모모니터링단

가. 부모모니터링단 (법 제25조의2)

① 시·도지사 또는 시장·군수·구청장은 어린이집 보육환경을 모니터링하고 개선을 위한 컨설팅을 하기 위하여 부모, 보육·보건 전문가로 점검단(이하 이 조에서 "부모모니터링단"이라 한다)을 구성·운영할 수 있다.
② 부모모니터링단은 다음 각 호의 직무를 수행한다.
  1. 어린이집 급식, 위생, 건강 및 안전관리 등 운영상황 모니터링
  2. 어린이집 보육환경 개선을 위한 컨설팅
  3. 그 밖에 보육 관련 사항으로서 보건복지부령으로 정하는 사항
③ 부모모니터링단은 10명 이내로 구성하며 시·도지사 또는 시장·군수·구청장이 위촉한다.
④ 시·도지사 및 시장·군수·구청장은 부모모니터링단으로 위촉된 사람에게 직무 수행에 필요한 교육을 실시할 수 있다.
⑤ 국가와 지방자치단체는 부모모니터링단의 구성·운영 및 교육 등에 필요한 비용의 전부 또는 일부를 예산의 범위에서 지원할 수 있다.
⑥ 부모모니터링단은 제2항 각 호의 직무를 수행하기 위하여 어린이집에 출입할 수 있으며, 이 경우 미리 시·도지사 또는 시장·군수·구청장의 승인을 받아야 한다.
⑦ 부모모니터링단이 제6항에 따른 승인을 받아 어린이집에 출입하는 경우에는 승인서와 신분을 표시하는 증표를 어린이집의 원장 등 관계자에게 내보여야 한다.
⑧ 부모모니터링단은 공무원이 제42조에 따라 어린이집 운영 상황을 조사하기 위하여 어린이집에 출입하는 경우에는 공무원과 함께 어린이집에 출입할 수 있다. 이 경우 시·도지사 또는 시장·군수·구청장의 승인을 생략할 수 있다.
⑨ 제1항부터 제8항까지에 따른 부모모니터링단의 구성·운영, 교육, 비용 지원 및 직무 수행 등에 필요한 세부사항은 보건복지부령으로 정한다.
[본조신설 2013. 6. 4.]

(1) 부모모니터링단의 구성·운영 등 (규칙 제27조)

① 법 제25조의2제2항제3호에서 "보건복지부령으로 정하는 사항"이란 어린이집 운영상황 및 보육환경 개선을 위한 제도 개선 건의를 말한다.
② 시·도지사 및 시장·군수·구청장은 법 제25조의2제3항에 따라 다음 각 호의 어느 하나에 해당하는 사람을 부모모니터링단으로 위촉하여야 한다.

1. 어린이집을 이용하는 영유아의 부모
  2. 보건복지부장관이 정하는 기준에 해당하는 보육·보건전문가
③ 시·도지사 및 시장·군수·구청장은 법 제25조의2제4항에 따라 부모모니터링단으로 위촉된 사람에게 매년 1회 이상 다음 각 호의 내용을 포함한 교육을 실시하여야 한다.
  1. 어린이집 급식 관리에 관한 내용
  2. 영유아 안전 및 건강에 관한 내용
  3. 그 밖에 시·도지사 또는 시장·군수·구청장이 필요하다고 인정하는 보육 관련 내용
④ 법 제25조의2제7항에 따른 승인서와 신분을 표시하는 증표는 각각 별지 제25호서식 및 별지 제26호서식과 같다.
⑤ 부모모니터링단은 직무를 수행할 때 어린이집의 보육활동에 방해가 되지 아니하도록 하여야 하며, 어린이집의 원장은 부모모니터링단의 직무 수행에 협조하여야 한다.
⑥ 시·도지사 또는 시장·군수·구청장은 부모모니터링단의 운영 성과를 평가하여 그 평가 결과를 다음 해 부모모니터링단 구성·운영에 반영할 수 있다.
⑦ 제1항부터 제6항까지에서 규정한 사항 외에 부모모니터링단의 구성, 운영 및 직무 수행 등에 관하여 필요한 사항은 해당 특별시·광역시·특별자치시·도·특별자치도 또는 시·군·구(자치구를 말한다)의 조례로 정한다. [본조신설 2013. 12. 5.]

5. 보호자의 어린이집 참관

가. 보호자의 어린이집 참관 (법 제25조의3)

① 보호자는 영유아의 보육환경·보육내용 등 어린이집의 운영실태를 확인하기 위하여 어린이집 원장에게 어린이집 참관을 요구할 수 있다. 이 경우 어린이집 원장은 특별한 사유가 없으면 이에 따라야 한다.
② 제1항에 따른 참관 기준 및 방법 등에 필요한 사항은 보건복지부령으로 정한다. [본조신설 2015. 5. 18.]

(1) 보호자의 어린이집 참관 방법 (규칙 제27조의2)

① 어린이집의 원장은 법 제25조의3제1항에 따라 보호자가 어린이집 참관을 요구하는 경우에는 보육에 지장이 없는 시간대를 선택하여 참관할 수 있도록

하여야 한다.
② 어린이집의 원장은 어린이집 참관에 필요한 사항을 운영위원회의 심의를 거쳐 정할 수 있다. [본조신설 2015. 9. 18.]

6. 취약보육의 우선 실시 등

가. 취약보육의 우선 실시 등 (법 제26조)

① 국가나 지방자치단체, 사회복지법인, 그 밖의 비영리법인이 설치한 어린이집과 대통령령으로 정하는 어린이집의 원장은 영아·장애아·「다문화가족지원법」 제2조제1호에 따른 다문화가족의 아동 등에 대한 보육(이하 "취약보육"이라 한다)을 우선적으로 실시하여야 한다. <개정 2008. 12. 19., 2011. 6. 7.>
② 보건복지부장관, 시·도지사 및 시장·군수·구청장은 취약보육을 활성화하는 데에 필요한 각종 시책을 수립·시행하여야 한다. <개정 2008. 2. 29., 2010. 1. 18.>
③ 취약보육의 종류와 실시 등에 필요한 사항은 보건복지부령으로 정한다. <개정 2008. 2. 29., 2010. 1. 18.> [전문개정 2007. 10. 17.]

(1) 취약보육의 종류 (규칙 제28조)

① 법 제26조제1항에 따른 취약보육은 다음 각 호의 보육을 포함한다.
  1. 영아 보육: 만 3세 미만의 영아를 대상으로 보육서비스를 제공하는 것
  2. 장애아 보육: 「장애인복지법」 제32조에 따라 장애인으로 등록된 영유아 등에게 보육서비스를 제공하는 것
  3. 다문화아동 보육: 「다문화가족지원법」 제2조제1호에 따른 다문화가족의 영유아 등에게 보육서비스를 제공하는 것
  4. 시간연장형 보육: 기준 보육시간 외에 시간을 연장하여 보육서비스를 제공하는 것
② 취약보육의 정원 책정 등 취약보육에 대한 구체적인 사항은 보건복지부장관이 정한다. <개정 2010. 3. 19.> [전문개정 2009. 7. 3.]

7. 시간제보육 서비스

가. 시간제보육 서비스 (법 제26조의2)

① 국가 또는 지방자치단체는 제34조에 따른 무상보육 및 「유아교육법」 제24조에 따른 무상교육 지원을 받지 아니하는 영유아에 대하여 필요한 경우 시간제보육 서비스를 지원할 수 있다. 이 경우 시간제보육 서비스의 종류, 지원대상, 지원방법, 그 밖에 시간제보육 서비스의 제공에 필요한 사항은 보건복지부령으로 정한다. <개정 2018. 12. 24.>
② 특별자치시장·특별자치도지사·시장·군수·구청장은 다음 각 호의 어느 하나에 해당하는 시설을 시간제보육 서비스를 제공하는 기관(이하 이 조에서 "시간제보육서비스지정기관"이라 한다)으로 지정할 수 있다. <개정 2018. 12. 24.>
  1. 육아종합지원센터
  2. 어린이집
  3. 그 밖에 시간제보육 서비스의 제공이 가능한 시설로서 보건복지부령으로 정하는 시설
③ 보건복지부장관, 시·도지사 또는 시장·군수·구청장은 시간제보육서비스지정기관에 예산의 범위에서 시간제보육 서비스의 제공에 필요한 비용을 보조할 수 있다. <개정 2018. 12. 24.>
④ 시장·군수·구청장은 시간제보육서비스지정기관이 다음 각 호의 어느 하나에 해당하는 경우에는 제2항에 따른 지정을 취소할 수 있다. <개정 2018. 12. 24.>
  1. 시간제보육서비스지정기관이 지급받은 보조금 및 비용을 목적 외의 용도에 사용하였을 경우
  2. 시간제보육서비스지정기관이 거짓이나 그 밖의 부정한 방법으로 보조금 및 비용을 지급받았을 경우
  3. 그 밖에 대통령령으로 정하는 사유가 있는 경우
⑤ 시간제보육서비스지정기관의 안전사고 예방 및 사고에 따른 영유아 생명·신체 등의 피해 보상에 관하여는 제31조의2를 준용한다. 이 경우 "어린이집"은 "시간제보육서비스지정기관"으로, "어린이집의 원장"은 "시간제보육서비스지정기관의 장"으로 본다. <개정 2018. 12. 24.> [본조신설 2013. 6. 4.] [제목개정 2018. 12. 24.]

(1) 시간제보육서비스지정기관 지정 취소의 사유 (영 제21조의3)

법 제26조의2제4항제3호에서 "대통령령으로 정하는 사유"란 다음 각 호의 어느 하나에 해당하는 사유를 말한다. <개정 2019. 6. 4.>
  1. 거짓이나 그 밖의 부정한 방법으로 지정을 받은 경우

2. 법 제26조의2제2항에 따른 시간제보육서비스지정기관(이하 "시간제보육서비스지정기관"이라 한다)의 장 또는 직원이 「아동복지법」 제71조제1항에 따른 처벌을 받은 경우
3. 정당한 사유 없이 지정을 받은 날부터 3개월 이내에 시간제보육 서비스를 제공하지 않은 경우
4. 안전, 위생, 보육환경, 보육과정 운영 및 보육인력의 전문성 등 시간제보육 서비스를 제공하는 데 필요한 요건을 갖추지 못했다고 특별자치시장·특별자치도지사·시장·군수·구청장이 인정한 경우
5. 시간제보육서비스지정기관의 장이 해당 기관을 폐지하거나 정당한 사유 없이 3개월 이상 운영을 중단하는 등 시간제보육 서비스를 제공하는 것이 불가능한 경우
6. 시간제보육서비스지정기관의 장이 지정의 취소를 요청하는 경우

[본조신설 2013. 12. 4.] [제목개정 2019. 6. 4.]
[종전 제21조의3은 제21조의4로 이동 <2013. 12. 4.>]

(2) 시간제보육 서비스 지원 방법 등 (규칙 제28조의2)

① 법 제26조의2제1항에 따른 시간제보육 서비스의 종류는 다음 각 호와 같다. <개정 2019. 6. 12.>
  1. 일반 시간제보육 서비스: 시간 단위로 정기적으로 이용할 수 있으나, 그 이용일 및 이용시간이 별표 8 제2호다목1) 본문에 따른 기준(운영일 및 운영시간)에 못미치는 시간제보육 서비스
  2. 긴급 시간제보육 서비스: 긴급한 시간제보육 서비스 수요가 발생한 경우 비정기적으로 이용할 수 있는 시간제보육 서비스
② 시간제보육 서비스의 지원대상은 생후 6개월 이상의 영유아 중 보건복지부장관이 정하는 영유아로 한다. <개정 2019. 6. 12.>
③ 법 제26조의2제1항에 따라 시간제보육 서비스 지원을 받으려는 영유아의 보호자는 특별자치시장·특별자치도지사·시장·군수·구청장에게 시간제보육 서비스 지원을 신청하여야 한다. <개정 2019. 6. 12.>
④ 특별자치시장·특별자치도지사·시장·군수·구청장은 제3항에 따라 시간제보육 서비스 지원을 신청한 사람 중 제2항에 해당하는 영유아의 보호자에게 시간제보육 서비스 이용권을 지급할 수 있다. <개정 2019. 6. 12.>
⑤ 시간제보육 서비스 이용권의 신청 및 발급 등에 관하여는 제35조의3을 준용한다. <개정 2019. 6. 12.>
⑥ 법 제26조의2제2항제3호에서 "보건복지부령으로 정하는 시설"이란 비영리법인

또는 단체가 설치·운영하는 보육 관련 시설을 말한다.
⑦ 제1항부터 제6항까지에서 규정한 사항 외에 시간제보육 서비스 제공에 관하여 필요한 사항은 보건복지부장관이 정한다. <개정 2019. 6. 12.>
[본조신설 2013. 12. 5.] [제목개정 2019. 6. 12.] [종전 제28조의2는 제28조의3으로 이동 <2013. 12. 5.>]

8. 어린이집 이용대상

가. 어린이집 이용대상 (법 제27조)

어린이집의 이용대상은 보육이 필요한 영유아를 원칙으로 한다. 다만, 필요한 경우 어린이집의 원장은 만 12세까지 연장하여 보육할 수 있다. <개정 2011. 6. 7.> [전문개정 2007. 10. 17.] [제목개정 2011. 6. 7.]

(1) 어린이집 이용대상의 관리 (규칙 제28조의3)

어린이집의 원장은 법 제27조에 따른 어린이집 이용대상을 관리하기 위하여 별지 제17호의2서식의 이용 신청자 명부를 갖추어 두어야 한다. <개정 2012. 8. 17.> [본조신설 2012. 2. 3.] [제28조의2에서 이동 <2013. 12. 5.>]

9. 보육의 우선 제공

가. 보육의 우선 제공 (법 제28조)

① 국가나 지방자치단체, 사회복지법인, 그 밖의 비영리법인이 설치한 어린이집과 대통령령으로 정하는 어린이집의 원장은 다음 각 호의 어느 하나에 해당하는 자가 우선적으로 어린이집을 이용할 수 있도록 하여야 한다. 다만, 「고용정책 기본법」 제40조제2항에 따라 고용촉진시설의 설치·운영을 위탁받은 공공단체 또는 비영리법인이 설치·운영하는 어린이집의 원장은 근로자의 자녀가 우선적으로 어린이집을 이용하게 할 수 있다. <개정 2018. 12. 11.>
  1. 「국민기초생활 보장법」에 따른 수급자
  2. 「한부모가족지원법」 제5조에 따른 보호대상자의 자녀
  3. 「국민기초생활 보장법」 제24조에 따른 차상위계층의 자녀
  4. 「장애인복지법」 제2조에 따른 장애인 중 보건복지부령으로 정하는 장애

정도에 해당하는 자의 자녀
4의2. 「장애인복지법」 제2조에 따른 장애인 중 보건복지부령으로 정하는 장애 정도에 해당하는 자가 형제자매인 영유아
5. 「다문화가족지원법」 제2조제1호에 따른 다문화가족의 자녀
6. 「국가유공자 등 예우 및 지원에 관한 법률」 제4조제1항에 따른 국가유공자 중 제3호의 전몰군경, 제4호·제6호·제12호·제15호·제17호의 상이자로서 보건복지부령으로 정하는 자, 제5호·제14호·제16호의 순직자의 자녀
7. 제1형 당뇨를 가진 경우로서 의학적 조치가 용이하고 일상생활이 가능하여 보육에 지장이 없는 영유아
8. 그 밖에 소득수준 및 보육수요 등을 고려하여 보건복지부령으로 정하는 자의 자녀

② 사업주는 사업장 근로자의 자녀가 우선적으로 직장어린이집을 이용할 수 있도록 하여야 한다. <개정 2011. 6. 7.>

③ 제1항에 따른 보육의 우선제공 대상에 대한 적용 방법·기준 등에 필요한 사항은 보건복지부령으로 정한다. <신설 2017. 3. 14.> [전문개정 2007. 10. 17.]

(1) 보육의 우선 제공 (영 제21조의4)

법 제28조 각 호 외의 부분 본문에서 "대통령령으로 정하는 어린이집"이란 법 제10조제3호, 제5호 및 제7호에 따른 법인·단체등어린이집, 가정어린이집 및 민간어린이집을 말한다. [본조신설 2012. 6. 29.] [제21조의3에서 이동 , 종전 제21조의4는 제21조의5로 이동 <2013. 12. 4.>]

(2) 보육의 우선 제공 (규칙 제29조)

① 법 제28조제1항제4호에서 "보건복지부령으로 정하는 장애등급 이상에 해당하는 자" 및 같은 항 제4호의2에서 "보건복지부령으로 정하는 장애 정도에 해당하는 자"란 「장애인복지법 시행규칙」 별표 1에 따른 장애의 정도가 심한 장애인을 말한다. <개정 2019. 6. 12.>

② 법 제28조제1항제6호에서 "보건복지부령으로 정하는 자"란 「국가유공자 등 예우 및 지원에 관한 법률 시행령」 별표 3에 따른 상이등급 중 1급부터 3급까지의 상이등급에 해당하는 사람을 말한다. <신설 2017. 9. 15.>

③ 법 제28조제1항제8호에서 "보건복지부령으로 정하는 자의 자녀"란 다음 각 호의 영유아를 말한다. <개정 2017. 9. 15.>
1. 「아동복지법」 제52조에 따른 아동복지시설에서 생활 중인 영유아

2. 부모가 모두 취업 중이거나 취업을 준비(보건복지부장관이 인정하는 경우로 한정한다) 중인 영유아
3. 삭제 <2011. 12. 8.>
4. 자녀가 3명 이상인 가구의 영유아 또는 영유아인 자녀가 2명 이상인 가구의 영유아
5. 산업단지 입주기업체 및 지원기관 근로자의 자녀로서 산업단지에 설치된 어린이집을 이용하는 영유아
6. 법인·단체 등이 부지 또는 건물을 국가 또는 지방자치단체에 기부채납하거나 무상임대하여 국공립어린이집으로 운영하는 경우 해당 법인·단체 등의 근로자 자녀로서 그 어린이집을 이용하는 영유아
7. 「주택법」 제2조제3호에 따른 공동주택에 「주택건설기준 등에 관한 규정」 제55조의2제3항에 따라 설치하여야 하는 어린이집의 부지 또는 건물을 국가 또는 지방자치단체에 기부채납하거나 무상임대하여 국공립어린이집으로 운영하는 경우 해당 공동주택의 거주자 자녀로서 그 어린이집을 이용하는 영유아

④ 법 제28조제1항에 따른 보육의 우선 제공 대상에 대한 적용 방법 및 기준은 별표 8의3과 같다. <신설 2017. 9. 15.> [전문개정 2009. 7. 3.]

10. 보육과정

가. 보육과정 (법 제29조)

① 보육과정은 영유아의 신체·정서·언어·사회성 및 인지적 발달을 도모할 수 있는 내용을 포함하여야 한다.
② 보건복지부장관은 표준보육과정을 개발·보급하여야 하며 필요하면 그 내용을 검토하여 수정·보완하여야 한다. <개정 2008. 2. 29., 2010. 1. 18.>
③ 어린이집의 원장은 제2항의 표준보육과정에 따라 영유아를 보육하도록 노력하여야 한다. <개정 2011. 6. 7.>
④ 어린이집의 원장은 보호자의 동의를 받아 일정 연령 이상의 영유아에게 보건복지부령으로 정하는 특정한 시간대에 한정하여 보육과정 외에 어린이집 내외에서 이루어지는 특별활동프로그램(이하 "특별활동"이라 한다)을 실시할 수 있다. 이 경우 어린이집의 원장은 특별활동에 참여하지 아니하는 영유아를 위하여 특별활동을 대체할 수 있는 프로그램을 함께 마련하여야 한다. <신설 2013. 8. 13.>
⑤ 제1항에 따른 보육과정, 제4항에 따른 특별활동 대상 영유아의 연령 및 특별

활동의 내용 등에 필요한 사항은 보건복지부령으로 정한다. <개정 2008. 2. 29., 2010. 1. 18., 2013. 8. 13.> [전문개정 2007. 10. 17.]

(1) 보육과정 (규칙 제30조)

법 제29조제2항에 따른 표준보육과정은 별표 8의4와 같다. 다만, 영 제22조제1항제1호에 따른 공통의 보육·교육 과정의 내용은 보건복지부장관과 교육부장관이 협의하여 정하는 바에 따른다. <개정 2012. 2. 3., 2013. 3. 23., 2014. 3. 7., 2017. 9. 15.> [전문개정 2009. 7. 3.]

(2) 특별활동프로그램 (규칙 제30조의2)

① 법 제29조제4항 전단에서 "보건복지부령으로 정하는 특정한 시간대"란 낮 12시부터 오후 6시까지를 말한다.
② 어린이집의 원장은 보호자의 동의를 받아 24개월 이상의 영유아에 한하여 특별활동프로그램을 실시할 수 있다. 다만, 다음 각 호의 요건에 모두 해당하는 경우에는 운영위원회의 심의를 거쳐 18개월 이상 24개월 미만의 영유아에게도 특별활동프로그램을 실시할 수 있다.
  1. 18개월 이상 24개월 미만의 영유아가 24개월 이상의 영유아와 함께 보육을 받고 있을 것
  2. 18개월 이상 24개월 미만의 영유아의 보호자의 요청이 있을 것
③ 특별활동프로그램의 내용은 법 제29조제2항에 따른 표준보육과정에서 제공하지 아니하는 내용으로서 다음 각 호의 어느 하나에 해당하는 분야에서 영유아를 건강한 사회 구성원으로 육성하는 데에 필요한 내용이어야 한다.
  1. 음악·미술·체육 등 예체능 분야
  2. 외국어 등 언어 분야
  3. 수리·과학 등 창의 분야
  4. 그 밖에 보건복지부장관이 정하여 고시하는 분야
④ 제2항 각 호 외의 부분 본문에 따른 보호자의 동의 및 같은 항 제2호에 따른 보호자의 요청은 별지 제17호의3서식에 따른다.
[본조신설 2014. 3. 7.]

11. 어린이집 생활기록 (법 제29조의2)

어린이집의 원장은 영유아 생활지도 및 초등학교 교육과의 연계 지도에 활용할

수 있도록 영유아의 발달상황 등을 종합적으로 관찰·평가하여 보건복지부장관이 정하는 기준에 따라 생활기록부를 작성·관리하여야 한다. <개정 2011. 6. 7.> [전문개정 2007. 10. 17.] [제목개정 2011. 6. 7.]

12. 어린이집 평가

가. 어린이집 평가 (법 제30조)

① 보건복지부장관은 영유아의 안전과 보육서비스의 질 향상을 위하여 어린이집의 보육환경, 보육과정 운영, 보육인력의 전문성 및 이용자 만족도 등에 대하여 정기적으로 평가를 실시하여야 한다.
② 보건복지부장관은 제1항에 따른 평가 결과에 따라 어린이집 보육서비스의 관리, 보육사업에 대한 재정적·행정적 지원 등 필요한 조치를 할 수 있다.
③ 보건복지부장관은 제1항에 따른 어린이집 평가등급 등 평가 결과를 공표하여야 한다.
④ 보건복지부장관은 제1항에 따라 평가를 받은 어린이집에 다음 각 호의 어느 하나에 해당하는 사유가 발생한 경우에는 그 평가등급을 최하위등급으로 조정하여야 한다.
　1. 거짓이나 그 밖의 부정한 방법으로 평가를 받은 경우
　2. 어린이집의 설치·운영자가 이 법을 위반하여 금고 이상의 형을 선고받고 그 형이 확정된 경우
　3. 제40조제2호 또는 제3호에 따라 보조금의 반환명령을 받았거나 제45조, 제45조의2 또는 제46조부터 제48조까지의 규정에 따른 행정처분을 받은 경우로서 보건복지부령으로 정하는 경우
　4. 어린이집의 대표자 또는 보육교직원이 「아동복지법」 제17조를 위반하거나 「아동·청소년의 성보호에 관한 법률」 제2조제2호의 아동·청소년대상 성범죄를 저지른 경우
⑤ 보건복지부장관은 제1항에 따라 평가를 받은 어린이집의 보육서비스의 질 관리를 위하여 필요한 경우 확인점검을 실시하여 제1항의 평가등급을 조정할 수 있다.
⑥ 제1항, 제3항 및 제5항에 따른 평가시기 및 방법, 확인점검의 대상 및 방법, 그에 따른 평가등급 결정·조정, 평가결과 공표의 내용 및 방법 등 필요한 사항은 보건복지부령으로 정한다. [전문개정 2018. 12. 11.]

(1) 평가의 실시 (규칙 제31조)

① 보건복지부장관은 법 제30조제1항에 따른 평가(이하 "평가"라 한다)를 3년마다 실시해야 한다. 다만, 다음 각 호의 어느 하나에 해당하는 경우에는 평가 주기를 조정할 수 있다. <개정 2019. 6. 12.>
   1. 양도, 상속 또는 합병, 장기임차, 매입 등으로 어린이집의 대표자가 변경되는 경우
   2. 어린이집의 운영이 6개월 이상 중단되는 경우
   3. 어린이집의 소재지가 변경되는 경우
   4. 평가결과가 우수하거나 미흡한 경우 등 평가 주기의 조정이 필요하다고 보건복지부장관이 정하는 경우
② 보건복지부장관은 현장평가, 서면평가, 면담 등의 방법으로 평가를 실시하고, 평가에 필요한 서류의 제출을 평가 대상인 어린이집의 대표자에게 요구할 수 있다. <개정 2019. 6. 12.>
③ 보건복지부장관은 법 제6조제1항에 따른 중앙보육정책위원회의 심의를 거쳐 평가지표를 정하고 이에 따라 평가를 실시한다. 이 경우 평가지표에는 어린이집의 보육환경, 보육과정 운영, 보육인력의 전문성 및 이용자 만족도 등이 포함되어야 한다. <개정 2019. 6. 12.>
④ 평가의 절차 및 서식 등에 관한 구체적인 사항은 보건복지부장관이 정한다. <개정 2010. 3. 19., 2013. 8. 5., 2019. 6. 12.> [전문개정 2009. 7. 3.] [제목개정 2019. 6. 12.]

(2) 평가등급의 조정 (규칙 제32조)

법 제30조제4항제3호에서 "보건복지부령으로 정하는 경우"란 다음 각 호의 어느 하나에 해당하는 경우를 말한다.
   1. 어린이집의 설치·운영자가 300만원 이상의 비용 및 보조금 반환명령을 받은 경우
   2. 어린이집의 설치·운영자가 6개월 이상의 운영정지 또는 이를 갈음하여 과징금 부과처분을 받은 경우
   3. 어린이집의 원장 또는 보육교사가 자격정지 6개월 이상의 처분을 받은 경우 [전문개정 2019. 6. 12.]

(3) 확인점검 (규칙 제32조의2)

① 보건복지부장관은 법 제30조제5항에 따라 확인점검을 실시하는 경우에는 현

장점검, 서면점검, 면담 등의 방법으로 점검을 실시하고, 점검에 필요한 서류의 제출을 점검 대상인 어린이집의 대표자에게 요구할 수 있다.
② 법 제30조제4항에 따라 최하위등급으로 조정한 경우는 같은 조 제5항에 따른 평가등급 조정의 대상에서 제외된다.
③ 법 제30조제5항에 따른 평가등급 조정의 절차는 보건복지부장관이 정한다.
[전문개정 2019. 6. 12.]

(4) 평가 결과의 공표 (규칙 제32조의3)

① 보건복지부장관은 법 제30조제3항에 따라 다음 각 호의 사항을 공표한다.
  1. 제31조제1항에 따른 평가의 결과
  2. 공표일 이전 10년 동안의 평가 이력
  3. 법 제30조제4항 및 제5항에 따라 평가등급이 조정된 경우 조정된 평가등급
  4. 그 밖에 전국 어린이집에 대한 평가 결과를 비교·확인하는 데 필요하다고 보건복지부장관이 인정하는 사항
② 보건복지부장관은 제1항 각 호의 사항을 보건복지부, 법 제7조에 따른 육아종합지원센터, 법 제51조의2제1항제4호 및 영 제26조의2제1항에 따라 평가에 관한 업무를 위탁받은 기관이나 단체의 인터넷 홈페이지 등에 공표한다.
③ 보건복지부장관은 제1항 각 호의 사항을 공표하기 전에 공표 대상자에게 같은 항 제1호의 사항을 통지하여 소명자료를 제출하거나 의견을 진술할 수 있는 기회를 줄 수 있다. [전문개정 2019. 6. 12.]

제5장 건강·영양 및 안전

1. 건강관리 및 응급조치

가. 건강관리 및 응급조치 (법 제31조)

① 어린이집의 원장은 영유아와 보육교직원에 대하여 정기적으로 건강진단을 실시하고, 영유아의 건강진단 실시여부를 제29조의2에 따른 어린이집 생활기록부에 기록하여 관리하는 등 건강관리를 하여야 한다. 다만, 보호자가 별도로 건강검진을 실시하고 그 검진결과 통보서를 제출한 영유아에 대해서는 건강진단을 생략할 수 있다. <개정 2011. 6. 7., 2017. 3. 14.>

② 어린이집의 원장은 영유아에게 질병·사고 또는 재해 등으로 인하여 위급 상태가 발생한 경우 즉시 응급의료기관에 이송하여야 한다. <개정 2011. 6. 7.>
③ 제1항에 따른 건강진단의 구체적인 기준과 내용 등 필요한 사항은 보건복지부령으로 정한다. <개정 2017. 3. 14.> [전문개정 2007. 10. 17.]

(1) 건강진단 (규칙 제33조)

① 법 제31조제1항에 따라 어린이집의 원장은 보육하고 있는 영유아 및 보육교직원에 대하여 1년에 한 번 이상 건강진단을 실시하여야 한다. <개정 2011. 12. 8., 2015. 9. 18., 2017. 9. 15.>
② 제1항에 따른 영유아 및 보육교직원에 대한 건강진단 항목은 「국민건강보험법」 제52조, 같은 법 시행령 제25조제7항 및 「의료급여법」 제14조제2항에 따라 보건복지부장관이 고시하는 기준에 따르되, 보육교직원의 건강진단 항목에는 결핵 등 전염성 질환에 관한 항목이 포함되어야 한다. <개정 2017. 9. 15.>
③ 제1항에 따른 영유아 및 보육교직원에 대한 건강진단은 다음 각 호의 기관에서 실시하여야 한다. <개정 2017. 9. 15.>
  1. 「의료법」 제3조에 따른 의료기관
  2. 「지역보건법」 제10조에 따른 보건소(보건의료원을 포함한다) 중 「건강검진기본법」 제14조에 따라 보건복지부장관의 지정을 받은 검진기관
④ 어린이집의 원장은 제1항에 따라 건강진단을 실시한 결과 치료가 필요한 영유아에 대해서는 그 보호자와 협의하여 필요한 조치를 하여야 한다. <개정 2011. 12. 8.>
⑤ 어린이집의 원장은 제1항에 따른 건강진단을 실시한 결과 전염성 질환에 감염된 것으로 밝혀지거나 의심되는 영유아 및 어린이집 거주자를 어린이집으로부터 격리시키고, 전염성 질환에 감염된 것으로 밝혀지거나 의심되는 보육교직원을 즉시 휴직시키거나 면직시키는 등의 조치를 하여야 한다. <개정 2011. 12. 8.> [전문개정 2009. 7. 3.]

2. 어린이집 안전공제사업 등

가. 어린이집 안전공제사업 등 (법 제31조의2)

① 어린이집 상호 간의 협동조직을 통하여 어린이집의 안전사고를 예방하고 어린이집 안전사고로 인하여 생명·신체 또는 재산상의 피해를 입은 영유아 및

보육교직원 등에 대한 보상을 하기 위하여 보건복지부장관의 허가를 받아 어린이집 안전공제사업(이하 "공제사업"이라 한다)을 할 수 있다. <개정 2010. 1. 18., 2011. 6. 7., 2011. 8. 4.>
② 공제사업을 위하여 설립되는 어린이집 안전공제회(이하 "공제회"라 한다)는 법인으로 하며, 주된 사무소의 소재지에 설립등기를 함으로써 성립한다. <개정 2011. 6. 7.>
③ 어린이집의 원장은 공제회의 가입자가 된다. <개정 2011. 8. 4.>
④ 공제회에 가입한 어린이집의 원장은 공제사업의 수행에 필요한 출자금과 다음 각 호의 공제료 등을 공제회에 납부하여야 한다. 다만, 제2호와 제3호의 공제료는 어린이집의 원장이 선택하여 납부할 수 있다. <신설 2011. 8. 4.>
  1. 영유아의 생명·신체에 대한 피해를 보상하기 위한 공제료
  2. 보육교직원 등의 생명·신체에 대한 피해를 보상하기 위한 공제료
  3. 어린이집의 재산상의 피해를 보상하기 위한 공제료
⑤ 공제회의 기본재산은 회원의 출자금 등으로 조성한다. 다만, 보건복지부장관은 공제회의 주된 사무소의 설치 및 운영에 필요한 비용의 일부를 지원할 수 있다. <개정 2010. 1. 18., 2011. 8. 4.>
⑥ 공제회의 회원자격, 임원에 관한 사항 및 출자금의 부담기준에 관한 사항은 정관으로 정한다. <개정 2011. 8. 4.>
⑦ 공제회의 설립허가 기준 및 절차, 정관기재사항, 운영 및 감독 등에 관하여 필요한 사항은 대통령령으로 정한다. <개정 2011. 8. 4.>
⑧ 공제회는 공제사업의 범위, 공제료, 공제사업에 충당하기 위한 책임준비금 등 공제사업의 운영에 관하여 필요한 사항을 포함한 공제규정을 정하여 보건복지부장관의 허가를 받아야 한다. 공제규정을 변경하고자 하는 때에도 또한 같다. <개정 2010. 1. 18., 2011. 8. 4.>
⑨ 공제회에 관하여 이 법에 규정된 것을 제외하고는 「민법」 중 재단법인에 관한 규정을 준용한다. <개정 2011. 8. 4.>
⑩ 이 법에 따른 공제회의 사업에 대하여는 「보험업법」을 적용하지 아니한다. <개정 2011. 8. 4.>
⑪ 어린이집의 원장이 제4항제3호의 공제료를 납부하는 경우 「사회복지사업법」 제34조의3에 따른 보험가입의무를 이행한 것으로 본다. <신설 2011. 8. 4., 2018. 12. 24.> [본조신설 2008. 12. 19.] [제목개정 2011. 6. 7.]

(1) 어린이집 안전공제회의 설립허가 (영 제21조의5)

① 법 제31조의2제2항에 따른 어린이집 안전공제회(이하 "공제회"라 한다)를 설립

하려는 때에는 8명 이상이 발기인이 되어 정관 및 공제규정을 작성한 후 보건복지부장관에게 허가를 신청하여야 한다. <개정 2010. 3. 15., 2011. 12. 8.>
② 보건복지부장관은 제1항에 따른 허가를 한 때에는 이를 공고하여야 한다. <개정 2010. 3. 15.> [본조신설 2009. 6. 30.] [제목개정 2011. 12. 8.]
[제21조의4에서 이동 , 종전 제21조의5는 제21조의6으로 이동 <2013. 12. 4.>]

(2) 공제회의 정관기재사항 (영 제21조의6)

① 법 제31조의2제6항에 따른 공제회의 정관기재사항은 다음 각 호와 같다. <개정 2011. 12. 8.>
   1. 목적
   2. 명칭
   3. 주된 사무소의 소재지
   4. 사업에 관한 사항
   5. 출자금의 부담기준에 관한 사항
   6. 회원의 자격 등에 관한 사항
   7. 임원 및 직원에 관한 사항
   8. 이사회에 관한 사항
   9. 어린이집 안전공제사업의 보상 심사에 관한 사항
   10. 자산 및 회계에 관한 사항
   11. 정관 변경에 관한 사항
   12. 내부 규정의 제정·개정 및 폐지에 관한 사항
   13. 공고의 방법에 관한 사항
② 공제회는 정관을 변경하려면 보건복지부장관의 인가를 받아야 한다. <개정 2010. 3. 15.> [본조신설 2009. 6. 30.] [제21조의5에서 이동 , 종전 제21조의6은 제21조의7로 이동 <2013. 12. 4.>]

(3) 공제회의 운영 및 감독 (영 제21조의7)

① 공제회는 매 사업연도의 사업계획서와 예산서를 작성하여 해당 사업연도가 시작되기 1개월 전에 보건복지부장관에게 제출하여야 하며, 매 사업연도의 결산서를 작성하여 해당 사업연도가 끝난 후 2개월 이내에 보건복지부장관에게 제출하여야 한다. <개정 2010. 3. 15.>
② 보건복지부장관은 공제회의 사업에 관한 보고를 명하거나 사업 또는 재산 상

황을 지도·감독할 수 있고, 필요하다고 인정하는 경우에는 시정을 요구할 수 있다. <개정 2010. 3. 15.> [본조신설 2009. 6. 30.] [제21조의6에서 이동 , 종전 제21조의7은 제21조의8로 이동 <2013. 12. 4.>]

(4) 민감정보 및 고유식별정보의 처리 (영 제26조의3)

① 보건복지부장관(제26조 및 제26조의2에 따라 보건복지부장관의 권한을 위임·위탁받은 자를 포함한다) 또는 지방자치단체의 장(해당 권한이 위임·위탁된 경우에는 그 권한을 위임·위탁받은 자를 포함한다)은 다음 각 호의 사무를 수행하기 위하여 불가피한 경우 「개인정보 보호법」 제23조에 따른 건강에 관한 정보, 같은 법 시행령 제18조제2호에 따른 범죄경력자료에 해당하는 정보, 같은 영 제19조제1호, 제2호 또는 제4호에 따른 주민등록번호, 여권번호 또는 외국인등록번호가 포함된 자료를 처리할 수 있다. <개정 2019. 6. 4.>
 1. 법 제7조에 따른 육아종합지원센터의 설치·운영, 위탁 및 위탁 취소에 관한 사무
 2. 법 제8조에 따른 보육에 관한 연구와 정보 제공 등에 관한 사무
 3. 법 제9조에 따른 보육 실태 조사에 관한 사무
 4. 법 제13조 및 제14조에 따른 어린이집의 설치인가 및 변경인가에 관한 사무
 5. 법 제19조에 따른 보육교직원의 임면 및 경력 등의 관리에 관한 사무
 6. 법 제21조 및 제22조에 따른 어린이집의 원장 또는 보육교사의 자격검정 및 자격증 교부에 관한 사무
 7. 법 제21조제2항제2호에 따른 교육훈련시설의 지정, 지정 취소 및 교육과정 운영 등에 관한 사무
 8. 법 제23조 및 제23조의2에 따른 보수교육에 관한 사무
 9. 법 제23조의3에 따른 교육명령에 관한 사무
 10. 법 제24조에 따른 국공립어린이집의 운영 위탁 등에 관한 사무
 11. 법 제25조의2에 따른 부모모니터링단의 운영에 관한 사무
 12. 법 제26조의2에 따른 시간제보육 서비스의 제공 및 지원에 관한 사무
 13. 법 제27조에 따른 어린이집 이용대상의 관리에 관한 사무
 14. 법 제28조에 따른 보육의 우선 제공에 관한 사무
 15. 법 제29조에 따른 표준보육과정의 개발·보급 등에 관한 사무
 16. 법 제30조에 따른 어린이집 평가에 관한 사무
 17. 법 제34조에 따른 무상보육에 관한 사무
 18. 법 제34조의2에 따른 양육수당 지원에 관한 사무

19. 법 제34조의3에 따른 보육서비스 이용권의 지급 및 이용에 관한 사무
20. 법 제36조에 따른 보육사업에 드는 비용의 보조에 관한 사무
21. 법 제40조에 따른 비용 및 보조금의 반환에 관한 사무
22. 법 제40조의2에 따른 비용 지원액의 환수에 관한 사무
23. 법 제43조에 따른 어린이집의 폐지·휴지 및 재개에 관한 사무
24. 법 제44조에 따른 시정 또는 변경 명령에 관한 사무
25. 법 제45조에 따른 어린이집 운영정지 및 폐쇄에 관한 사무
26. 법 제45조의2에 따른 과징금의 부과·징수에 관한 사무
27. 법 제46조부터 제48조까지의 규정에 따른 어린이집의 원장 및 보육교사의 자격정지 및 자격취소에 관한 사무
28. 법 제49조의2에 따른 어린이집 정보의 공시에 관한 사무
29. 법 제49조의3에 따른 위반사실의 공표에 관한 사무

② 어린이집을 설치·운영하는 자는 다음 각 호의 사무를 수행하기 위하여 불가피한 경우 「개인정보 보호법 시행령」 제19조제1호 또는 제4호에 따른 주민등록번호 또는 외국인등록번호가 포함된 자료를 처리할 수 있다. <신설 2015. 9. 15.>

1. 법 제15조의5에 따른 영상정보의 열람 등에 관한 사무
2. 법 제19조제2항에 따른 보육교직원의 임면에 관한 사무
3. 법 제27조에 따른 어린이집 이용대상의 관리에 관한 사무
4. 법 제28조에 따른 보육의 우선 제공에 관한 사무

③ 공제회는 법 제31조의2제1항에 따른 어린이집 안전공제사업에 관한 사무를 수행하기 위하여 불가피한 경우 해당 영유아의 보호자 등의 동의를 받아 「개인정보 보호법 시행령」 제19조제1호 또는 제4호에 따른 주민등록번호 또는 외국인등록번호가 포함된 자료를 처리할 수 있다. <개정 2015. 9. 15.>

[전문개정 2014. 12. 30.]

(5) 규제의 재검토 (영 제26조의4)

보건복지부장관은 다음 각 호의 사항에 대하여 다음 각 호의 기준일을 기준으로 3년마다(매 3년이 되는 해의 기준일과 같은 날 전까지를 말한다) 그 타당성을 검토하여 개선 등의 조치를 하여야 한다. <개정 2015. 9. 15., 2019. 6. 4.>

1. 제25조의4 및 별표 1의4에 따른 과징금의 산정기준: 2015년 1월 1일
2. 제27조 및 별표 2에 따른 과태료의 부과기준: 2014년 1월 1일

[전문개정 2014. 12. 30.]

3. 예방접종 여부의 확인 (법 제31조의3)

① 어린이집의 원장은 영유아에 대하여 매년 정기적으로 「감염병의 예방 및 관리에 관한 법률」 제33조의2에 따른 예방접종통합관리시스템을 활용하여 영유아의 예방접종에 관한 사실을 확인하여야 한다. 다만, 영유아에 대하여 최초로 보육을 실시하는 경우에는 보육을 실시한 날부터 30일 이내에 확인하여야 한다. <개정 2018. 12. 24.>
② 어린이집의 원장은 제1항에 따른 확인 결과 예방접종을 받지 아니한 영유아에게는 필요한 예방접종을 받도록 보호자를 지도할 수 있으며, 필요한 경우 관할 보건소장에게 예방접종 지원 등의 협조를 요청할 수 있다.
③ 어린이집의 원장은 영유아의 예방접종 여부 확인 및 관리를 위하여 제29조의2에 따른 어린이집 생활기록에 예방접종 여부 및 내역에 관한 사항을 기록하여 관리하여야 한다. [본조신설 2011. 8. 4.]

4. 치료 및 예방조치 (법 제32조)

① 어린이집의 원장은 제31조에 따른 건강진단 결과 질병에 감염되었거나 감염될 우려가 있는 영유아에 대하여 그 보호자와 협의하여 질병의 치료와 예방에 필요한 조치를 하여야 한다. <개정 2011. 6. 7.>
② 어린이집의 원장은 제31조에 따른 건강진단의 결과나 그 밖에 의사의 진단 결과 감염병에 감염 또는 감염된 것으로 의심되거나 감염될 우려가 있는 영유아, 어린이집 거주자 및 보육교직원을 보건복지부령으로 정하는 바에 따라 어린이집으로부터 격리시키는 등 필요한 조치를 할 수 있다. <신설 2011. 8. 4.>
③ 어린이집의 원장은 제1항의 조치를 위하여 필요하면 「지역보건법」 제10조와 제13조에 따른 보건소 및 보건지소, 「의료법」 제3조에 따른 의료기관에 협조를 구할 수 있다. <개정 2011. 6. 7., 2011. 8. 4., 2015. 5. 18.>
④ 제2항에 따라 협조를 요청받은 보건소·보건지소 및 의료기관의 장은 적절한 조치를 취하여야 한다. <개정 2011. 8. 4.>
⑤ 어린이집의 원장은 간호사(간호조무사를 포함한다)로 하여금 영유아가 의사의 처방, 지시에 따라 투약행위를 할 때 이를 보조하게 할 수 있다. 이 경우 어린이집의 원장은 보호자의 동의를 받아야 한다. <신설 2016. 2. 3.>

5. 급식 관리

가. 급식 관리 (법 제33조)

어린이집의 원장은 영유아에게 보건복지부령으로 정하는 바에 따라 균형 있고 위생적이며 안전한 급식을 하여야 한다. <개정 2008. 2. 29., 2010. 1. 18., 2011. 6. 7.> [전문개정 2007. 10. 17.]

(1) 급식 관리 (규칙 제34조)

법 제33조에 따른 급식 관리의 기준은 별표 8 제3호나목과 같다. [전문개정 2012. 2. 3.]

6. 어린이집 차량안전관리 (법 제33조의2)

어린이집의 원장은 영유아의 통학을 위하여 차량을 운영하는 경우 「도로교통법」 제52조에 따라 미리 어린이통학버스로 관할 경찰서장에게 신고하여야 한다. [본조신설 2013. 8. 13.]

제6장 비 용

1. 무상보육

가. 무상보육 (법 제34조)

① 국가와 지방자치단체는 영유아에 대한 보육을 무상으로 하되, 그 내용 및 범위는 대통령령으로 정한다.
② 국가와 지방자치단체는 장애아 및 「다문화가족지원법」 제2조제1호에 따른 다문화가족의 자녀의 무상보육에 대하여는 대통령령으로 정하는 바에 따라 그 대상의 여건과 특성을 고려하여 지원할 수 있다.
③ 제1항에 따른 무상보육 실시에 드는 비용은 대통령령으로 정하는 바에 따라 국가나 지방자치단체가 부담하거나 보조하여야 한다.
④ 보건복지부장관은 어린이집 표준보육비용 등을 조사하고 그 결과를 바탕으로 예산의 범위에서 관계 행정기관의 장과 협의하여 제3항에 따른 국가 및 지방

자치단체가 부담하는 비용을 정할 수 있다.
⑤ 국가와 지방자치단체는 자녀가 2명 이상인 경우에 대하여 추가적으로 지원할 수 있다.
⑥ 제12조제1항 후단에도 불구하고 국가와 지방자치단체는 제1항 및 제2항에 따른 무상보육을 받으려는 영유아와 장애아 및 다문화가족의 자녀를 보육하기 위하여 필요한 어린이집을 설치·운영하여야 한다. <개정 2018. 12. 24.>
⑦ 보건복지부장관은 제4항에 따른 표준보육비용을 결정하기 위하여 필요한 조사를 3년마다 실시하며, 조사 결과를 바탕으로 제6조에 따른 중앙보육정책위원회의 심의를 거쳐 표준보육비용을 결정하여야 한다. <신설 2019. 1. 15.>
⑧ 제7항에 따른 조사의 방법과 내용 등에 필요한 사항은 보건복지부령으로 정한다. <신설 2019. 1. 15.> [전문개정 2013. 1. 23.]

(1) 무상보육의 내용 및 범위 등 (영 제22조)

① 법 제34조제1항에 따른 영유아(영유아인 장애아 및 「다문화가족지원법」 제2조제1호에 따른 다문화가족의 자녀 중 영유아를 포함한다) 무상보육은 다음 각 호의 영유아를 대상으로 실시한다. <개정 2013. 2. 28., 2013. 3. 23.>
  1. 매년 1월 1일 현재 만 3세 이상인 영유아: 어린이집에서 법 제29조에 따른 보육과정 중 보건복지부장관과 교육부장관이 협의하여 정하는 공통의 보육·교육과정(이하 "공통과정"이라 한다)을 제공받는 경우. 다만, 1월 2일부터 3월 1일까지의 기간 중에 만 3세가 된 영유아로서 어린이집에서 공통과정을 제공받는 경우를 포함한다.
  2. 매년 1월 1일 현재 만 3세 미만인 영유아: 어린이집에서 법 제29조에 따른 보육과정(공통과정은 제외한다)을 제공받는 경우
② 제1항에도 불구하고 법 제34조제2항에 따라 장애아는 어린이집에서 법 제29조에 따른 보육과정을 제공받는 경우 만 12세까지 무상보육을 실시할 수 있다. <신설 2013. 2. 28.>
③ 제1항 및 제2항에서 규정한 사항 외에 무상보육의 실시에 필요한 사항은 보건복지부장관이 정한다. <개정 2013. 2. 28.> [전문개정 2011. 9. 30.] [제목개정 2013. 2. 28.]

(2) 무상보육 실시 비용 (영 제23조)

① 법 제34조제3항에 따라 제22조제1항제1호의 영유아 무상보육 실시에 드는 비용은 예산의 범위에서 부담하되, 「지방교육재정교부금법」에 따른 보통교부

금으로 부담한다. 다만, 법률 제14395호 유아교육지원특별회계법 부칙 제2조에 따른 유효기간까지는 같은 법 제2조에 따른 유아교육지원특별회계에서 부담한다. <개정 2013. 2. 28., 2016. 12. 30.>
② 법 제34조제3항에 따라 제22조제1항제2호의 영유아 무상보육 및 같은 조 제2항의 장애아 무상보육 실시에 드는 비용은 「보조금 관리에 관한 법률 시행령」 제4조 및 별표 1에 따른 영유아 보육사업에 대한 지원 비율에 따라 국가와 지방자치단체가 부담한다. <개정 2011. 10. 26., 2013. 2. 28.>
③ 무상보육 실시 비용의 지원 방법 및 절차 등 구체적인 사항은 보건복지부장관이 정한다. [전문개정 2011. 9. 30.]

2. 양육수당

가. 양육수당 (법 제34조의2)

① 국가와 지방자치단체는 어린이집이나 「유아교육법」 제2조에 따른 유치원을 이용하지 아니하는 영유아에 대하여 영유아의 연령을 고려하여 양육에 필요한 비용을 지원할 수 있다. <개정 2011. 6. 7., 2018. 12. 24.>
② 제1항에 따른 영유아가 제26조의2에 따른 시간제보육 서비스를 이용하는 경우에도 그 영유아에 대하여는 제1항에 따른 양육에 필요한 비용을 지원할 수 있다. <신설 2013. 6. 4., 2018. 12. 24.>
③ 국가와 지방자치단체는 제1항에 따라 양육에 필요한 비용을 지원받는 영유아가 90일 이상 지속하여 해외에 체류하는 경우에는 그 기간 동안 양육에 필요한 비용의 지원을 정지한다. <신설 2015. 5. 18.>
④ 보건복지부장관 및 지방자치단체의 장은 제3항에 따라 양육수당의 지급을 정지하는 경우 서면으로 그 이유를 분명하게 밝혀 영유아의 보호자에게 통지하여야 한다. <신설 2015. 5. 18.>
⑤ 제1항에 따른 비용 지원의 대상·기준 등에 대하여 필요한 사항은 대통령령으로 정한다. <개정 2013. 6. 4., 2015. 5. 18.> [본조신설 2008. 12. 19.]

(1) 양육수당 지원의 대상 및 기준 등 (영 제23조의2)

① 국가와 지방자치단체는 법 제34조의2제1항에 따른 양육에 필요한 비용(이하 "양육수당"이라 한다)의 지원을 신청받은 경우에는 해당 영유아가 지원 대상에 해당하는지 여부를 검토하여 양육수당의 지원여부를 결정해야 한다.

② 국가와 지방자치단체는 제1항에 따라 양육수당을 지원하기로 결정한 경우에는 결정한 날이 속하는 달부터 영유아가 6세가 된 날이 속하는 해의 다음 해 2월까지 매월 정기적으로 양육수당을 지원한다.

③ 제2항에도 불구하고 영유아가 출생한 후 출생일을 포함한 60일 이내에 양육수당의 지원을 신청하고, 이에 대하여 양육수당을 지원하기로 결정한 경우에는 출생일이 속하는 달부터 소급하여 지원한다. 다만, 보건복지부장관이 정하여 고시하는 부득이한 사유로 영유아가 출생한 후 출생일을 포함한 60일 이내에 양육수당의 지원을 신청하지 못한 경우에는 그 사유가 존재하는 기간을 60일 이내의 기간에 산입하지 않는다.

④ 제2항에도 불구하고 영유아가 다음 각 호의 어느 하나에 해당하게 된 경우에는 다음 각 호의 달까지 양육수당을 지원한다.
  1. 다음 각 목의 사유가 발생한 날이 속하는 달
     가. 사망한 경우
     나. 국적을 상실한 경우
     다. 「난민법」 제2조제2호에 따른 난민으로 인정된 영유아가 같은 법 제22조제1항에 따라 난민인정이 취소되거나 같은 조 제2항에 따라 난민인정결정이 철회된 경우
     라. 영유아의 행방불명, 실종 등으로 경찰관서 등 관계 행정기관에 신고가 접수된 날부터 30일 이내에 생사를 확인할 수 없는 경우
     마. 영유아가 「주민등록법」 제20조제6항에 따라 거주불명으로 등록된 경우. 다만, 영유아의 실제 거주지를 알 수 있는 경우는 제외한다.
     바. 보건복지부장관이 정하여 고시하는 사유가 발생하여 영유아의 보호자가 양육수당 지원의 정지를 신청하는 경우
  2. 양육수당의 지원 대상에서 제외되는 사유가 발생한 날이 속하는 달의 전달

⑤ 제1항부터 제4항까지에서 규정한 사항 외에 양육수당의 지원 대상 및 기준 등에 관하여 필요한 사항은 보건복지부장관이 정하여 고시한다. [본조신설 2019. 6. 4.]

3. 보육서비스 이용권

가. 보육서비스 이용권 (법 제34조의3)

① 국가와 지방자치단체는 제34조 및 제34조의2에 따른 비용 지원을 위하여 보육서비스 이용권(이하 "이용권"이라 한다)을 영유아의 보호자에게 지급할 수 있다. <개정 2013. 1. 23.>

② 삭제 <2011. 8. 4.>
③ 이용권의 지급 및 이용 절차 등에 관하여 필요한 사항은 보건복지부령으로 정한다. <개정 2010. 1. 18., 2011. 8. 4.> [본조신설 2008. 12. 19.]

  (1) 보육서비스 이용권의 신청 및 발급 (규칙 제35조의3)

① 영유아의 보호자는 법 제34조의3에 따른 보육서비스 이용권(이하 "보육서비스 이용권"이라 한다)을 발급 받으려면 특별자치도지사·시장·군수·구청장에게 보육서비스 이용권 발급신청서를 제출하여야 한다. <개정 2009. 12. 31.>
② 영유아의 보호자는 법 제34조제1항에 따른 비용을 지원받으려면 보육서비스 이용권을 어린이집에 제시하여야 한다. 이 경우 어린이집의 원장은 보육서비스 이용권이 이용자 본인에 의하여 정당하게 사용되고 있는지를 확인하여야 한다. <개정 2011. 12. 8., 2013. 12. 5.>
③ 국가와 지방자치단체는 영유아의 보호자가 제2항에 따라 보육서비스 이용권을 사용한 경우, 그 사용한 금액에 해당하는 비용을 해당 어린이집에 지급하여야 한다. <개정 2011. 12. 8.>
④ 제1항부터 제3항까지에서 규정한 사항 외에 보육서비스 이용권의 신청과 지급 및 사용에 필요한 사항은 보건복지부장관이 정한다. <개정 2010. 3. 19.>
[본조신설 2009. 7. 3.] [제35조의2에서 이동, 종전 제35조의3은 제35조의4로 이동 <2009. 12. 31.>]

  (2) 보육서비스 이용권의 전자적 관리 (규칙 제35조의4)

① 보건복지부장관은 보육서비스 이용권을 전자적으로 발급·관리한다. 다만, 전자적 발급·관리가 현저히 불편하다고 인정하는 경우에는 그러하지 아니하다. <개정 2010. 3. 19.>
② 보건복지부장관은 보육서비스 이용권의 전자적 관리를 위한 전산시스템을 구축·운영한다. <개정 2010. 3. 19.> [본조신설 2009. 7. 3.] [제35조의3에서 이동, 종전 제35조의4는 제35조의5로 이동 <2009. 12. 31.>]

  (3) 보육서비스 비용의 사전 예탁 (규칙 제35조의5)

① 삭제 <2012. 2. 3.>
② 특별자치도지사·시장·군수·구청장은 법 제34조제1항 및 제34조의2에 따른 비용 지원을 하는 경우 영 제26조의2제2항에 따라 보건복지부장관으로부터

업무를 위탁받은 공공단체 또는 기관에 사전 예탁(豫託)하여 지원할 수 있다.
<신설 2013. 12. 5.> [본조신설 2009. 7. 3.] [제목개정 2012. 2. 3.]
[제35조의4에서 이동, 종전 제35조의5는 제35조의6으로 이동 <2009. 12. 31.>]

4. 비용 지원의 신청

가. 비용 지원의 신청 (법 제34조의4)

① 영유아의 보호자는 제34조 및 제34조의2에 따른 비용의 지원을 신청할 수 있다. <개정 2011. 6. 7., 2013. 1. 23.>
② 삭제 <2018. 12. 24.>
③ 제1항에 따른 비용 지원의 신청 방법 및 절차는 보건복지부령으로 정한다. <개정 2011. 8. 4.> [본조신설 2008. 12. 19.]

(1) 비용 지원의 신청방법·절차 (규칙 제35조의6)

① 법 제34조의4제1항에 따라 보육 등에 관한 비용 지원을 신청하려는 자는 보육료(양육수당) 지원신청서에 다음 각 호의 서류(전자문서를 포함한다)를 첨부하여 관할 특별자치도지사·시장·군수·구청장에게 제출해야 한다. <개정 2019. 6. 12.>
  1. 삭제 <2019. 6. 12.>
  2. 삭제 <2019. 6. 12.>
  3. 비용 지원을 신청하려는 자의 신분을 확인할 수 있는 신분증명서나 서류(주민등록증, 운전면허증, 장애인등록증, 여권, 그 밖에 보건복지부장관이 정하는 서류를 말한다)
  4. 가족관계증명서
② 특별자치도지사·시장·군수·구청장은 제1항에 따라 비용 지원의 신청을 받으면 보육비용신청대장을 작성하고, 「전자정부법」 제36조제1항에 따른 행정정보의 공동이용을 통하여 신청인의 외국인등록사실증명서를 확인해야 한다. 다만, 신청인이 외국인등록사실증명서의 확인에 동의하지 아니하는 경우에는 해당 서류를 첨부하게 해야 한다. <개정 2010. 9. 1., 2019. 6. 12.>
③ 제1항에 따라 신청을 받은 특별자치도지사·시장·군수·구청장은 신청서를 접수한 날부터 30일 이내에 비용 지원 신청자에게 비용 지원 대상자 해당 여부 및 지원 내용을 알리고 그 내용을 보육비용 지원신청대장에 기록하여야 한다. 다만, 외국인등록 등의 조사에 시간이 걸리는 등 특별한 사유가 있는

경우에는 60일 이내에 알릴 수 있다. <개정 2019. 6. 12.>
④ 제1항부터 제3항까지의 규정에 따른 신청 및 통지의 방법과 절차, 그 밖에 필요한 사항은 보건복지부장관이 정한다. <개정 2010. 3. 19.>
⑤ 제35조의3제1항에 따른 보육서비스 이용권 발급신청서, 이 조 제1항에 따른 보육료(양육수당) 지원신청서, 이 조 제3항에 따른 복지대상자 지원신청 결과(지원변경·중지) 통보서는 사회복지관련 사업 및 서비스와 관련하여 보건복지부장관이 정하여 고시하는 공통서식에 따른다. <신설 2009. 12. 31., 2010. 3. 19., 2019. 6. 12.> [전문개정 2009. 7. 3.] [제35조의5에서 이동, 종전 제35조의6은 제35조의7로 이동 <2009. 12. 31.>]

5. 조사·질문

가. 조사·질문 (법 제34조의5)

① 보건복지부장관 또는 지방자치단체의 장은 제34조의4제1항에 따른 신청자 및 지원이 확정된 자에 대하여 비용 지원대상 자격확인을 위하여 필요한 서류나 그 밖의 소득활동, 가족관계 등에 관한 자료의 제출을 요구할 수 있으며, 소속 공무원으로 하여금 비용 지원 신청자 및 지원이 확정된 자의 주거, 그 밖의 필요한 장소에 방문하여 서류 등을 조사하게 하거나 관계인에게 필요한 질문을 하게 할 수 있다. <개정 2010. 1. 18., 2016. 2. 3., 2018. 12. 24.>
② 보건복지부장관 또는 지방자치단체의 장은 제1항에 따른 조사 또는 비용 지원사업을 수행하기 위하여 필요한 국세·지방세·건강보험·국민연금·고용보험·산재보험 등에 관한 자료의 제공을 관계 기관의 장에게 요청할 수 있다. 이 경우 자료의 제공을 요청받은 관계 기관의 장은 특별한 사유가 없는 한 이에 응하여야 한다. <개정 2010. 1. 18., 2018. 12. 24.>
③ 제1항에 따라 방문·조사·질문을 하는 자는 그 권한을 표시하는 증표 및 조사기간, 조사범위, 조사담당자, 관계 법령 등이 기재된 서류를 지니고 이를 관계인에게 내보여야 한다. <개정 2016. 2. 3.>
④ 보건복지부장관 또는 지방자치단체의 장은 비용 지원 신청자 또는 지원이 확정된 자가 제1항에 따른 서류 또는 자료의 제출을 거부하거나 조사·질문을 거부·방해 또는 기피하는 경우에는 비용 지원의 신청을 각하하거나 지원결정을 취소·중지 또는 변경할 수 있다. <개정 2010. 1. 18.>
⑤ 제1항에 따른 조사·질문의 범위·시기 및 내용에 관하여 필요한 사항은 보건복지부령으로 정한다. <개정 2010. 1. 18.>
⑥ 보육비용 지원대상에 대한 주민등록 주소지 등을 파악하기 위하여 「전자정

부법」 제36조제1항에 따라 행정정보를 공동이용할 수 있다. <개정 2010. 2. 4.>
⑦ 제1항에 따른 조사 또는 질문의 내용·절차·방법 등에 관하여는 이 법에서 정하는 사항을 제외하고는 「행정조사기본법」에서 정하는 바에 따른다. <신설 2016. 2. 3.> [본조신설 2008. 12. 19.]

(1) 확인 조사 (규칙 제35조의7)

① 보건복지부장관은 법 제34조의5제1항에 따라 비용 지원 신청자 및 지원이 확정된 자의 비용 지원대상 자격확인에 필요한 조사·질문을 하기 위하여 매년 다음 각 호의 사항을 포함한 연간 조사계획을 수립하여야 한다. <개정 2010. 3. 19.>
  1. 조사의 기본 방향
  2. 조사·질문의 범위·내용·시기·절차 및 자료 확보를 위한 협조체계의 구축 방안
  3. 그 밖에 비용 지원 신청자 및 그 가구원의 소득·재산의 확인에 필요한 사항
② 특별자치도지사·시장·군수·구청장은 제1항에 따른 연간 조사계획에 따라 관할 지역의 연간 조사계획을 수립하고 조사를 하여야 한다.
[전문개정 2009. 7. 3.] [제35조의6에서 이동 <2009. 12. 31.>]

6. 비용 지원 신청 관련 정보의 고지

가. 비용 지원 신청 관련 정보의 고지 (법 제34조의7)

① 보건복지부장관 또는 지방자치단체의 장은 영유아의 보호자에게 제34조의4에 따른 비용 지원의 신청과 관련한 정보를 서면 등의 방식으로 고지하여야 한다.
② 제1항에 따른 고지의 방식·시기·내용 및 절차 등에 필요한 사항은 보건복지부령으로 정한다. [본조신설 2015. 5. 18.]

(1) 비용 지원 신청 관련 정보 고지의 방식 등 (규칙 제35조의8)

① 보건복지부장관 또는 지방자치단체의 장은 법 제34조의7제1항에 따라 다음 각 호의 구분에 따른 시기에 법 제34조의4에 따른 비용 지원의 신청과 관련한 정보를 영유아의 보호자에게 고지하여야 한다. 다만, 정보 고지 대상 영유

아 보호자의 소재지를 확인할 수 없는 경우에는 고지하지 아니할 수 있다.
1. 출생자의 보호자: 출생신고 후 14일 이내
2. 비용 지원을 받고 있지 아니한 영유아의 보호자: 매년 1월 말일
② 제1항에 따른 고지를 하는 경우에는 법 제34조 및 법 제34조의2에 따른 지원 대상, 지원 금액 및 신청 방법 등의 내용을 포함하여야 한다.
③ 제1항 및 제2항에서 규정한 사항 외에 비용 지원 신청 관련 정보 고지의 방식 등에 관하여 필요한 사항은 보건복지부장관이 정한다. [본조신설 2015. 9. 18.]

7. 비용의 보조 등

가. 비용의 보조 등 (법 제36조)

국가나 지방자치단체는 대통령령으로 정하는 바에 따라 제10조에 따른 어린이집의 설치, 보육교사(대체교사를 포함한다)의 인건비, 초과보육(超過保育)에 드는 비용 등 운영 경비 또는 지방육아종합지원센터의 설치·운영, 보육교직원의 복지 증진, 취약보육의 실시 등 보육사업에 드는 비용, 제15조의4에 따른 폐쇄회로 텔레비전 설치비의 전부 또는 일부를 보조한다. <개정 2011. 6. 7., 2011. 8. 4., 2013. 6. 4., 2015. 5. 18.> [전문개정 2007. 10. 17.]

(1) 비용의 보조 (영 제24조)

① 법 제36조에 따라 국가 또는 지방자치단체는 예산의 범위에서 다음 각 호의 비용의 전부 또는 일부를 보조한다. <개정 2013. 12. 4.>
1. 어린이집의 설치, 증축·개축 및 개수·보수 비용
2. 보육교사 인건비
3. 교재·교구비
4. 지방육아종합지원센터의 설치·운영비
5. 보수교육 등 직원 교육훈련 비용
6. 장애아 보육 등 취약보육 실시 비용
7. 그 밖에 차량운영비 등 보건복지부장관 또는 해당 지방자치단체의 장이 어린이집 운영에 필요하다고 인정하는 비용
② 제1항에서 정한 비용의 지원방법 등에 관하여 필요한 사항은 보건복지부장관 또는 해당 지방자치단체의 장이 정한다. <개정 2010. 3. 15.> [전문개정 2009. 6. 30.]

8. 사업주의 비용 부담

가. 사업주의 비용 부담 (제37조)

제14조에 따라 어린이집을 설치한 사업주는 대통령령으로 정하는 바에 따라 그 어린이집의 운영과 보육에 필요한 비용의 전부 또는 일부를 부담하여야 한다. <개정 2011. 6. 7.> [전문개정 2007. 10. 17.]

(1) 사업주의 비용 부담 (영 제25조)

법 제14조제1항에 따라 직장어린이집을 설치(둘 이상의 사업주가 공동으로 직장어린이집을 설치하는 경우를 포함한다)하거나, 지역의 어린이집과 위탁계약을 맺은 사업주는 법 제37조에 따라 그 어린이집의 운영 및 수탁 보육 중인 영유아의 보육에 필요한 비용의 100분의 50 이상을 부담하여야 한다. <개정 2010. 7. 9., 2011. 12. 8.> [전문개정 2009. 6. 30.] [제목개정 2010. 7. 9.]

9. 보육료 등의 수납 (법 제38조)

제12조부터 제14조까지의 규정에 따라 어린이집을 설치·운영하는 자는 그 어린이집의 소재지를 관할하는 시·도지사가 정하는 범위에서 그 어린이집을 이용하는 자로부터 보육료와 그 밖의 필요경비 등을 받을 수 있다. 다만, 시·도지사는 필요시 어린이집 유형과 지역적 여건을 고려하여 그 기준을 다르게 정할 수 있다. <개정 2011. 6. 7.> [전문개정 2007. 10. 17.]

10. 세제 지원 (법 제39조)

① 제14조와 제37조에 따라 사업주가 직장어린이집을 설치·운영하는 데에 드는 비용과 보호자가 영유아의 보육을 위하여 지출한 보육료와 그 밖에 보육에 드는 비용에 관하여는 「조세특례제한법」에서 정하는 바에 따라 조세를 감면한다. <개정 2011. 6. 7., 2014. 5. 20.>
② 제10조제4호의 직장어린이집을 제외한 어린이집의 운영비에 대하여도 「조세특례제한법」에서 정하는 바에 따라 조세를 감면한다. <개정 2011. 6. 7., 2011. 8. 4.> [전문개정 2007. 10. 17.]

11. 국·공유재산의 대부 등 (법 제39조의2)

국가 또는 지방자치단체는 다음 각 호의 어린이집의 설치·운영을 위하여 필요하다고 인정하는 경우 「국유재산특례제한법」에 따라 국유재산을, 「공유재산 및 물품 관리법」에도 불구하고 공유재산을 무상으로 대부하거나 사용하게 할 수 있다.
   1. 제12조에 따른 국공립어린이집
   2. 제14조에 따른 직장어린이집 중 「중소기업기본법」 제2조제1항에 따른 중소기업이 공동으로 설치·운영하는 어린이집
   [본조신설 2018. 12. 24.]

12. 비용 및 보조금의 반환명령

가. 비용 및 보조금의 반환명령 (법 제40조)

국가나 지방자치단체는 어린이집의 설치·운영자, 육아종합지원센터의 장, 보수교육 위탁실시자 등이 다음 각 호의 어느 하나에 해당하는 경우에는 이미 교부한 비용과 보조금의 전부 또는 일부의 반환을 명할 수 있다. <개정 2019. 1. 15.>
   1. 어린이집 운영이 정지·폐쇄 또는 취소된 경우
   2. 사업 목적 외의 용도에 보조금을 사용한 경우
   3. 거짓이나 그 밖의 부정한 방법으로 보조금을 교부받은 경우
   3의2. 거짓이나 그 밖의 부정한 방법으로 제34조에 따른 비용을 지원받은 경우
   4. 삭제 <2011. 8. 4.>
   5. 착오 또는 경미한 과실로 보조금을 교부받은 경우로서 보건복지부령이 정하는 사유에 해당하는 경우
   [전문개정 2007. 10. 17.]

(1) 착오 또는 경미한 과실로 보조금을 교부받은 경우 (규칙 제35조의9)

법 제40조제5호에서 "보건복지부령이 정하는 사유에 해당하는 경우"란 다음 각 호의 어느 하나에 해당하는 경우를 말한다.
   1. 최근 3년간 법 제40조제5호에 따른 보조금 반환명령을 받지 아니한 어린이집으로서 영유아 1명(같은 가구의 여러 명의 영유아는 1명으로 본다)에 대한 출석일수를 한 차례만 사실과 다르게 보고하여 보조금을 교부받은 경우

2. 최근 3년간 법 제40조제5호에 따른 보조금 반환명령을 받지 아니한 어린이집으로서 영유아에 대한 출석일수를 사실과 다르게 보고하여 교부받은 보조금이 소액이고, 그 보조금을 교부받은 날부터 14일 이내에 해당 사실을 특별자치도지사·시장·군수·구청장에게 알린 경우
[본조신설 2012. 6. 29.]

13. 보육비용 지원액의 환수 (법 제40조의2)

① 국가 또는 지방자치단체는 보호자가 거짓이나 그 밖의 부정한 방법으로 제34조 및 제34조의2에 따른 비용을 지원받은 경우에는 그 비용의 전부 또는 일부를 환수할 수 있다. <개정 2013. 1. 23.>
② 제1항에 따라 환수하는 경우에 비용을 반환할 자가 기한 내에 반환하지 아니한 때에는 국세 또는 지방세 체납처분의 예에 따라 징수한다.
[본조신설 2011. 6. 7.]

제7장 지도 및 감독

1. 지도와 명령 (법 제41조)

보건복지부장관, 시·도지사 및 시장·군수·구청장은 보육사업의 원활한 수행을 위하여 어린이집 설치·운영자 및 보육교직원에 대하여 필요한 지도와 명령을 할 수 있다. <개정 2011. 6. 7.> [전문개정 2007. 10. 17.]

2. 보고와 검사 (법 제42조)

① 보건복지부장관, 시·도지사 또는 시장·군수·구청장은 어린이집을 설치·운영하는 자로 하여금 그 어린이집에 관하여 필요한 보고를 하게 하거나 관계 공무원으로 하여금 그 어린이집의 운영 상황을 조사하게 하거나 장부와 그 밖의 서류를 검사하게 할 수 있다. <개정 2008. 2. 29., 2010. 1. 18., 2011. 6. 7.>
② 제1항에 따라 관계 공무원이 그 직무를 수행할 때에는 그 권한을 표시하는 증표를 지니고 이를 관계인에게 내보여야 한다. [전문개정 2007. 10. 17.]

3. 위법행위의 신고 및 신고자 보호

가. 위법행위의 신고 및 신고자 보호 (법 제42조의2)

① 누구든지 다음 각 호의 어느 하나에 해당하는 자를 관계 행정기관이나 수사기관에 신고 또는 고발할 수 있다.
   1. 거짓이나 그 밖의 부정한 방법으로 보조금을 교부받거나 유용한 자
   2. 제24조제1항에 따른 어린이집 운영기준을 지키지 아니한 자
   3. 제33조에 따른 급식관리기준을 지키지 아니한 자
   4. 제33조의2에 따른 어린이집 차량안전관리 기준을 지키지 아니한 자
   5. 「아동복지법」 제3조제7호에 따른 아동학대 행위를 한 자
   6. 그 밖에 보건복지부령으로 정하는 자
② 어린이집을 설치·운영하는 자는 보육교직원이 제1항에 따른 신고 또는 고발을 하였다는 이유로 「공익신고자 보호법」 제2조제6호에 따른 불이익조치를 하여서는 아니 된다.
③ 보건복지부장관, 시·도지사 및 시장·군수·구청장은 제1항제1호 및 제3호부터 제5호까지에 해당하는 사항에 대하여 신고 또는 고발한 사람에게 예산의 범위에서 포상금을 지급할 수 있다. <개정 2018. 12. 11.>
④ 제1항에 따른 신고 절차·방법 및 제3항에 따른 포상금 지급의 기준·방법 및 절차 등에 필요한 사항은 대통령령으로 정한다. <신설 2018. 12. 11.>
[본조신설 2015. 5. 18.]

(1) 위법행위의 신고 절차·방법 및 포상금의 지급 기준 등 (영 제25조의2)

① 법 제42조의2제1항에 따른 신고 또는 고발의 절차 및 방법에 관하여는 「공익신고자 보호법」 제8조, 제8조의2, 제9조, 제9조의2 및 제10조를 준용한다. 이 경우 "공익신고"를 "신고 또는 고발"로, "공익침해행위"를 "위법행위"로, "공익신고자"를 "신고 또는 고발한 사람"으로, "위원회"를 "관계 행정기관 또는 수사기관의 장"으로 한다.
② 법 제42조의2제1항에 따라 신고 또는 고발을 받은 관계 행정기관(보건복지부장관이 신고를 받은 경우는 제외한다) 또는 수사기관의 장은 그 사실을 보건복지부장관, 신고 또는 고발된 자가 소속된 어린이집을 관할하는 시·도지사 또는 시장·군수·구청장에게 통지해야 한다.
③ 법 제42조의2제1항에 따른 신고 또는 고발을 받거나 이 조 제2항에 따른 통

지를 받은 보건복지부장관, 시·도지사 또는 시장·군수·구청장은 그 내용을 확인하여 포상금 지급 여부를 결정하고, 신고 또는 고발한 사람에게 이를 알려야 한다.
④ 보건복지부장관, 시·도지사 또는 시장·군수·구청장은 제3항에 따라 신고 또는 고발한 사람에게 포상금 지급 여부를 알린 날부터 60일 이내에 별표 1의2의 포상금 지급의 기준에 따라 포상금을 지급한다.
⑤ 제1항부터 제4항까지에서 규정한 사항 외에 위법행위의 신고 또는 고발의 절차·방법, 포상금 지급 방법·절차 및 기준 등에 관한 사항은 보건복지부장관이 정한다. [본조신설 2019. 6. 4.] [종전 제25조의2는 제25조의3으로 이동 <2019. 6. 4.>]

4. 어린이집의 폐지·휴지 및 재개 등의 신고

가. 어린이집의 폐지·휴지 및 재개 등의 신고 (법 제43조)

① 제13조제1항에 따라 인가된 어린이집을 폐지하거나 일정기간 운영을 중단하거나 운영을 재개하려는 자는 보건복지부령으로 정하는 바에 따라 미리 특별자치도지사·시장·군수·구청장에게 신고하여야 한다. <개정 2008. 2. 29., 2010. 1. 18., 2011. 6. 7., 2011. 8. 4.>
② 어린이집의 원장은 어린이집이 폐지되거나 일정기간 운영이 중단되는 경우에는 보건복지부령으로 정하는 바에 따라 그 어린이집에서 보육 중인 영유아가 다른 어린이집으로 옮길 수 있도록 하는 등 영유아의 권익을 보호하기 위한 조치를 취하여야 한다. <개정 2011. 6. 7.> [전문개정 2007. 10. 17.] [제목개정 2011. 6. 7.]

(1) 어린이집의 폐지·휴지 (규칙 제36조)

① 법 제43조제1항에 따라 어린이집을 폐지하거나 일정기간 운영을 중단(중단하는 기간은 1년 이내로 하되, 특별자치도지사·시장·군수·구청장이 불가피하다고 인정하는 경우에는 그 기간을 1년의 범위에서 한 차례만 연장할 수 있다)하려는 자는 폐지 또는 운영 중단 2개월 전까지 별지 제18호서식의 어린이집 폐지·휴지·재개 신고서(전자문서로 된 신고서를 포함한다)에 다음 각 호의 서류(전자문서를 포함한다)를 첨부하여 특별자치도지사·시장·군수·구청장에게 제출하여야 하고, 그 사실을 보육교직원 및 부모 등 보호자에게 알려야 한다. <개정 2011. 12. 8., 2019. 6. 12.>

1. 보육 영유아에 대한 전원조치(轉園措置) 계획서
2. 어린이집의 재산에 관한 사용·처분계획서(부동산을 임차한 경우는 제외한다)
3. 어린이집 인가증 또는 신고증(어린이집을 폐지하는 경우만 해당한다)
4. 보육교직원의 인사기록카드(어린이집을 폐지하는 경우만 해당한다)

② 특별자치도지사·시장·군수·구청장은 제1항에 따른 폐지 또는 휴지 신고를 받은 경우에는 법 제43조제2항에 따라 보육 영유아에 대한 전원조치가 이루어지는지를 확인하여야 한다. [전문개정 2009. 7. 3.] [제목개정 2011. 12. 8.]

(2) 어린이집 운영의 재개 (규칙 제37조)

어린이집의 운영을 일정기간 중단하였던 자가 법 제43조제1항에 따라 어린이집의 운영을 재개하려는 경우에는 별지 제18호서식의 어린이집 폐지·휴지·재개 신고서(전자문서로 된 신고서를 포함한다)를 특별자치도지사·시장·군수·구청장에게 제출하여야 한다. <개정 2011. 12. 8.> [전문개정 2009. 7. 3.] [제목개정 2011. 12. 8.]

5. 어린이집에 대한 휴원명령 (법 제43조의2)

① 보건복지부장관, 시·도지사 또는 시장·군수·구청장은 천재지변이나 감염병 발생 등 긴급한 사유로 정상적인 보육이 어렵다고 인정하는 경우 어린이집의 원장에게 휴원을 명할 수 있다.
② 제1항에 따른 명령을 받은 어린이집의 원장은 지체 없이 어린이집을 휴원하여야 하며, 휴원 시 보호자가 영유아를 가정에서 양육할 수 없는 경우 등 긴급보육수요에 대비하여 긴급보육 계획을 가정통신문 등을 통하여 보호자에게 미리 안내하는 등 어린이집 운영에 필요한 조치를 하여야 한다.
③ 제1항에 따른 휴원명령의 기준 및 제2항에 따른 조치 등에 관하여 필요한 사항은 보건복지부령으로 정한다. [본조신설 2015. 12. 29.]

6. 시정 또는 변경 명령 (법 제44조)

보건복지부장관, 시·도지사 또는 시장·군수·구청장은 어린이집이 다음 각 호의 어느 하나에 해당하면 어린이집의 원장 또는 그 설치·운영자에게 기간을 정하여 그 시정 또는 변경을 명할 수 있다. <개정 2019. 4. 30.>

1. 제13조제1항에 따른 변경인가를 받지 아니하고 어린이집을 운영하는 경우
2. 제15조, 제15조의2 및 제15조의3에 따른 어린이집의 설치기준을 위반한 경우
2의2. 제15조의4에 따른 폐쇄회로 텔레비전의 설치·관리 및 영상정보의 보관기준을 위반한 경우
3. 제17조제5항에 따른 보육교직원의 배치기준을 위반한 경우
3의2. 제19조제2항에 따른 보육교직원의 임면에 관한 사항을 보고하지 아니하거나 거짓으로 보고한 경우
4. 제24조제1항에 따른 어린이집의 운영기준을 위반한 경우
4의2. 제25조제1항 단서를 위반하여 어린이집운영위원회를 설치·운영하지 아니한 경우
4의3. 제29조제4항 전단을 위반하여 영유아에게 특별활동을 제공한 경우
4의4. 제29조제4항 후단을 위반하여 특별활동에 참여하지 아니하는 영유아에게 특별활동을 대체할 수 있는 프로그램을 제공하지 아니한 경우
4의5. 제29조의2에 따른 생활기록부를 작성·관리하지 아니한 경우
4의6. 정당한 이유 없이 제30조제1항에 따른 평가 또는 같은 조 제5항에 따른 확인점검을 거부·방해 또는 기피하거나 거짓이나 그 밖의 부정한 방법으로 평가 또는 확인점검을 받은 경우
4의7. 제32조제1항에 따른 질병의 치료와 예방조치를 하지 아니한 경우
4의8. 제33조에 따른 균형 있고 위생적이며 안전한 급식을 하지 아니한 경우
5. 제38조에 따른 보육료 등을 한도액을 초과하여 받은 경우
6. 제42조에 따른 보고를 하지 아니하거나 거짓으로 보고한 경우 또는 조사·검사를 거부하거나 기피한 경우
7. 제43조제1항에 따른 신고를 하지 아니하고 어린이집을 폐지하거나 일정기간 운영을 중단하거나 운영을 재개한 경우
7의2. 제43조의2제2항을 위반하여 휴원하지 아니하거나 긴급보육수요에 대비한 조치를 하지 아니한 경우
8. 제49조의2에 따른 정보의 공시에 관한 사항을 위반한 경우
[전문개정 2007. 10. 17.]

7. 직장어린이집 설치의무 미이행 사업장에 대한 이행명령 (법 제44조의2)

시·도지사, 시장·군수·구청장은 제14조에 따른 사업장의 사업주가 직장어린이집의 설치 등 의무를 이행하지 아니하는 경우에는 상당한 기간을 정하여 그 의무를

이행할 것을 명할 수 있다. [본조신설 2014. 5. 20.]

8. 이행강제금

가. 이행강제금 (법 제44조의3)

① 시·도지사, 시장·군수·구청장은 제44조의2에 따른 명령을 이행하지 아니한 자에 대하여 그 명령의 이행에 필요한 상당한 기간을 정하여 그 기간 내에 이행할 것을 다시 명할 수 있으며, 이를 이행하지 아니한 경우에는 같은 조에 따른 명령이 있었던 날을 기준으로 하여 1년에 2회, 매회 1억원의 범위에서 이행강제금을 부과·징수할 수 있다.
② 시·도지사, 시장·군수·구청장은 직장어린이집 미설치 기간·사유 등을 고려하여 제1항에 따른 금액을 100분의 50의 범위에서 가중할 수 있다. <신설 2019. 4. 30.>
③ 시·도지사, 시장·군수·구청장은 제1항 및 제2항에 따른 이행강제금을 부과하기 전에 상당한 기간을 정하여 그 기간 내에 이행하지 아니할 때에는 이행강제금을 부과·징수한다는 뜻을 미리 문서로 계고(戒告)하여야 한다. <개정 2019. 4. 30.>
④ 시·도지사, 시장·군수·구청장은 제1항 및 제2항에 따른 이행강제금을 부과하는 때에는 이행강제금의 금액, 부과사유, 납부기한, 수납기관, 불복방법 등을 적은 문서로 통지하여야 한다. <개정 2019. 4. 30.>
⑤ 시·도지사, 시장·군수·구청장은 제44조의2에 따른 명령을 받은 자가 그 명령을 이행하는 경우에는 새로운 이행강제금의 부과를 중지하되, 이미 부과된 이행강제금은 징수하여야 한다. <개정 2019. 4. 30.>
⑥ 시·도지사, 시장·군수·구청장은 제1항 및 제2항에 따라 이행강제금 부과처분을 받은 자가 납부기한까지 이행강제금을 납부하지 아니하는 경우에는 「지방세외수입금의 징수 등에 관한 법률」에 따라 징수한다. <개정 2019. 4. 30.>
⑦ 제1항 및 제2항에 따른 이행강제금의 부과기준, 부과·징수된 이행강제금의 반환절차 등 필요한 사항은 대통령령으로 정한다. <개정 2019. 4. 30.>
[본조신설 2014. 5. 20.]

(1) 이행강제금의 부과 및 반환 (영 제25조의3)

① 법 제44조의3제1항에 따른 이행강제금의 부과기준은 별표 1의3과 같다. <개정 2019. 6. 4.>

② 시·도지사, 시장·군수·구청장은 「행정심판법」에 따른 행정심판이나 법원의 확정판결에 따라 이행강제금 부과처분이 취소되면 직권 또는 사업주의 신청에 따라 이행강제금의 부과·징수를 즉시 중지하고 이미 징수한 이행강제금을 반환하여야 한다.
③ 시·도지사, 시장·군수·구청장은 제2항에 따라 이행강제금을 반환하는 때에는 이행강제금을 납부한 날부터 반환하는 날까지의 기간에 대하여 보건복지부령으로 정하는 이율을 곱한 금액을 가산하여 반환하여야 한다.
④ 제2항에 따른 이행강제금의 구체적인 반환절차는 보건복지부령으로 정한다.
[본조신설 2015. 9. 15.] [제25조의2에서 이동, 종전 제25조의3은 제25조의4로 이동 <2019. 6. 4.>]

(2) 이행강제금의 반환 (규칙 제37조의2)

① 영 제25조의3제3항에서 "보건복지부령으로 정하는 이율"이란 「국세기본법 시행규칙」 제19조의3에 따른 국세환급가산금의 이율을 말한다. <개정 2019. 6. 12.>
② 영 제25조의3제4항에 따른 이행강제금의 반환절차에 관하여는 「국고금관리법 시행규칙」을 준용한다. <개정 2019. 6. 12.> [본조신설 2015. 9. 18.]

9. 어린이집의 폐쇄 등

가. 어린이집의 폐쇄 등 (법 제45조)

① 보건복지부장관, 시·도지사 및 시장·군수·구청장은 어린이집을 설치·운영하는 자(이하 이 조에서 "설치·운영자"라 한다)가 다음 각 호의 어느 하나에 해당하면 1년 이내의 어린이집 운영정지를 명하거나 어린이집의 폐쇄를 명할 수 있다. 이 경우 보육교직원 등 설치·운영자의 관리·감독 하에 있는 자가 제4호에 해당하는 행위를 한 경우에는 설치·운영자가 한 행위로 본다(설치·운영자가 그 행위를 방지하기 위하여 상당한 주의와 감독을 게을리하지 아니한 경우에는 그러하지 아니하다). <개정 2008. 2. 29., 2010. 1. 18., 2011. 6. 7., 2013. 8. 13., 2014. 5. 28., 2015. 5. 18.>
 1. 거짓이나 그 밖의 부정한 방법으로 보조금을 교부받거나 보조금을 유용(流用)한 경우
 2. 제40조에 따른 비용 또는 보조금의 반환명령을 받고 반환하지 아니한 경우
 3. 제44조에 따른 시정 또는 변경 명령을 위반한 경우

4. 「아동복지법」 제3조제7호에 따른 아동학대 행위를 한 경우
5. 「도로교통법」 제53조제3항을 위반하여 어린이통학버스(제33조의2 및 「도로교통법」 제52조에 따른 신고를 하지 아니한 경우를 포함한다)에 보육교직원을 함께 태우지 아니한 채 어린이통학버스 운행 중 발생한 교통사고로 영유아가 사망하거나 신체에 보건복지부령으로 정하는 중상해를 입은 경우

② 삭제 <2011. 6. 7.>
③ 특별자치시장·특별자치도지사·시장·군수·구청장은 설치·운영자 또는 보육교직원이 제1항제4호에 따른 아동학대 행위를 한 것으로 의심되는 경우 즉시 제42조에 따른 보고를 받거나 조사·검사를 실시하여야 한다. <신설 2015. 5. 18.>
④ 특별자치시장·특별자치도지사·시장·군수·구청장은 제3항에 따른 보고나 조사·검사를 실시한 후 지체 없이 「아동복지법」 제10조의2에 따른 아동권리보장원 또는 같은 법 제45조에 따른 아동보호전문기관 등 관계 기관과 협의하여 제1항에 따른 행정처분 여부를 결정하여야 한다. <신설 2015. 5. 18., 2019. 1. 15.>
⑤ 특별자치도지사·시장·군수·구청장은 어린이집이 제1항에 따라 운영정지 또는 폐쇄되는 경우에는 어린이집에 보육 중인 영유아를 다른 어린이집으로 옮기도록 하는 등 영유아의 권익을 보호하기 위하여 필요한 조치를 하여야 한다. <신설 2011. 8. 4., 2015. 5. 18.>
⑥ 제1항에 따른 행정처분의 세부기준은 보건복지부령으로 정한다. <개정 2015. 5. 18.> [전문개정 2007. 10. 17.] [제목개정 2011. 6. 7.]

(1) 어린이집에 대한 행정처분 등 (규칙 제38조)

① 법 제45조제1항에 따른 어린이집에 대한 행정처분의 세부기준은 별표 9와 같다. <개정 2011. 12. 8.>
② 제1항에 따른 행정처분이 운영정지에 해당하는 경우 특별자치도지사·시장·군수·구청장은 위반행위의 동기·내용 및 횟수 등을 고려하여 제1항에 따른 운영정지기간을 2분의 1의 범위에서 가중하거나 감경할 수 있으며, 가중하는 경우에는 운영정지의 총기간이 1년을 초과할 수 없다.
③ 법 제45조제1항제5호에서 "보건복지부령으로 정하는 중상해를 입은 경우"란 영유아의 신체를 상해하여 생명에 대한 위험을 발생하게 하거나, 신체의 상해로 인하여 불구(不具) 또는 불치(不治)나 난치(難治)의 질병에 이르게 한 경우를 말한다.

10. 과징금 처분

가. 과징금 처분 (법 제45조의2)

① 보건복지부장관, 시·도지사 또는 시장·군수·구청장은 어린이집의 설치·운영자가 제45조제1항 각 호의 어느 하나에 해당하여 어린이집 운영정지를 명하여야 하는 경우로서 그 운영정지가 영유아 및 보호자에게 심한 불편을 주거나 그 밖에 공익을 해칠 우려가 있으면 어린이집 운영정지 처분을 갈음하여 3천만원 이하의 과징금을 부과할 수 있다.
② 제1항에 따른 과징금을 부과하는 위반행위의 종류와 위반 정도 등에 따른 과징금의 금액 등에 필요한 사항은 대통령령으로 정한다.
③ 보건복지부장관, 시·도지사 또는 시장·군수·구청장은 제1항에 따른 과징금을 내야 할 자가 납부기한까지 내지 아니한 경우에는 국세 체납처분의 예 또는 「지방세외수입금의 징수 등에 관한 법률」에 따라 징수한다. <개정 2013. 8. 6.> [본조신설 2011. 6. 7.] [종전 제45조의2는 제45조의3으로 이동 <2011. 6. 7.>]

(1) 과징금의 산정기준 (영 제25조의4)

법 제45조의2에 따른 과징금의 금액은 위반행위의 종류와 위반 정도 등을 고려하여 보건복지부령으로 정하는 운영정지 처분의 기준에 따라 별표 1의4의 기준을 적용하여 산정한다. <개정 2019. 6. 4.> [본조신설 2011. 12. 8.]
[제25조의3에서 이동, 종전 제25조의4는 제25조의5로 이동 <2019. 6. 4.>]

(2) 과징금의 부과 및 징수절차 (영 제25조의5)

① 보건복지부장관, 시·도지사 또는 시장·군수·구청장은 법 제45조의2에 따라 과징금을 부과하려면 그 위반행위의 종류와 과징금의 금액 등을 구체적으로 적어 납부할 것을 서면으로 알려야 한다.
② 제1항에 따라 통지를 받은 자는 통지받은 날부터 20일 이내에 과징금을 보건복지부장관, 시·도지사 또는 시장·군수·구청장이 정하는 수납기관에 납부하여야 한다. 다만, 천재지변이나 그 밖의 부득이한 사유로 그 기간에 과징금을 납부할 수 없을 때에는 그 사유가 없어진 날부터 7일 이내에 납부하여야 한다.
③ 제2항에 따라 과징금을 받은 수납기관은 납부자에게 영수증을 발급하고, 지체

없이 그 사실을 보건복지부장관, 시·도지사 또는 시장·군수·구청장에게 알려야 한다.
④ 과징금은 분할하여 납부할 수 없다.
⑤ 과징금의 징수절차에 관한 세부사항은 보건복지부령으로 정한다.
[본조신설 2011. 12. 8.] [제25조의4에서 이동, 종전 제25조의5는 제25조의6으로 이동 <2019. 6. 4.>]

　(3) 과징금 징수절차 (규칙 제38조의2)

영 제25조의5제5항에 따른 과징금의 징수절차에 관하여는 「국고금관리법 시행규칙」을 준용한다. 이 경우 납입고지서에는 이의신청 방법 및 기간 등을 함께 적어 넣어야 한다. <개정 2015. 9. 18., 2019. 6. 12.> [본조신설 2011. 12. 8.]

11. 행정제재처분효과의 승계

　가. 행정제재처분효과의 승계 (법 제45조의3)

① 어린이집을 설치·운영하는 자가 그 어린이집을 양도하거나 사망한 때 또는 법인의 합병이 있는 때에는 종전의 어린이집을 설치·운영한 자에게 제45조제1항 각 호의 사유로 행한 행정제재처분의 효과는 그 행정처분일부터 1년간 그 양수인·상속인 또는 합병 후 신설되거나 존속하는 법인에 승계되며, 행정제재처분의 절차가 진행 중인 경우에는 양수인·상속인 또는 합병 후 신설되거나 존속하는 법인에 대하여 행정제재처분의 절차를 속행할 수 있다. 다만, 양수인·상속인 또는 합병 후 신설되거나 존속하는 법인이 양수 또는 합병할 때 그 처분 또는 위반사실을 알지 못하였음을 증명하는 경우에는 그러하지 아니하다. <개정 2011. 6. 7., 2015. 5. 18.>
② 제1항의 양수인·상속인 또는 합병 후 신설되거나 존속하는 법인이 어린이집을 양수·상속 또는 합병할 때에는 종전의 어린이집을 설치·운영한 자가 제45조제1항 각 호의 사유로 행정처분의 절차가 진행 중인지 및 행정제재 처분을 받은 이력이 있는지 여부를 확인하여야 하며, 보건복지부장관, 시·도지사 및 시장·군수·구청장은 양수인·상속인 또는 합병 후 신설되거나 존속하는 법인이 그 확인을 요청하는 경우 이를 보건복지부령으로 정하는 바에 따라 확인하는 서류를 발부할 수 있다. <신설 2015. 5. 18.> [본조신설 2008. 1. 17.]
[제45조의2에서 이동 <2011. 6. 7.>]

(1) 행정제재처분 등 확인요청 (규칙 제38조의3)

① 양수인·상속인 또는 합병 후 신설되거나 존속하는 법인이 어린이집을 양수·상속 또는 합병하려고 할 때 법 제45조의3제2항에 따라 종전의 어린이집을 설치·운영한 자가 행정처분의 절차가 진행 중인지 및 행정제재 처분을 받은 이력이 있는지 여부의 확인을 요청하려면 별지 제18호의2서식의 행정제재처분 확인 등 신청서를 보건복지부장관, 시·도지사 또는 시장·군수·구청장에게 제출하여야 한다.
② 제1항에 따른 신청을 받은 보건복지부장관, 시·도지사 또는 시장·군수·구청장은 종전의 어린이집을 설치·운영한 자가 행정처분의 절차가 진행 중인지 및 행정제재 처분을 받은 이력이 있는지 여부의 사실을 확인하여 별지 제18호의3서식의 어린이집 행정제재처분 등 확인서를 신청인에게 발급하여야 한다. [본조신설 2015. 9. 18.]

12. 어린이집의 원장의 자격정지

가. 어린이집의 원장의 자격정지 (법 제46조)

보건복지부장관은 어린이집의 원장이 다음 각 호의 어느 하나에 해당하면 1년(「아동복지법」 제3조제7호에 따른 아동학대 행위로 제1호가목에 해당하게 된 경우에는 2년) 이내의 범위에서 보건복지부령으로 정하는 바에 따라 그 자격을 정지시킬 수 있다. <개정 2015. 5. 18.>
  1. 어린이집의 원장이 업무 수행 중 고의나 중대한 과실로 영유아에게 손해를 입힌 경우로서 다음 각 목의 어느 하나에 해당하는 경우
      가. 영유아의 생명을 해치거나 신체 또는 정신에 중대한 손해를 입힌 경우
      나. 제24조에 따른 운영기준을 위반하여 손해를 입힌 경우
      다. 제33조에 따라 보건복지부령으로 정한 급식기준을 위반하여 손해를 입힌 경우
      라. 그 밖에 손해를 입힌 경우
  2. 해당 업무 수행에 필요한 자격이 없는 자를 채용하여 보육교사·간호사 또는 영양사 등의 업무를 수행하게 한 경우
  3. 제23조에 따른 보수교육을 연속하여 3회 이상 받지 아니한 경우
  4. 거짓이나 그 밖의 부정한 방법으로 보조금을 교부받거나 보조금을 유용한 경우
  5. 「공익신고자 보호법」 제2조제2호에 따른 공익신고를 한 보육교직원에게

같은 조 제6호에 따른 불이익조치를 한 경우
[전문개정 2007. 10. 17.] [제목개정 2011. 6. 7.]

(1) 어린이집의 원장 및 보육교사에 대한 행정처분 (규칙 제39조)

① 삭제 <2012. 8. 17.>
② 법 제46조 및 법 제47조에 따른 어린이집의 원장 및 보육교사에 대한 행정처분의 세부기준은 별표 10과 같다. 다만, 특별자치도지사·시장·군수·구청장은 위반행위의 동기·내용 및 횟수 등을 고려하여 별표 10에 따른 자격정지기간을 2분의 1의 범위에서 가중하거나 감경할 수 있으며, 가중하는 경우에는 자격정지의 총기간이 1년을 초과할 수 없다. <개정 2011. 12. 8., 2012. 8. 17., 2014. 3. 7.>
③ 어린이집의 대표자는 어린이집의 원장이나 보육교사의 자격이 정지된 경우 정지된 기간 동안 그 직을 대신할 수 있는 원장 또는 보육교사를 채용하여야 한다. <개정 2012. 8. 17.> [전문개정 2009. 7. 3.] [제목개정 2011. 12. 8.]

13. 보육교사의 자격정지 (법 제47조)

보건복지부장관은 보육교사가 다음 각 호의 어느 하나에 해당하면 1년(「아동복지법」 제3조제7호에 따른 아동학대 행위로 제1호에 해당하게 된 경우에는 2년) 이내의 범위에서 보건복지부령으로 정하는 바에 따라 그 자격을 정지시킬 수 있다. <개정 2008. 2. 29., 2010. 1. 18., 2011. 12. 31., 2015. 5. 18.>
 1. 보육교사가 업무 수행 중 그 자격과 관련하여 고의나 중대한 과실로 손해를 입힌 경우
 2. 제23조의2에 따른 보수교육을 연속하여 3회 이상 받지 아니한 경우
[전문개정 2007. 10. 17.]

14. 어린이집의 원장 또는 보육교사의 자격취소 (법 제48조)

① 보건복지부장관은 어린이집의 원장 또는 보육교사가 다음 각 호의 어느 하나에 해당하면 그 자격을 취소할 수 있다. <개정 2015. 5. 18.>
 1. 거짓이나 그 밖의 부정한 방법으로 자격증을 취득한 경우
 2. 자격 취득자가 업무 수행 중 그 자격과 관련하여 고의나 중대한 과실로 손해를 입히고 금고 이상의 형을 선고받은 경우

3. 「아동복지법」 제3조제7호의2에 따른 아동학대관련범죄로 처벌을 받은 경우
4. 제22조의2에 따른 명의대여 금지 등의 의무를 위반한 경우
5. 자격정지처분기간 종료 후 3년 이내에 자격정지처분에 해당하는 행위를 한 경우
6. 자격정지처분을 받고도 자격정지처분기간 이내에 자격증을 사용하여 자격 관련 업무를 수행한 경우
7. 자격정지처분을 3회 이상 받은 경우
8. 제46조제4호에 해당하여 금고 이상의 형을 선고받은 경우

② 보건복지부장관은 제1항에 따라 자격이 취소된 사람에게는 그 취소된 날부터 다음 각 호의 구분에 따라 자격을 재교부하지 못한다. <신설 2013. 8. 13., 2015. 5. 18.>
1. 제1항 각 호의 사항 중 제3호 이외의 어느 하나에 해당하는 경우: 2년
2. 제1항제3호에 해당하는 경우: 10년(다만, 「아동복지법」 제3조제7호의2에 따른 아동학대관련범죄로 금고 이상의 실형을 선고받고 그 집행이 종료되거나 집행이 면제된 날부터 20년이 지나지 아니한 사람 또는 「아동복지법」 제3조제7호의2에 따른 아동학대관련범죄로 금고 이상의 형의 집행유예가 확정된 날부터 20년이 지나지 아니한 사람에게는 자격을 재교부할 수 없다)

[전문개정 2007. 10. 17.] [제목개정 2011. 6. 7.]

15. 청문 (법 제49조)

보건복지부장관, 시·도지사 및 시장·군수·구청장은 제45조부터 제48조까지의 행정처분을 하려면 청문을 하여야 한다. <개정 2010. 1. 18.> [전문개정 2007. 10. 17.]

16. 어린이집 정보의 공시 등

가. 어린이집 정보의 공시 등 (법 제49조의2)

① 어린이집의 원장은 어린이집이 보유·관리하는 다음 각 호의 정보를 매년 1회 이상 공시하여야 한다. 이 경우 어린이집의 원장은 공시한 정보(이하 이 조에서 "공시정보"라 한다)를 특별자치시장·특별자치도지사·시장·군수·구청장에게

제출하여야 하고 보건복지부장관은 공시정보와 관련된 자료의 제출을 요구할 수 있다.
1. 어린이집의 시설, 설치·운영자, 보육교직원 등 기본현황
2. 제29조에 따른 어린이집 보육과정에 관한 사항
3. 제38조에 따라 수납하는 보육료와 그 밖의 필요경비에 관한 사항
4. 어린이집 예산·결산 등 회계에 관한 사항
5. 영유아의 건강·영양 및 안전관리에 관한 사항
6. 그 밖에 보육여건 및 어린이집 운영에 관한 사항으로서 대통령령으로 정하는 사항

② 공시정보의 구체적인 범위와 공시의 횟수·시기 및 방법 등에 필요한 사항은 대통령령으로 정한다.
③ 보건복지부장관은 제1항에 따른 공시에 필요한 양식을 마련·보급하고 공시정보를 수집 및 관리할 수 있다. 이 경우 보건복지부장관은 보육정책 수립, 학술연구 진흥, 통계 작성 등에 활용하기 위하여 공시정보를 연계·가공할 수 있다.
④ 보건복지부장관, 시·도지사 또는 시장·군수·구청장은 어린이집의 원장이 해당 정보를 공시하지 아니하거나 게을리할 경우 이에 대한 시정을 권고하여야 한다.
⑤ 어린이집의 원장은 어린이집을 홍보하거나 「표시·광고의 공정화에 관한 법률」에 따른 표시 또는 광고를 할 때에는 제1항에 따라 공시된 정보와 다르게 알려서는 아니 된다.
⑥ 보건복지부장관, 시·도지사 또는 시장·군수·구청장은 제5항의 위반 여부를 확인할 필요가 있는 경우에는 해당 어린이집의 원장에게 관련 자료의 제출을 요청할 수 있다. 이 경우 요청을 받은 어린이집의 원장은 정당한 사유가 없는 한 관련 자료를 보건복지부장관, 시·도지사 또는 시장·군수·구청장에게 제출하여야 한다. [본조신설 2013. 6. 4.]

(1) 어린이집 정보 공시의 범위·횟수 및 시기 (영 제25조의6)

① 법 제49조의2제1항제6호에서 "대통령령으로 정하는 사항"이란 다음 각 호의 사항을 말한다. <개정 2015. 9. 15.>
1. 법 제23조 및 법 제23조의2에 따른 어린이집 원장 및 보육교사의 보수교육 이수에 관한 사항
2. 「아동복지법」 제31조에 따른 아동의 안전에 대한 교육 실시에 관한 사항
3. 어린이집에서 운행하는 「도로교통법」 제2조제23호에 따른 어린이통학버스에 관한 사항
4. 「전기사업법」 제66조의2에 따른 전기안전점검에 관한 사항

② 어린이집의 원장이 법 제49조의2제1항에 따라 공시하여야 하는 정보(이하 "공시정보"라 한다)의 범위 및 공시 횟수·시기는 별표 1의5와 같다. <개정 2015. 9. 15., 2019. 6. 4.> [본조신설 2013. 12. 4.]
[제25조의5에서 이동, 종전 제25조의6은 제25조의7로 이동 <2019. 6. 4.>]

(2) 어린이집 정보 공시의 방법 등 (영 제25조의7)

① 보건복지부장관은 공시정보의 체계적인 관리와 신속한 검색을 위하여 정보통신망을 활용한 정보공개시스템(이하 "정보공개시스템"이라 한다)을 구축·운영하여야 한다.
② 어린이집의 원장은 법 제49조의2제1항에 따라 공시정보를 정보공개시스템에 공시하여야 한다.
③ 어린이집의 원장이 법 제49조의2제1항 각 호 외의 부분 후단에 따라 보건복지부장관 및 특별자치시장·특별자치도지사·시장·군수·구청장에게 공시정보를 제출하는 경우 제2항에 따라 정보공개시스템에 공시한 공시정보의 내용과 다른 공시정보를 제출해서는 아니 된다. <개정 2015. 9. 15.>
④ 제25조의6 및 이 조 제1항부터 제3항까지에서 규정한 사항 외에 공시정보의 공시에 필요한 사항은 보건복지부장관이 정한다. <개정 2015. 9. 15., 2019. 6. 4.> [본조신설 2013. 12. 4.] [제25조의6에서 이동, 종전 제25조의7은 제25조의8로 이동 <2019. 6. 4.>]

17. 위반사실의 공표

가. 위반사실의 공표 (법 제49조의3)

① 보건복지부장관, 시·도지사 또는 시장·군수·구청장은 제45조 또는 제45조의2에 따른 행정처분을 받은 어린이집으로서 다음 각 호의 어느 하나의 경우에 해당하는 어린이집에 대하여 그 위반행위, 처분내용, 해당 어린이집의 명칭, 대표자의 성명, 어린이집 원장의 성명(대표자와 동일인이 아닌 경우만 해당한다) 및 그 밖에 다른 어린이집과의 구별에 필요한 사항으로서 대통령령으로 정하는 사항을 공표하여야 한다. 다만, 제1호의 경우에는 보건복지부령으로 정하는 금액 이상인 경우에 한하여 공표하여야 한다. <개정 2015. 5. 18.>
  1. 거짓이나 그 밖의 부정한 방법으로 보조금을 교부받거나 보조금을 유용한 경우
  2. 제24조에 따른 운영기준 및 제33조에 따라 보건복지부령으로 정한 급식기

준을 위반하여 영유아의 생명을 해치거나 신체 또는 정신에 중대한 피해가 발생한 경우

② 보건복지부장관, 시·도지사 또는 시장·군수·구청장은 제46조부터 제48조까지의 행정처분을 받은 사람으로서 「아동복지법」 제3조제7호에 따른 아동학대 행위를 하여 영유아의 생명을 해치거나 신체 또는 정신에 중대한 피해를 입힌 어린이집의 원장 및 보육교사에 대하여 법 위반 이력과 명단, 그 밖에 대통령령으로 정하는 사항을 공표하여야 한다. <개정 2015. 5. 18.>

③ 보건복지부장관, 시·도지사 또는 시장·군수·구청장은 제1항 및 제2항에 따른 공표를 실시하기 전에 공표대상자에게 그 사실을 통지하여 소명자료를 제출하거나 출석하여 의견진술을 할 수 있는 기회를 부여하여야 한다.

④ 제1항 및 제2항에 따른 공표의 절차·방법, 그 밖에 필요한 사항은 대통령령으로 정한다. [본조신설 2013. 6. 4.]

(1) 위반사실의 공표사항 등 (영 제25조의8)

① 법 제49조의3제1항 각 호 외의 부분 본문에서 "대통령령으로 정하는 사항"이란 법 제10조에 따른 어린이집의 종류와 그 어린이집의 주소를 말한다. <개정 2015. 9. 15.>

② 법 제49조의3제2항에서 "대통령령으로 정하는 사항"이란 다음 각 호의 사항을 말한다. <개정 2015. 9. 15., 2019. 6. 4.>
   1. 제25조의9제2항에 따른 공표대상자가 위반행위 당시 소속되었던 어린이집의 명칭 및 주소
   2. 위반행위의 내용
   3. 행정처분의 내용
   [본조신설 2013. 12. 4.] [제25조의7에서 이동, 종전 제25조의8은 제25조의9로 이동 <2019. 6. 4.>]

(2) 공표의 절차 및 방법 등 (영 제25조의9)

① 삭제 <2015. 9. 15.>

② 보건복지부장관, 시·도지사 또는 시장·군수·구청장은 법 제49조의3제1항에 따라 위반사실을 공표하는 경우에는 공표하기로 한 어린이집의 대표자 또는 원장·보육교사(이하 "공표대상자"라 한다)에게 공표대상자라는 사실을 서면으로 통지하고, 의견제출의 기회를 주어야 한다. <개정 2015. 9. 15.>

③ 보건복지부장관, 시·도지사 또는 시장·군수·구청장은 제2항에 따라 공표대

상자로부터 의견제출을 받은 경우에는 해당 공표대상자가 위반사실의 공표대상에 해당하는지를 확인한 후 공표 여부를 결정한다. <개정 2015. 9. 15.>
④ 보건복지부장관, 시·도지사 또는 시장·군수·구청장은 법 제49조의3에 따라 위반사실을 공표하는 경우 다음 각 호의 구분에 따른 기간 동안 해당 기관 인터넷 홈페이지를 통하여 공표하여야 하며, 정보공개시스템이나 육아종합지원센터 등 보육 관련 기관 홈페이지에도 공표할 수 있다.
  1. 법 제45조에 따른 어린이집의 폐쇄나 법 제48조에 따른 원장 또는 보육교사의 자격취소에 해당하는 위반사실: 3년
  2. 법 제45조에 따른 어린이집 운영정지(법 제45조의2에 따른 과징금으로 갈음하는 경우를 포함한다)나 법 제46조 또는 제47조에 따른 원장 또는 보육교사의 자격정지에 해당하는 위반사실: 해당 운영정지 기간(법 제45조의2에 따라 과징금으로 갈음한 경우에는 과징금으로 갈음한 운영정지 기간을 말한다) 또는 자격정지 기간의 2배에 해당하는 기간(2배에 해당하는 기간이 6개월 미만인 경우에는 6개월로 한다)
⑤ 보건복지부장관, 시·도지사 또는 시장·군수·구청장은 공표 대상 위반행위가 중대하거나 공표 대상 위반행위를 반복한 경우 등 추가 공표가 필요하다고 인정하는 경우에는 제4항에 따른 기간 중에 같은 항에 따른 공표 외에 「신문 등의 진흥에 관한 법률」에 따른 신문 또는 「방송법」에 따른 방송에 추가로 공표할 수 있다.
⑥ 시·도지사 또는 시장·군수·구청장은 제4항 및 제5항에 따라 공표를 한 경우에는 그 사실을 지체 없이 시·도지사는 보건복지부장관에게, 시장·군수·구청장은 시·도지사를 통하여 보건복지부장관에게 통보하여야 한다.
⑦ 제2항부터 제6항까지에서 규정한 사항 외에 공표 절차 등에 관하여 필요한 사항은 보건복지부장관이 정한다. <개정 2019. 6. 4.> [본조신설 2013. 12. 4.] [제25조의8에서 이동 <2019. 6. 4.>]

(3) 공표대상 금액 (규칙 제39조의2)

법 제49조의3제1항 각 호 외의 부분 단서에서 "보건복지부령으로 정하는 금액 이상인 경우"란 다음 각 호의 어느 하나에 해당하는 경우를 말한다.
  1. 거짓이나 그 밖의 부정한 방법으로 교부받거나 유용한 보조금이 1회 위반으로 3백만원 이상인 경우
  2. 거짓이나 그 밖의 부정한 방법으로 교부받거나 유용한 보조금이 최근 3년간 2회 이상 위반으로 누적금액이 2백만원 이상인 경우 [본조신설 2015. 9. 18.]
  [종전 제39조의2는 제39조의3으로 이동 <2015. 9. 18.>]

제8장 보 칙

1. 경력의 인정 (법 제50조)

① 어린이집에 근무하는 자 중 「유아교육법」에 따른 유치원교원의 자격을 가진 자에 대하여는 어린이집에서의 근무경력을 「유아교육법」에 따른 교육경력으로 인정한다. <개정 2011. 6. 7.>
② 유치원(「유아교육법」 제2조제6호에 따른 방과후 과정 수업과정을 운영하고 있는 유치원을 말한다)에 근무하는 자 중 이 법에 따른 보육교사의 자격을 가진 자에 대하여는 유치원에서의 근무경력을 이 법에 따른 보육경력으로 인정한다. <개정 2012. 3. 21.> [전문개정 2007. 10. 17.]

2. 권한의 위임

가. 권한의 위임 (법 제51조)

이 법에 따른 보건복지부장관 또는 시·도지사의 권한은 대통령령으로 정하는 바에 따라 그 일부를 시·도지사 또는 시장·군수·구청장에게 위임할 수 있다. [전문개정 2011. 8. 4.]

(1) 권한의 위임 (영 제26조)

① 보건복지부장관은 법 제51조에 따라 다음 각 호의 권한을 시·도지사에게 위임한다. <개정 2010. 3. 15., 2012. 2. 3., 2012. 6. 29., 2014. 2. 11.>
  1. 법 제23조제1항 및 제23조의2제1항에 따른 보수교육의 실시에 관한 권한
  2. 법 제23조의3에 따른 교육명령에 관한 권한
② 보건복지부장관은 법 제51조에 따라 다음 각 호의 권한을 특별자치시장·특별자치도지사·시장·군수·구청장에게 위임한다. <개정 2010. 3. 15., 2011. 12. 8., 2012. 2. 3., 2019. 6. 4.>
  1. 법 제46조에 따른 어린이집의 원장의 자격정지에 관한 권한
  2. 법 제47조에 따른 보육교사의 자격정지에 관한 권한
  3. 법 제48조에 따른 어린이집의 원장 또는 보육교사의 자격취소에 관한 권한
③ 삭제 <2012. 2. 3.>
④ 삭제 <2012. 2. 3.>

[전문개정 2009. 6. 30.] [제목개정 2012. 2. 3.]

3. 업무의 위탁

가. 업무의 위탁 (법 제51조의2)

① 보건복지부장관, 시·도지사 또는 시장·군수·구청장은 대통령령으로 정하는 바에 따라 다음 각 호에 해당하는 업무를 공공기관 또는 민간기관·단체 등에 위탁할 수 있다. 이 경우 제2호 및 제4호의 업무는 진흥원에 위탁할 수 있다. <개정 2011. 12. 31., 2013. 6. 4., 2018. 12. 11.>
   1. 제7조제1항에 따른 육아종합지원센터의 운영업무
   2. 제22조제1항에 따른 어린이집의 원장 또는 보육교사의 자격 검정 및 보육자격증 교부등에 관한 업무
   3. 제23조제1항 및 제23조의2제1항에 따른 보수교육의 실시 업무
   4. 제30조제1항에 따른 평가 및 같은 조 제5항에 따른 확인점검에 관한 업무
   5. 제34조의3제1항에 따른 이용권에 관한 업무
② 보건복지부장관, 시·도지사 또는 시장·군수·구청장은 제1항에 따라 업무를 위탁한 경우에는 예산의 범위에서 그에 필요한 비용을 보조할 수 있다.
③ 보건복지부장관, 시·도지사 또는 시장·군수·구청장은 다음 각 호의 어느 하나에 해당하는 경우에는 제1항에 따른 위탁을 취소할 수 있다.
   1. 수탁기관이 제2항에 따라 지급받은 보조금을 목적 외의 용도에 사용하였을 경우
   2. 수탁기관이 거짓이나 그 밖의 부정한 방법으로 제2항에 따른 보조금을 지급받았을 경우
   3. 그 밖에 대통령령으로 정하는 사유가 있는 경우
[본조신설 2011. 8. 4.]

(1) 업무의 위탁 (영 제26조의2)

① 법 제51조의2제1항에 따라 보건복지부장관, 시·도지사 또는 시장·군수·구청장은 같은 항 제1호부터 제4호까지의 업무를 다음 각 호의 어느 하나에 해당하는 기관 또는 단체 등에 위탁할 수 있다. 다만, 제3호 및 제4호의 기관 또는 단체 등에는 법 제51조의2제1항제3호의 업무만 위탁할 수 있다. <개정 2013. 12. 4.>
   1. 「정부출연연구기관 등의 설립·운영 및 육성에 관한 법률」에 따라 설립

된 정부출연연구기관
　2. 보육 또는 아동복지 관련 학과가 개설된 「고등교육법」 제2조에 따른 대학 또는 전문대학
　3. 법 제7조에 따른 육아종합지원센터
　4. 법 제21조제2항제2호에 따른 교육훈련시설
　5. 그 밖에 보육 관련 비영리법인 또는 비영리단체
② 법 제51조의2제1항에 따라 보건복지부장관은 같은 항 제5호의 업무 중 다음 각 호에 해당하는 업무를 「사회복지사업법」 제2조제6호에 따른 사회복지서비스 관련 업무를 하는 공공단체 또는 기관에 위탁할 수 있다.
　1. 보육서비스 이용권의 지급 및 관리
　2. 보육서비스 이용권 사용금액에 대한 비용 처리 및 정산
　3. 보육서비스 이용권 업무 수행을 위한 전산시스템의 구축·운영
　4. 그 밖에 보육서비스 이용권에 부수되는 업무로서 보건복지부장관이 정하는 업무
③ 보건복지부장관, 시·도지사 및 시장·군수·구청장은 제1항 및 제2항에 따라 업무를 위탁하려는 경우에는 미리 위탁의 기준, 절차 및 방법 등을 위탁을 하는 기관의 게시판이나 인터넷 홈페이지를 이용하여 공고하여야 한다.
④ 보건복지부장관, 시·도지사 및 시장·군수·구청장은 제1항 및 제2항에 따라 업무를 위탁한 경우에는 위탁을 받은 기관·단체 등(이하 이 조에서 "수탁기관"이라 한다) 및 위탁업무의 내용을 고시하거나, 위탁을 하는 기관의 게시판이나 인터넷 홈페이지를 이용하여 공고하여야 한다.
⑤ 법 제51조의2제3항제3호에서 "그 밖에 대통령령으로 정하는 사유가 있는 경우"란 다음 각 호의 어느 하나에 해당하는 경우를 말한다. <개정 2012. 6. 29., 2015. 9. 15.>
　1. 수탁기관이 파산하거나 해산한 경우
　2. 수탁기관이 제3항에 따른 위탁의 기준에 적합하지 아니하게 된 경우
　3. 법 제51조의2제1항제3호의 업무의 수탁기관이 법 제23조제4항 및 법 제23조의2제3항에 따른 보수교육의 내용과 법 제23조제5항 및 법 제23조의2제4항에 따라 보건복지부령으로 정하는 보수교육의 기간·방법 등에 관한 사항을 위반하여 보수교육을 실시한 경우
　4. 법 제51조의2제1항제3호의 업무의 수탁기관이 교육자격 미달자에게 보수교육을 실시하고 수료증을 발급하거나, 교육수료 인정기준 미달자에게 수료증을 발급한 경우
⑥ 업무 위탁의 신청절차, 신청서류, 수탁기관 선정 등에 관하여 필요한 사항은 보건복지부령으로 정한다.

[본조신설 2012. 2. 3.] [종전 제26조의2는 제26조의3으로 이동 <2012. 2. 3.>]

(2) 육아종합지원센터의 운영위탁 (규칙 제39조의3)

① 법 제51조의2제1항제1호 및 영 제26조의2제1항에 따라 육아종합지원센터의 운영을 위탁받으려는 보육 관련 법인·단체 등은 별지 제19호서식의 육아종합지원센터 위탁신청서(전자문서로 된 신청서를 포함한다)에 다음 각 호의 서류(전자문서를 포함한다)를 첨부하여 육아종합지원센터를 관할하는 보건복지부장관, 시·도지사 또는 시장·군수·구청장에게 제출하여야 한다. <개정 2018. 2. 28.>
   1. 법인의 정관 및 출연금 등에 관한 서류(법인인 경우만 해당한다)
   2. 단체의 회칙 또는 규약(단체인 경우만 해당한다)
   3. 대표자의 경력사항
   4. 육아종합지원센터의 장의 자격 및 경력을 증명하는 서류
   5. 법인·단체 등의 보육 관련 업무실적을 증명하는 서류
   6. 법인·단체 등의 조직 및 운영 현황에 관한 서류
   7. 향후 5년간 육아종합지원센터의 운영계획서(예산서를 포함한다)
② 제1항에 따른 신청을 받은 보건복지부장관, 시·도지사 또는 시장·군수·구청장은 「전자정부법」 제36조제1항에 따른 행정정보의 공동이용을 통하여 법인 등기사항증명서(법인인 경우만 해당한다)를 확인하여야 한다. <개정 2010. 9. 1.>
③ 삭제 <2012. 8. 17.>
④ 제1항에 따른 신청서를 받은 보건복지부장관, 시·도지사 또는 시장·군수·구청장은 육아종합지원센터 운영을 위탁받을 기관(이하 이 조에서 "수탁기관"이라 한다)을 선정한 경우에는 수탁기관과 위탁계약을 체결한 후 별지 제20호서식의 육아종합지원센터 위탁계약증서를 발급하여야 한다. <개정 2010. 3. 19., 2012. 2. 3., 2012. 8. 17., 2013. 12. 5.>
⑤ 수탁기관은 법인·단체 등의 대표자 또는 육아종합지원센터의 장, 법인의 정관이나 단체의 회칙 또는 규약의 변경사유가 발생한 경우에는 별지 제21호서식의 육아종합지원센터 위탁사항 변경신청서(전자문서로 된 신청서를 포함한다)에 다음 각 호의 서류(전자문서를 포함한다)를 첨부하여 보건복지부장관, 시·도지사 또는 시장·군수·구청장에게 제출하여야 한다. <개정 2010. 3. 19., 2012. 2. 3., 2013. 12. 5.>
   1. 변경 사유서
   2. 대표자 경력사항(대표자가 변경되는 경우만 해당한다)

3. 육아종합지원센터장의 자격 및 경력을 증명하는 서류(육아종합지원센터장이 변경되는 경우만 해당한다)
4. 법인의 정관이나 단체의 회칙 또는 규약(정관·회칙 또는 규약이 변경되는 경우만 해당한다)
5. 육아종합지원센터 위탁계약증서
[전문개정 2009. 7. 3.] [제목개정 2013. 12. 5.]
[제39조의2에서 이동, 종전 제39조의3은 제39조의4로 이동 <2015. 9. 18.>]

(3) 보수교육 실시의 위탁 절차 등 (규칙 제39조의4)

① 삭제 <2012. 2. 3.>
② 삭제 <2012. 2. 3.>
③ 법 제51조의2제1항제3호 및 영 제26조의2제1항에 따라 보수교육의 실시를 위탁받으려는 자는 교육에 필요한 시설과 교육과정을 갖추고 별지 제22호서식의 보수교육 위탁신청서(전자문서로 된 신청서를 포함한다)에 다음 각 호의 서류(전자문서를 포함한다)를 첨부하여 시·도지사에게 제출하여야 한다. <개정 2012. 2. 3.>
1. 교육과정 운영계획서
2. 보수교육의 실시에 필요한 교수요원의 자격 및 경력을 증명하는 서류
④ 제3항에 따른 위탁신청서를 받은 시·도지사는 매년 3월 31일까지 지방보육정책위원회의 심의를 거쳐 보수교육 수탁기관을 결정하여 위탁계약을 체결한 후 별지 제23호서식의 보수교육기관 위탁계약증서를 발급하여야 한다. <개정 2012. 2. 3.> [전문개정 2009. 7. 3.] [제목개정 2012. 2. 3.]
[제39조의3에서 이동 <2015. 9. 18.>]

4. 관계 기관 간 업무협조 (법 제51조의3)

① 특별자치시장·특별자치도지사·시장·군수·구청장은 제16조 또는 제20조에 따른 결격사유의 확인을 위하여 관계 기관의 장에게 범죄경력자료 등에 대한 조회 요청을 할 수 있다.
② 보건복지부장관(보건복지부장관의 권한을 위탁받은 자를 포함한다)은 제22조제1항 및 제30조제1항에 따른 업무를 수행하기 위하여 국가기관, 지방자치단체, 「공공기관의 운영에 관한 법률」 제4조에 따른 공공기관 등 관계 기관의 장에게 필요한 정보 및 자료를 요청할 수 있다. <신설 2018. 12. 11.>
③ 제1항 또는 제2항에 따른 요청을 받은 관계 기관의 장은 정당한 사유 없이

이를 거부하여서는 아니 된다. <개정 2018. 12. 11.> [본조신설 2014. 5. 28.]

5. 도서·벽지·농어촌지역 등의 어린이집

가. 도서·벽지·농어촌지역 등의 어린이집 (법 제52조)

① 특별자치도지사·시장·군수·구청장은 도서·벽지·농어촌지역 등에 있는 어린이집으로서 제15조에 따른 어린이집의 설치기준 및 제17조제5항에 따른 보육교직원의 배치기준을 적용하기 어렵다고 인정하는 경우에는 제6조에 따른 지방보육정책위원회의 심의를 거쳐 관할 시·도지사의 승인을 받아 이를 달리 적용할 수 있다. <개정 2011. 6. 7., 2011. 8. 4., 2018. 12. 24., 2019. 4. 30.>
② 제1항에 따른 도서·벽지·농어촌지역 등의 구체적인 범위, 어린이집의 설치기준 및 보육교직원의 배치기준은 보건복지부령으로 정한다. <개정 2008. 2. 29., 2010. 1. 18., 2011. 6. 7.> [전문개정 2007. 10. 17.] [제목개정 2011. 6. 7.]

(1) 도서·벽지 및 농어촌 지역 등의 어린이집 (규칙 제40조)

① 법 제52조에 따라 어린이집의 설치기준 및 보육교직원의 배치기준을 달리 적용할 수 있는 지역은 다음 각 호와 같다. <개정 2010. 3. 19., 2011. 12. 8.>
  1. 「도서·벽지 교육진흥법」 제2조에 따른 도서·벽지
  2. 행정구역상 면 지역
  3. 그 밖에 보건복지부장관이 정하는 농어촌 지역
② 특별자치도지사·시장·군수·구청장이 법 제52조에 따라 제1항에 따른 도서·벽지·농어촌 등의 지역에 대하여 지방보육정책위원회의 심의를 거쳐 달리 적용할 수 있는 어린이집의 설치기준 및 보육교직원의 배치기준의 종류는 다음 각 호와 같다. <개정 2011. 12. 8.>
  1. 어린이집의 규모에 관한 사항 중 최소 보육인원에 관한 사항
  2. 보육교사 1명당 담당 영유아 수
[전문개정 2009. 7. 3.] [제목개정 2011. 12. 8.]

6. 어린이집연합회

가. 어린이집연합회 (법 제53조)

① 보육사업의 원활한 추진과 어린이집의 균형적인 발전, 어린이집 간의 정보 교류 및 상호 협조 증진을 위하여 어린이집연합회를 설립할 수 있다. <개정 2011. 6. 7.>
② 어린이집연합회의 조직과 운영, 기능 등에 필요한 사항은 보건복지부령으로 정한다. <개정 2011. 6. 7.> [전문개정 2007. 10. 17.] [제목개정 2011. 6. 7.]

  (1) 어린이집연합회의 조직 및 기능 등 (규칙 제41조)

① 법 제53조에 따른 어린이집연합회(이하 "연합회"라 한다)의 회원자격은 어린이집의 원장, 어린이집의 대표자와 그 밖에 정관이 정하는 사람으로 한다. <개정 2009. 12. 31., 2011. 12. 8.>
② 연합회는 업무를 효율적으로 수행하기 위하여 연합회에 어린이집의 종류별로 다음 각 호의 분과위원회를 둘 수 있다. <개정 2009. 12. 31., 2011. 12. 8., 2012. 2. 3., 2016. 9. 20.>
  1. 국공립어린이집 분과위원회
  2. 사회복지법인어린이집 분과위원회
  2의2. 법인·단체등어린이집 분과위원회
  3. 직장어린이집 분과위원회
  4. 가정어린이집 분과위원회
  5. 협동어린이집 분과위원회
  6. 민간어린이집 분과위원회
③ 연합회는 다음 각 호의 기능을 수행할 수 있다. <신설 2009. 12. 31., 2011. 12. 8.>
  1. 보육에 관한 자료 수집 및 홍보
  2. 영유아의 권익보호
  3. 보육교직원의 복리 증진
  4. 그 밖에 어린이집 간의 국제교류 등 연합회의 목적 달성에 필요한 사항
④ 연합회의 회원 자격, 임원의 수, 임기 및 선출방법과 그 밖에 연합회 운영에 필요한 사항은 연합회의 정관으로 정한다. <신설 2009. 12. 31.>
[전문개정 2009. 7. 3.] [제목개정 2009. 12. 31., 2011. 12. 8.]

제9장 벌 칙

1. 벌칙 (법 제54조)

① 삭제 <2018. 12. 24.>
② 다음 각 호의 어느 하나에 해당하는 자는 3년 이하의 징역 또는 3천만원 이하의 벌금에 처한다. <개정 2015. 5. 18.>
  1. 거짓이나 그 밖의 부정한 방법으로 보조금을 교부받거나 보조금을 유용한 자
  2. 제15조의5제2항제1호를 위반하여 폐쇄회로 텔레비전의 설치 목적과 다른 목적으로 폐쇄회로 텔레비전을 임의로 조작하거나 다른 곳을 비추는 행위를 한 자
  3. 제15조의5제2항제2호를 위반하여 녹음기능을 사용하거나 보건복지부령으로 정하는 저장장치 이외의 장치 또는 기기에 영상정보를 저장한 자
③ 제15조의5제3항에 따른 안전성 확보에 필요한 조치를 하지 아니하여 영상정보를 분실·도난·유출·변조 또는 훼손당한 자는 2년 이하의 징역 또는 2천만원 이하의 벌금에 처한다. <신설 2015. 5. 18.>
④ 다음 각 호의 어느 하나에 해당하는 자는 1년 이하의 징역 또는 1천만원 이하의 벌금에 처한다. <개정 2008. 12. 19., 2011. 6. 7., 2013. 1. 23., 2014. 5. 28., 2015. 5. 18.>
  1. 제13조제1항에 따른 설치인가를 받지 아니하고 어린이집의 명칭을 사용하거나 사실상 어린이집의 형태로 운영한 자
  2. 거짓이나 그 밖의 부정한 방법으로 제13조제1항에 따른 어린이집의 설치인가 또는 변경인가를 받은 자
  3. 제22조의2를 위반하여 자기의 성명이나 어린이집의 명칭을 사용하여 어린이집의 원장 또는 보육교사의 업무를 수행하게 하거나 자격증을 대여한 자 및 그 상대방
  4. 거짓이나 그 밖의 부정한 방법으로 제34조 및 제34조의2에 따른 비용을 지원받거나 타인으로 하여금 지원을 받게 한 자
  5. 제34조의3에 따른 보육서비스 이용권을 부정사용한 자
  6. 거짓이나 그 밖의 부정한 방법으로 제38조에 따른 보육료 등을 수납한 어린이집의 설치·운영자
  7. 제45조제1항에 따른 어린이집 운영정지명령 또는 어린이집의 폐쇄명령을 위반하여 사업을 계속한 자
  8. 삭제 <2011. 6. 7.> [전문개정 2007. 10. 17.]

2. 양벌규정 (법 제55조)

법인의 대표자나 법인 또는 개인의 대리인, 사용인, 그 밖의 종업원이 그 법인 또는 개인의 업무에 관하여 제54조의 위반행위를 하면 그 행위자를 벌하는 외에 그 법인 또는 개인에게도 해당 조문의 벌금형을 과(科)한다. 다만, 법인 또는 개인이 그 위반행위를 방지하기 위하여 해당 업무에 관하여 상당한 주의와 감독을 게을리하지 아니한 경우에는 그러하지 아니하다. [전문개정 2011. 6. 7.]

3. 과태료

가. 과태료 (법 제56조)

① 제43조제1항에 따른 신고를 하지 아니하고 어린이집을 폐지하거나 일정기간 운영을 중단하거나 운영을 재개한 자에게는 500만원 이하의 과태료를 부과한다. <개정 2011. 6. 7.>
② 다음 각 호의 어느 하나에 해당하는 자에게는 300만원 이하의 과태료를 부과한다. <개정 2015. 5. 18.>
  1. 제26조제1항에 따른 취약보육을 우선적으로 실시하지 아니한 자
  2. 제28조제1항 각 호에 해당하는 자를 우선적으로 보육하지 아니한 자
  3. 제31조에 따른 건강진단 또는 응급조치 등을 이행하지 아니한 자
  4. 제15조의4에 따른 폐쇄회로 텔레비전을 설치하지 아니하거나 설치·관리의무를 위반한 자
  5. 제15조의5제1항에 따른 열람요청에 응하지 아니한 자
③ 제1항과 제2항에 따른 과태료는 대통령령으로 정하는 바에 따라 보건복지부장관, 시·도지사 또는 시장·군수·구청장이 부과·징수한다. <개정 2008. 2. 29., 2010. 1. 18., 2011. 6. 7.>
④ 삭제 <2011. 6. 7.>
⑤ 삭제 <2011. 6. 7.>
⑥ 삭제 <2011. 6. 7.>
[전문개정 2007. 10. 17.]

(1) 과태료의 부과기준 (영 제27조)

법 제56조제1항 및 제2항에 따른 과태료의 부과기준은 별표 2와 같다. [전문개정

2011. 4. 22.]

(2) 규제의 재검토 (규칙 제42조)

① 보건복지부장관은 다음 각 호의 사항에 대하여 다음 각 호의 기준일을 기준으로 3년마다(매 3년이 되는 해의 기준일과 같은 날 전까지를 말한다) 그 타당성을 검토하여 개선 등의 조치를 하여야 한다. <개정 2015. 1. 5., 2015. 9. 18., 2018. 12. 28.>
   1. 제9조제1항 및 별표 1에 따른 어린이집 및 그 놀이터의 설치기준: 2014년 1월 1일
   2. 제14조에 따른 교육훈련시설의 설치기준 등: 2014년 1월 1일
   3. 제18조제1항 각 호에 따른 자격증의 발급 신청에 필요한 첨부 서류: 2019년 1월 1일
   4. 제32조의3에 따른 평가인증의 유효기간: 2019년 1월 1일
   5. 제38조제1항 및 별표 9에 따른 어린이집에 대한 행정처분의 세부기준: 2014년 1월 1일
② 보건복지부장관은 다음 각 호의 사항에 대하여 다음 각 호의 기준일을 기준으로 2년마다(매 2년이 되는 해의 기준일과 같은 날 전까지를 말한다) 그 타당성을 검토하여 개선 등의 조치를 하여야 한다. <신설 2015. 1. 5., 2018. 12. 28.>
   1. 제5조제1항 및 제5조의2제1항에 따른 설치인가 및 변경인가 신청 첨부서류의 범위: 2015년 1월 1일
   2. 제23조 및 별표 8에 따른 어린이집의 운영기준: 2015년 1월 1일
   3. 제24조제2항 및 제8항에 따른 국공립어린이집 운영위탁의 신청 및 위탁사항 변경 신청 첨부서류의 범위: 2015년 1월 1일
   4. 제29조에 따른 보육의 우선 제공 대상자: 2015년 1월 1일
   5. 제33조에 따른 필수 건강진단 항목: 2015년 1월 1일
[본조신설 2013. 12. 31.]

영유아보육법 시행령 별표

[별표 1] 어린이집의 원장과 보육교사의 자격기준(제21조 관련) <개정 2019. 6. 4.>

어린이집의 원장과 보육교사의 자격기준(제21조 관련)

1. 어린이집 원장의 자격기준
   가. 일반기준
      1) 보육교사 1급 자격을 취득한 후 3년 이상의 보육 등 아동복지업무 경력이 있는 사람
      2) 「유아교육법」에 따른 유치원 정교사 1급 자격 또는 같은 법에 따른 특수학교(유치원 과정을 말한다)의 정교사 자격을 취득한 후 3년 이상의 보육 등 아동복지업무 경력이 있는 사람
      3) 유치원 원장의 자격을 가진 사람
      4) 「초·중등교육법」에 따른 초등학교 정교사 자격 또는 같은 법에 따른 특수학교(초등학교 과정을 말한다)의 정교사 자격을 취득한 후 5년 이상의 보육 등 아동복지업무 경력이 있는 사람
      5) 「사회복지사업법」에 따른 사회복지사 1급 자격을 취득한 후 5년 이상의 보육 등 아동복지업무 경력이 있는 사람
      6) 「의료법」에 따른 간호사 면허를 취득한 후 7년 이상의 보육 등 아동복지업무 경력이 있는 사람
      7) 국가 또는 지방자치단체에서 7급 이상의 공무원으로 보육 등 아동복지업무에 5년 이상 근무한 경력이 있는 사람
   나. 가정어린이집
      1) 일반기준에서 정한 자격을 갖춘 사람
      2) 보육교사 1급 이상의 자격을 취득한 후 1년 이상의 보육업무 경력이 있는 사람
   다. 영아 전담 어린이집: 만 3세 미만의 영아만을 20명 이상 보육하는 어린이집
      1) 일반기준에서 정한 자격을 갖춘 사람
      2) 간호사 면허를 취득한 후 5년 이상의 아동간호업무 경력이 있는 사람
   라. 장애아 전문 어린이집: 「장애아동복지지원법」 제32조에 따른 장애영유아 어린이집 중 12명 이상의 장애영유아를 보육할 수 있는 어린이집
      1) 일반기준에서 정한 자격을 갖춘 사람으로서 대학(전문대학을 포함한다)에서 장애인복지 및 재활 관련 학과를 전공한 사람
      2) 일반기준에서 정한 자격을 갖춘 사람으로서 장애영유아 어린이집에서 2년 이상의 보육업무 경력이 있는 사람
   마. 「고등교육법」에 따른 대학(전문대학을 포함한다) 또는 법 제21조제2항제2호에

따른 교육훈련시설이 운영(위탁 또는 부설 운영을 말한다)하는 어린이집
1) 가목에 따른 일반기준에서 정한 자격을 갖춘 사람
2) 어린이집을 운영하는 대학의 조교수 또는 교육훈련시설의 전임교수 이상으로서 보육 관련 교과목에 대하여 3년 이상의 교육 경력이 있는 사람
바. 가목부터 라목까지의 어느 하나에 해당하는 사람은 보건복지부령으로 정하는 사전 직무교육을 받아야 한다.

2. **보육교사의 등급별 자격기준**

등급	자격기준
보육교사 1급	가. 보육교사 2급 자격을 취득한 후 3년 이상의 보육업무 경력이 있는 사람으로서 보건복지부장관이 정하는 승급교육을 받은 사람 나. 보육교사 2급 자격을 취득한 후 보육 관련 대학원에서 석사학위 이상을 취득하고 1년 이상의 보육업무 경력이 있는 사람으로서 보건복지부장관이 정하는 승급교육을 받은 사람
보육교사 2급	가. 전문대학 또는 이와 같은 수준 이상의 학교에서 보건복지부령으로 정하는 보육 관련 교과목 및 학점을 이수하고 졸업한 사람 나. 보육교사 3급 자격을 취득한 후 2년 이상의 보육업무 경력이 있는 사람으로서 보건복지부장관이 정하는 승급교육을 받은 사람
보육교사 3급	고등학교 또는 이와 같은 수준 이상의 학교를 졸업한 사람으로서 보건복지부령으로 정하는 교육훈련시설에서 정해진 교육과정을 수료한 사람

※ 비고
1. "보육 등 아동복지업무 경력"이란 다음의 어느 하나에 해당하는 경력을 말한다.
    가. 다음의 어느 하나에 해당하는 경력
        1) 어린이집에서 어린이집의 원장, 보육교사, 특수교사[「초·중등교육법」 제21조제2항에 따라 특수학교의 정교사, 준교사 또는 실기교사(담당과목이 재활복지과목인 경우만 해당한다)의 자격증을 가진 사람과 이에 준하는 사람으로 보건복지부장관이 인정하는 사람을 말한다. 이하 같다] 또는 치료사로 근무한 경력
        2) 육아종합지원센터에서 육아종합지원센터의 장, 보육전문요원, 특수교사, 대체교사 또는 일시보육 담당 보육교사로 근무한 경력
        3) 법 제26조의2제2항에 따른 일시보육서비스지정기관에서 기관의 장 또는 일시보육 담당 보육교사로 근무한 경력
    나. 「유아교육법」에 따른 유치원에서 원장, 원감, 수석교사 또는 교사로 근무한 경력
    다. 「아동복지법」에 따른 아동복지시설에서 시설장, 총무, 보육사, 생활복지사, 상담지도원 또는 자립지원전담요원으로 근무한 경력
    라. 「장애인복지법」에 따른 장애 영유아 거주시설에서 장애영유아와 관련된 업무에 종사한 경력
    마. 「유아교육법」 및 「초·중등교육법」에 따른 특수학교(유치원 과정)에서 특수학교 교원으로 근무한 경력
    바. 법률 제7120호 유아교육법 제정으로 폐지되기 전 「유아교육진흥법」에 따른 새마을유아

원에서 근무한 경력
　사. 가목부터 바목까지의 아동복지업무를 수행하는 시설 등에서 간호사로 근무한 경력
　아. 국가 또는 지방자치단체에서 7급 이상의 공무원으로 보육 등 아동복지에 관한 행정업무에 종사한 경력
2. "보육업무 경력"이란 다음의 어느 하나에 해당하는 경력을 말한다.
　가. 다음의 어느 하나에 해당하는 경력
　　1) 어린이집에서 어린이집의 원장, 보육교사, 특수교사 또는 치료사로 근무한 경력
　　2) 육아종합지원센터에서 육아종합지원센터의 장, 보육전문요원, 특수교사, 대체교사 또는 일시보육 담당 보육교사로 근무한 경력
　　3) 법 제26조의2제2항에 따른 일시보육서비스지정기관에서 기관의 장 또는 일시보육 담당 보육교사로 근무한 경력
　나. 「유아교육법」에 따른 교육과정과 방과후 과정을 운영하는 유치원에서 원장, 원감, 수석교사 또는 교사로 근무한 경력
3. "아동간호업무 경력"이란 병원의 소아청소년과나 신생아실, 보건소 모자보건센터, 초등학교 보건실 등에서 근무한 경력을 말한다.

[별표 1의2] 포상금 지급의 기준(제25조의2제4항 관련) <신설 2019. 6. 4.>

포상금 지급의 기준(제25조의2제4항 관련)

1. 거짓이나 그 밖의 부정한 방법으로 보조금을 교부받거나 유용한 자를 신고 또는 고발하여 보조금을 반환받은 경우

반환액	포상금
가. 1천만원 이하	반환액 × 30/100
나. 1천만원 초과 1억원 이하	300만원 + [(반환액 - 1천만원) × 20/100]
다. 1억원 초과	2,100만원 + [(반환액 - 1억원) × 10/100] 다만, 5천만원을 넘는 경우에는 5천만원으로 한다.

2. 법 제33조에 따른 급식관리기준을 지키지 않은 자를 신고 또는 고발한 경우
   가. 상한 원료 또는 완제품을 조리할 목적으로 보관하거나 이를 음식물의 조리에 사용한 경우에 해당하여 3개월 이상의 어린이집 운영정지를 명한 경우: 300만원
   나. 유통기한이 지난 원료 또는 완제품을 조리할 목적으로 보관하거나 이를 음식물의 조리에 사용한 경우에 해당하여 1개월 이상의 어린이집 운영정지를 명한 경우: 100만원
   다. 이미 급식에 제공되었던 음식물을 재사용한 경우에 해당하여 1개월 이상의 어린이집 운영정지를 명한 경우: 100만원
3. 법 제33조의2에 따른 어린이집 차량안전관리 기준을 지키지 않은 자를 신고 또는 고발한 경우
   가. 운전자가 음주 운전을 한 경우에 해당하여 15일 이상의 어린이집 운영정지를 명한 경우: 200만원
   나. 운전자가 운전 중 휴대전화를 사용한 경우에 해당하여 15일 이상의 어린이집 운영정지를 명한 경우: 100만원
   다. 차량 운행 시 보육교사 등 영유아를 보호할 수 있는 사람이 동승하지 않은 경우에 해당하여 1개월 이상의 어린이집 운영정지를 명한 경우: 100만원
4. 「아동복지법」 제3조제7호에 따른 아동학대(이하 "아동학대"라 한다) 행위를 한 자를 신고 또는 고발한 경우
   가. 보육교직원 등이 아동학대 행위를 한 경우에 해당하여 어린이집 운영정지 또는 폐쇄를 명한 경우: 200만원
   나. 어린이집 원장 또는 보육교사가 아동학대 행위로 업무 수행 중 고의나 중대한 과실로 영유아에게 손해를 입힌 경우에 해당하여 그 자격을 정지시킨 경우: 200만원
   다. 아동학대 관련 범죄로 벌금형 이상의 형이 선고된 경우: 500만원

[별표 1의3] 이행강제금의 부과기준(제25조의3제1항 관련) <개정 2019. 6. 4.>

이행강제금의 부과기준(제25조의3제1항 관련)

위반행위	근거 법조문	이행강제금 금액(단위: 원)
법 제44조의2에 따른 이행명령을 이행하지 않은 자에 대하여 그 명령의 이행에 필요한 상당한 기간을 정하여 그 기간 내에 이행할 것을 다시 명하였으나 이를 이행하지 않은 경우	법 제44조의3 제1항	(사업장 내 보육대상이 되는 근로자 자녀수 × 0.65) × 사업장 내 보육대상이 되는 근로자 자녀 1명당 사업장 사업주의 월 평균 부담금액 × 6개월

※ 비고

1. "사업장 내 보육대상이 되는 근로자 자녀수"란 법 제14조의2제1항에 따른 실태조사 결과 확인된 영유아를 말한다. 다만, 사업장의 사업주가 실태조사일부터 이행명령일까지의 기간에 근로자 자녀수가 변경되었음을 스스로 입증하는 경우에는 이를 기준으로 산정할 수 있다.
2. "사업장 내 보육대상이 되는 근로자 자녀 1명당 사업장 사업주의 월 평균 부담금액"이란 법 제34조에 따른 무상보육을 위하여 국가와 지방자치단체가 연령별로 영유아의 부모 등에게 매월 지원하는 금액(이하 "정부지원월보육료"라 한다)을 기준으로 산정한 다음의 금액을 말한다.
사업장 내 보육대상이 되는 근로자 자녀 1명당 사업장 사업주의 월 평균 부담금액 = (만 0세 영유아 1명당 정부지원월보육료의 2분의 1 + 만 1세 영유아 1명당 정부지원월보육료의 2분의 1 + 만 2세 영유아 1명당 정부지원월보육료의 2분의 1 + 만 3세 영유아 1명당 정부지원월보육료의 2분의 1 + 만 4세 영유아 1명당 정부지원월보육료의 2분의 1 + 만 5세 영유아 1명당 정부지원월보육료의 2분의 1) ÷ 6
3. 부과기준에 따라 산정된 이행강제금의 금액이 1회 1억원을 초과하는 경우에는 1억원으로 한다.

[별표 1의4] 과징금의 산정기준(제25조의4 관련) <개정 2019. 6. 4.>

과징금의 산정기준(제25조의4 관련)

1. 일반기준
    가. 운영정지 1개월은 30일을 기준으로 한다.
    나. 위반행위의 종류에 따른 과징금의 금액은 다목에 따른 운영정지 기간에 라목에 따라 산정한 1일당 과징금의 금액을 곱하여 산정한다.
    다. 운영정지 기간은 법 제45조제1항에 따라 산정된 기간(늘리거나 줄이는 경우에는 늘거나 줄어든 기간을 말한다)을 말한다.
    라. 1일당 과징금의 금액은 위반행위를 한 어린이집의 연간 총수입금액을 기준으로 제2호에 따라 산정한다.
    마. 연간 총수입금액은 법 34조에 따라 국가와 지방자치단체가 무상보육 실시를 위하여 지원한 비용, 법 제36조에 따른 국가 또는 지방자치단체의 보조금 및 법 제38조에 따른 보육료 및 그 밖의 필요경비 등을 더하여 산정한다.
    바. 연간 총수입금액은 해당 어린이집에 대한 처분일이 속한 연도의 전년도의 1년간 총수입금액을 기준으로 한다. 다만, 어린이집의 신규설치, 운영 중단 등으로 전년도 1년간 총수입금액을 산정할 수 없거나 전년도 1년간 총수입금액을 기준으로 하는 것이 불합리하다고 인정되는 경우에는 분기별, 월별 또는 일별 금액을 기준으로 산정하거나 조정한다.
    사. 나목에도 불구하고 과징금 산정금액이 3천만원을 초과하는 경우에는 3천만원으로 한다.

2. 과징금의 산정방법

등급	연간 총수입금액 (단위: 백만원)	운영정지 1일당 과징금 금액 (단위: 원)
1	30 미만	10,000
2	30 이상 ~ 60 미만	30,000
3	60 이상 ~ 100 미만	53,000
4	100 이상 ~ 200 미만	70,000
5	200 이상 ~ 300 미만	85,000
6	300 이상 ~ 400 미만	100,000
7	400 이상 ~ 500 미만	115,000
8	500 이상 ~ 600 미만	130,000
9	600 이상 ~ 700 미만	145,000
10	700 이상 ~ 800 미만	164,000
11	800 이상 ~ 900 미만	186,000

12	900 이상 ~ 1,000 미만	208,000
13	1,000 이상 ~ 1,100 미만	230,000
14	1,100 이상 ~ 1,200 미만	252,000
15	1,200 이상 ~ 1,300 미만	274,000
16	1,300 이상 ~ 1,400 미만	296,000
17	1,400 이상 ~ 1,500 미만	318,000
18	1,500 이상 ~ 1,600 미만	340,000
19	1,600 이상 ~ 1,700 미만	362,000
20	1,700 이상 ~ 1,800 미만	383,000
21	1,800 이상 ~ 1,900 미만	405,000
22	1,900 이상 ~ 2,000 미만	427,000
23	2,000 이상	438,000

[별표 1의5] 어린이집 공시정보의 범위 및 공시 횟수·시기(제25조의6제2항 관련) <개정 2019. 6. 4.>

어린이집 공시정보의 범위 및 공시 횟수·시기(제25조의6제2항 관련)

공시정보 항목	공시정보의 범위	공시 횟수	공시 시기
1. 기본 현황	가. 일반 현황		
	1) 어린이집 이름, 설립일, 설립유형, 제공서비스, 운영시간, 주소, 전화번호 등 어린이집 기본 현황	수시	수시
	2) 설치·운영자 이름, 원장 이름	수시	수시
	나. 시설 현황		
	1) 건축연도, 건물층수, 건물유형, 건물소유 형태	수시	수시
	2) 건물 전용면적, 대지 총 면적, 보육실 수 및 면적, 놀이터 면적 등, 비상재해대비시설 종류	수시	수시
	다. 폐쇄회로 텔레비전 설치 대수, 장소, 기기 종류, 카메라 성능(화소), 운영방식 등 현황	수시	수시
2. 영유아 및 보육 교직원에 관한 사항	가. 연령별 학급/반 현황	수시	수시
	나. 보육교직원 현황		
	1) 직종별·자격별 보육교직원 현황	수시	수시
	2) 어린이집 원장 및 보육교사의 현 기관 근속연수	연 1회	4월
3. 법 제29조에 따른 보육과정에 관한 사항	표준보육과정 운영에 관한 사항		
	1) 공통과정 주당 운영시간	수시	수시
	2) 보육과정 운영 계획	연 1회	4월
4. 법 제38조에 따라 수납하는 보육료와 그 밖의 필요경비에 관한 사항	가. 보육비용		
	1) 보육료의 연령별 최대 수납액	수시	수시
	2) 그 밖의 필요경비의 항목별 최대 수납액	수시	수시
	나. 특별활동에 관한 사항		
	1) 특별활동 영역, 프로그램명 및 대상 연령	월 1회	매월
	2) 주당 운영횟수 및 1회당 운영시간	월 1회	매월
	3) 프로그램 단가 및 업체명	월 1회	매월
5. 예산·결산 등 회계에 관한 사항	가. 세입예산서 및 세출예산서	연 1회	4월
	나. 세입결산서 및 세출결산서	연 1회	10월
6. 건강·영양 및 안전관리에 관한 사항	가. 급식관리 현황		
	1) 운영방식, 급식인원, 급식담당인력(영양사·취사인력), 집단급식소 신고 여부	수시	수시

	2) 식중독 발생 및 처리 현황	수시	수시
	3) 식단표	월 1회	매월
	나. 환경 안전 관리 현황		
	1) 실내공기질 관리 현황	수시	수시
	2) 정기소독 관리 현황	수시	수시
	3) 음용수 종류 및 수질검사 현황	수시	수시
	다. 안전교육 및 안전점검 실시 현황		
	1) 소방대피 훈련여부	수시	수시
	2) 놀이시설 안전검사 현황	수시	수시
	3) 가스점검, 소방안전점검, 전기설비 점검 여부	수시	수시
	라. 법 제31조의2에 따른 공제회 및 보험 가입 현황		
	1) 영유아의 생명·신체에 대한 공제 또는 보험 가입 현황	수시	수시
	2) 보육교직원 생명·신체 공제 또는 보험 가입 현황	수시	수시
	3) 화재보험 가입 현황	수시	수시
	4) 가스사고배상책임보험 가입 현황	수시	수시
	5) 어린이놀이시설 안전보험 가입 현황	수시	수시
	6) 통학버스 책임보험 또는 종합보험 현황	수시	수시
7. 그 밖에 보육여건 및 운영에 관한 사항	가. 어린이집 원장 및 보육교사의 보수교육 이수에 관한 사항	수시	수시
	나. 아동의 안전에 대한 교육 실시에 관한 사항	수시	수시
	다. 어린이통학버스 운영 현황		
	1) 통학버스 운영 여부, 신고 현황	수시	수시
	2) 통학버스 승차 인원	수시	수시
	3) 통학버스 안전교육 이수 여부 및 이수 날짜	수시	수시
	라. 「전기사업법」 제66조의2에 따른 전기안전점검실시 현황	수시	수시

[별표 2] 과태료의 부과기준(제27조 관련) <개정 2015.9.15.>

과태료의 부과기준(제27조 관련)

1. 일반기준
    가. 위반행위의 횟수에 따른 과태료의 부과기준은 최근 2년간 같은 위반행위로 과태료 부과처분을 받은 경우에 적용한다. 이 경우 위반횟수는 위반행위에 대하여 과태료 부과처분을 한 날과 다시 같은 위반행위(과태료 부과처분 후의 위반행위만 해당한다)를 적발한 날을 기준으로 하여 계산한다.
    나. 보건복지부장관, 시·도지사 또는 시장·군수·구청장(이하 "부과권자"라 한다)은 다음의 어느 하나에 해당하는 경우에는 제2호의 개별기준에 따른 과태료 금액의 2분의 1 범위에서 그 금액을 줄일 수 있다. 다만, 과태료를 체납하고 있는 위반행위자에 대해서는 그렇지 않다.
        1) 위반행위자가 「질서위반행위규제법 시행령」 제2조의2제1항 각 호의 어느 하나에 해당하는 경우
        2) 위반행위가 사소한 부주의나 오류로 인한 것으로 인정되는 경우
        3) 위반의 내용·정도가 경미하다고 인정되는 경우
        4) 위반행위자가 법 위반상태를 시정하거나 해소하기 위하여 노력한 것이 인정되는 경우
        5) 그 밖에 위반행위의 정도, 위반행위의 동기와 그 결과 등을 고려하여 과태료 금액을 줄일 필요가 있다고 인정되는 경우
    다. 부과권자는 위반행위의 정도, 위반행위의 동기와 그 결과 등을 고려하여 제2호의 개별기준에 따른 과태료 금액의 2분의 1의 범위에서 그 금액을 늘려 부과할 수 있다. 다만, 늘려 부과하는 경우에도 법 제56조제1항 및 제2항에 따른 과태료 금액의 상한을 넘을 수 없다.

2. 개별기준

위반행위	근거 법조문	과태료 금액 (단위: 만원)		
		1차위반	2차위반	3차이상 위반
가. 법 제15조의4에 따른 폐쇄회로 텔레비전을 설치하지 않거나 설치·관리 의무를 위반한 경우	법 제56조 제2항제4호			
1) 법 제15조의4에 따른 폐쇄회로 텔레비전을 설치하지 않은 경우		100	200	300
2) 법 제15조의4에 따른 폐쇄회로 텔레비전의 설치기준을 위반한 경우		50	100	150

3) 법 제15조의4제3항을 위반하여 영상정보를 60일 이상 보관하지 않은 경우		50	100	150
4) 법 제15조의5제3항을 위반하여 폐쇄회로 텔레비전의 내부관리 계획을 수립하지 않은 경우		25	50	75
나. 법 제15조의5제1항에 따른 열람요청에 응하지 않은 경우	법 제56조 제2항제5호	50	100	150
다. 법 제26조제1항에 따른 취약보육을 우선적으로 실시하지 않은 경우	법 제56조 제2항제1호	100	200	300
라. 법 제28조제1항 각 호에 해당하는 자를 우선적으로 보육하지 않은 경우	법 제56조 제2항제2호	100	200	300
마. 법 제31조에 따른 건강진단 또는 응급조치 등을 이행하지 않은 경우	법 제56조 제2항제3호	100	200	300
바. 법 제43조제1항에 따른 신고를 하지 않고 어린이집을 폐지한 경우	법 제56조 제1항	500	500	500
사. 법 제43조제1항에 따른 신고를 하지 않고 일정기간 어린이집의 운영을 중단한 경우	법 제56조 제1항	200	300	500
아. 법 제43조제1항에 따른 신고를 하지 않고 어린이집의 운영을 재개한 경우	법 제56조 제1항	200	300	500

시행규칙 별표 및 서식

[별표 1] 어린이집의 설치기준(제9조 관련) <개정 2019. 6. 12.>

어린이집의 설치기준(제9조 관련)

1. 어린이집의 입지조건
   가. 어린이집은 보육수요·보건·위생·급수·안전·교통·환경 및 교통편의 등을 충분히 고려하여 쾌적한 환경을 갖춘 부지를 선정하여야 한다.
   나. 어린이집은 「주택건설기준 등에 관한 규정」 제9조의2제1항 각 호의 시설로부터 50m 이상 떨어진 곳에 위치해야 한다. 이 경우 해당 시설의 외곽 경계선이 되는 담 또는 벽을 기준으로 하며, 해당 시설에 담 또는 벽이 없는 경우에는 그 시설의 부지 경계선을 기준으로 한다.
   다. 어린이집은 「건축법 시행령」 별표 1에 따라 각 어린이집을 설치할 수 있는 곳에 설치한다. 다만, 영유아 20명 이하를 보육하는 직장어린이집, 부모협동어린이집 및 국공립어린이집은 가정어린이집을 설치할 수 있는 곳에도 설치할 수 있다.

1의2. 어린이집의 재산요건
   가. 가정어린이집 및 민간어린이집은 시설로 사용되는 토지·건물의 소유권·전세권 등에 대한 부채비율이 100분의 50 미만이어야 한다.
   나. 협동어린이집은 보육영유아의 보호자 11명 이상 또는 보호자와 보육교직원을 합하여 11명 이상의 출자가 있어야 한다.

2. 어린이집의 규모
   어린이집은 다음의 인원을 보육할 수 있는 시설을 갖추어야 하며, 정원은 총 300명을 초과할 수 없다.
   가. 국공립어린이집: 상시 영유아 11명 이상
   나. 직장어린이집: 상시 영유아 5명 이상
   다. 사회복지법인어린이집, 법인·단체등어린이집 및 민간어린이집: 상시 영유아 21명 이상
   라. 가정어린이집: 상시 영유아 5명 이상 20명 이하
   마. 협동어린이집: 상시 영유아 11명 이상

3. 어린이집의 구조 및 설비기준
   가. 일반기준
      1) 어린이집의 구조 및 설비는 그 시설을 이용하는 영유아의 특성에 맞도록 하여야 하며, 사적 용도를 위한 시설 등 영유아의 보육 목적에 부합하지 않는 시설은 설치할 수 없다. 다만, 관할 특별자치도지사·시장·군수·구청장이 지역적 특수성을 고려하여 필요하다고 인정하는 경우에는 보육교직원의 기숙시설을 설치할 수 있다.

2) 어린이집은 하나의 건물에 설치하여야 한다. 다만, 담 또는 울타리로 둘러싸인 동일 대지 안에 여러 개의 건물(모두 5층 이하이어야 한다)이 있는 경우 모든 건물의 전체가 어린이집으로 사용되고 3)바)①에 따른 옥외놀이터가 설치된 경우에는 그러하지 아니하다.
3) 어린이집에는 다음의 설비를 하여야 한다. 이 경우 보육실을 포함한 시설면적(놀이터 면적은 제외한다)은 영유아 1명당 4.29제곱미터 이상으로 한다.

가) 보육실

① 보육실은 영유아가 주로 생활하는 실내공간으로 반별 정원을 고려하여 별도로 구획된 공간을 의미한다.

② 보육실은 건축법령상의 층수와 관계없이 해당 층 4면의 100분의 80 이상이 지상에 노출되어 있고, 해당 층 주 출입구의 하단이 지표면부터 1미터 이내인 층(이하 "1층"이라 한다)에 설치하여야 한다. 다만, 다음 각 호의 어느 하나에 해당하는 경우에는 예외로 한다.

(ⅰ) 해당 층 4면의 100분의 50 이상 100분의 80 미만이 지상에 노출되고, 해당 층 주 출입구의 하단이 지표면부터 1미터 이내이며, 지방보육정책위원회의 심의를 거쳐 채광·환기·습도·침수 등 영유아의 건강과 안전에 문제가 없는 것으로 확인된 해당 층에 어린이집을 설치하는 경우

(ⅱ) 건물 전체를 하나의 어린이집으로 사용하면서 1층[(ⅰ)의 경우를 포함한다] 이상 5층 이하에 보육실을 설치하는 경우. 다만 영아를 위한 보육실은 1층[(ⅰ)의 경우를 포함한다]에 우선적으로 배치하여야 한다.

(ⅲ) 건물의 1층[(ⅰ)의 경우를 포함한다] 이상 5층 이하에 직장어린이집을 설치하는 경우. 이 경우 해당 건물은 외부인의 출입을 제한할 수 있는 등 영유아의 안전관리가 가능한 건물이어야 한다.

(ⅳ) 300세대 이상의 아파트단지 전체가 「건축법 시행령」 제119조제1항제3호다목에 따른 필로티나 그 밖에 이와 비슷한 구조인 경우에 그 위층에 어린이집을 설치하는 경우(필로티나 그 밖에 이와 비슷한 구조인 층에 거주공간이 없는 경우에만 해당한다)

(ⅴ) 산업단지에 있는 건물의 1층[(i)의 경우를 포함한다] 이상 5층 이하에 제5조의4에 따른 어린이집을 설치하는 경우

(ⅵ) 산업단지에 있는 「산업집적활성화 및 공장설립에 관한 법률」에 따른 지식산업센터 건물의 1층[(i)의 경우를 포함한다] 이상 5층 이하에 어린이집을 설치하는 경우

(ⅶ) 「주택법」 제2조제3호에 따른 공동주택에 「주택건설기준 등에 관한 규정」 제55조의2에 따라 설치하여야 하는 주민공동시설 건물의 1층[(i)의 경우를 포함한다] 이상 2층 이하에 국공립어린이집을 설치하는 경우

(ⅷ) 지방보육정책위원회의 심의를 거쳐 장애인 등을 위한 편의시설을 1층에 설치하여야 하는 등 1층에 어린이집을 설치할 수 없는 불가피한 사유가 있다고 시장·군수·구청장이 인정하는 경우로서 「건축법 시행령」 별표 1

제14호가목에 따른 공공업무시설 건물의 1층[(i)의 경우를 포함한다] 이상 5층 이하에 국공립어린이집을 설치하는 경우

③ 영유아 1명당 2.64제곱미터 이상의 공간을 확보하여야 하며, 전체 정원 및 면적 산정 시에는 보육실, 거실, 공동놀이실을 포함하여 산정한다.

④ 보육실에는 침구, 놀이기구 및 쌓기놀이활동, 소꿉놀이활동, 미술활동, 언어활동, 수학·과학활동, 음률활동 등에 필요한 교재·교구를 갖추어야 한다.

⑤ 어린이집은 환기·채광·조명·온도 및 습도가 적절히 유지·관리되도록 하여야 한다.

⑥ 보육실은 바닥난방시설을 갖추어야 한다.

⑦ 그 밖에 보육실 설치에 필요한 구체적인 기준은 보건복지부장관이 정한다.

나) 조리실

① 조리실은 채광이 잘 되도록 하고, 기계 환기시설을 하여 청정한 실내 환경을 유지하도록 하며, 창문에는 방충망을 설치하여야 한다.

② 식기를 소독하고 위생적으로 취사 및 조리할 수 있는 설비를 갖추어야 한다.

③ 공공기관이나 사회복지관 안에 설치된 어린이집의 경우에는 같은 건물에 있는 조리실을 함께 사용할 수 있으며, 유치원과 같은 건물에 설치된 어린이집은 유치원의 조리실을 함께 사용할 수 있다.

④ 사업주가 직장어린이집을 설치한 경우로서 직장어린이집이 설치된 건물에 집단급식소를 운영하는 경우에는 조리실을 별도로 설치하지 아니할 수 있다. 이 경우 영유아를 위한 음식의 조리공간은 분리(별도의 방을 분리함에 있어 벽이나 층 등으로 구분하는 경우를 말한다) 또는 구획(칸막이·커튼 등으로 구분하는 경우를 말한다)되어 있어야 한다.

다) 목욕실

① 목욕실은 난방을 하여야 한다.

② 바닥은 미끄럼 방지장치를 하여야 한다.

③ 샤워설비, 세면설비 및 냉온수 공급을 위한 설비를 갖추어야 하며, 수도꼭지는 온수 사용 시 화상을 입지 아니하도록 온도를 조정 및 고정할 수 있어야 한다.

④ 목욕실은 보육실과 인접한 공간에 위치하여야 한다.

라) 화장실

① 바닥은 미끄럼 방지장치를 하여야 한다.

② 세정장치와 수도꼭지 등은 냉온수의 온도를 조정 및 고정할 수 있어야 한다.

③ 화장실은 수세식 유아용 변기를 설치하고, 보육실과 같은 층의 인접한 공간에 설치하여야 한다. 다만, 가정어린이집의 경우 성인용 변기에 디딤판과 탈부착식 유아용 변기를 설치하고 이동식 유아용 변기를 갖춘 경우에는 유아용 변기를 설치하지 아니할 수 있다.

마) 교사실

① 보육정원이 21명 이상인 어린이집은 교사가 교육활동을 계획·준비하고 자료 제작 등을 할 수 있도록 구획된 교사실을 설치하여야 한다.

② 교사실에는 교육활동 준비와 행정사무, 휴식 등에 필요한 설비를 갖추어야 한다.

바) 놀이터

① 보육 정원 50명 이상인 어린이집(12개월 미만의 영아만을 보육하는 어린이집은 제외한다)은 영유아 1명당 3.5제곱미터 이상의 규모로 옥외놀이터를 설치하는 것을 원칙으로 한다. 다만, 보건복지부장관이 어린이집 규모(정원)에 따라 같은 시간대에 놀이 활동에 참여하는 최대 영유아 수 및 면적의 기준을 정하는 경우에는 그 기준에 따라 놀이터를 설치할 수 있다.

② 옥외놀이터에는 모래밭(천연 및 인공 잔디, 고무매트, 폐타이어 블록 또는 「어린이놀이시설 안전관리법」에서 정하는 기준에 적합한 것을 포함한다)에 6세 미만의 영유아가 이용할 수 있는 대근육활동을 위한 놀이기구 1종 이상을 포함하여 놀이기구 3종 이상이 설치된 옥외놀이터를 설치하여야 한다. 다만, 사업주가 직장어린이집을 설치하는 경우 및 업무용시설 밀집지역 등 지역적 특수성에 따라 옥외놀이터를 설치하는 것이 불가능한 경우에는 옥내놀이터를 설치하거나(다만, 지하층에는 설치할 수 없다) 「어린이놀이시설 안전관리법」에 따라 설치·관리되는 인근의 놀이터(놀이터 관리주체의 사용 승낙을 받고, 6세 미만의 영유아가 이용할 수 있는 놀이기구가 3종 이상 설치되어 있는 경우로 한정한다)를 활용할 수 있다.

③ 옥내놀이터는 다음과 같이 설치한다.

(ⅰ) 옥내놀이터는 놀이터로 사용하는 공간 및 그 주변에 소음·분진·폭발·화재의 위험이 없어야 하며, 실내공간을 활용하는 경우 조명·채광·환기·온도·습도가 적정하여야 한다.

(ⅱ) 어린이집에 엘리베이터가 설치되지 아니한 경우 옥내놀이터는 보육실로부터 5층 이내에 설치하며, 층 간 이동을 위하여 아동용 손잡이 레일을 설치하는 등 안전에 필요한 장비를 구비하여야 한다. 이 경우 아동용 손잡이 레일은 영유아가 잡거나 짚고 올라갈 수 없는 구조여야 하며, 영유아의 신체가 빠지거나 끼는 사고가 없도록 설치한다.

(ⅲ) 옥내놀이터를 어린이집으로 사용하는 건물 내의 실외공간에 설치하는 경우에는 울타리나 보호난간을 최소 1.5미터 이상으로 설치하되 놀이기구의 높이 등에 맞춰 안전을 확보할 수 있는 높이로 설치하여야 하고, 그 밖에 안전에 필요한 장비를 구비하여야 한다. 이 경우 울타리나 보호난간의 재질은 부식·파손의 위험이 없어야 하며, 영유아가 잡거나 짚고 올라갈 수 없는 구조로 설치하되, 난간 사이에 간격이 있는 경우 그 안치수는 80밀리미터 이하로 하여야 한다.

(ⅳ) 옥내놀이터를 어린이집의 최상층 바닥면에 설치하는 경우, 울타리나 보호난간은 바닥면 최하단으로부터 1.2미터까지는 콘크리트·조적(벽돌 등) 또는 강화유리 등으로 설치하여야 하고, 고정식 놀이기구는 해당 층 바닥이 설치하고자 하는 놀이시설의 하중을 견딜 수 있도록 건축되어 있고, 「어린이놀이시설 안전관리법」에서 정한 기준에 적합한 경우에 설치할 수 있다.

(ⅴ) 건물 2층 이상에 옥내놀이터를 설치하는 경우, 영유아보육법령에서 정하는 비상재해 대비시설을 갖추어야 한다.
④ 어린이집의 놀이터, 놀이기구 및 어린이용품은 「전기용품 및 생활용품 안전관리법」, 「어린이놀이시설 안전관리법」 및 「환경보건법」에서 정한 기준을 준수하여야 한다.
⑤ 그 밖에 놀이터 설치에 필요한 구체적인 기준은 보건복지부장관이 정한다.

사) 급배수시설
① 상수도 또는 간이상수도에 의하여 먹는 물을 공급하는 경우에는 저수조를 경유하지 아니하고 직접 수도꼭지에 연결하여 공급하여야 한다. 다만, 직접 수도꼭지에 연결하기 곤란한 경우는 제외한다.
② 어린이집에서 지하수를 음용수로 사용할 경우에는 저수조 등의 시설을 경유하여야 한다.
③ 더러운 물, 빗물 등이 잘 처리되도록 배수설비를 하여야 한다.

아) 비상재해대비시설
① 소화용 기구를 갖춰 두고 비상구를 설치하는 등 비상재해에 대비한 시설을 갖추어야 한다. 이 경우 비상구는 상단에 비상구 유도등을 달고 잠금장치를 문 안쪽에 설치하여야 한다.
② 어린이집은 비상시 양 방향으로 피난할 수 있어야 하며, 각 층별 출구 및 피난시설 등은 다음의 구분에 따른다.
(ⅰ) 어린이집이 건물 1층인 경우: 주 출입구 외에 도로 등 안전한 외부 지상과 연결이 가능한 1개 이상의 출구[비상구 또는 유사시 사람의 출입이 가능한 창 또는 개구부(開口部)]를 어린이집 주 출입구의 반대방향에 설치하거나 장변길이의 2분의 1 이상을 이격하여 설치하되, 출구의 규격은 유효폭 0.75미터 이상 유효높이 1.75미터 이상이고, 출구의 최하단은 안전한 외부 지표면부터 1.2미터 이하이어야 하며, 「화재예방, 소방시설 설치·유지 및 안전관리에 관한 법률 시행령」 별표 6에 따라 면제되는 경우를 제외하고는 「화재예방, 소방시설 설치·유지 및 안전관리에 관한 법률」 제9조제1항에 따라 소방청장이 정하여 고시하는 단독경보형 감지기의 화재안전기준에 따른 단독경보형 감지기를 설치할 것
(ⅱ) 어린이집이 2층과 3층인 경우: 비상계단 또는 대피용 미끄럼대를 영유아용으로 설치하고, 「화재예방, 소방시설 설치·유지 및 안전관리에 관한 법률 시행령」 별표 6에 따라 면제되는 경우를 제외하고는 「화재예방, 소방시설 설치·유지 및 안전관리에 관한 법률」 제9조제1항에 따라 소방청장이 정하여 고시하는 단독경보형 감지기의 화재안전기준에 따른 단독경보형 감지기를 설치하여야 하며, 그 밖에 안전사고 및 비상재해에 대비한 피난시설, 장비 등을 구비할 것. 다만, 「건축법 시행령」 제34조제2항에 따라 어린이집 내부에 직통계단을 2개소 이상 설치하거나, 「화재예방, 소방시설 설치·유지 및 안전관리에 관한 법률 시행령」 별표 1에 따른 스프링클러설비(간이스프링클러설비를 포함한다)를 「스프링클러설비의 화재안전기준

(NFSC 103)」 또는 「간이스프링클러설비의 화재안전기준(NFSC 103A)」 등 관련 기준에 따라 건물 전체에 걸쳐 유효하게 설치하고, 「화재예방, 소방시설 설치·유지 및 안전관리에 관한 법률」 제9조제1항에 따라 소방청장이 정하여 고시하는 피난기구의 화재안전기준에 따른 피난기구를 「화재예방, 소방시설 설치·유지 및 안전관리에 관한 법률 시행령」 별표 5에 따라 설치한 경우에는 비상계단 또는 대피용 미끄럼대를 설치하지 아니할 수 있다.

(ⅲ) 어린이집이 4층과 5층인 경우: 「화재예방, 소방시설 설치·유지 및 안전관리에 관한 법률 시행령」 별표 1에 따른 스프링클러설비 및 자동화재탐지설비를 「스프링클러설비의 화재안전기준(NFSC 103)」 및 「자동화재탐지설비 및 시각경보장치의 화재안전기준(NFSC 203)」에 따라 건물 전체에 걸쳐 유효하게 설치하고, 건물 내에 양방향 피난이 가능한 2개소 이상의 직통계단을 설치하며(2개 이상의 직통계단 설치가 곤란한 경우에는 직통계단 1개소는 건물외부에 비상계단을 설치하여 이에 갈음할 수 있다), 보육실의 주출입구는 직통계단 또는 비상계단까지의 보행거리가 30m 이내가 되도록 설치하고, 건물의 천장·바닥과 벽체 등의 내부마감재는 불연재로 설치하며, 벽체 등에는 가연성 장식물을 부착하지 아니하고, 조리실은 내화구조로 된 바닥, 벽 및 「건축법 시행령」 제64조에 따른 방화문으로 외부와 구획하며, 「화재예방, 소방시설 설치·유지 및 안전관리에 관한 법률 시행규칙」 제7조에 따른 연소우려가 있는 건축물의 구조가 아니어야 하고, 2급 이상의 소방안전관리자를 고용(직원 중 소방안전관리자로 선임할 수 있는 자격증을 가진 자가 있을 경우에는 그러하지 아니하다)하여 방화관리를 할 것

③ 그 밖의 소방시설의 설치는 「화재예방, 소방시설 설치·유지 및 안전관리에 관한 법률 시행령」 제15조에 따른다.

④ 가스를 사용하는 경우에는 「도시가스사업법」, 「액화석유가스의 안전관리 및 사업법」에서 정한 규정에 따라 설치하고 관리하여야 한다.

⑤ 그 밖에 비상재해대비시설 설치에 필요한 구체적인 기준은 보건복지부장관이 정한다.

자) 폐쇄회로 텔레비전

① 폐쇄회로 텔레비전은 「개인정보 보호법 시행령」 제3조제1호에 따른 장치로서 보육실 등을 촬영하고 모니터를 통하여 그 영상을 구현할 수 있으며, 그 영상정보를 녹화·저장할 수 있는 기능을 갖추어야 한다.

② 폐쇄회로 텔레비전은 각 보육실, 공동놀이실, 놀이터(인근놀이터를 제외한다) 및 식당(별도로 구획된 공간으로 마련되어 있는 경우에 한정한다), 강당(별도로 구획된 공간으로 마련되어 있는 경우에 한정한다)에 1대 이상씩 설치하되 사각지대의 발생을 최소화할 수 있도록 설치되어야 한다.

③ 폐쇄회로 텔레비전은 보육실 등 일정한 장소에 일정한 방향을 지속적으로 촬영할 수 있도록 설치되어야 한다.

④ 폐쇄회로 텔레비전은 임의로 조작이 가능하거나 녹음기능이 있도록 설치되어서는 아니 된다.
⑤ 폐쇄회로 텔레비전은 화면 속 인물의 행동 등이 용이하게 식별될 수 있도록 고해상도[HD(High Definition)]급 이상(보건복지부장관이 정하여 고시하는 해상도 이상을 말한다)의 성능을 보유하여야 한다.
⑥ 저장장치는 영상정보를 폐쇄회로 텔레비전의 화질 기준 이상의 화질로 60일 이상 저장할 수 있는 용량을 갖춘 것으로 하여야 한다.
⑦ 어린이집을 설치·운영하는 자는 출입구 등 잘 보이는 곳에 다음의 사항이 포함된 안내판을 설치하여야 한다.
(ⅰ) 폐쇄회로 텔레비전 설치 목적
(ⅱ) 폐쇄회로 텔레비전 설치 장소, 촬영 범위 및 촬영 시간
(ⅲ) 관리책임자의 성명 및 연락처
⑧ 폐쇄회로 텔레비전의 설치와 관련하여 이 규칙에 규정하고 있지 아니한 사항은 「개인정보 보호법」 및 「정보통신공사업법」의 관련 내용을 준용한다.

차) 그 밖에 실내설비는 다음의 기준을 갖추어야 한다.
① 영유아가 접근할 수 없는 안전한 장소에 응급조치를 위한 비상약품 및 간이 의료기구 등을 갖춰 두어야 한다.
② 비상구를 제외한 모든 출입문 및 창문은 안쪽에서 잠길 우려가 없어야 하고, 밖에서 쉽게 열 수 있어야 하며, 출입문 및 창문의 가장자리에는 영유아의 손이 끼지 아니하도록 손끼임 방지 고무패킹이나 완충장치를 설치하여야 한다.
③ 돌출형 방열기(라디에이터)는 영유아의 신체가 직접 닿지 아니하도록 울타리를 설치하여야 하며, 이와 유사한 온열기를 사용하는 경우에는 영유아가 직접 온열기에 닿지 아니하도록 적절한 보호장치를 설치하여야 한다.
④ 책상, 의자 등 가구의 모서리는 둥글고 표면이 매끄럽게 처리된 것이나, 고무 등으로 모서리에 보호장치를 설치하여야 한다.
⑤ 보육실에 설치된 교구장, 수납장 등은 안전을 위하여 아래 부분에 무거운 비품을 보관하여야 하고, 선반을 설치하는 경우에는 물건이 떨어지지 아니하도록 지지대를 설치하여야 하며, 무거운 물건은 너무 많이 쌓아 놓아서는 아니 된다.
⑥ 보일러 설비, 퓨즈박스(두꺼비집), 화기, 소독수, 살충제, 조리실의 칼·가위·포크·랩 등은 영유아의 손이 닿지 아니하는 위치에 배치되어야 한다.
⑦ 어린이집 내부(벽, 천장 등)의 마감재료는 「건축법 시행령」 제2조 에 따른 불연재료, 준불연재료 또는 난연재료를 사용하여야 하며, 보육실은 「환경보건법 시행령」 제16조에 따른 환경안전관리기준을 준수하여 설치하여야 한다. 실내장식물과 창문에 설치하는 커튼류 및 카펫 등 「화재예방, 소방시설 설치·유지 및 안전관리에 관한 법률」 제12조에 따른 방염대상물품은 화재예방, 소방시설 설치·유지 및 안전관리에 관한 법령에 따른 방염성능이 있는 것으로 설치하여야 한다.

나. 장애아 12명 이상을 보육할 수 있는 시설을 갖춘 장애아전문어린이집을 설치하는

경우에는 「장애인·노인·임산부 등의 편의증진보장에 관한 법률」에서 정한 시설 및 설비 외에 다음의 설비를 갖추어야 한다.
1) 장애아가 활동하기에 충분하도록 어린이집의 시설(놀이터는 제외한다)은 장애아 1명당 7.83제곱미터 이상, 보육실(교실, 거실, 포복실, 유희실, 치료교실, 집단활동실을 포함한다)은 장애아 1명당 6.6제곱미터 이상의 면적을 확보하여야 한다. 다만, 비장애아를 함께 보육하는 경우에는 어린이집의 시설면적(놀이터 면적은 제외한다)은 비장애아 1명당 4.29제곱미터 이상, 보육실(교실, 거실, 포복실, 유희실, 치료교실, 집단활동실을 포함한다)은 비장애아 1명당 2.64제곱미터 이상의 면적을 확보하여야 한다.
2) 집단활동실(강당, 놀이실)은 문턱 없이 접근이 가능한 통로에 연결되어야 하고 휠체어·보행기 등의 출입에 장애가 없어야 한다.
3) 출입구는 비상재해 시 대피하기 쉽도록 복도 또는 넓은 공간에 직접 연결되게 설계되어야 하며, 시각장애아를 위한 점자블록이나 유도장치를 갖추어야 한다.
4) 옥외 피난계단의 유효폭은 0.9미터 이상이어야 한다.
5) 회전문과 자재문(自在門: 문턱이 없어 양방향으로 열리는 문)은 금하며 자동문 설치 시 문의 개폐 시간은 3초 이상을 확보하여야 한다.
6) 휠체어에 앉은 영유아가 문의 손잡이를 잡을 수 있어야 한다.
7) 계단 외에 엘리베이터 또는 기울기 1/12 이하의 경사로를 설치하여야 한다.

다. 장애아 3명 이상을 보육하는 장애아 통합 어린이집은 다음과 같은 설비를 갖추도록 노력하여야 한다.
1) 2층 이상의 시설에는 엘리베이터를 설치하거나 적어도 한 곳 이상에 기울기 1/12 이하의 경사로를 설치하여야 한다.
2) 출입구는 비상재해 시 대피하기 쉽도록 복도 또는 넓은 공간에 직접 연결되도록 하고, 시각장애아를 위한 점자블록이나 유도장치를 설치하여야 한다.
3) 복도, 문, 화장실은 휠체어의 출입에 장애가 없어야 한다.
4) 옥외 피난계단의 유효폭은 0.9미터 이상이어야 한다.

[별표 1의2] 폐쇄회로 텔레비전의 관리기준(제9조제2항 관련) <신설 2015.9.18.>

폐쇄회로 텔레비전의 관리기준(제9조제2항 관련)

1. 폐쇄회로 텔레비전의 관리책임자는 어린이집 원장이 된다. 다만, 지정된 직원(관리자)에게 폐쇄회로 텔레비전의 일상적인 관리를 하게 할 수 있고, 관리자로 지정된 직원은 장비를 정기적으로 확인하고 적절히 유지하여야 한다.
2. 폐쇄회로 텔레비전의 영상정보는 화질이 담보될 수 있도록 고해상도[HD(High Definition)]급 이상(보건복지부장관이 정하여 고시하는 해상도 이상을 말한다)의 화소수로 1초당 10장 이상의 프레임이 저장되도록 설정하여 운영되어야 한다.
3. 폐쇄회로 텔레비전의 관리책임자는 개인정보 유출이나 정보 오용·남용을 예방·관리하기 위하여 관련 소프트웨어 프로그램을 장착하여 운영할 수 있다.
4. 폐쇄회로 텔레비전의 영상정보는 설치 목적 외의 다른 목적으로 사용될 수 없으며, 임의로 조작하거나 삭제되어서는 아니 된다. 녹화(저장)된 영상정보는 잠금장치가 있는 공간에 독립적으로 보관되어야 하고, 허가된 직원에 한정하여 접근할 수 있도록 하여야 한다.
5. 그 밖에 폐쇄회로 텔레비전의 관리에 관하여 필요한 사항은 보건복지부장관이 정한다.

[별표 2] 보육교직원의 배치기준(제10조 관련) <개정 2015.9.18.>

보육교직원의 배치기준(제10조 관련)

1. 어린이집에 두어야 하는 보육교직원과 그 수
   가. 어린이집의 원장 1명. 다만, 영유아 20명 이하를 보육하는 어린이집은 어린이집의 원장이 보육교사를 겸임할 수 있다.
   나. 보육교사. 이 경우 보육교사는 다음의 구분에 따라 배치되어야 하고, 보육교사의 업무 부담을 경감할 수 있도록 보조교사 등을 둔다.
      1) 만 1세 미만의 영유아 3명당 1명을 원칙으로 한다.
      2) 만 1세 이상 만 2세 미만의 영유아 5명당 1명을 원칙으로 한다.
      3) 만 2세 이상 만 3세 미만의 영유아 7명당 1명을 원칙으로 한다.
      4) 만 3세 이상 만 4세 미만의 영유아 15명당 1명을 원칙으로 한다.
      5) 만 4세 이상 미취학 영유아 20명당 1명을 원칙으로 하며, 영유아 40명당 1명은 보육교사 1급 자격을 가진 사람이어야 한다.
      6) 취학아동 20명당 1명을 원칙으로 한다.
      7) 장애아 보육은 장애아 3명당 1명을 원칙으로 하되, 장애아 9명당 1명은 특수교사 자격소지자로 한다.
   다. 간호사
      영유아 100명 이상을 보육하는 어린이집의 경우 간호사(간호조무사를 포함한다. 이하 같다) 1명을 두어야 한다.
   라. 영양사
      영유아 100명 이상을 보육하는 어린이집의 경우에 영양사 1명을 두는 것을 원칙으로 하되, 어린이집 단독으로 영양사를 두는 것이 곤란한 경우에는 같은 시·군·구의 5개 이내 어린이집이 공동으로 영양사를 둘 수 있다.
   마. 조리원
      영유아 40명 이상 80명 이하를 보육하는 어린이집의 경우 조리원 1명을 두며, 영유아가 80명을 초과할 때마다 1명씩 증원한다.
   바. 그 밖의 보육교직원
      어린이집의 규모와 특성에 따라 의사(또는 촉탁의사), 사회복지사, 사무원, 관리인, 위생원, 운전기사, 치료사 등의 보육교직원을 둘 수 있다.
   사. 어린이집의 원장이 간호사 또는 영양사 자격이 있는 경우에는 간호사 또는 영양사를 겸직하게 할 수 있다.

2. 보육교직원의 복무
   가. 어린이집의 원장은 전임이어야 하며, 다른 어린이집, 사회복지시설, 유치원 및 종교시설 등의 업무를 겸임할 수 없다.
   나. 반을 담당하는 보육교사의 근무시간은 평일 8시간을 원칙으로 하고, 그 밖에 전후

로 연장되는 시간은 어린이집의 원장과 보육교사가 교대 근무하며, 초과근무수당을 지급하여야 한다.
다. 보육교직원의 휴가
보육교직원의 휴가는 보육 공백을 최소화할 수 있도록 순번제로 실시하고, 보수교육, 출산휴가 등으로 어린이집의 원장, 보육교사 또는 그 밖의 보육교직원의 공백이 생기는 경우에는 이를 대체할 수 있는 대체원장, 대체교사 또는 그 밖의 인력을 각각 배치하여야 한다.

[별표 3] 보육교직원의 임면(제11조제3항 관련) <개정 2019. 6. 12.>

보육교직원의 임면(제11조제3항 관련)

1. 국가 또는 지방자치단체로부터 보육교직원의 인건비를 보조받는 어린이집의 경우 보육교직원의 채용은 공개경쟁을 원칙으로 한다.
2. 임면권자는 보육교직원 채용 시 임금, 근로시간 및 그 밖의 근로조건을 명시한 근로계약을 체결하여야 한다. 이 경우 근로계약과 관련하여 부당한 내용이 포함되어서는 아니 되며, 관할 행정기관은 이를 적극 지도·감독하여야 한다.
3. 보육교직원 채용 시 제출하여야 하는 서류는 다음과 같다.
   가. 공통 제출서류: 별지 제7호서식에 따른 인사기록카드, 주민등록등본, 채용신체검사서, 성범죄 경력 조회 결과서, 아동학대관련범죄 전력 조회 회신서, 보수교육 수료증
   나. 어린이집의 원장: 어린이집의 원장 자격증 사본
   다. 보육교사: 보육교사 자격증 사본
   라. 간호사·영양사 등 자격이 필요한 종사자: 자격증 또는 면허증 사본
4. 임면권자는 보육교직원 결원 시 1개월 이내에 보육교직원을 채용하여야 한다.
5. 임면권자는 보육 등 아동복지에 관련된 학과의 학생 또는 육아경험이 있는 사람을 자원봉사자로 활용할 수 있다. 이 경우 어린이집의 사정에 따라 수당을 지급할 수 있다.

[별표 4] 보육 관련 교과목 및 학점(제12조제1항 관련) <개정 2019. 6. 12.>

보육 관련 교과목 및 학점(제12조제1항 관련)

1. 대학 등에서 이수하여야 할 교과목 및 학점 일반

영역		교과목	이수과목 (학점)
가. 교사 인성		보육교사(인성)론, 아동권리와 복지	2과목 (6학점)
나. 보육 지식과 기술	필수	보육학개론, 보육 과정, 영유아 발달, 영유아 교수방법론, 놀이지도, 언어지도, 아동음악(또는 아동동작, 아동미술), 아동수학지도(또는 아동과학지도), 아동안전관리(또는 아동생활지도)	9과목 (27학점)
	선택	아동건강교육, 영유아 사회정서지도, 아동문학교육, 아동상담론, 장애아 지도, 특수아동 이해, 어린이집 운영 관리, 영유아 보육프로그램 개발과 평가, 보육정책론, 정신건강론, 인간행동과 사회환경, 아동간호학, 아동영양학, 부모교육론, 가족복지론, 가족관계론, 지역사회복지론	4과목 (12학점) 이상
다. 보육 실무		아동관찰 및 행동연구, 보육실습	2과목 (6학점)

※ 비고
1. 교과목의 명칭이 서로 다르더라도 교과목의 내용이 비슷하면 같은 교과목으로 인정하고, 다목의 교과목 중 보육실습은 교과목 명칭과 관계없이 보육실습기관과 보육실습기간의 조건을 충족하면 보육실습으로 인정한다.
2. 각 교과목은 3학점을 기준으로 하되, 최소 2학점이여야 한다.
3. 17과목 이상, 51학점 이상 이수하여야 한다.

2. 대면 교과목

영역	교과목
가. 교사 인성	보육교사(인성)론, 아동권리와 복지
나. 보육 지식과 기술	놀이지도, 언어지도, 아동음악(또는 아동동작, 아동미술), 아동수학지도(또는 아동과학지도), 아동안전관리(또는 아동생활지도)
다. 보육 실무	아동관찰 및 행동연구, 보육실습

※ 비고
1. 대면 교과목은 8시간 이상 출석 수업과 1회 이상 출석 시험을 실시한다.
2. 다목의 교과목 중 보육실습에 관한 기준은 다음 각 목에 따른다.

가. 보육실습은 이론수업과 보육현장실습으로 운영한다.
나. 보육현장실습은 6주 이상 240시간 이상을 원칙으로 하되, 2회에 나누어 실시할 수 있다.
다. 보육교사의 자격을 취득하려는 사람이 보육실습을 시작하는 때에 보육정원이 15명 이상이고 법 제30조제1항에 따른 평가에서 보건복지부장관이 정하는 등급 이상을 받은 어린이집 또는 방과후 과정을 운영하는 유치원에서 보육교사 1급 또는 유치원 정교사 1급 자격을 가진 사람이 보육실습을 지도해야 한다. 이 경우 실습 지도교사 1명당 보육실습생은 3명 이하로 한다.
라. 보육실습은 평일 오전 9시부터 오후 7시 사이에 한 경우에만 인정하며, 보육실습시간은 하루 8시간으로 한다. 다만, 부득이한 사유가 있다고 보건복지부장관이 인정하는 경우로서 하루에 실습한 시간이 6시간 이상인 경우에는 실제로 실습한 시간을 인정한다.
마. 보육실습의 평가는 보건복지부장관이 정하는 보육실습일지와 보육실습 평가서에 근거하여 하되, 평가점수가 80점 이상인 경우에만 보육실습을 이수한 것으로 인정한다.

[별표 5] 교육훈련시설의 교육과정(제12조제2항 관련) <개정 2017. 9. 15.>

교육훈련시설의 교육과정(제12조제2항 관련)

영역	교과목(학점)	이수과목 (학점)
가. 교사 인성	보육교사(인성)론(3학점), 아동권리와 복지(3학점)	2과목 (6학점)
나. 보육 지식과 기술	보육학개론(3학점), 보육 과정(3학점), 영유아 발달 및 지도(3학점), 아동생활지도(3학점), 영유아 문제행동지도 및 상담(3학점), 특수아동 이해와 지도(3학점), 놀이지도(3학점), 언어지도(3학점), 아동음악과 동작(3학점), 아동미술지도(3학점), 아동수학지도·아동과학지도(3학점), 영유아 교수방법론(3학점), 교재교구개발(3학점), 부모교육(3학점), 영유아 건강지도(2학점), 영유아 영양지도(2학점), 아동안전관리(3학점), 어린이집 운영관리(3학점)	18과목 (52학점)
다. 보육 실무	아동관찰 및 실습(3학점), 보육실습(4학점)	2과목 (7학점)

※ 비고
1. 각 교과목당 평가점수가 70점 이상인 경우에만 이수한 것으로 인정한다.
2. 학점당 시간은 15시간을 기준으로 한다.
3. 보육실습은 별표 4 비고 제2호에 따른 보육실습에 관한 기준을 준용한다.
4. 22과목 이상, 65학점 이상 이수하여야 한다.

[별표 6] 교육훈련시설의 시설기준 등(제14조제2항 관련) <개정 2015.1.28.>

교육훈련시설의 시설기준 등(제14조제2항 관련)

1. 교육훈련시설의 시설기준은 다음과 같다.

구분	시설기준
기본시설	1. 강의실 : 교육인원 1명당 1제곱미터 이상, 총전용면적 100제곱미터 이상으로 한다. 2. 실기·실습실 : 교육인원 1명당 1.2제곱미터 이상, 총전용면적 120제곱미터 이상으로 한다. 3. 삭제 <2015.1.28.> 4. 어린이집: 전용면적 181.5제곱미터 이상으로 하되, 교육인원 1명당 1.815제곱미터 이상으로 한다. 5. 교수연구실 및 사무실은 교수연구 및 사무에 적절한 시설을 갖추어 설치하되 겸용할 수 있다. 6. 화장실·급수시설·소방시설·방음장치·채광·환기·냉난방·조명시설 및 그 밖에 학습에 필요한 교재·교구 등을 갖추어야 한다.
지원시설	세미나실·자료실·휴게실·체육시설·기숙사·양호실, 그 밖에 여가 선용 및 운영관리에 필요한 시설을 갖출 수 있다.

※ 비고: 교육훈련시설에서 부설 또는 위탁 운영하는 어린이집은 교육훈련시설의 기본시설로 인정하되, 교육훈련시설과 동일한 시·군·구 안에 있어야 한다.

2. 교육훈련시설 교수요원의 수 및 자격기준은 다음과 같다.

구분	교수요원의 수	자격기준
전임교수	교육인원 50명당 1명	보육 관련 각 과목을 전공하여 석사 이상의 학위를 받은 사람으로서 해당 분야 강의 경력이 3년 이상인 사람
외래교수		1. 보육 관련 각 과목을 전공하여 석사 이상의 학위를 받은 사람으로서 해당 분야 강의 경력이 1년 이상인 사람 2. 어린이집의 원장으로서 보육업무 경력이 5년 이상인 사람 3. 보육교사로서 보육업무 경력이 8년 이상인 사람 4. 7급 이상 공무원으로서 보육행정업무에 3년 이상 종사한 사람

※ 비고: 보육 관련 각 과목은 별표 4 및 별표 5의 교과목을 말한다.

[별표 7] 보수교육 실시기준(제20조제4항 관련) <개정 2019. 6. 12.>

보수교육 실시기준(제20조제4항 관련)

1. 교육의 구분 및 대상자

 가. 직무교육

  교육 대상자에 따라 일반직무교육과 특별직무교육으로 구분하여 실시하되, 직무교육을 이수하여야 하는 연도에 직무교육을 이수하지 못한 경우에는 그 다음 연도 12월 31일까지 이수하게 하여야 하며, 특별직무교육을 이수한 경우에는 일반직무교육을 이수한 것으로 본다. 다만, 1)다)의 장기 미종사자 직무교육은 다시 그 업무에 종사하기 전까지 이수해야 한다.

  1) 일반직무교육

   가) 보육교사 직무교육: 현직에 종사하고 있는 보육교사로서 보육업무 경력이 만 2년이 지난 사람과 보육교사 직무교육(승급교육을 포함한다)을 받은 해부터 만 2년이 지난 사람

   나) 어린이집의 원장 직무교육: 현직에 종사하고 있는 어린이집의 원장으로서 어린이집의 원장의 직무를 담당한 때부터 만 2년이 지난 사람과 어린이집의 원장 직무교육을 받은 해부터 만 2년이 지난 사람

   다) 장기 미종사자 직무교육: 어린이집 원장의 자격 또는 보육교사 자격을 가진 사람으로서 만 2년 이상 보육업무에 종사하지 않다가 다시 그 업무에 종사하려는 사람

  2) 특별직무교육

   가) 영아보육 직무교육: 영아보육을 담당하고 있는 일반직무교육 대상자와 영아보육을 담당하려는 보육교사 및 어린이집의 원장

   나) 장애아보육 직무교육: 장애아보육을 담당하고 있는 일반직무교육 대상자와 장애아보육을 담당하려는 보육교사 및 어린이집의 원장

   다) 방과후보육 직무교육: 방과후보육을 담당하고 있는 일반직무교육 대상자와 방과후보육을 담당하려는 보육교사 및 어린이집의 원장

 나. 승급교육

  1) 2급 보육교사 승급교육은 3급 보육교사 자격 취득 후 보육업무 경력이 만 1년이 지난 사람

  2) 1급 보육교사 승급교육은 2급 보육교사 자격 취득 후 보육업무 경력이 만 2년 이상이 경과한 사람. 다만, 보육교사 2급 자격을 취득한 후 보육 관련 대학원에서 석사학위 이상을 취득한 경우는 보육업무 경력이 만 6개월이 지난 사람

  3) 승급교육을 받은 사람은 일반직무교육을 이수한 것으로 본다.

2. 보수교육의 평가

 가. 보수교육은 해당 교육시간을 모두 출석한 경우에만 이수한 것으로 본다.

나. 본인 또는 배우자의 직계혈족 및 형제자매의 사망·사고 또는 결혼 등으로 인한 결석이나 본인의 사고·질병 등으로 인한 결석의 경우에는 교육시간의 최대 10퍼센트 범위에서 출석한 것으로 인정할 수 있다. 다만, 출석 인정을 받기 위해서는 반드시 관련 서류를 제출하여야 한다.
다. 승급교육 대상자 중 출석기준은 충족하였으나 평가시험에서 80점 이상을 받지 못한 경우에는 승급교육을 이수한 것으로 인정할 수 없다.

3. 교육비
가. 교육생은 시·도지사가 정하는 바에 따라 교육기관에 수강료를 납부하여야 한다.
나. 가목에 따른 수강료는 교육에 필요한 실비의 범위에서 정하여야 한다.
다. 국가 및 지방자치단체는 직무교육 및 승급교육에 필요한 교육비를 보조할 수 있다. 이 경우 교육비의 보조는 해당 금액을 교육기관 등에 지급한다.

4. 수료증 등
교육기관은 보수교육을 수료한 사람에게 수료증을 발급하여야 하고, 보수교육 실시에 관한 기록을 작성하여 작성한 날부터 2년 동안 보존하여야 한다.

[별표 8] 어린이집의 운영기준(제23조 및 제34조 관련) <개정 2019. 6. 12.>

어린이집의 운영기준(제23조 및 제34조 관련)

1. 명칭
   가. 어린이집의 명칭은 "○○어린이집"으로 한다.
   나. 이 명칭은 국공립어린이집이나 특별자치도지사·시장·군수·구청장의 인가를 받아 설치되는 어린이집만 사용할 수 있으며, 동일한 시·군·구에서는 동일한 명칭을 사용할 수 없다.
   다. "○○어린이집"이라는 명칭 외에 다른 기관으로 오인할 수 있는 별도의 명칭을 표기하거나 병기하여서는 아니 된다.

2. 어린이집의 운영
   가. 반 운영
   어린이집은 가능한 한 2세 미만 영아반, 2세 영아반과 3세 이상 유아반을 동시에 운영하여야 한다. 다만, 장애아가 있는 경우에는 장애아만으로 구성된 반을 운영할 수 있다.
   나. 어린이집 이용신청자 명부의 비치
   어린이집의 원장은 신청순위에 따라 별지 제17호의2서식의 이용신청자명부를 비치하여 이를 열람할 수 있도록 하여야 한다.
   다. 어린이집의 운영일 및 운영시간
   1) 어린이집은 주 6일 이상, 하루에 12시간 이상 운영하여야 한다. 다만, 보호자의 근로시간 등을 고려하여 보호자 및 그 영유아에게 불편을 주지 않는 범위에서 어린이집의 운영일 및 운영시간을 조정하여 운영하는 경우로서 어린이집의 원장이 미리 영유아의 보호자에게 동의를 받은 경우에는 그러하지 아니하다.
   2) 어린이집은 천재지변이나 감염병의 발생 등 어린이집을 정상적으로 운영할 수 없는 등 정당한 사유 없이 휴원(休園)하여 영유아 및 부모에게 심한 불편을 주어서는 아니 된다.
   라. 운영규정
   어린이집의 원장은 조직·인사·급여·회계·물품, 그 밖에 시설의 운영관리에 관하여 필요한 규정을 제정·시행하여야 한다.
   마. 보육료 수납
   어린이집의 원장은 보육 영유아의 보호자 등이 보육료를 낼 수 있도록 보육료 납부통지를 하여야 한다.
   바. 비용의 지출
   1) 어린이집의 지출은 계좌 입금 또는 신용카드를 사용하는 것을 원칙으로 한다.
   2) 국공립어린이집, 법인어린이집 등 보육교직원의 인건비를 지원받는 어린이집의 원장은 해당 보육교직원의 인건비를 지급할 때에 보건복지부장관이 정하는 보육교

직원 봉급표를 기준으로 지급하되, 지방자치단체에서 따로 지급하는 교사 처우개선비, 건강보험료 등을 추가로 지급하여야 한다.
  3) 보육교직원 인건비의 지급은 반드시 계좌 입금하여야 하며 보육교직원에게는 봉급명세서를 발급하여야 한다.
  4) 어린이집의 비용 지출에 관하여 이 규칙 및 보건복지부장관이 별도로 정한 바가 있는 경우를 제외하고는 「사회복지법인 및 사회복지시설 재무·회계 규칙」을 따른다.
사. 보험(공제)가입
  1) 어린이집의 원장은 법 제31조의2에 따라 어린이집 안전공제회(이하 "공제회"라 한다)에 가입하고 영유아의 생명·신체에 대한 피해를 보상하기 위하여 공제회에서 정한 공제료를 납부하여야 한다.
  2) 어린이집의 원장은 어린이집의 재산상의 피해를 보상하기 위한 공제료를 공제회에 납부할 수 있다.
  3) 어린이집의 대표자는 보육교직원을 위하여 「국민연금법」에 따른 국민연금, 「국민건강보험법」에 따른 건강보험, 「고용보험법」에 따른 고용보험 및 「산업재해보상보험법」에 따른 산재보험에 가입하여야 한다.
  4) 어린이집의 대표자는 어린이집에서 차량운행을 하는 경우 자동차보험에 가입하여야 한다.
아. 장부 등의 비치
  어린이집에는 다음의 장부 및 서류를 갖춰 두어야 한다(전자적 방식으로 확인이 가능한 경우 전자문서로 보존할 수 있다). 다만, 상시 영유아 20명 이하인 어린이집으로서 어린이집의 원장이 보육교사를 겸임하는 어린이집의 경우에는 1)·3)·4)·5)·6)·8)·9)·11) 및 12) 외의 장부 및 서류(전자문서를 포함한다)는 갖춰 두지 아니할 수 있다.
  1) 재산목록과 그 소유를 증명하는 서류(부동산을 임차하는 경우에는 임대차 계약서를 포함한다)
  2) 어린이집 운영일지 및 출석부
  3) 보육교직원의 인사기록카드(채용구비서류, 이력서 및 사진을 포함한다)
  4) 예산서 및 결산서
  5) 총계정원장 및 수입·지출 보조부
  6) 금전 및 물품출납부와 그 증명서류
  7) 소속 법인의 정관 및 관계 서류
  8) 어린이집 이용신청자 명부
  9) 생활기록부, 영유아보육일지
  10) 보육교직원의 인사·복무 및 어린이집 운영에 관한 규정 등
  11) 통합안전점검표
  12) 영상정보 열람대장
  13) 그 밖에 어린이집 운영에 필요한 서류
자. 어린이집 입소 및 퇴소

1) 법 제28조 및 영 제21조의4에 따라 국공립어린이집, 사회복지법인어린이집, 법인·단체등어린이집, 가정어린이집, 민간어린이집은 법 제28조제1항 각 호 또는 이 규칙 제29조제2항 각 호의 어느 하나에 해당하는 영유아가 우선적으로 어린이집을 이용할 수 있도록 하여야 한다.
2) 어린이집 원장은 어린이집의 정원의 범위 내에서 어린이집 입소를 신청한 영유아에 대하여 입소를 거부하여서는 안 된다. 다만, 영유아의 질병 또는 어린이집의 폐지 등 정당한 사유가 있고, 관할 특별자치시장·특별자치도지사·시장·군수·구청장의 승인을 받은 경우에는 그렇지 않다.
3) 어린이집 원장은 보육료 지원 신청 또는 입소 신청 등과 관련하여 보호자가 거짓이나 그 밖의 부정한 방법을 사용하도록 요구하거나 안내하여서는 안 된다.
4) 어린이집 원장은 어린이집에 재원 중인 영유아를 보호자의 의사에 반하여 퇴소시킬 수 없다. 다만, 영유아의 질병 또는 어린이집의 폐지 등 정당한 사유가 있고, 관할 특별자치시장·특별자치도지사·시장·군수·구청장의 승인을 받은 경우에는 그렇지 않다.

차. 어린이집 차량의 운행

법 제38조에 따라 어린이집을 이용하는 사람으로부터 비용을 받아 차량을 운행하는 경우에는 정당한 사유 없이 차량 운행을 중단해서는 아니 된다. 다만, 차량의 고장 등 불가피한 사유로 차량 운행이 불가능하여 어린이집의 원장이 보호자에게 사전통지를 한 경우에는 그러하지 아니하다.

3. 안전·급식 및 위생관리

가. 안전관리

1) 어린이집의 원장은 통합안전점검표 양식에 따라 일정기간별로 시설의 안전점검을 시행하여 화재·상해 등의 위험발생 요인을 사전에 제거하여야 한다.
2) 각 놀이시설물에 대하여 적절한 점검 일정을 세워 점검하여야 한다. 이 경우 놀이시설물의 볼트·너트 등 이음장치, 울타리, 구조물의 부식 여부 등은 매일 점검하고, 움직이는 부분들이 서로 맞물리는 놀이시설물의 경우 영유아의 신체 일부분이 놀이기구에 끼지 아니하도록 맞물림의 형태 등을 점검하여야 한다.
3) 어린이집의 원장은 소방계획을 작성하고 매월 소방훈련을 하여야 한다.
4) 어린이집의 원장은 「아동복지법」 제31조제1항에 따라 매년 안전교육계획을 수립하여 보육 영유아에 대하여 안전교육을 실시한 후, 그 사실을 특별자치도지사·시장·군수·구청장에게 보고하여야 하며 보육교직원에게도 안전교육을 하여야 한다.
5) 어린이집의 원장은 보호자와의 비상연락망을 확보하고, 사고에 대비하여 보육 영유아에 대한 응급처치 동의서를 받아 갖춰 두어야 한다.
6) 어린이집의 원장은 영유아에 대한 사고가 발생한 경우에는 즉시 영유아의 보호자에게 알리고, 사고가 중대한 경우 특별자치도지사·시장·군수·구청장에게 보고하여야 하며, 사고보고서를 작성하여 갖춰 두어야 한다.
7) 보육교직원는 영유아에게서 아동학대의 징후 등을 발견하였을 때에는 「아동학대범죄의 처벌 등에 관한 특례법」 제10조제2항에 따라 즉시 아동보호전문기관 또

는 수사기관에 신고하여야 한다.
나. 급식관리
 1) 어린이집의 원장 및 어린이집에서 급식을 조리·제공하는 보육교직원(이하 이 목에서 "원장등"이라 한다)은 어린이집에서 식중독 환자가 발생하지 않도록 위생관리를 철저히 하여야 한다.
 2) 원장등은 영유아가 필요한 영양을 섭취할 수 있도록 영양사가 작성한 식단에 따라 급식을 공급하여야 한다. 이 경우 영양사(5개 이내의 어린이집이 공동으로 두는 영양사를 포함한다)를 두고 있지 아니한 100명 미만의 영유아를 보육하고 있는 어린이집은 육아종합지원센터, 보건소 및 「어린이 식생활안전관리 특별법」제21조에 따른 어린이집 급식관리지원센터 등에서 근무하는 영양사의 지도를 받아 식단을 작성하여야 한다.
 3) 원장등은 영유아에 대한 급식을 어린이집에서 직접 조리하여 제공하여야 한다. 다만, 공공기관이나 사회복지관 안에 설치된 어린이집의 경우에는 같은 건물에 있는 조리실을 사용하여 급식을 제공할 수 있다.
 4) 원장등은 식기, 도마, 칼, 행주, 그 밖에 주방용구를 정기적으로 세척·살균 및 소독하는 등 항상 청결하게 유지·관리하여야 하며, 어류·육류·채소류를 취급하는 칼·도마는 각각 구분하여 사용하여야 한다.
 5) 원장등은 유통기한이 지나거나 상한 원료 또는 완제품을 조리할 목적으로 보관하거나 이를 음식물의 조리에 사용하여서는 아니 되며 이미 급식에 제공되었던 음식물을 재사용하여서는 아니 된다.
 6) 원장등은 식품등의 원료 및 제품 중 부패·변질이 되기 쉬운 것은 냉동·냉장시설에 보관·관리하여야 한다.
 7) 조리원 등 음식물의 조리에 직접 종사하는 보육교직원은 위생복·앞치마·위생모를 착용하는 등 개인위생관리를 철저히 하여야 한다.
다. 위생관리
 1) 조리실, 식품 등의 원료·제품 보관실, 화장실 및 침구 등을 정기적으로 소독하고, 항상 청결하게 관리하여야 한다.
 2) 어린이집의 음용수는 상수도 및 간이상수도를 사용하는 경우에는 물을 끓여 사용하는 것을 원칙으로 하고, 정수장치를 설치하는 경우에는 정기적인 필터 교환 등으로 수질을 관리하여야 하며, 음용수로 지하수를 사용하는 경우에는 「먹는물 수질기준 및 검사 등에 관한 규칙」 제3조에 따라 수질검사를 신청하여야 하며, 수질검사기관으로부터 발급받은 먹는물 수질검사성적서를 갖춰 두어야 한다.
 3) 보육교직원은 영유아의 위생에 영향을 미치는 감기, 독감, 홍역 등 유행성질환 감염 여부, 영유아의 피부, 머리, 손톱·발톱, 치아상태, 어린이집의 청소상태, 침구 및 기저귀 등의 위생상태, 욕실 및 화장실의 청결상태, 세면도구 등의 위생상태 등에 대하여 수시로 점검하여야 한다.
 4) 동물을 두는 때에는 미리 부모에게 그 사실을 알리고, 동물로부터 영유아가 알레르기 및 질병, 상해를 입지 아니하도록 정기적으로 수의사를 통해 면역조치 등을 받아야 하며, 동물·곤충 또는 배설물 등을 접촉한 경우에는 접촉 부위를 씻어야

한다.
5) 어린이집 내부의 쾌적한 공기질을 유지하기 위하여 수시로 환기 및 청소 등을 하여야 한다.

라. 차량안전관리(차량을 운영하는 경우)
1) 차량은 9인승 이상 자동차로 한정하며 「도로교통법」 제52조에 따라 미리 어린이통학버스로 관할 경찰서장에게 신고하고 신고필증을 발급받아야 한다.
2) 운전기사는 채용 시 건강진단서를 제출하여야 한다.
3) 어린이집에서 운행 중인 모든 차량에는 차량 내에 안전수칙을 부착하고, 차량용 소화기 및 구급상자를 갖추어야 하며, 통합안전점검표에 의한 안전점검을 하여야 한다.
4) 차량 운행 시 보육교사 등 영유아를 보호할 수 있는 사람이 동승하여야 하고, 36개월 미만 영아를 탑승시키는 경우에는 보호자가 동반하거나 보호 장구를 착용하도록 하여야 한다. 이 경우 차량에 동승하는 사람은 보건복지부장관이 정하는 안전교육을 받은 사람이어야 한다.
5) 교사와 영유아는 차량 운행이 시작되기 전에 안전벨트를 착용하여야 한다.
6) 운전자는 음주, 휴대전화 또는 이어폰 사용 등 운전 판단 능력에 영향을 미치는 행위를 하여서는 아니 된다.
7) 등원·퇴원 차량 운행 시 운전기사와 보육교사 등 차량에 동승하는 사람은 영유아가 안전하게 담당 보육교사나 부모 등 보호자에게 인도될 수 있도록 조치하여야 하고, 모든 영유아가 안전하게 인도되었는지 여부를 확인하여야 한다.

[별표 8의2] 국공립어린이집 위탁체 선정관리 기준(제24조의2 관련)
<개정 2015.1.28.>

국공립어린이집 위탁체 선정관리 기준(제24조의2 관련)

1. 일반기준
  가. 공개경쟁을 통해 최초로 선정하여 신규 위탁하는 경우 개원 예정일 6개월 전까지 선정한다.
  나. 위탁과 관련한 모든 절차, 방법 및 심의 결과는 공개한다. 이 경우 위탁을 하는 기관의 인터넷 홈페이지 등을 활용할 수 있다.
  다. 위탁기간은 어린이집의 일관되고 안정적인 운영을 위하여 5년으로 한다. 다만, 원장의 잔여 임기가 5년 미만인 경우 등 조례로 정하는 사유에 해당하는 경우에는 3년 이상 5년 이내의 범위에서 위탁기간을 조정할 수 있다.
  라. 신청자격
  국공립 어린이집을 위탁받아 운영하려는 운영체는 「사회복지사업법」에 따른 사회복지법인, 비영리법인, 단체 또는 개인이어야 하며 다음 각 목의 어느 하나에 해당하여서는 아니 된다.
   1) 법 제16조 및 법 제20조의 결격사유에 해당하는 자
   2) 최근 5년 내 보육과 관련되는 법령 위반으로 국공립어린이집의 위탁이 취소되거나 해지된 자
   3) 주된 사무소와 상근 인력이 없는 등 실체가 없는 법인 또는 단체
   4) 그 밖에 지방자치단체의 장이 지방보육정책위원회의 심의를 거쳐 부적합하다고 인정하는 자
  마. 제28조 각 호의 취약보육(영아·장애아·다문화아동·시간연장형 보육) 중 2가지 이상을 실시하여야 한다. 다만, 지방보육정책위원회가 보육수요 조사 결과와 지역 여건 등을 고려하여 취약보육 실시 기준을 적용하지 않기로 정한 경우에는 그러하지 아니하다.
  바. 심사는 지방보육정책위원회에서 실시한다. 다만, 지방보육정책위원회의 심사를 갈음하여 「사회복지사업법 시행규칙」 제22조의2제2항에 따른 수탁자선정심의위원회 또는 지방자치단체의 조례에 따라 설치된 위원회로서 지방보육정책위원회의 기능을 담당하기에 적합한 다른 위원회(이하 "위원회"라 한다. 이하 이 목에서 같다)의 심의를 거쳐 수탁기관을 결정할 수 있다. 이 경우 수탁자선정심의위원회 및 위원회는 지방보육정책위원회 위원의 자격을 갖춘 위원들로 구성되어야 한다.
  사. 집합심사를 원칙으로 하며, 필요한 경우에는 현장 확인을 실시할 수 있다.
  아. 심사결과, 신청 운영체가 모두 부적격으로 판정될 경우에는 다시 공개모집을 하여 위탁체를 결정한다.

2. 심사기준

심사항목 및 항목별 점수는 다음 표를 기준으로 하며, 세부항목 등 심사에 필요한 세부사항은 보건복지부장관이 정하여 고시한다.

심사항목	항목별 점수
가. 어린이집 운영계획	40
나. 운영체의 대표 및 어린이집 원장의 전문성	35
다. 운영체의 운영실적	10
라. 운영체의 공신력	10
마. 운영체의 재정능력	5
합계	100

3. 심사결정

 가. 개별위원 점수의 최고·최저점수는 점수합산에서 제외하고 합산 평균 70점 이상의 최다 득점을 받은 운영체를 위탁체로 결정한다. 운영체의 점수가 모두 70점 미만인 경우에는 다시 공개모집을 하여 위탁체를 결정한다.
 나. 심사결과 동점이 나온 경우에는 제2호의 심사항목 중 가목(어린이집 운영계획), 나목(운영체의 대표 및 어린이집 원장의 전문성), 다목(운영체의 운영실적)의 고득점자 순으로 결정한다.

4. 그 밖에 공고, 위탁계약 등 국공립어린이집 위탁에 필요한 세부사항은 국립어린이집의 경우 보건복지부장관이 정하고, 공립어린이집의 경우 지방자치단체의 조례로 정한다.

[별표 8의3] 보육의 우선 제공 대상에 대한 적용 방법 및 기준(제29조제4항 관련)
<개정 2019. 6. 12.>

보육의 우선 제공 대상에 대한 적용 방법 및 기준(제29조제4항 관련)

1. 보육의 우선 제공 대상
  가. 「국민기초생활 보장법」에 따른 수급자
  나. 「한부모가족지원법」 제5조에 따른 보호대상자의 자녀
  다. 「국민기초생활 보장법」 제24조에 따른 차상위계층의 자녀
  라. 「장애인복지법」 제2조에 따른 장애인 중 장애의 정도가 심한 장애인의 자녀 또는 형제자매
  마. 「다문화가족지원법」 제2조제1호에 따른 다문화가족의 자녀
  바. 「국가유공자 등 예우 및 지원에 관한 법률」 제4조제1항제3호에 따른 전몰군경, 같은 항 제5호·제14호·제16호에 따른 순직자 또는 같은 항 제4호·제6호·제12호·제15호·제17호에 따른 상이자로서 「국가유공자 등 예우 및 지원에 관한 법률 시행령」 별표 3에 따른 상이등급 중 1급부터 3급까지의 상이등급에 해당하는 사람의 자녀
  사. 제1형 당뇨를 가진 경우로서 의학적 조치가 용이하고 일상생활이 가능하여 보육에 지장이 없는 영유아
  아. 「아동복지법」 제52조에 따른 아동복지시설에서 생활 중인 영유아
  자. 부모가 모두 취업중이거나 취업을 준비(보건복지부장관이 인정하는 경우로 한정한다) 중인 영유아
  차. 자녀가 3명 이상인 가구의 영유아 또는 영유아인 자녀가 2명 이상인 가구의 영유아
  카. 산업단지 입주기업체 및 지원기관 근로자의 자녀로서 산업단지에 설치된 어린이집을 이용하는 영유아
  타. 법인·단체 등이 부지 또는 건물을 국가 또는 지방자치단체에 기부채납하거나 무상임대하여 국공립어린이집으로 운영하는 경우 해당 법인·단체 등의 근로자 자녀로서 그 어린이집을 이용하는 영유아
  파. 「주택법」 제2조제3호에 따른 공동주택에 「주택건설기준 등에 관한 규정」 제55조의2제3항에 따라 설치하여야 하는 어린이집의 부지 또는 건물을 국가 또는 지방자치단체에 기부채납하거나 무상임대하여 국공립어린이집으로 운영하는 경우 해당 공동주택의 거주자 자녀로서 그 어린이집을 이용하는 영유아

2. 적용 방법 및 기준
  가. 입소 신청자가 제1호가목부터 카목까지의 어느 하나에 해당하는 경우에는 항목당

각각 100점을 부여하고, 해당 항목별 점수를 합하여 고득점자가 우선한다.
나. 보건복지부장관이 필요하다고 인정하여 정하는 경우에는 보호자의 취업 여부, 자녀 수 등 보육의 우선 제공 필요성 등을 고려하여 가점을 부여할 수 있다.
다. 동점자가 발생한 경우에는 신청한 순서대로 입소 순위를 부여한다. 다만, 공동주택에 의무적으로 설치된 민간어린이집의 경우에는 해당 공동주택의 거주자 자녀가 우선한다.
라. 제1호타목에 해당하는 경우에는 보건복지부장관이 정한 범위 안에서 해당 법인·단체 등과 관할 지방자치단체가 협의한 일정 비율을 기준으로 해당 법인·단체 등의 근로자 자녀가 우선하며, 협의한 일정 비율 이외의 경우에는 근로자와 비근로자의 구분 없이 일반적인 적용 방법 및 기준에 따라 입소한다.
마. 제1호파목에 해당하는 경우에는 보건복지부장관이 정한 범위 안에서 공동주택의 입주자대표회의 또는 임대주택의 임대사업자와 관할 지방자치단체가 협의한 일정 비율을 기준으로 해당 공동주택 또는 임대주택의 거주자 자녀가 우선하며, 협의한 일정 비율 이외의 경우에는 거주자와 비거주자의 구분 없이 일반적인 적용 방법 및 기준에 따라 입소한다.
바. 그 밖에 보육의 우선 제공을 위하여 필요한 사항은 보건복지부장관이 정한다.

[별표 8의4] 표준보육과정(제30조 관련) <개정 2017. 9. 15.>

표준보육과정(제30조 관련)

1. 보육과정의 목적
   보육과정의 목적은 영유아의 전인적인 성장과 발달을 돕고 민주시민으로서의 자질을 길러 영유아가 심신이 건강하고 조화로운 사회 구성원으로 자랄 수 있도록 하는 데 있다. 보육과정을 통해 추구하는 인간상은 다음과 같다.
   가. 자율적인 사람
   나. 창의적인 사람
   다. 다양성을 인정하는 사람
   라. 민주적인 사람
   마. 우리 문화를 사랑하는 사람

2. 보육과정의 목표
   보육과정의 목표는 다음과 같다.
   가. 건강하고 안전하며 바르게 생활하는 태도와 습관을 가진다.
   나. 자신의 신체에 대해 긍정적으로 인식하고 기본 운동 능력을 기른다.
   다. 자신을 존중하고 다른 사람들과 더불어 생활하는 태도를 가진다.
   라. 기초적인 언어능력을 기르고 바른 언어생활 태도와 습관을 가진다.
   마. 주변 환경에 호기심을 가지고 탐구하는 능력과 태도를 기른다.
   바. 자연과 예술작품의 아름다움에 관심을 가지고 창의적으로 표현한다.

3. 보육과정의 내용
   보육과정은 기본생활, 신체운동, 사회관계, 의사소통, 자연탐구, 예술경험의 6개 영역으로 구성한다. 각 영역은 영유아가 건강하고 안전하며 바르게 생활하는 데 필요한 내용과 신체, 사회, 언어, 인지, 정서 등의 전인 발달을 위해서 영유아가 갖춰야 할 지식, 기술, 태도를 포함한다.
   가. 기본생활
     기본생활 영역은 일생의 기초이며 사회생활의 기본이 되는 건강, 영양, 안전에 관한 지식과 기술을 습득하고 바르게 생활하는 태도를 기르는 내용으로 구성한다.
   나. 신체운동
     신체운동 영역은 다양한 신체 활동을 통하여 자신의 신체에 대해 긍정적으로 인식하고, 일상생활에 필요한 기본 운동 능력을 기르며, 신체 활동에 즐겁게 참여하는 내용으로 구성한다.
   다. 사회관계
     사회관계 영역은 자신을 존중하고, 가족과 또래 및 지역사회와 긍정적인 사회관계를 형성하며, 유능한 사회 구성원이 되기 위해 필요한 사회적 지식과 태도를 기르는 내용으로 구성한다.
라. 의사소통
의사소통 영역은 듣고 말하는 것을 즐기고, 상황에 맞는 의사소통 능력과 기초적인 읽고 쓰는 능력을 익히는 데 필요한 올바른 언어생활 태도와 능력을 기르는 내용으로 구성한다.
마. 자연탐구
자연탐구 영역은 다양한 감각을 이용하여 주변 사물과 환경을 지각하고 탐색하며, 이러한 과정에서 발생하는 의문점을 해결하는 데 필요한 수학적·과학적 기초 능력을 기르는 내용으로 구성한다.
바. 예술경험
예술경험 영역은 사물이나 소리·자연·예술작품의 아름다움에 관심을 가지고 탐색하며, 생각이나 느낌을 음악·동작·극·미술로 표현하고, 표현된 것들을 보고 즐김으로써 풍부한 감성 및 창의성을 기르는 내용으로 구성한다.

4. 보육과정의 운영
어린이집은 영유아보육법의 보육 이념과 목표를 달성하기 위하여 보육과정을 다음과 같이 편성·운영하도록 노력하여야 한다.
가. 보육계획 수립
어린이집은 보육 과정의 영역별 목표와 내용에 따라 연령별 보육계획을 편성하고 운영한다. 연간·월간·주간 보육계획을 수립하되, 계절이나 지역 내 특별 행사 또는 어린이집의 환경 등을 고려한다.
나. 보육과정 편성
어린이집은 영유아의 연령, 발달 수준, 흥미, 장애 등 개인차와 가정환경을 반영하여 수준별 보육 내용을 편성하되, 각 어린이집과 지역사회의 특성을 고려한다.
다. 보육과정 실시
어린이집은 보육 목표와 보육 내용에 적합한 보육 활동을 다양하게 선정하여 통합적으로 운영하고, 영역별 경험이나 활동을 균형 있게 제공한다.
라. 보육과정 운영 평가
어린이집은 보육계획을 문서화하여 보육 내용의 선정과 실시 과정이 적절하였는지를 정기적으로 평가한다.
마. 가정 및 지역사회의 협력
어린이집은 보육과정의 목표와 내용을 부모와 지역사회에 다양한 방법으로 알리고, 보육과정 운영 시 부모가 적극적으로 참여할 기회를 제공함으로써 가정과 지역사회의 긴밀한 협조를 얻는다.

5. 그 밖의 사항
보육과정의 영역 및 연령별 보육내용, 교사지침 등의 구체적 사항은 보건복지부장관이 정하여 고시한다.

[별표 8의5] 삭제 <2019. 6. 12.>

[별표 9] 어린이집에 대한 행정처분의 세부기준(제38조제1항 관련) <개정 2019. 6. 12.>

어린이집에 대한 행정처분의 세부기준(제38조제1항 관련)

1. 일반기준
   가. 위반행위의 횟수에 따른 행정처분의 기준은 그 위반행위가 있은 날 이전 최근 3년간 같은 위반행위로 행정처분을 받은 경우에 적용한다. 이 경우 기간의 계산은 위반행위에 대한 행정처분일과 그 행정처분일 이후에 같은 위반행위를 하여 다시 적발된 날을 기준으로 한다.
   나. 가목에 따라 가중된 행정처분을 하는 경우 가중처분의 적용 차수는 그 위반행위 전 행정처분 차수(가목에 따른 기간 내에 행정처분이 둘 이상 있었던 경우에는 높은 차수를 말한다)의 다음 차수로 한다.
   다. 위반행위가 둘 이상인 경우로서 그에 해당하는 각각의 처분기준이 다른 경우에는 그 중 무거운 처분기준에 따른다. 다만, 둘 이상의 처분기준이 동일한 운영정지인 경우에는 무거운 처분기준의 2분의 1까지 가중할 수 있되, 각 처분기준을 합산한 기간이나 1년을 초과할 수 없다.
   라. 위반행위에 대하여 행정처분을 하기 위한 절차가 진행되는 기간 중에 반복하여 같은 사항을 위반하는 경우에는 그 위반횟수마다 행정처분 기준의 2분의 1씩 더하여 처분한다. 이 경우 합산한 기간은 1년을 초과할 수 없다.

2. 개별기준

위반행위	근거 법조문	처분기준		
		1차 위반	2차 위반	3차 위반
가. 거짓이나 그 밖의 부정한 방법으로 보조금을 교부받거나 보조금을 유용한 경우 1) 거짓이나 부정한 방법으로 다음의 어느 하나의 금액에 해당하는 보조금을 받은 경우	법 제45조 제1항제1호			
가) 1천만원 이상		시설폐쇄		
나) 5백만원 이상 1천만원 미만		운영정지 1년	시설폐쇄	
다) 3백만원 이상 5백만원 미만		운영정지 6개월	운영정지 1년	시설폐쇄
라) 1백만원 이상 3백만원 미만		운영정지 3개월	운영정지 6개월	시설폐쇄
마) 1백만원 미만		운영정지 1개월	운영정지 3개월	시설폐쇄

2) 다음의 어느 하나의 금액에 해당하는 보조금을 유용한 경우				
가) 1천만원 이상		시설폐쇄		
나) 5백만원 이상 1천만원 미만		운영정지 1년	시설폐쇄	
다) 3백만원 이상 5백만원 미만		운영정지 6개월	운영정지 1년	시설폐쇄
라) 1백만원 이상 3백만원 미만		운영정지 3개월	운영정지 6개월	시설폐쇄
마) 1백만원 미만인 경우		운영정지 1개월	운영정지 3개월	시설폐쇄
나. 법 제13조제1항에 따른 변경인가를 받지 않고 어린이집을 운영하여 법 제44조에 따른 시정 또는 변경 명령을 받았으나 이를 위반한 경우	법 제45조 제1항제3호			
1) 양도에 따른 대표자 변경인가를 받지 않고 운영한 경우		운영정지 3개월	운영정지 6개월	운영정지 1년
2) 그 밖의 변경인가사항의 변경인가를 받지 않고 운영한 경우		운영정지 1개월	운영정지 3개월	운영정지 6개월
다. 법 제15조에 따른 어린이집의 설치기준을 위반하여 법 제44조에 따른 시정 또는 변경 명령을 받았으나 이를 위반한 경우	법 제45조 제1항제3호			
1) 별표 1 제1호의2에 따른 재산요건을 위반한 경우		운영정지 2개월	운영정지 4개월	시설폐쇄
2) 별표 1 제3호가목2)아)에 따른 비상재해대비시설 설치기준을 위반한 경우		운영정지 6개월	시설폐쇄	
3) 어린이집 시설의 전부를 철거한 경우(휴지기간 중 어린이집 시설의 전부를 철거한 경우를 포함한다)		시설 폐쇄		
4) 그 밖의 설치기준을 위반한 경우		운영정지 1개월	운영정지 3개월	시설폐쇄
라. 법 제17조제4항에 따른 보육교직원의 배치기준을 위반하여 그 위반의 정도가 다음의 어느 하나에 해당하는 경우로서 법 제44조에 따른 시정 또는 변경 명령을 받았으나 이를 위반한 경우	법 제45조 제1항제3호			

1) 보육교사 배치기준을 위반한 경우				
가) 해당 어린이집에 구성된 반의 100분의 30 이상 위반		운영정지 3개월	운영정지 6개월	운영정지 1년
나) 해당 어린이집에 구성된 반의 100분의 30 미만 위반		운영정지 1개월	운영정지 3개월	운영정지 6개월
2) 간호사, 영양사, 조리원 등 법 제17조에 따라 의무적으로 배치해야 하는 보육교직원(보육교사는 제외한다)을 배치하지 않은 경우		운영정지 1개월	운영정지 3개월	운영정지 6개월
마. 법 제19조제2항에 따른 보육교직원의 임면에 관한 사항을 보고하지 않거나 거짓으로 보고하여 법 제44조에 따른 시정 또는 변경 명령을 받았으나 이를 위반한 경우		운영정지 3개월	운영정지 6개월	운영정지 1년
바. 법 제24조제1항에 따른 어린이집의 운영기준(법 제33조에 따른 급식관리기준을 포함한다)을 위반하여 법 제44조에 따른 시정 또는 변경 명령을 받았으나 이를 위반한 경우	법 제45조제1항 제3호			
1) 별표 8 제1호를 위반한 경우		운영정지 1개월	운영정지 3개월	운영정지 6개월
2) 별표 8 제2호를 위반한 경우				
가) 별표 8 제2호다목에 따른 운영일 및 운영시간을 위반한 경우		운영정지 1년	시설폐쇄	
나) 별표 8 제2호마목에 따른 보육료 수납 납부 통지를 하지 아니한 경우		운영정지 1개월	운영정지 3개월	운영정지 6개월
다) 별표 8 제2호바목에 따른 비용의 지출기준을 위반한 경우		운영정지 1개월	운영정지 3개월	운영정지 6개월
라) 별표 8 제2호사목에 따른 보험가입을 하지 아니한 경우		운영정지 1개월	운영정지 3개월	운영정지 6개월
마) 별표 8 제2호아목에 따른 장부 등을 갖추어 두지 않은 경우		운영정지 1개월	운영정지 3개월	운영정지 6개월
바) 별표 8 제2호자목에 따른 어린이집 입소 및 퇴소 규정을 위반한 경우		운영정지 1개월	운영정지 3개월	운영정지 6개월
사) 가)부터 바)까지의 운영기준 외의 운영기준을 위반한 경우		운영정지 15일	운영정지 1개월	운영정지 3개월
3) 별표 8 제3호를 위반한 경우				

가) 별표 8 제3호가목에 따른 안전관리기준을 위반한 경우		운영정지 3개월	운영정지 6개월	시설폐쇄
나) 법 제33조 및 별표 8 제3호나목에 따른 급식관리기준을 위반한 경우로서 다음의 어느 하나에 해당하는 경우				
(1) 상한 원료 또는 완제품을 음식물의 조리에 사용하거나 보관한 경우		운영정지 3개월	운영정지 6개월	시설폐쇄
(2) 유통기한이 지난 원료 또는 완제품을 음식물의 조리에 사용하거나 보관한 경우		운영정지 1개월	운영정지 3개월	운영정지 6개월
(3) 이미 급식에 제공되었던 음식물을 재사용한 경우		운영정지 1개월	운영정지 3개월	운영정지 6개월
(4) (1)부터 (3)까지의 급식관리기준 외의 급식관리기준을 위반한 경우		운영정지 15일	운영정지 1개월	운영정지 3개월
다) 별표 8 제3호다목에 따른 위생관리기준을 위반한 경우		운영정지 1개월	운영정지 3개월	운영정지 6개월
라) 별표 8 제3호라목에 따른 차량안전관리기준을 위반한 경우로서 다음의 어느 하나에 해당하는 경우				
(1) 차량운행 시 보육교사 등 영유아를 보호할 수 있는 사람이 동승하지 아니한 경우		운영정지 1개월	운영정지 3개월	운영정지 6개월
(2) 그 밖의 차량안전관리기준을 위반한 경우		운영정지 15일	운영정지 1개월	운영정지 3개월
사. 법 제25조제1항 단서를 위반하여 어린이집운영위원회를 설치하지 아니하여 법 제44조에 따른 시정 또는 변경 명령을 받았으나 이를 위반한 경우		운영정지 15일	운영정지 1개월	운영정지 3개월
아. 법 제29조제4항 전단을 위반하여 특별활동을 실시하여 법 제44조에 따른 시정 또는 변경 명령을 받았으나 이를 위반한 경우	법 제45조 제1항제3호			
1) 보호자의 동의를 받지 않고 특별활동프로그램을 실시한 경우		운영정지 1개월	운영정지 2개월	운영정지 3개월

2) 24개월 미만의 영유아를 대상으로 특별활동프로그램을 실시한 경우. 다만, 제30조의2제2항 단서에 따라 실시한 경우는 제외한다.		운영정지 15일	운영정지 1개월	운영정지 2개월
3) 낮 12시부터 오후 6시까지의 시간 외에 특별활동프로그램을 실시한 경우		운영정지 15일	운영정지 1개월	운영정지 2개월
자. 법 제29조제4항 후단을 위반하여 특별활동프로그램에 참여하지 아니하는 영유아를 위하여 특별활동프로그램을 대체할 수 있는 프로그램을 마련하지 아니하여 법 제44조에 따른 시정 또는 변경 명령을 받았으나 이를 위반한 경우	법 제45조 제1항제3호	운영정지 15일	운영정지 1개월	운영정지 2개월
차. 법 제29조의2에 따른 생활기록부를 작성·관리하지 아니하여 법 제44조에 따른 시정 또는 변경 명령을 받았으나 이를 위반한 경우		운영정지 15일	운영정지 1개월	운영정지 3개월
카. 정당한 이유 없이 법 제30조제1항에 따른 평가 또는 같은 조 제5항에 따른 확인점검을 거부·방해 또는 기피하거나 거짓이나 그 밖의 부정한 방법으로 평가 또는 확인점검을 받아 법 제44조에 따른 시정 또는 변경 명령을 받았으나 이를 위반한 경우	법 제45조 제1항제3호	운영정지 3개월	운영정지 6개월	운영정지 1년
타. 법 제32조제1항에 따른 질병의 치료와 예방조치를 하지 아니하여 법 제44조에 따른 시정 또는 변경 명령을 받았으나 이를 위반한 경우		운영정지 1개월	운영정지 3개월	운영정지 6개월
파. 법 제38조에 따른 보육료 등의 수납 한도액을 다음의 어느 하나에 해당하는 비율만큼 초과하여 받아 법 제44조에 따른 시정 또는 변경 명령을 받았으나 이를 위반한 경우	법 제45조 제1항제3호			
1) 초과하여 받은 금액이 전체 수납액의 100분의 20 이상		운영정지 3개월	운영정지 6개월	시설폐쇄
2) 초과하여 받은 금액이 전체 수납액의 100분의 20 미만		운영정지 1개월	운영정지 3개월	운영정지 6개월
하. 법 제40조에 따른 비용 또는 보조금의 반환명령을 받고 다음의 어느 하나에 해당하는 금액을 반환하지 않은 경우	법 제45조 제1항제2호			

1) 3백만원 이상		시설폐쇄		
2) 3백만원 미만		운영정지 1년	시설폐쇄	
거. 법 제42조에 따른 보고를 하지 아니하거나 거짓으로 보고한 경우 또는 조사·검사를 거부하거나 기피하여 법 제44조에 따른 시정 또는 변경 명령을 받았으나 이를 위반한 경우	법 제45조 제1항제3호	운영정지 1개월	운영정지 6개월	시설폐쇄
너. 다음의 어느 하나에 해당하는 경우로서 법 제43조제1항에 따른 신고를 하지 않고 어린이집을 폐지 또는 일정 기간 운영을 중단하거나 그 운영을 재개하여 법 제44조에 따른 시정 또는 변경 명령을 받았으나 이를 위반한 경우	법 제45조 제1항제3호			
1) 어린이집의 폐지		시설폐쇄		
2) 어린이집의 운영 중단 및 재개		운영정지 1년	시설폐쇄	
더. 법 제43조의2제2항을 위반하여 휴원하지 않거나 긴급보육수요에 대비한 조치를 하지 않아 법 제44조제7호의2에 따라 시정 또는 변경 명령을 받았으나 이를 위반한 경우	법 제45조 제1항제3호	운영정지 1개월	운영정지 3개월	운영정지 6개월
러. 법 제49조의2에 따른 정보의 공시에 관한 사항을 위반하여 시정 또는 변경 명령을 받았으나 이를 위반한 경우	법 제45조 제1항제3호			
1) 정보를 공시하지 않거나 거짓으로 공시한 정보(영 별표 1의3의 공시정보 범위 중 같은 표 각 목에 해당하는 정보를 말한다)가 5개 이상인 경우(단순 착오로 잘못 공시한 경우는 제외한다)		운영정지 15일	운영정지 1개월	운영정지 2개월
2) 정보를 공시하지 않거나 거짓으로 공시한 정보가 5개 미만인 경우(단순 착오로 잘못 공시한 경우는 제외한다)		운영정지 7일	운영정지 15일	운영정지 1개월
머. 「아동복지법」 제3조제7호에 따른 아동학대 행위를 한 경우	법 제45조 제1항제4호			
1) 아동을 매매하거나 아동에게 성적 폭력이나 성적 가혹행위를 한 경우		시설폐쇄		

2) 아동에게 신체적·정신적 폭력이나 가혹행위를 하거나 아동의 보호자가 아동을 유기한 경우				
가) 아동에게 중대한 신체 또는 정신적 손해를 입힌 경우		시설폐쇄		
나) 가)에 해당하지 않는 경우		운영정지 6개월	운영정지 1년	시설폐쇄
3) 아동의 보호자가 아동을 방임한 경우				
가) 아동에게 중대한 신체 또는 정신적 손해를 입힌 경우		시설폐쇄		
나) 기본적 보호·양육·치료를 소홀히 한 경우로서 가)에 해당하지 않는 경우		운영정지 1개월	운영정지 2개월	운영정지 3개월
다) 기본적 교육을 소홀히 한 경우		운영정지 7일	운영정지 15일	운영정지 1개월
버. 「도로교통법」 제53조제3항을 위반하여 어린이통학버스(법 제33조의2 및 「도로교통법」 제52조에 따른 신고를 하지 않은 경우를 포함한다)에 보육교직원 등을 함께 태우지 않은 채 어린이통학버스 운행 중 발생한 교통사고로 영유아가 사망하거나 신체에 중상해를 입은 경우	법 제45조 제1항제5호	운영정지 6개월	운영정지 1년	시설폐쇄

[별표 9] 어린이집에 대한 행정처분의 세부기준(제38조제1항 관련)
<개정 2019. 6. 12.> [시행일 2020. 3. 1.]

어린이집에 대한 행정처분의 세부기준(제38조제1항 관련)

1. 일반기준

   가. 위반행위의 횟수에 따른 행정처분의 기준은 그 위반행위가 있은 날 이전 최근 3년간 같은 위반행위로 행정처분을 받은 경우에 적용한다. 이 경우 기간의 계산은 위반행위에 대한 행정처분일과 그 행정처분일 이후에 같은 위반행위를 하여 다시 적발된 날을 기준으로 한다.

   나. 가목에 따라 가중된 행정처분을 하는 경우 가중처분의 적용 차수는 그 위반행위 전 행정처분 차수(가목에 따른 기간 내에 행정처분이 둘 이상 있었던 경우에는 높은 차수를 말한다)의 다음 차수로 한다.

   다. 위반행위가 둘 이상인 경우로서 그에 해당하는 각각의 처분기준이 다른 경우에는 그 중 무거운 처분기준에 따른다. 다만, 둘 이상의 처분기준이 동일한 운영정지인 경우에는 무거운 처분기준의 2분의 1까지 가중할 수 있되, 각 처분기준을 합산한 기간이나 1년을 초과할 수 없다.

   라. 위반행위에 대하여 행정처분을 하기 위한 절차가 진행되는 기간 중에 반복하여 같은 사항을 위반하는 경우에는 그 위반횟수마다 행정처분 기준의 2분의 1씩 더하여 처분한다. 이 경우 합산한 기간은 1년을 초과할 수 없다.

2. 개별기준

위반행위	근거 법조문	처분기준		
		1차 위반	2차 위반	3차 위반
가. 거짓이나 그 밖의 부정한 방법으로 보조금을 교부받거나 보조금을 유용한 경우	법 제45조제1항제1호			
1) 거짓이나 부정한 방법으로 다음의 어느 하나의 금액에 해당하는 보조금을 받은 경우				
가) 1천만원 이상		시설폐쇄		
나) 5백만원 이상 1천만원 미만		운영정지 1년	시설폐쇄	
다) 3백만원 이상 5백만원 미만		운영정지 6개월	운영정지 1년	시설폐쇄
라) 1백만원 이상 3백만원 미만		운영정지 3개월	운영정지 6개월	시설폐쇄
마) 1백만원 미만		운영정지 1개월	운영정지 3개월	시설폐쇄

2) 다음의 어느 하나의 금액에 해당하는 보조금을 유용한 경우				
가) 1천만원 이상		시설폐쇄		
나) 5백만원 이상 1천만원 미만		운영정지 1년	시설폐쇄	
다) 3백만원 이상 5백만원 미만		운영정지 6개월	운영정지 1년	시설폐쇄
라) 1백만원 이상 3백만원 미만		운영정지 3개월	운영정지 6개월	시설폐쇄
마) 1백만원 미만인 경우		운영정지 1개월	운영정지 3개월	시설폐쇄
나. 법 제13조제1항에 따른 변경인가를 받지 않고 어린이집을 운영하여 법 제44조에 따른 시정 또는 변경 명령을 받았으나 이를 위반한 경우	법 제45조 제1항제3호			
1) 양도에 따른 대표자 변경인가를 받지 않고 운영한 경우		운영정지 3개월	운영정지 6개월	운영정지 1년
2) 그 밖의 변경인가사항의 변경인가를 받지 않고 운영한 경우		운영정지 1개월	운영정지 3개월	운영정지 6개월
다. 법 제15조에 따른 어린이집의 설치기준을 위반하여 법 제44조에 따른 시정 또는 변경 명령을 받았으나 이를 위반한 경우	법 제45조 제1항제3호			
1) 별표 1 제1호의2에 따른 재산요건을 위반한 경우		운영정지 2개월	운영정지 4개월	시설폐쇄
2) 별표 1 제3호가목2)아)에 따른 비상재해대비시설 설치기준을 위반한 경우		운영정지 6개월	시설폐쇄	
3) 어린이집 시설의 전부를 철거한 경우(휴지기간 중 어린이집 시설의 전부를 철거한 경우를 포함한다)		시설폐쇄		
4) 그 밖의 설치기준을 위반한 경우		운영정지 1개월	운영정지 3개월	시설폐쇄
라. 법 제17조제5항에 따른 보육교직원의 배치기준을 위반하여 그 위반의 정도가 다음의 어느 하나에 해당하는 경우로서 법 제44조에 따른 시정 또는 변경 명령을 받았으나 이를 위반한 경우	법 제45조 제1항제3호			
1) 보육교사 배치기준을 위반한 경우				

가) 해당 어린이집에 구성된 반의 100분의 30 이상 위반		운영정지 3개월	운영정지 6개월	운영정지 1년
나) 해당 어린이집에 구성된 반의 100분의 30 미만 위반		운영정지 1개월	운영정지 3개월	운영정지 6개월
2) 간호사, 영양사, 조리원 등 법 제17조에 따라 의무적으로 배치해야 하는 보육교직원(보육교사는 제외한다)을 배치하지 않은 경우		운영정지 1개월	운영정지 3개월	운영정지 6개월
마. 법 제19조제2항에 따른 보육교직원의 임면에 관한 사항을 보고하지 않거나 거짓으로 보고하여 법 제44조에 따른 시정 또는 변경 명령을 받았으나 이를 위반한 경우		운영정지 3개월	운영정지 6개월	운영정지 1년
바. 법 제24조제1항에 따른 어린이집의 운영기준(법 제33조에 따른 급식관리기준을 포함한다)을 위반하여 법 제44조에 따른 시정 또는 변경 명령을 받았으나 이를 위반한 경우	법 제45조 제1항제3호			
1) 별표 8 제1호를 위반한 경우		운영정지 1개월	운영정지 3개월	운영정지 6개월
2) 별표 8 제2호를 위반한 경우				
가) 별표 8 제2호다목에 따른 운영일 및 운영시간을 위반한 경우		운영정지 1년	시설폐쇄	
나) 별표 8 제2호마목에 따른 보육료 수납 납부 통지를 하지 아니한 경우		운영정지 1개월	운영정지 3개월	운영정지 6개월
다) 별표 8 제2호바목에 따른 비용의 지출기준을 위반한 경우		운영정지 1개월	운영정지 3개월	운영정지 6개월
라) 별표 8 제2호사목에 따른 보험가입을 하지 아니한 경우		운영정지 1개월	운영정지 3개월	운영정지 6개월
마) 별표 8 제2호아목에 따른 장부 등을 갖추어 두지 않은 경우		운영정지 1개월	운영정지 3개월	운영정지 6개월
바) 별표 8 제2호자목에 따른 어린이집 입소 및 퇴소 규정을 위반한 경우		운영정지 1개월	운영정지 3개월	운영정지 6개월
사) 가)부터 바)까지의 운영기준 외의 운영기준을 위반한 경우		운영정지 15일	운영정지 1개월	운영정지 3개월
3) 별표 8 제3호를 위반한 경우				
가) 별표 8 제3호가목에 따른 안전관리기준을 위반한 경우		운영정지 3개월	운영정지 6개월	시설폐쇄
나) 법 제33조 및 별표 8 제3호나목에 따른 급식관리기준을 위반한 경우로서 다음의 어느 하나에 해당하는 경우				

(1) 상한 원료 또는 완제품을 음식물의 조리에 사용하거나 보관한 경우		운영정지 3개월	운영정지 6개월	시설폐쇄
(2) 유통기한이 지난 원료 또는 완제품을 음식물의 조리에 사용하거나 보관한 경우		운영정지 1개월	운영정지 3개월	운영정지 6개월
(3) 이미 급식에 제공되었던 음식물을 재사용한 경우		운영정지 1개월	운영정지 3개월	운영정지 6개월
(4) (1)부터 (3)까지의 급식관리기준 외의 급식관리기준을 위반한 경우		운영정지 15일	운영정지 1개월	운영정지 3개월
다) 별표 8 제3호다목에 따른 위생관리기준을 위반한 경우		운영정지 1개월	운영정지 3개월	운영정지 6개월
라) 별표 8 제3호라목에 따른 차량안전관리기준을 위반한 경우로서 다음의 어느 하나에 해당하는 경우				
(1) 차량운행 시 보육교사 등 영유아를 보호할 수 있는 사람이 동승하지 아니한 경우		운영정지 1개월	운영정지 3개월	운영정지 6개월
(2) 그 밖의 차량안전관리기준을 위반한 경우		운영정지 15일	운영정지 1개월	운영정지 3개월
사. 법 제25조제1항 단서를 위반하여 어린이집 운영위원회를 설치하지 아니하여 법 제44조에 따른 시정 또는 변경 명령을 받았으나 이를 위반한 경우		운영정지 15일	운영정지 1개월	운영정지 3개월
아. 법 제29조제4항 전단을 위반하여 특별활동을 실시하여 법 제44조에 따른 시정 또는 변경 명령을 받았으나 이를 위반한 경우	법 제45조 제1항제3호			
1) 보호자의 동의를 받지 않고 특별활동프로그램을 실시한 경우		운영정지 1개월	운영정지 2개월	운영정지 3개월
2) 24개월 미만의 영유아를 대상으로 특별활동프로그램을 실시한 경우. 다만, 제30조의2 제2항 단서에 따라 실시한 경우는 제외한다.		운영정지 15일	운영정지 1개월	운영정지 2개월
3) 낮 12시부터 오후 6시까지의 시간 외에 특별활동프로그램을 실시한 경우		운영정지 15일	운영정지 1개월	운영정지 2개월
자. 법 제29조제4항 후단을 위반하여 특별활동프로그램에 참여하지 아니하는 영유아를 위하여 특별활동프로그램을 대체할 수 있는 프로그램을 마련하지 아니하여 법 제44조에 따른 시정 또는 변경 명령을 받았으나 이를 위반한 경우	법 제45조 제1항제3호	운영정지 15일	운영정지 1개월	운영정지 2개월

위반행위	근거 법조문	1차 위반	2차 위반	3차 위반
차. 법 제29조의2에 따른 생활기록부를 작성·관리하지 아니하여 법 제44조에 따른 시정 또는 변경 명령을 받았으나 이를 위반한 경우		운영정지 15일	운영정지 1개월	운영정지 3개월
카. 정당한 이유 없이 법 제30조제1항에 따른 평가 또는 같은 조 제5항에 따른 확인점검을 거부·방해 또는 기피하거나 거짓이나 그 밖의 부정한 방법으로 평가 또는 확인점검을 받아 법 제44조에 따른 시정 또는 변경 명령을 받았으나 이를 위반한 경우	법 제45조 제1항제3호	운영정지 3개월	운영정지 6개월	운영정지 1년
타. 법 제32조제1항에 따른 질병의 치료와 예방 조치를 하지 아니하여 법 제44조에 따른 시정 또는 변경 명령을 받았으나 이를 위반한 경우		운영정지 1개월	운영정지 3개월	운영정지 6개월
파. 법 제38조에 따른 보육료 등의 수납 한도액을 다음의 어느 하나에 해당하는 비율만큼 초과하여 받아 법 제44조에 따른 시정 또는 변경 명령을 받았으나 이를 위반한 경우	법 제45조 제1항제3호			
1) 초과하여 받은 금액이 전체 수납액의 100분의 20 이상		운영정지 3개월	운영정지 6개월	시설폐쇄
2) 초과하여 받은 금액이 전체 수납액의 100분의 20 미만		운영정지 1개월	운영정지 3개월	운영정지 6개월
하. 법 제40조에 따른 비용 또는 보조금의 반환 명령을 받고 다음의 어느 하나에 해당하는 금액을 반환하지 않은 경우	법 제45조 제1항제2호			
1) 3백만원 이상		시설폐쇄		
2) 3백만원 미만		운영정지 1년	시설폐쇄	
거. 법 제42조에 따른 보고를 하지 아니하거나 거짓으로 보고한 경우 또는 조사·검사를 거부하거나 기피하여 법 제44조에 따른 시정 또는 변경 명령을 받았으나 이를 위반한 경우	법 제45조 제1항제3호	운영정지 1개월	운영정지 6개월	시설폐쇄
너. 다음의 어느 하나에 해당하는 경우로서 법 제43조제1항에 따른 신고를 하지 않고 어린이집을 폐지 또는 일정 기간 운영을 중단하거나 그 운영을 재개하여 법 제44조에 따른 시정 또는 변경 명령을 받았으나 이를 위반한 경우	법 제45조 제1항제3호			
1) 어린이집의 폐지		시설폐쇄		
2) 어린이집의 운영 중단 및 재개		운영정지 1년	시설폐쇄	

더. 법 제43조의2제2항을 위반하여 휴원하지 않거나 긴급보육수요에 대비한 조치를 하지 않아 법 제44조제7호의2에 따라 시정 또는 변경 명령을 받았으나 이를 위반한 경우	법 제45조 제1항제3호	운영정지 1개월	운영정지 3개월	운영정지 6개월
러. 법 제49조의2에 따른 정보의 공시에 관한 사항을 위반하여 시정 또는 변경 명령을 받았으나 이를 위반한 경우	법 제45조 제1항제3호			
1) 정보를 공시하지 않거나 거짓으로 공시한 정보(영 별표 1의3의 공시정보 범위 중 같은 표 각 목에 해당하는 정보를 말한다)가 5개 이상인 경우(단순 착오로 잘못 공시한 경우는 제외한다)		운영정지 15일	운영정지 1개월	운영정지 2개월
2) 정보를 공시하지 않거나 거짓으로 공시한 정보가 5개 미만인 경우(단순 착오로 잘못 공시한 경우는 제외한다)		운영정지 7일	운영정지 15일	운영정지 1개월
머. 「아동복지법」 제3조제7호에 따른 아동학대 행위를 한 경우	법 제45조 제1항제4호			
1) 아동을 매매하거나 아동에게 성적 폭력이나 성적 가혹행위를 한 경우		시설폐쇄		
2) 아동에게 신체적·정신적 폭력이나 가혹행위를 하거나 아동의 보호자가 아동을 유기한 경우				
가) 아동에게 중대한 신체 또는 정신적 손해를 입힌 경우		시설폐쇄		
나) 가)에 해당하지 않는 경우		운영정지 6개월	운영정지 1년	시설폐쇄
3) 아동의 보호자가 아동을 방임한 경우				
가) 아동에게 중대한 신체 또는 정신적 손해를 입힌 경우		시설폐쇄		
나) 기본적 보호·양육·치료를 소홀히 한 경우로서 가)에 해당하지 않는 경우		운영정지 1개월	운영정지 2개월	운영정지 3개월
다) 기본적 교육을 소홀히 한 경우		운영정지 7일	운영정지 15일	운영정지 1개월
버. 「도로교통법」 제53조제3항을 위반하여 어린이통학버스(법 제33조의2 및 「도로교통법」 제52조에 따른 신고를 하지 않은 경우를 포함한다)에 보육교직원 등을 함께 태우지 않은 채 어린이통학버스 운행 중 발생한 교통사고로 영유아가 사망하거나 신체에 중상해를 입은 경우	법 제45조 제1항제5호	운영정지 6개월	운영정지 1년	시설폐쇄

[별표 10] 어린이집의 원장 및 보육교사에 대한 행정처분의 세부기준
(제39조제2항 관련) <개정 2015.9.18.>

어린이집의 원장 및 보육교사에 대한 행정처분의
세부기준(제39조제2항 관련)

1. 일반기준
   가. 위반행위의 횟수에 따른 자격정지기준은 그 위반행위가 있은 날 이전 최근 3년간 같은 위반행위로 자격정지처분을 받은 경우에 적용한다.
   나. 위반행위가 둘 이상인 경우에는 그 중 무거운 처분기준의 2분의 1까지 늘릴 수 있다. 이 경우 각 처분기준을 합산한 기간이나 1년을 초과할 수 없다.
   다. 특별자치도지사·시장·군수·구청장은 위반행위의 동기·내용 및 횟수 등을 고려하여 제2호 및 제3호에 따른 자격정지기간을 2분의 1의 범위에서 늘리거나 줄일 수 있다. 다만, 늘리는 경우에도 1년을 초과할 수 없다.

2. 어린이집 원장의 자격정지 개별기준

위반행위	근거 법조문	처분기준		
		1차 위반	2차 위반	3차 위반
가. 어린이집의 원장이 업무수행 중 고의나 중대한 과실로 손해를 입힌 경우로서 다음의 어느 하나에 해당하는 경우	법 제46조 제1호			
1) 영유아에게 중대한 생명·신체 또는 정신적 손해를 입힌 경우		자격정지 1년 (「아동복지법」 제3조제7호에 따른 아동학대행위인 경우에는 2년)	자격정지 1년 (「아동복지법」 제3조제7호에 따른 아동학대행위인 경우에는 2년)	자격정지 1년 (「아동복지법」 제3조제7호에 따른 아동학대행위인 경우에는 2년)
2) 어린이집의 운영일 및 운영시간에 관한 기준을 고의적으로 위반하여 손해를 입힌 경우		자격정지 1년	자격정지 1년	자격정지 1년
3) 비위생적인 급식을 제공하거나 영유아 안전 보호를 태만히 하여 영유아에게 생명·신체 또는 정신적 손해를 입힌 경우		자격정지 6개월	자격정지 1년	자격정지 1년
4) 그 밖의 경우		자격정지 3개월	자격정지 6개월	자격정지 1년
나. 보육교사·간호사 또는 영양사 등 해당 업무 수행에 필요한 자격이 없는 사람을 채용하여 해당 업무를 수행하게 한 경우	법 제46조 제2호	자격정지 3개월	자격정지 6개월	자격정지 1년
다. 법 제23조에 따른 보수교육을 연속하여 3회 이상 받지 아니한 경우	법 제46조제3호	자격정지 1개월	자격정지 3개월	자격정지 6개월

위반행위	근거 법조문	1차 위반	2차 위반	3차 위반
라. 거짓이나 그 밖의 부정한 방법으로 보조금을 받거나 보조금을 유용한 경우	법 제46조 제4호			
1) 아동 또는 보육교직원을 허위로 등록하는 등 거짓이나 부정한 방법으로 다음의 어느 하나의 금액에 해당하는 보조금을 교부받은 경우				
가) 5백만원 이상		자격정지 1년	자격정지 1년	자격정지 1년
나) 3백만원 이상 5백만원 미만		자격정지 6개월	자격정지 1년	자격정지 1년
다) 1백만원 이상 3백만원 미만		자격정지 3개월	자격정지 6개월	자격정지 1년
라) 1백만원 미만		자격정지 1개월	자격정지 3개월	자격정지 1년
2) 보조금을 목적 외로 사용하는 등 거짓이나 부정한 방법으로 다음의 어느 하나의 금액에 해당하는 보조금을 유용한 경우				
가) 5백만원 이상		자격정지 1년	자격정지 1년	자격정지 1년
나) 3백만원 이상 5백만원 미만		자격정지 6개월	자격정지 1년	자격정지 1년
다) 1백만원 이상 3백만원 미만		자격정지 3개월	자격정지 6개월	자격정지 1년
라) 1백만원 미만		자격정지 1개월	자격정지 3개월	자격정지 1년
마. 「공익신고자 보호법」 제2조제2호에 따른 공익신고를 한 보육교직원에게 같은 법 제2조제6호에 따른 불이익 조치를 한 경우	법 제46조 제5호	자격정지 1년	자격정지 1년	자격정지 1년

3. 보육교사의 자격정지 개별기준

위반행위	근거 법조문	처분기준		
		1차 위반	2차 위반	3차 위반
가. 보육교사가 업무 수행 중 그 자격과 관련하여 고의나 중대한 과실로 다음의 어느 하나의 손해를 입힌 경우	법 제47조 제1호			
1) 영유아에게 중대한 생명·신체 또는 정신적 손해를 입힌 경우		자격정지 1년 (「아동복지법」 제3조제	자격정지 1년 (「아동복지법」 제3조제	자격정지 1년 (「아동복지법」 제3조제

		7호에 따른 아동학대행위인 경우에는 2년)	7호에 따른 아동학대행위인 경우에는 2년)	7호에 따른 아동학대행위인 경우에는 2년)
2) 비위생적인 급식을 제공하거나 영유아 안전 보호를 태만히 하여 영유아에게 생명·신체 또는 정신적 손해를 입힌 경우		자격정지 6개월	자격정지 1년	자격정지 1년
3) 그 밖의 경우		자격정지 2개월	자격정지 4개월	자격정지 6개월
나. 법 제23조의2에 따른 보수교육을 연속하여 3회 이상 받지 아니한 경우	법 제47조 제2호	자격정지 1개월	자격정지 3개월	자격정지 6개월

[별지 제1호서식] [별지 제19호서식]으로 이동 <2012.2.3>

[별지 제2호서식] [별지 제20호서식]으로 이동 <2012.2.3>

[별지 제3호서식] [별지 제21호서식]으로 이동 <2012.2.3>

[별지 제4호서식] 어린이집 인가신청서 <개정 2017. 9. 15.>

어린이집 인가신청서

(앞쪽)

접수번호		접수일				처리기간	14일	
신청인	성명(대표자)				주민등록번호			
	법인·단체명				전화번호			
	주소							
어린이집 개요	명칭			어린이집 종류		전화번호		
	소재지							
	어린이집 원장		성명		주민등록번호			
보육정원	총인원 명	1세미만 명		1~2세미만 명	2세 명		3세 명	4~5세 명
시설·설비	보육실 ㎡			조리실 ㎡			목욕실 ㎡	
	화장실 ㎡			놀이터 ㎡			사무실 ㎡	
	양호실 ㎡			대지 ㎡			기타 ㎡	
직원	총인원 명	보육교사 명		간호사 명	영양사 명		조리원 명	기타 명
예산	수입액 원			지출액 원			비고	

「영유아보육법」 제13조제1항·제14조제1항 및 같은 법 시행규칙 제5조제1항에 따라 보육시설의 설치인가를 신청합니다.

년   월   일

신청인   (서명 또는 인)

특별자치도지사·시장·군수·구청장 귀하

첨부서류	뒤쪽 참조	수수료 없음

210mm×297mm[백상지 80g/㎡(재활용품)]

(뒤쪽)

첨부 서류	1. 법인의 정관 및 출연금 등에 관한 서류(법인인 경우만 해당합니다) 2. 단체의 회칙 또는 규약(단체인 경우만 해당합니다) 3. 임대차계약서(부동산을 임차하는 경우만 해당합니다) 4. 어린이집의 구조별 면적이 표시된 평면도와 시설 및 설비 목록 5. 어린이집 원장의 자격을 증명하는 서류 6. 보육교직원 채용계획서 7. 어린이집 운영계획서(운영경비와 유지방법을 포함합니다) 8. 경비의 지급 및 변제 능력에 관한 서류(설립자가 개인인 경우만 해당합니다) 9. 인근 놀이터 이용계획서(영유아 50명 이상의 어린이집으로서 옥외놀이터나 옥내놀이터를 설치하지 않은 경우만 해당합니다) 10. 「도시가스사업법 시행규칙」 제25조 및 「액화석유가스의 안전관리 및 사업법 시행규칙」 제71조에 따른 정기검사증명서 11. 「소방용품의 품질관리 등에 관한 규칙」 제5조에 따른 현장처리물품의 방염성능검사성적서 및 방염성능검사확인표시
담당 공무원 확인사항	1. 법인 등기사항증명서(법인인 경우만 해당합니다) 2. 건축물대장 및 건물 등기사항증명서 3. 「전기사업법 시행규칙」 제38조에 따른 전기안전점검확인서

처리절차

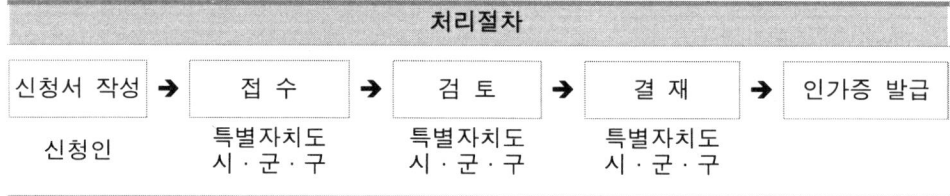

[별지 제5호서식] 어린이집 인가증 <개정 2019. 6. 12.>

(앞 쪽)

제　　호

어린이집 인가증

어린이집 명칭:
어린이집 종류:
소재지:
보육정원:　　　　명
법인·단체명:
대표자 성명:
특기사항:

「영유아보육법 시행규칙」 제5조제4항에 따라 어린이집 인가증을 발급합니다.

년　　월　　일

특별자치도지사·시장·군수·구청장　　[직인]

210mm×297mm[일반용지 60g/㎡(재활용품)]

(뒤 쪽)

변경사항		
날짜	내용	기록자 ㉙

[별지 제6호서식] 어린이집 변경인가신청서 <개정 2017. 9. 15.>

어린이집 변경인가신청서

(앞쪽)

접수번호		접수일		처리기간	7일
신청인	성명(법인·단체는 대표자)			주민등록번호	
	법인·단체명			전화번호	
어린이집 개요	명 칭			어린이집 종류	
	소재지				

변경사항	구분		변경 전	변경 후
	대표자	성 명		
		주민등록번호		
		주 소		
	종류			
	명칭			
	소재지			
	보육정원			
	기타			

변경사유

「영유아보육법」 제13조제1항 및 같은 법 시행규칙 제5조의2제1항에 따라 어린이집의 변경인가를 신청합니다.

년 월 일

신청인   (서명 또는 인)

특별자치도지사
시장·군수·구청장   귀하

첨부서류	뒤쪽 참조	수수료 없음

210mm×297mm[백상지 80g/㎡(재활용품)]

(뒤쪽)

첨부 서류	1. 법인의 이사회 회의록(법인의 대표자가 변경되는 경우만 해당합니다) 2. 경비의 지급 및 변제 능력에 관한 서류(변경되는 대표자가 개인인 경우만 해당합니다) 3. 변경되는 어린이집의 평면도(소재지 또는 보육정원의 변경 등으로 어린이집 시설이 변경되는 경우만 해당합니다) 4. 시설 및 재산에 관한 사용·처분계획서(소재지가 변경되는 경우만 해당합니다) 5. 보육 영유아에 대한 조치계획서(소재지가 변경되는 경우만 해당합니다) 6. 어린이집 인가증 7. 임대차계약서(대표자 또는 소재지가 변경되는 경우로 부동산을 임차하는 경우만 해당합니다) 8. 어린이집 운영계획서(운영경비와 유지방법을 포함하며, 대표자가 변경되는 경우만 해당합니다) 9. 인근 놀이터 이용계획서(대표자 또는 소재지가 변경되는 경우 중 영유아 50명 이상의 어린이집으로서 옥외놀이터나 옥내놀이터를 설치하지 아니하는 경우만 해당합니다) 10. 「도시가스사업법 시행규칙」 제25조 및 「액화석유가스의 안전관리 및 사업법 시행규칙」 제71조에 따른 정기검사증명서 11. 「소방용품의 품질관리 등에 관한 규칙」 제5조에 따른 현장처리물품의 방염성능검사성적서 및 방염성능검사확인표시(대표자 또는 소재지가 변경되는 경우만 해당하되, 대표자만 변경하면서 현장처리물품을 교체하지 않은 때에는 이에 대한 소방관서의 확인서로 갈음할 수 있습니다)
담당공무원 확인사항	1. 건축물대장 및 건물 등기사항증명서(소재지 또는 보육정원의 변경 등으로 어린이집 시설이 변경된 경우만 해당합니다) 2. 「전기사업법 시행규칙」 제38조에 따른 전기안전점검확인서(소재지가 변경되는 경우만 해당합니다)

처리절차

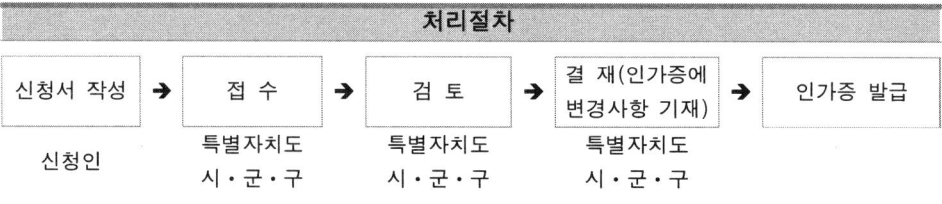

[별지 제7호서식] 인사기록카드 <개정 2015.12.31.>

(표지)

인 사 기 록 카 드

어린이집 명칭:

297mm× 210mm[백상지 80g/㎡]

(제1쪽)

사 진 (3cm×4cm)	성명	(한글)	직종	
		(한자)	생년월일	
	주소			
	등록기준지			

신체사항	신 장	체 중	시 력	색 맹	혈액형
	cm	kg	좌( ) 우( )		

학력	기 간		학교 및 전공학과	학 위	기 간		학교 및 전공학과	학 위
	부터	까지			부터	까지		

경력	기 간		근무처	직 위	기 간		근무처	직 위
	부터	까지			부터	까지		

(제2쪽)

직무·승급교육	기　　간		종　　　류	훈련기관
	부　터	까　지		
포상·서훈	년　월　일		종　　　　류	시　행　청

기록사항 확인

본인	어린이집의 원장
이 표의 기재사항은 사실과 다름 없음을 서약합니다.	이 표의 기재사항은 사실과 다름 없음을 확인합니다.
년　월　일	년　월　일
성명　　　　(서명 또는 인)	성명　　　　(서명 또는 인)

[별지 제8호서식] 교육훈련시설 지정신청서 <개정 2015.1.28.>

교육훈련시설 지정신청서

접수번호		접수일		처리기간	22일
신청인	성명(법인의 대표자)			생년월일	
	법인명			전화번호	
	주 소				
교육 훈련 시설 개요	명칭				
	소재지			전화번호	
	교육훈련시설 장의 성명			생년월일	
	운영예정 연월일			1기당 교육예상 인원	명
시설 설비	강의실 m²	실기·실습실 m²	교수연수실 m²	건물 m²	
	사무실 m²	어린이집 m²	그 밖의 시설 m²	대지 m²	
교수요원	전임		명	외래	명
교육훈련과정		과목(학점)		시간	

「영유아보육법 시행규칙」 제13조제2항에 따라 위와 같이 교육훈련시설로 지정 받고자 신청합니다.

년 월 일

신청인 (서명 또는 인)

시·도지사 귀하

첨부서류	1. 법인의 정관 및 출연금 등에 관한 서류 2. 임대차계약서(부동산을 임차하는 경우만 해당합니다) 3. 시설의 구조별 면적이 표시된 평면도와 시설 및 설비 목록 4. 교육훈련시설의 장과 교수요원의 자격 및 경력을 증명하는 서류 5. 교육훈련 계획서 및 예산서	수수료 없음
담당공무원 확인사항	1. 법인 등기사항증명서 2. 건축물대장(부동산을 임차하는 경우는 제외합니다)	

처리절차

신청서 작성 (신청인) → 접 수 (시·도) → 심 의 (시·도) → 결 재 (시·도) → 지정서 발급

210mm×297mm[백상지 80g/m²(재활용품)]

[별지 제9호서식] 교육훈련시설 지정서 <개정 2011.12.8>

(앞 쪽)

제   호

교육훈련시설 지정서

명칭:
소재지:
법인·단체명:
대표자 성명: (한자:)
대표자 생년월일:
교육훈련시설의 장의 성명: (한자:)
교육훈련시설의 장의 생년월일:
지정 조건:

　위 시설을 「영유아보육법 시행규칙」 제13조제4항에 따라 교육훈련시설로 지정합니다.

년   월   일

시·도지사   [직인]

210mm×297mm[일반용지 60g/㎡(재활용품)]

(뒤 쪽)

변경사항		
날짜	내용	기록자 ㉑

[별지 제10호서식] 교육훈련시설 지정사항 변경신청서 <개정 2015.1.28.>

교육훈련시설 지정사항 변경신청서

접수번호			접수일		처리기간	7일
신청인	성명(법인의 대표자)				생년월일	
	법인명				전화번호	
	주 소					
변경 사항		구분		변경 전	변경 후	
	대표자	성 명				
		생년월일				
		주 소				
	교육훈련 시설의 장	성 명				
		생년월일				
		주 소				
		명 칭				
		소재지				

변경사유

「영유아보육법 시행규칙」 제15조제1항에 따라 위와 같이 교육훈련시설([ ] 대표자, [ ] 교육훈련시설의 장, [ ] 명칭, [ ] 소재지)의 변경을 신청합니다.

년 월 일

신청인 (서명 또는 인)

시 · 도지사 귀하

첨부 서류	1. 교육훈련시설의 장의 자격 및 경력을 증명하는 서류(교육훈련시설의 장이 변경되는 경우만 해당합니다) 2. 임대차계약서(소재지가 변경된 경우로서 부동산을 임차하는 경우만 해당합니다) 3. 시설의 구조별 면적이 표시된 평면도와 시설 및 설비 목록(소재지가 변경되는 경우만 해당합니다) 4. 교육훈련시설 지정서
담당공무원 확인사항	건축물대장(소재지가 변경되는 경우만 해당하며, 부동산을 임차하는 경우는 제외합니다)

처리절차

신청서 작성	→	접 수	→	검 토	→	결 재	→	통보
신청인		시 · 도		시 · 도		시 · 도		

210mm×297mm[백상지 80g/㎡(재활용품)]

[별지 제11호서식] (어린이집의 원장, 보육교사)자격증 (발급, 재발급)신청서
<개정 2015.1.28.>

[ ] 어린이집의 원장　　자격증　[ ] 발급　　신청서
[ ] 보육교사　　　　　　　　　　[ ] 재발급

접수번호		접수일			처리기간	14일
신청인	성명			주민등록번호		사 진 (3cm×4cm)
	주소					
	전화번호(휴대전화)			전자우편		
자격 종류	어린이집 원장 [ ] 일반 [ ] 40명 미만 [ ] 가정 [ ] 영아 전담 [ ] 장애아 전문 보육교사 [ ] 1급　　[ ] 2급　　[ ] 3급					

※ 학력, 근무경력 및 보수교육란은 발급 신청 시에만 작성합니다.

학력	부터	까지	최종학교명 (교육훈련시설명)	전공 또는 부전공 학과목	학위등록번호 (수료증번호)
	. . .	. . .			
	. . .	. . .			

근무 경력	부터	까지	근무 어린이집 명칭	자격 구분(등급)	발령자
	. . .	. . .			
	. . .	. . .			
	. . .	. . .			

보수 교육	부터	까지	교육훈련기관	교육훈련 내용(직무교육, 승급교육)	
	. . .	. . .			

재발급 신청사유(재발급 신청 시에만 작성합니다)

「영유아보육법」 제22조 및 같은 법 시행규칙 제18조에 따라 위와 같이 ([ ] 어린이집의 원장, [ ] 보육교사) 자격증 (재)발급을 신청합니다.

　　　　　　　년　　　월　　　일
　　　　　신청인　　　(서명 또는 인)
　　　　　귀하

발급 신청 시 첨부서류	1. 공통: 사진(6개월 이내에 촬영한 탈모 정면 상반신 반명함판) 1장 2. 어린이집의 원장 자격증 발급신청자: 자격증 사본, 경력증명서, 졸업증명서, 성적증명서, 사전직무교육 수료증 등 자격을 증명할 수 있는 서류 3. 보육교사 자격증 발급신청자: 대학 또는 이와 같은 수준 이상의 학교의 졸업증명서·성적증명서 및 보육실습확인서(다만, 보육실습확인서는 1998년 3월 이후 졸업한 해당자만 한정합니다), 교육훈련시설 수료증(해당자만 첨부합니다), 보수교육 수료증(승급자만 해당합니다), 경력증명서 등 자격을 증명할 수 있는 서류	수수료 10,000원
재발급 신청 시 첨부서류	1. 자격증(훼손된 경우만 해당합니다) 2. 사진(6개월 이내에 촬영한 탈모정면 상반신 반명함판) 1장	

210mm×297mm[백상지 80g/㎡(재활용품)]

[별지 제12호서식] 삭제 <2015. 1. 28.>

[별지 제12호의2서식] 자격증 <개정 2015.12.31.>

제   호

(   ) 자격증

성   명:
생년월일:
자   격:

사진
3cm×4cm

　위 사람은 「영유아보육법」 제22조에 따라 위와 같이 (   )의 자격이 있음을 인정하고 이 증서를 수여함.

년   월   일

보건복지부장관　　　직인

210mm× 297mm[백상지 80g/㎡]

[별지 제13호서식] [별지 제22호서식]으로 이동 <2012.2.3>

[별지 제14호서식] [별지 제23호서식]으로 이동 <2012.2.3>

[별지 제15호서식] 어린이집 위탁신청서 <개정 2011.12.8>

어린이집 위탁신청서

(앞 쪽)

접수번호	접수일	처리기간 14일

신청인	성명(법인·단체의 대표자)	주민등록번호
	법인·단체명	전화번호
	주소	

어린이집의 원장	성명	주민등록번호
	주소	전화번호

어린이집 개요	명칭	
	소재지	전화번호

「영유아보육법」 제24조제2항 및 「영유아보육법 시행규칙」 제24조제2항에 따라 위와 같이 어린이집의 운영을 위탁받기 위하여 신청합니다.

년   월   일

신청인   (서명 또는 인)

보건복지부장관
　　시·도지사   귀하
　　시장·군수·구청장

첨부 서류	1. 법인의 정관 및 출연금 등에 관한 서류(법인인 경우만 해당합니다) 2. 단체의 회칙 또는 규약(단체인 경우만 해당합니다) 3. 경비의 지급 및 변제 능력에 관한 서류(개인인 경우만 해당합니다) 4. 어린이집의 원장 및 대표자의 자격 및 경력을 증명하는 서류 5. 어린이집 운영계획서(운영경비와 유지방법을 포함합니다)	수수료 없음
담당공무원 확인사항	법인등기사항증명서(법인인 경우만 해당합니다)	

210mm×297mm[일반용지 70g/㎡(재활용품)]

(뒤 쪽)

처 리 절 차

이 신청서는 아래와 같이 처리됩니다.

신청인	처리기관
	보건복지부, 시·도, 시·군·구
위탁신청서 작성 →	접수 ↓ 검 토 ↓ 심 의 ↓ 결재, 선정 ↓
통 보 ←	계약서 작성

[별지 제16호서식] 어린이집 위탁계약증서 <개정 2013.12.5>

제   호

어린이집 위탁계약증서

○ 명칭:
○ 소재지:
○ 법인·단체명:
○ 대표자 성명:
○ 대표자 생년월일:
○ 어린이집 원장의 성명:
○ 어린이집 원장의 생년월일:
○ 위탁기간:

「영유아보육법 시행규칙」 제24조제4항에 따라 어린이집의 운영을 위탁합니다.

년   월   일

보건복지부장관
시·도지사
시장·군수·구청장   [직인]

210mm×297mm[백상지 120g/㎡]

[별지 제17호서식] 어린이집 위탁사항 변경신청서 <개정 2011.12.8>

어린이집 위탁사항 변경신청서

접수번호			접수일		처리기간	3일
신청인	성명(법인·단체의 대표자)				주민등록번호	
	법인·단체명				전화번호	
	주소					
변경 사항	구분		변경 전		변경 후	
	대표자	성명				
		주민등록번호				
		주소				
	어린이집의 원장	성명				
		주민등록번호				
		주소				
	명칭					

변경사유

「영유아보육법 시행규칙」 제24조제7항에 따라 위와 같이 어린이집([ ] 대표자, [ ] 어린이집의 원장, [ ] 명칭)의 변경을 신청합니다.

년　　월　　일

신청인　　　　　(서명 또는 인)

보건복지부장관
　　시·도지사 귀하
시장·군수·구청장

첨부서류	1. 변경 사유서 2. 어린이집 원장의 자격을 증명하는 서류(어린이집의 원장을 변경하는 경우만 해당합니다)	수수료 없음

210mm×297mm[일반용지 70g/㎡(재활용품)]

[별지 제17호의2서식] 이용 신청자 명부 <개정 2015.1.28.>

이용 신청자 명부

접수 순위	성 명	생년월일	보호자 성명	전 화 번 호

비고 : 법정(「국민기초생활 보장법」에 따른 수급자인 자녀), 한부모(「한부모가정지원법」에 따른 보호대상자의 자녀), 차상위(「국민기초생활 보장법 시행령」에 따른 차상위계층 가구의 자녀) 등으로 구분하여 적습니다.

210mm×297mm[백상지 80g/㎡(재활용품)]

[별지 제17호의3서식] 특별활동프로그램 실시 동의(요청)서 <신설 2014.3.7>

특별활동프로그램 실시 동의(요청)서

○○ 어린이집에서는 「영유아보육법」 제29조제4항에 따라 보호자의 동의(요청)를 받아 아래와 같이 특별활동프로그램을 실시하려고 합니다. 영유아를 특별활동프로그램에 참여하게 하실 보호자께서는 참여 여부를 해당 란에 표시하고 동의(요청)하여 주시기 바랍니다. 참고로, 특별활동프로그램에 참여하지 아니하는 영유아에 대해서는 특별활동프로그램을 대체할 수 있는 프로그램을 함께 마련하고 있음을 알려드립니다.

특별활동프로그램						참여 여부
명칭	내용	실시 횟수 (주·월)	요일	운영시간	비용(원)	
		회		~		
		회		~		
		회		~		
		회		~		

영유아 성명: (생년월일: 년   월   일)

동의(요청)자(보호자) 성명: (서명)

년   월   일

유의사항

1. 위 동의(요청)서의 특별활동프로그램란은 그 특별활동프로그램을 실시하는 어린이집에서 적습니다.
2. 영유아의 보호자는 영유아가 해당 어린이집에서 실시하는 특별활동프로그램에 참여하는 것에 동의하거나 참여를 요청하는 경우 해당 특별활동프로그램의 참여 여부란에 '○'표를 합니다.

210mm×297mm[백상지 80g/㎡]

[별지 제18호서식] 어린이집 폐지·휴지·재개 신고서 <개정 2015.1.28.>

어린이집 폐지·휴지·재개 신고서

접수번호		접수일		처리기간	폐지·휴지 : 2개월 재개 : 7일
신고인	성명(법인·단체의 대표자)			법인·단체명	
	어린이집 명칭			신고번호	
어린이집 종류					
소재지					
폐지(재개) 연 월 일 . . .			휴지기간(1년 이내) . . . ~ . . .		
사 유					
보육영유아 조치계획 (별첨)					
재산활용계획 (별첨)					

「영유아보육법」 제43조제1항 및 같은 법 시행규칙 제36조제1항·제37조에 따라 위와 같이 어린이집을 ([ ] 폐지, [ ] 휴지, [ ] 재개)하기 위하여 신고합니다.

년   월   일

신고인   (서명 또는 인)

특별자치도지사
시장·군수·구청장 귀하

첨부 서류	1. 보육 영유아에 대한 전원조치(轉園措置) 계획서(어린이집 재개의 경우는 제외합니다) 2. 어린이집의 재산에 관한 사용·처분계획서(부동산을 임차하는 경우와 어린이집 운영 재개의 경우는 제외합니다) 3. 어린이집 인가증 또는 신고증(어린이집 폐지의 경우만 해당합니다) 4. 보육교직원의 인사기록카드(어린이집 폐지의 경우만 해당합니다)	수수료 없음

처리절차

신고서 작성	→	접 수	→	검 토	→	결 재	→	통보
신고인		시·군·구		시·군·구		시·군·구		

210mm×297mm[백상지 80g/㎡(재활용품)]

[별지 제18호의2서식] 어린이집 행정제재처분 등 확인 신청서 <신설 2015.9.18.>

어린이집 행정제재처분 등 확인 신청서

접수번호	접수일		처리기간	1일
신청인	성명		생년월일	
	주소		전화번호	
어린이집 개요	명칭		어린이집 종류	
	소재지		전화번호	
행정제재처분 등 사실확인 동의서	성명(어린이집 대표자)		생년월일	
	주소		전화번호	
	위 어린이집의 행정제재처분 등 사실을 확인하는 것에 동의합니다. 동의자 　　　　　　(서명 또는 인)			

「영유아보육법」 제45조의3제2항 및 같은 법 시행규칙 제38조의3제1항에 따라 위 어린이집에 대하여 행정제재처분이 진행 중이거나 행정제재처분 받은 사실을 확인 신청합니다.

년　　　월　　　일

신청인　　　　　(서명 또는 인)

보건복지부장관
　시 · 도지사　귀하
시장 · 군수 · 구청장

처리절차

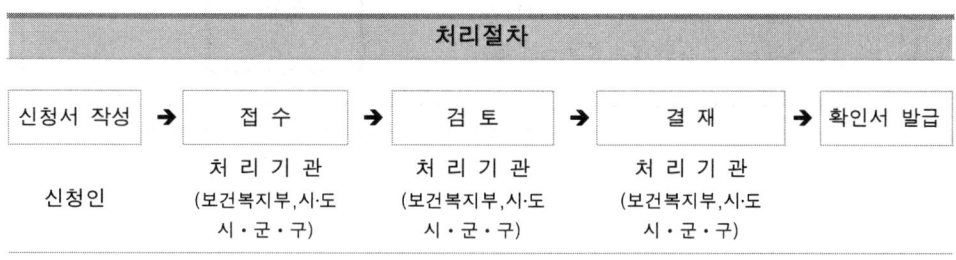

210mm×297mm[백상지(80g/㎡) 또는 중질지(80g/㎡)]

[별지 제18호의3서식] 어린이집 행정제재처분 등 확인서 <신설 2015.9.18.>

어린이집 행정제재처분 등 확인서

어린이집 개요	명칭		어린이집 종류		전화번호
	소재지				
	대표자 성명		주소		

○ 행정제재처분이 진행 중이거나 행정제재처분 받은 사실

처분(적발) 날짜	처분내용	처분사유

「영유아보육법」 제45조의3제2항 및 같은 법 시행규칙 제38조의3제2항에 따라 위 어린이집에 대하여 행정제재처분이 진행 중이거나 행정제재처분 받은 사실을 확인합니다.

년   월   일

보건복지부장관
시 · 도지사   직인
시장 · 군수 · 구청장

210mm×297mm[백상지(80g/㎡) 또는 중질지(80g/㎡)]

[별지 제19호서식] 육아종합지원센터 위탁신청서 <개정 2019. 6. 12.>

육아종합지원센터 위탁신청서

(앞쪽)

접수번호	접수일		처리기간	14일
신청인	성명(법인·단체의 대표자)		생년월일	
	법인·단체명		전화번호	
	주소			
센터 개요	육아종합지원센터장의 성명		생년월일	
	명칭		전화번호	
	소재지			
보육 교직원	센터장	명	보육전문요원	명
	전산원	명	영양사	명
	간호사	명	기타	명

 「영유아보육법」 제51조의2제1항제1호, 같은 법 시행령 제26조의2제1항 및 같은 법 시행규칙 제39조의3에 따라 위와 같이 육아종합지원센터의 운영을 위탁받기 위하여 신청합니다.

년　　　월　　　일
신청인　　　　　　(서명 또는 인)

보건복지부장관
　　시 · 도지사　　귀하
시장·군수·구청장

첨부 서류	1. 법인의 정관 및 출연금 등에 관한 서류(법인인 경우만 해당합니다) 2. 단체의 회칙 또는 규약(단체인 경우만 해당합니다) 3. 대표자의 경력사항 4. 육아종합지원센터의 장의 자격 및 경력을 증명하는 서류 5. 법인·단체 등의 보육 관련 업무실적을 증명하는 서류 6. 법인·단체 등의 조직 및 운영 현황에 관한 서류 7. 향후 5년간 육아종합지원센터의 운영계획서(예산서를 포함합니다)	수수료 없음
담당공무원 확인사항	법인 등기사항증명서(법인인 경우만 해당합니다)	

210mm×297mm[백상지 80g/㎡(재활용품)]

(뒤쪽)

처 리 절 차

이 신청서는 아래와 같이 처리됩니다.

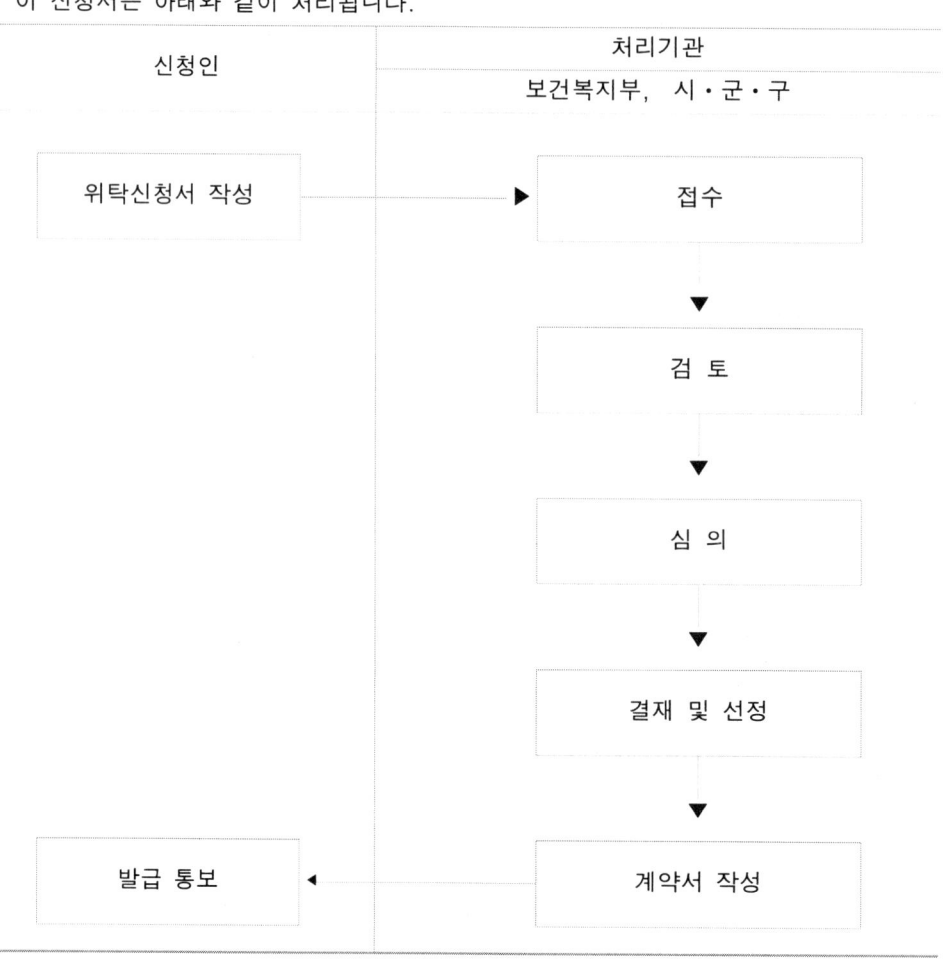

[별지 제20호서식] 육아종합지원센터 위탁계약증서 <개정 2015.9.18.>

제 호

육아종합지원센터 위탁계약증서

○ 명칭:
○ 소재지:
○ 법인·단체명:
○ 대표자 성명: (한자:)
○ 대표자 생년월일:
○ 센터장 성명: (한자:)
○ 센터장 생년월일:
○ 위탁기간: 년   월   일부터   년   월   일까지

「영유아보육법 시행규칙」 제39조의3제4항에 따라   년   월   일부터   년   월   일까지 육아종합지원센터의 운영을 위탁합니다.

년   월   일

보건복지부장관
시·도지사   [직인]
시장·군수·구청장

210mm×297mm[일반용지 60g/㎡(재활용품)]

[별지 제21호서식] 육아종합지원센터 위탁사항 변경신청서 <개정 2015.9.18.>

육아종합지원센터 위탁사항 변경신청서

(앞쪽)

접수번호	접수일	처리기간 3일

신청인	성명(법인·단체의 대표자)		생년월일
	법인·단체명		전화번호
	주소		

변경사항	구 분		변경 전	변경 후
	대표자	성 명		
		생년월일		
		주 소		
	육아종합지원센터의 장	성 명		
		생년월일		
		주 소		
	법인의 정관·단체의 회칙·규약			

변경사유

「영유아보육법 시행규칙」제39조의3제5항에 따라 위와 같이 육아종합지원센터 ([ ] 대표자, [ ] 육아종합지원센터의 장, [ ] 정관 등)의 위탁사항 변경을 신청합니다.

년 월 일

신청인 (서명 또는 인)

보건복지부장관
시 · 도지사 귀하
시장·군수·구청장

첨부서류	1. 변경 사유서 2. 대표자 경력사항(대표자가 변경되는 경우만 해당합니다) 3. 육아종합지원센터의 장의 자격 및 경력을 증명하는 서류(육아종합지원센터의 장이 변경되는 경우만 해당합니다) 4. 법인의 정관이나 단체의 회칙 또는 규약(정관, 회칙 또는 규약이 변경되는 경우만 해당합니다) 5. 육아종합지원센터 위탁계약증서	수수료 없음

210mm×297mm[백상지 80g/㎡(재활용품)]

(뒤쪽)

[별지 제22호서식] 보수교육 위탁신청서 <개정 2015.9.18.>

보수교육 위탁신청서

접수번호		접수일			처리기간	22일
신청인	성명(법인·단체의 대표자)			생년월일		
	법인·단체명			전화번호		
	주소					
교육 기관 개요	명칭			전화번호		
	소재지					
	기관장 성명					
	생년월일			1기당 교육예상 인원		명
시설 설비	강의실 ㎡	실기·실습실 ㎡		교수연수실 ㎡	건물	㎡
	사무실 ㎡	어린이집 ㎡		그 밖의 시설 ㎡	대지	㎡
교수 요원	전임	명		외래	명	
교육 과정	교육과정명		교과목		시간	

「영유아보육법」 제51조의2제1항제3호, 같은 법 시행령 제26조제1항제1호 및 같은 법 시행규칙 제39조의4에 따라 위와 같이 보수교육을 위탁받기 위하여 신청합니다.

년 월 일

신청인   (서명 또는 인)

시·도지사 귀하

첨부 서류	1. 교육과정 운영계획서 2. 보수교육의 실시에 필요한 교수요원의 자격 및 경력을 증명하는 서류	수수료 없음

처리절차

위탁신청서 작성	→	접 수	→	심 의	→	결 재	→	위탁계약서 작성
신청인		시·도		시·도		시·도		

210mm×297mm[백상지 80g/㎡(재활용품)]

[별지 제23호서식] 보수교육기관 위탁계약증서 <개정 2015.9.18.>

```
제    호

                    보수교육기관 위탁계약증서

명칭:
소재지:
법인・단체명:
대표자 성명:                        (한자:              )
대표자 생년월일:
기관장 성명:                        (한자:              )
기관장 생년월일:
위탁기간:

「영유아보육법 시행규칙」 제39조의4에 따라 보수교육을 위탁합니다.

                         년    월    일

                                        ┌──────┐
                    시・도지사           │  직인  │
                                        └──────┘
```

210mm×297mm[일반용지 60g/㎡(재활용품)]

[별지 제25호서식] 어린이집 모니터링 승인서 <신설 2013.12.5>

제   호

어린이집 모니터링 승인서

○ 모니터링 대상 :

○ 모니터링 기간 :

○ 모니터링단 성명 :

 영유아보육법 제25조의2제2항 및 제6항에 따라 위 시설에 대한 운영상황 모니터링과 컨설팅을 위한 출입을 승인합니다.

년   월   일

시 · 도지사
시장 · 군수 · 구청장   직인

210mm×297mm[백상지 120g/㎡]

[별지 제26호서식] 부모모니터링단 신분증 <신설 2013.12.5>

부모모니터링단 신분증

(앞쪽)

부모모니터링단증

사 진
3cm×4cm

(모자 벗은 상반신으로
뒤 그림 없이 6개월
이내 촬영한 것)

성 명

60mm×85mm[백상지 120g/m²]

(바탕색상: 분홍색 또는 노란색)

(뒤쪽)

부모모니터링단증

소　　속:
성　　명:
생년월일:
활동기간:　．．．부터　．．．까지

　위의 사람은 「영유아보육법 시행규칙」 제27조에 따른 부모모니터링단임을 증명합니다.

년　월　일

기 관 장 명 의　[직인]

※ 이 증은 다른 사람에게 대여 또는 양도할 수 없으며, 부모모니터링단 활동 외에는 사용할 수 없습니다.
※ 이 증을 습득한 경우에는 가까운 우체통에 넣어 주십시오.

제2편 각종 지침·고시

국공립어린이집 위탁체 선정관리 세부심사기준

[시행 2014. 12. 31.] [보건복지부고시 제2014-244호, 2014. 12. 31., 일부개정]

국공립어린이집 위탁체 선정관리 세부심사기준 별지를 다음과 같이 한다.

부 칙 <제2012-59호, 2012. 6. 4.>

(시행일) 이 고시는 공포한 날부터 시행한다.

부 칙 <제2014-244호, 2014. 12. 31.>

이 고시는 발령한 날부터 시행한다.

심사항목	총점	세 부 항 목		배점
합 계	100			
1. 운영체의 공신력	10	도덕적·법적 공신력 - 법적 건전성 및 지도점검 지적사항·민원발생에 대한 처리실태 - 운영 목적이 위탁 대상 시설과의 적정성 여부		10 8 6
2. 운영체의 시설 운영 실적	10	- 운영체의 복지 및 보육관련 사업운영실적 - 복지 및 보육관련 지역사회 기여도		10 8 6
3. 운영체·원장(내정자)의 전문성	35	- 평가인증 참여 여부	·참여하여 통과 ·참여(중) ·미참여	10 7 3
		- 보육 등 아동복지 업무경력	·10년 이상 ·5년 이상~10년 미만 ·3년 이상~5년 미만	10 8 6
		- 보육관련 표창 또는 연구실적 - 공모사업 수상실적	·표창 또는 연구실적 유·무 ·보육관련 공모사업 수상실적	5 4 3
		- 보육사업에 대한 열의 및 태도 - 운영의지 - 향후 발전계획	·소견발표로 운영능력 종합평가	10 8 6

4. 어린이집 운영 계획	40	- 보육사업계획	• 표준보육과정에 따른 보육 사업 계획 • 보육지침에 표기된 법령과 관련한 보육 활동 계획 • 취약보육운영계획 등	20 16 12
		- 어린이집 운영 및 관리에 관한 계획 및 평가계획	• 전반적 시설운영 및 관리에 관한 계획 및 평가계획	10 8 6
		- 예산의 적절성	• 세입·세출에 대한 예산편성의 적절성	10 8 6
5. 재정능력	5	- 운영체의 자산 및 부채 현황		5 4 3

- 위원별 배점 결과, 최고·최저 점수를 제외한 평균점수가 가장 높은 운영체를 위탁선정함. 단, 평균점수는 소수점 이하 두자리 수까지 계산하고 70점 이상으로함
- 동점자인 경우 심사항목 중 어린이집 운영계획, 운영체의 대표 및 어린이집 원장의 전문성, 운영체의 운영실적 순으로 결정함

국공립어린이집 위탁심사(신규) 세부항목별 평가기준

1. 운영체의 공신력 - 10점
    ① 운영체의 도덕적·법적 건전성
        - 운영체에 대한 법령위반 및 지도점검 시 지적사항 및 민원발생에 대한 사후처리 실태
            • 어린이집 운영경험이 있는 자로, 지도점검시 지적사항 및 민원발생 사항이 없거나 있더라도 처리결과가 우수한 경우, 또는 신청자의 운영목적이 시설을 운영하기에 우수한 경우 (10)
            • 어린이집 운영경험이 있는 자로, 지도점검시 지적사항 및 민원발생 사항이 있으나 처리결과가 보통인 경우, 또는 신청자의 운영목적이 시설을 운영하기에 보통인 경우 (8)
            • 어린이집 운영경험이 있는 자로, 지도점검시 지적사항 및 민원발생 사항이 있으나 처리결과가 미흡한 경우, 또는 신청자의 운영목적이 시설을 운영하기에 미흡한 경우 (6)

2. 운영체의 시설 운영실적 - 10점
    ① 운영체의 복지 및 보육 관련 사업 운영 실적
        - 위탁신청서 상의 내용 중 복지 및 보육관련 사업운영 실적이 우수한 경우 (5)
        - 위탁신청서 상의 내용 중 복지 및 보육관련 사업운영 실적이 보통인 경우 (4)
        - 위탁신청서 상의 내용 중 복지 및 보육관련 사업운영 실적이 미흡한 경우 (3)
    ② 운영체의 복지 및 보육 관련 지역사회 기여도
        - 운영체의 복지 및 보육 관련 기여도가 우수한 경우 (5)
        - 운영체의 복지 및 보육 관련 기여도가 보통인 경우 (4)
        - 운영체의 복지 및 보육 관련 기여도가 미흡한 경우 (3)

3. 운영체·원장(내정자)의 전문성 - 35점
    ① 평가인증 참여 여부(어린이집 평가인증서 확인)
        원장, 교사로 재직하면서 평가인증 신청하여 참여하고 심의 통과여부
        - 참여하여 통과   (10)
        - 참여(중)   (7)
        - 미참여   (3)

② 보육등 아동복지 업무 경력
- 보육등 아동복지 업무 경력이 10년 이상 (10)
- 보육등 아동복지 업무 경력이 5년 이상 10년 미만 (8)
- 보육등 아동복지 업무 경력이 3년 이상 5년 미만 (6)
※ 경력인정 : 시설장 100%, 보육 및 아동복지업무(영유아보육법시행령21조) 종사자 70%
③ 보육관련 표창 또는 연구실적(학위논문 제외) 및 보육관련 공모사업 수상 실적
- 보육관련 표창 또는 연구실적 및 보육관련 공모사업
  수상 실적이 우수한 경우 (5)
- 보육관련 표창 또는 연구실적 및 보육관련 공모사업
  수상 실적이 보통인 경우 (4)
- 보육관련 표창 또는 연구실적 및 보육관련 공모사업
  수상 실적이 없는 경우 (3)
④ 원장(내정자)의 어린이집 운영의 전문성과 운영 의지
- 어린이집 운영에 대한 전문지식, 열의 및 태도,
  향후 발전 계획이 우수한 경우 (10)
- 어린이집 운영에 대한 전문지식, 열의 및 태도,
  향후 발전 계획이 보통인 경우 (8)
- 어린이집 운영에 대한 전문지식, 열의 및 태도,
  향후 발전 계획이 미흡한 경우 (6)
※ 소견발표로 운영능력 종합평가

4. 어린이집 운영계획 - 40점
① 보육사업 계획: 표준보육과정에 따른 보육사업계획 및 보육지침에 표기된 법령과 관련 활동계획, 취약보육운영 계획 등
- 계획된 프로그램의 참신성, 전문성, 주민호응성,
  전문성, 실행가능성, 지역적합성이 우수한 경우 (20)
- 계획된 프로그램의 참신성, 전문성, 주민호응성,
  전문성, 실행가능성, 지역적합성이 보통인 경우 (16)
- 계획된 프로그램의 참신성, 전문성, 주민호응성,
  전문성, 실행가능성, 지역적합성이 미흡한 경우 (12)
② 어린이집 운영 및 관리에 관한 계획 및 평가계획
보육의 기본원칙 반영 : 교육, 영양, 안전, 부모에 대한 서비스,
지역사회와 교류 등
- 운영 및 관리, 평가계획의 구체성·타당성·참신성·

전문성·이행가능성이 우수한 경우 (10)
- 운영 및 관리, 평가계획의 구체성·타당성·참신성·
  전문성·이행가능성이 보통인 경우 (8)
- 운영 및 관리, 평가계획의 구체성·타당성·참신성·
  전문성·이행가능성이 미흡한 경우 (6)
③ 예산을 적정하게 편성하였는지 여부
- 세입·세출에 관한 예산이 어린이집에
  우수하게 편성된 경우 (10)
- 세입·세출에 관한 예산이 어린이집에
  보통으로 편성된 경우 (8)
- 세입·세출에 관한 예산이 어린이집에
  미흡하게 편성된 경우 (6)

5. 재정능력 - 5점
① 운영체의 자산 및 부채 현황
   <법인의 경우>
   • 운영체의 자산이 5억 이상인 경우 (5)
   • 운영체의 자산이 3억이상~5억미만인 경우 (4)
   • 운영체의 자산이 3억 미만인 경우 (3)
   <단체·개인의 경우>
   • 운영체의 자산이 2억 이상인 경우 (5)
   • 운영체의 자산이 1억이상~2억미만인 경우 (4)
   • 운영체의 자산이 1억 미만인 경우 (3)

※ 개인의 경우 배우자 자산 50% 인정하고, 법인·단체·개인 공통으로 부채현황은 자산에서 경감함
※ 재정능력은 지역실정 등을 감안, 보육정책위원회에서 조정가능

국방부 청사 어린이집 운영 예규

[시행 2017. 11. 1.] [국방부예규 제590호, 2017. 6. 13., 일부개정]

제1장 총 칙

제1조 (목적) 이 예규는 「영유아보육법」 및 같은 법 시행령과 시행규칙에 따라 국방부 청사어린이집에 필요한 세부사항을 규정함으로써 보다 투명하고 합리적인 보육시설 운영에 기여함을 그 목적으로 한다.

제2조 (명칭) 보육시설의 명칭은 「국방부 청사어린이집」 (이하 "청사어린이집"이라 한다)으로 한다.

제3조 (일반원칙) 보육시설장(이하 '원장'이라한다)은 국방부운영지원과장과의 협의를 거쳐 본 예규에서 정하지 아니한 사항을 「영유아보육법」 및 같은 법 시행령과 시행규칙, 보건복지부의 영유아 보육사업 관련 지침의 범위 내에서 결정할 수 있다.

제2장 운 영

제4조 (보육정원) 보육아동의 정원은 시설규모 및 운영여건에 따라 관할 지방자치단체장, 국방부운영지원과장 및 원장과의 협의를 거쳐 정할 수 있다.

제5조 (보육대상 및 입소순위) ① 보육대상은 국방부 청사지역, 서울지역 국방부직할기관(이하 부대를 포함한다) 공무원·군인·군무원·기간제 및 무기계약근로자의 만5세 이하 초등학교 취학 전 자녀로 한다.
② 입소신청 우선순위 및 대상 직원은 다음 각 호와 같다.
  1. 1순위
    가. 국방부본부 및 합동참모본부, 국방전산정보원, 국방부근무지원단, 국방부조사본부, 국방시설본부 등 국방부 청사지역 기관(부대)에 소속되고 근무지가 국방부 청사지역에 있는 공무원·군인·군무원·기간제 및 무기계약근로자
    나. 외부기관에 파견된 국방부본부 소속 공무원
  2. 2순위

가. 국방부 청사지역 기관(부대)에 소속되지 않고 근무지가 국방부 청사지역에 있는 공무원·군인·군무원·기간제 및 무기계약근로자
나. 국립서울현충원, 국방홍보원, 군사편찬연구소, 한미연합사령부 등 국방부 청사지역이 아닌 서울지역 국방부직할기관에 근무하는 공무원·군인·군무원·기간제 및 무기계약근로자

③ <삭 제>
④ 동순위자의 경우 아래 취약보육대상 입소순위대로 우선권을 부여한다.
1. 취약보육대상 입소순위는 다음 각 목과 같다.
가. 1순위 : 장애인부모의 자녀
나. 2순위 : 한부모가정의 자녀
다. 3순위 : 맞벌이 부부의 자녀
라. 4순위 : 다자녀 가구의 자녀(연령불문하고 자녀가 3명 이상인 가구)
마. 5순위 : 영·유아 자녀가 2명 이상인 가구의 영·유아
바. 6순위 : 다문화 가정 자녀
사. 7순위 : 입양된 영·유아
아. 8순위 : 현재 국방부 청사어린이집 재원아동의 형제 및 자매
자. 9순위 : 국민기초생활보장수급자의 자녀
차. 10순위 : 국민기초생활보장법에 의한 차상위 계층의 자녀
카. 11순위 : 장애자녀 1인 이상인 가정의 자녀
타. 12순위 : 조부모가정의 자녀
2. 제1호의 입소순위를 적용하여도 동순위일 경우 다음 각 목에 따라 순위를 결정한다.
가. 다른 취약보육대상 사유가 있는 경우(취약보육대상 사유가 2개 이상인 경우를 말하며, 순위는 그대로 적용)
나. 원서접수순
⑤ <삭 제>
⑥ <삭 제>
⑦ <삭 제>
⑧ <삭 제>

제6조 (입소 및 대기절차) ① 국방부 청사어린이집 입소신청은 청사어린이집 홈페이지를 통해 수시로 신청할 수 있으며, 매년도 신입원생 입학대상자는 12월 첫째주에 개별 통보한다.
② <삭 제>
③ 입소대상자 중 다음 각 호에 해당하는 사람은 해당 증빙서류를 반드시 제

출하여야 한다.
1. 공통서류 : 재직증명서 및 주민등본 각 1부
2. 저소득층 자녀 : 생활보호대상자 증빙서류
3. 장애인부모 자녀 : 복지카드 등 증빙서류
4. 맞벌이부부 자녀 : 부모 모두의 재직증명서 및 고용보험피보험자격내역서, 직장건강보험 자격 취득확인서, 국민연금가입증명서 중 1부
5. 한부모 및 다자녀 가족 : 가족관계증명서
6. 입양된 영유아 자녀 : 입양 관계서류
7. 다문화가정 : 외국인 등록증 또는 가족관계확인서 등 입증서류

④ 원장은 제5조의 입소순위를 기준으로 선순위자부터 입소 조치하여야 한다.
⑤ 신청자가 입소되지 못한 경우에는 공석 발생시마다 대기순서에 따라 입소한다.
⑥ 원장은 입소신청 및 대기자 명부를 청사어린이집 홈페이지에 공개하며 학부모가 열람할 수 있도록 하여야 한다.
⑦ <삭 제>

제7조 (퇴소) ① 원아의 퇴소시에는 최소 30일 전에 담임교사에게 알려주어야 하며, 별지 제2호서식의 퇴소신청서를 작성하여 제출하여야 한다.
② 원장은 원아의 부모가 퇴직하더라도 등록학기말까지 교육을 원할 경우 원아의 교육을 승인할 수 있다. 다만, 차년도 졸업 예정인 경우 등록학년 말까지 원아의 교육을 승인할 수 있다.
③ 퇴소한 원아가 재입소를 원할 경우 대기자순서에 따라 입소가 가능하다.

제8조 (보육시간) ① 보육시간은 공휴일을 제외한 주5일을 원칙으로 평일 07:30~19:30로 한다. 다만, 사정에 따라 19:30부터 22:00까지의 범위에서 시간 연장 보육을 신청할 수 있다.
② 법정공휴일 및 사업장 휴무일은 휴원토록 한다.
③ 그 밖의 보육시간 및 휴원에 관한 사항은 보육운영위원회 의결을 통해 따로 정할 수 있다.

제9조 (운영기준) ① 원장은 「영유아보육법」 등 관계 법령과 보건복지부 지침에 따라 청사어린이집을 운영하여야 한다.
② 그 밖의 운영전반에 대한 사항은 원장에게 일임한다.
③ 국방부의 협조가 필요하거나 또는 중요한 행사 및 사고가 발생한 경우에는 반드시 국방부운영지원과에 알려 정보가 공유되도록 한다.

제10조 (보육시설 평가인증 신청) ① 원장은 국방부 청사 어린이집의 질적 수준을 향상시키기 위하여 보건복지부에 평가인증을 신청하여야 한다.
② 제1항에 따른 보육시설 평가인증의 실시 등에 필요한 사항은 보건복지부령에 따른다.
③ 원장은 보건복지부의 평가인증 결과 및 그 후속조치 사항을 국방부운영지원과로 통보하여야 한다.

제11조 (장부 및 서류비치) ① 원장은 원아의 발달 등을 종합적으로 관찰·평가하고 올바른 생활지도에 활용하기 위해 원아 생활기록부를 작성·관리하여야 한다.
② 원장은 제1항의 생활기록부 이외에 다음 각 호의 장부 및 서류를 비치·관리하여야 한다.
  1. 어린이집 연혁 기록부
  2. 재산목록과 그 소유를 증명하는 서류
  3. 어린이집 운영일지
  4. 어린이집 출석부
  5. 교직원 인사기록카드
  6. 보육일지 및 원아 건강진단카드
  7. 시설안전점검표
③ 교직원 인사기록카드를 제외하고는 전산관리가 가능한 서류라도 출력하여 비치하여야 한다.

제3장 재정관리

제12조 (수입 및 지출사무 관리) ① 원장은 청사어린이집의 수입 및 지출에 관한 사무를 관리한다.
② 원장은 수입 및 지출원인 행위에 관한 사무를 회계담당자에게 위임할 수 있으며 이 경우에는 별지 제3호서식에 따른 위임장을 작성하여야 한다.
③ 이 예규에서 언급하지 않는 사항은 「영유아보육법」 및 보건복지부의 지침 및 보육사업 안내에 따라 처리한다.
④ 모든 서식 및 작성방법은 「영유아보육법」 및 보육사업 안내의 재무회계 규칙에 의한다.
⑤ 청사어린이집 국고지원금 및 보육료 전반에 대한 수입 및 지출을 담당하는 사람은 재정보증보험에 가입하여야 한다.
⑥ 청사어린이집 국고지원금은 해당 월에 필요한 소요금액을 국방부로부터 지

급받아 집행한다.

제13조 (장부관리 및 비치) ① 청사어린이집에는 다음 각 호의 회계장부를 비치하여야 한다. 다만, 위탁운영자의 개별 회계프로그램에 의하여 전자장부를 사용하는 경우 그 출력물을 보관하는 것으로 갈음할 수 있으며, 보존기간은 5년으로 한다.
  1. 현금출납부(별지 제4호 서식) 및 총계정원장(별지 제5호 서식)
  2. 교직원 봉급대장(별지 제6호 서식)
  3. 보육료대장(별지 제7호 서식) 및 정부보조금명세서(별지 제8호 서식)
  4. 비품대장(별지 제9호 서식)
  5. 세입예산서(별지 제10호 서식), 세출예산서(별지 제11호 서식), 세입결산서(별지 제12호 서식), 세출결산서(별지 제13호 서식)
  6. 위임장
  7. 수입결의서(별지 제14호 서식) 및 지출결의서(별지 제15호 서식)
  8. 반납결의서(별지 제16호 서식)
  9. 그 밖의 보육사업안내서에 의한 관련 서식
② 모든 수입 및 지출행위시에는 수입결의서 및 지출결의서를 작성하며 현금출납부와 총계정원장에 기록한 후 청구서, 영수증 등 근거서류를 첨부토록 한다.
③ 수입계좌는 보육료와 국고보조금 용도로 구분하여 개설하고 지출시 대금결제는법인카드 사용을 원칙으로 하며, 부득이한 경우 계좌이체로 집행할수 있다.

제14조 (예산편성 및 결산) ① 청사어린이집 운영예산편성(안)은 국방부 예산편성지침이 시달된 날부터 지정된 기한까지 국방부운영지원과에 제출한다.
② 청사어린이집 운영예산은 사전 집행계획을 수립하여 국방부운영지원과에 제출하여 승인 후 예산을 집행하여야 한다.
③ 청사어린이집은 별지 제17호 서식의 세입·세출결산 총괄설명을 포함한 예산 집행 및 결산내역을 매분기 다음 달 10일까지 국방부운영지원과 제출하여야 한다.
④ 청사어린이집은 예산편성 및 운영에 중대한 사유로 변경사항이 발생할 경우 그 사유를 작성하여 국방부운영지원과에 제출하여야 한다. 이 경우 추가경정세입예산서(별지 제18호 서식) 및 추가경정세출예산서(별지 제19호 서식), 예비비사용조서(별지 제20호 서식) 및 과목전용조서(별지 제21호 서식) 등을 포함할 수 있다.

제15조 (보육료의 결정 및 수납) ① 보육료는 해당 연도의 보건복지부장관이 정한 표준보육료단가를 적용한다.
② 보육료 및 시간연장 보육료는 법령 또는 보육사업안내에 따라 청사어린이집에서 수납·정산토록 한다.
③ <삭 제>
④ 원장은 보육료 외 별도비용에 대해 반드시 학기초에 안내하여 부모가 인지할 수 있도록 해야 하며 학기 중 부득이하게 비용이 필요한 경우에는 보육운영위원회와 협의하여 결정해야 한다.
⑤ 학기 중 입·퇴소시는 보육료를 일할 계산하여 징수 또는 환급하여야 한다.

제16조 (교직원 임금) ① 교직원 기본급은 보건복지부장관이 정한 해당 연도 보육교사호봉별 인건비 기준에 따라 지급한다.
② 기본급 외 수당은 국방부와 협의하여 자체 지급기준 수립 후 별도로 지급한다.
③ 근로자의 날 대체근무시 관련 규정에 따라 수당을 지급한다.

제17조 (회계연도) 청사어린이집 회계연도는 정부의 회계연도에 의한다.

제18조 (검사) 국방부운영지원과장은 청사어린이집 운영에 따른 수입액과 지출액(보육료 포함)에 대해 분기 1회 이상 검사를 실시할 수 있다.

제4장 건강·영양 및 위생·안전관리

제19조 (건강관리) ① 원장은 원아 및 교직원에 대해 매년 1회 이상 건강진단을 실시하여야 한다.
② 원아의 건강검진비용은 원아의 보호자 부담을 원칙으로 한다.
③ 원장은 원아의 질병 및 사고발생 등 위급상황이 발생한 경우 즉시 응급의료기관으로 이송하여야 한다. 이와 관련 신속한 조치가 가능토록 인근 병원과 협력관계를 유지하여야 한다.
④ 응급조치를 위한 비상약품 및 간이 의료기구를 안전한 장소에 비치하여야 하며 응급처치가 가능한 전문인력을 두어야 한다.
⑤ 전염병에 걸린 원아 발생시 반드시 격리 조치하고, 완치될 때까지 가정보육을 원칙으로 한다. 이 경우 완치소견서를 어린이집에 제출한 후 등원이 가능토록 한다.

제20조 (영양관리) ① 원아의 급·간식은 영양사에 의해 체계적으로 수립된 식단으로 공급하여야 한다.
② 청사어린이집의 모든 식자재는 가급적 국내산을 사용하여야 한다.
③ 매월 식단은 원산지표시를 의무화하여 홈페이지를 통해 학부모들에게 공지한다.

제21조 (위생관리) ① 원장은 전체 시설에 대해 정기소독을 실시하여야 한다.
② 모든 음식물류는 검수하고 유통기한을 매일 확인토록 한다.
③ 모든 교직원은 보육실·부속실·조리실 및 화장실 등의 위생을 수시로 점검·확인하여야 한다.
④ 모든 조리 및 보조기구는 살균 소독이 가능한 장비로 구비하고 정기점검을 하여야 한다.
⑤ 침구류·놀이감 등 원아의 사용물건은 정기적으로 소독 및 세척하여 청결을 유지하여야 한다.
⑥ <삭 제>

제22조 (안전관리) ① 원장은 매월 정기적으로 시설에 대한 안전점검을 실시하여야 한다.
② 원장은 월 1회 소방훈련을 실시하여야 한다.
③ 어린이집 교직원은 원아의 연령별 안전교육계획을 수립하고, 그에 맞는 안전교육을 실시하여야 한다.
④ 원장은 건강·영양·위생 및 안전관리에 있어 그 시행 내역을 요약하여 연 1회(2월) 보육운영위원회에 보고하여야 한다.

제23조 (협의체계) ① 원장은 청사어린이집의 원활한 운영 및 보육아동의 안전을 위하여 다음 각 호의 관련부서와 협의체계를 갖춰야 한다.
  1. 총괄운영 : 국방부운영지원과
  2. 소방·전기안전 : 국방부근무지원단
  3. <삭 제>
② 청사어린이집은 제1항의 관련부서 등과 비상연락망을 갖춰야 한다.
③ 안전 및 소방교육에 필요한 경우 제1항의 관련부서와 협의할 수 있다.

제5장 보육교직원관리

제24조 (위탁운영) ① 국방부 청사어린이집은 수준 높은 보육서비스 제공을 위해 시설 운영경험이 많은 단체 및 개인에게 위탁하여 운영한다.
② 국방부 청사 어린이집 위탁운영자 기준은 다음 각 호와 같다.
  1. 대학 : 보육학, 아동복지학 등 관련학과 개설 대학
  2. 법인 및 단체 : 보육시설 운영경험이 풍부한 비영리 법인 및 단체
  3. 개인 : 보육시설 운영경험(5년 이상)이 풍부한 자

제25조 (교직원 자격기준) 원장·보육교사·조리사·영양사 및 간호사 등 어린이집 교직원의 자격기준은 「영유아보육법」 제21조 및 같은 법 시행령 제21조에 따른다.

제26조 (교직원수) ① 청사어린이집 교직원 배치기준은 「영유아보육법」 제17조 및 같은 법 시행규칙 제10조의 기준에 따른다.
② 교직원수는 제1항을 기준으로 하되, 보육아동의 현원에 따라 조정될 수 있다.

제27조 (채용 및 임면) ① 어린이집 교직원은 위탁운영자가 공개채용하는 것을 원칙으로 하며, 「영유아보육법」 제21조의 자격기준 충족여부 등을 심사하여야 한다.
② 어린이집 교직원 공석 발생시에는 1개월 이내 신규 채용하여야 한다.
③ 어린이집 교직원 공개채용에 합격한 사람은 「군사보안업무훈령」 및 「국방부본부 보안업무 및 청사출입관리 예규」에 의한 신원조사 결과 이상이 없는 경우 채용을 확정한다.
④ 원장의 임면은 국방부의 승인을 얻어야 한다.
⑤ 원장은 어린이집의 원활한 운영을 위하여 전문적인 보육프로그램의 개발·적용 및 예·체능 특별활동을 위한 필요인원을 예산의 범위 내에서 일정기간 채용할 수 있다.
⑥ <삭 제>

제28조 (특별채용) <삭 제>

제29조 (재직 및 경력증명) ① 청사어린이집 교직원은 관할 지방자치단체에 재직 또는 경력증명을 요구할 수 있고, 관할 지방자치단체장은 보육교사 경력관

리프로그램에 의한 증명서를 발급하도록 한다.
② 그 외 원장이 직접 채용한 비정규직 등의 경력증명은 청사어린이집에서 직접 발급토록 한다.

제30조 (자격정지) ① 어린이집 교직원은 「영유아보육법」 제46조, 제47조에 해당하는 경우 그 자격이 정지된다.
② 교사자격이 취소된 경우 동시에 교직원 자격도 정지된다.

제31조 (신원조회) <삭 제>

제32조 (사무분장) 원장은 청사어린이집의 원활한 운영을 위해 교직원간 업무가 공평하게 분장되도록 문서화하여 관리하여야 한다.

제33조 (교직원 교육) 어린이집 교직원은 연수 및 보수교육을 성실히 이수하여야 하며 원장은 교육기회를 부여하여야 한다.

제6장 청사어린이집 보육운영위원회

제34조 (보육운영위원회 설치) 「영유아보육법」 제25조 및 같은 법 시행규칙 제26조에 따라 국방부 청사어린이집 보육운영위원회를 설치한다.

제35조 (구성) ① 보육운영위원은 총 8명 이상 10명 이내로 그 구성은 다음과 같다.
  1. 어린이집 교직원 3명(원장, 영·유아반 대표 교사 각 1명을 말한다)
  2. 학부모 대표 3명 이상
  3. 어린이집 담당공무원 1명
  4. <삭 제>
  5. 위탁운영체 대표 1명
② 위원장은 교직원이 아닌 위원 중에서 호선하고 운영위원회를 대표하며 회의를 총괄한다.
③ 영유아보육과 관련하여 외부 전문가를 자문위원으로 둘 수 있다.
④ 보육위원이 다음 각 호에 해당하는 경우 자격이 상실된다.
  1. 어린이집 교직원 : 퇴직시
  2. 학부모위원 : 보육자녀의 졸업 또는 퇴소시

제36조 (위원의 임기) ① 임기는 1년으로 하며, 연임할 수 있다.
　② 원장은 재임 중 당연직 위원이 된다.
　③ 위원의 결원발생시 보궐선출하며, 선출자의 임기는 전임자의 잔여기간으로 한다.

제37조 (기능) 보육운영위원회는 다음 각 호의 사항을 심의·의결한다.
　　1. 청사어린이집 운영 규정의 제·개정 사항
　　2. 어린이집 예·결산에 관한 사항
　　3. 원아의 건강과 영양 및 안전에 관한 사항
　　4. 그 밖에 어린이집 운영에 관한 사항
　　5. 어린이집 운영에 관한 의견 및 건의 수렴

제38조 (위원회 개최) ① 운영위원회는 매년 4회 이상 정기적으로 개최하고, 주요 안건 발생시 위원 3분의 1의 동의를 얻어 임시회를 구성할 수 있다.
　② 운영위원회는 재적위원 과반수 출석으로 개회하고 출석위원 과반수 찬성으로 의결한다. 다만, 경미한 사안이거나 원장이 필요하다고 인정하는 경우 서면 심의 또는 전자문서 토의로 갈음할 수 있다.
　③ 운영위원회의 회의 및 의결사항은 가정통신문과 홈페이지를 통해 공지하여야 한다.

제39조 (회의록 작성 및 비치) ① 운영위원회는 다음 각 호의 사항을 기록한 회의록을 보관하여야 한다.
　　1. 개최일시 및 장소
　　2. 출석위원
　　3. 심의 및 의결사항
　　4. 그 밖의 토의내용
　② 회의록은 3년간 보관하고 학부모 및 교사들이 열람할 수 있도록 하여야 한다.

제7장　가정 및 지역사회 연계

제40조 (가정과의 소통) 청사어린이집은 학부모와 정기(월) 또는 비정기 면담, 알림장, 문자메세지, 전화, 가정통신문 등 여러 가지 방법으로 소통하여야 한다.

제41조 (부모교육) 청사어린이집은 학부모에게 올바른 부모역할을 할 수 있도록

다양한 부모교육 정보를 강연회 등의 형태로 제공한다.

제42조 (지역사회기관과의 협조) 청사어린이집은 다양한 지역사회기관과 협조하여 다양한 보육활동이 가능토록 노력하여야 한다.

제8장 관리 및 유지보수

제43조 (국방부 및 소속기관의 협조) 원장은 국방부 청사 어린이집 운영에 있어 필요한 제반사항을 국방부에 요구하고 국방부는 최대한 이에 협조하여야 한다.

제44조 (임무) ① 국방부운영지원과장은 원장의 보육방침을 적극적으로 지원하는 동시에 관계 법령에 따라 합리적인 운영이 이루어지는지 관리·감독할 의무가 있다.
② 국방부운영지원과장은 원장이 제출하는 예산편성(안)을 검토한 후 계획예산관실에 요구하여야 한다.
③ 국방부운영지원과장은 청사어린이집의 수입·지출사항에 대하여 분기 1회씩 점검토록 하며, 원장은 점검목록을 작성하여 성실하게 점검에 임해야 한다.
④ 국방부근무지원단(시설대대)은 어린이집 시설물에 대한 정기적인 유지보수를 실시하고, 청사어린이집의 보육운영에 차질이 없도록 최대한 우선 조치하여야 한다.

제45조 (청사 출입) ① 위탁아동의 부모 등 보호자 및 원장은 '보호자용출입증' 발급시 필요한 신원조사에 협조하여야 한다.
② 국방부운영지원과장은 신원조사 결과, 보안 및 청사관리에 유해하다고 인정되는 경우 해당자에 대하여 출입증을 발급하지 아니할 수 있다.
③ '보호자용출입증'을 부착한 보호자용 차량에 대해서는 승용차 선택요일제를 적용하지 아니한다.
④ 보호자는 국방부청사 지역 및 어린이집 출입시 '보호자용출입증'을 상시 패용 하여야 한다.
⑤ '보호자용출입증' 소지자는 어린이집 장소 이외에는 출입할 수 없으며, 출입증을 소지하지 않거나 청사 내의 타 사무실 출입시에는 「국방부본부 보안업무 및 청사출입관리 예규」에 따른다.
⑥ '보호자용출입증' 분실시는 국방부운영지원과에 즉시 분실신고 및 분실경위서를 작성·제출하여 재발급 받아야 한다.

⑦ 원장은 보육아동이 퇴소시에는 보호자로부터 출입증을 회수하여 국방부운영지원과에 반납하여야 한다.
⑧ '보호자용출입증'은 타인에게 대여하거나 양도할 수 없다.

부칙 <제492호, 2011.3.31>

이 예규는 발령한 날부터 시행한다.

부칙 <제590호, 2017. 6. 13.>

제1조 (시행일) 이 예규는 2017년 11월 1일부터 시행한다.
제2조 (경과규정) 제5조의 개정 규정에도 불구하고, 이 예규 시행일 현재 어린이집에 재원중인 원아는 졸업시까지 기존 규정의 순위를 그대로 유지한다.

[별지 제1호서식] 국방부 청사어린이집 입소 신청서

<h2 style="text-align:center;">국방부 청사어린이집 입소 신청서</h2>

신청인 (보호자)	성 명		아동과의 관계		사 진 (5×7)
	주 소				
	근무처 (상세히)		연락처	(CP) (O) (H)	
대상아동	성 명		성 별	남 · 여	
	생년월일		–		
	보육시설 입소경력				
	가족사항	관 계	성 명	직 업	연락처
특기사항 및 교육 당부말씀	※ 아동의 성격, 식사습관, 버릇, 건강상태 등 어린이집에 꼭 알려야 할 사항 기재 				

20 년 월 일

신청인 (인)

국방부 청사어린이집 시설장 귀하

[별지 제2호서식] 국방부 청사어린이집 퇴소신청서

국방부 청사어린이집 퇴소신청서

기 재 사 항	보호자 성명		아동과의 관 계	
	주 소			
	근 무 처		연 락 처	(집) : (핸드폰) :
	퇴소아동 성명		성 별	남 · 여
	생년월일	—		
	퇴소신청일	20 . . .		
퇴 소 사 유				

20 년   월   일

신청인   (인)

국방부 청사어린이집 시설장 귀하

[별지 제3호서식] 위임장

		위 임 장			
대리인	성 명		(인)	생년월일	
	주 소				

위 사람을 대리인으로 정하고 다음 사항의 권한을 위임함.

- 다 음 -

수입 및 지출원인행위에 관한 사무를 집행하기 위하여 보육시설 재무회계규칙 제26조 제2항의 규정에 의한 권한을 위임함.

년 월 일

위임자 : 　　　　　어린이집 (직인)

[별지 제4호서식] 현금출납부

현 금 출 납 부

(단위:원)

월/일	적요	목	증빙서 번호	수입금액	지출금액	잔액

[별지 제5호서식] 총계정원장

총계정원장

월/일	적요	증빙서 번호	예산	수입금액	지출금액	잔액

[별지 제6호서식] 봉급대장

봉 급 대 장

(단위:원)

번호	성명	호봉	급여			공제액					실수령액	퇴직적립금	날인
			월급여	제수당	계	국민연금	건강보험	고용보험	소득세주민세	계			

[별지 제7호서식] 보육료대장

보육료대장

번호	성 명 (생년 월일)	지원 대상	구분	월별징수실적 (날자, 금액)												비 고 (반환금등)
				3월	4월	5월	6월	7월	8월	9월	10월	11월	12월	1월	2월	
			계													
			보육료													
			기타													
			계													
			보육료													
			기타													
			계													
			보육료													
			기타													
			계													
			보육료													
			기타													
			계													
			보육료													
			기타													
			계													
			보육료													
			기타													
			계													
			보육료													
			기타													
			계													
			보육료													
			기타													
			계													
			보육료													
			기타													
			계													
			보육료													
			기타													
			계													
			보육료													
			기타													
			계													
			보육료													
			기타													

[별지 제8호서식] 정부보조금명세서

정부보조금명세서

(단위:원)

수령일자	보조내역	금액	보조기관	산출기초

[별지 제9호서식] 비품대장

비 품 대 장

번호	물품명	모델명	구 입 년월일	구입처	가격	구입 수량	현재		현재량	관리자
							사용처	망실파손 년 월 일		

[별지 제10호서식] 세입예산서

세입예산서

(단위:천원)

과 목					예산액	전년도 예산액	증감	산출기초
관		항		목				
01	입소자 부담금 수입	11	입소비용 수입	111	보육료 수입				
				112	수익자 부담금				
02	과년도 수입	21	과년도 수입	211	과년도 수입				
03	잡수입	31	잡수입	311	이자 수입				
				312	후원금 수입				
				313	기타 잡수입				
04	보조금 수입	41	경상 보조금 수입	411	인건비 보조금				
				412	보육료 보조금				
				413	기본 보조금				
				414	기타 지원금				
		42	자본 보조금 수입	421	자본 보조금				
05	전입금	51	전입금	511	전입금				
				512	차입금				
06	이월금	61	이월금	611	전년도 이월금				
				612	이월 사업비				

[별지 제11호서식] 세출예산서

세출예산서

(단위:천원)

과목			예산액	전년도 예산액	증감	산출기초
관	항	목				
100 시설운영비	110 인건비	111 급여				
		112 일용잡급				
		113 제수당				
		114 퇴직금 및 퇴직적립금				
		115 사회보험 부담비용				
		116 기타 후생경비				
	120 업무추진비	121 기관운영비				
		122 직책급				
		123 회의비				
	130 관리운영비	131 여비				
		132 수용비 및 수수료				
		133 공공요금				
		134 제세공과금				
		135 차량비				
		136 연료비				
		137 기타운영비				
200 사업비	210 사업운영비	211 급간식비				
		212 교재교구비				
		213 행사비				
		214 수익자 부담금 지출				
300 재산조성비	310 시설비	311 시설비				
		312 자산취득비				
		313 시설장비 유지비				
400 전출금	410 전출금	411 법인회계 전출금				
		412 차입금 상환				
		413 반환금				
500 과년도지출	510 과년도지출	511 과년도지출				
600 잡지출	610 잡지출	611 잡지출				
700 예비비	710 예비비	711 예비비				

[별지 제12호서식] 세입결산서

세입결산서

(단위:천원)

과목						예산액	수납액	미수납액	비고
관		항		목					
01	입소자 부담금수입	11	입소비용 수입	111	보육료 수입				
				112	수익자 부담금				
02	과년도수입	21	과년도 수입	211	과년도 수입				
03	잡수입	31	잡수입	311	이자 수입				
				312	후원금 수입				
				313	기타 잡수입				
04	보조금수입	41	경상 보조금 수입	411	인건비 보조금				
				412	보육료 보조금				
				413	기본 보조금				
				414	기타 지원금				
		42	자본 보조금 수입	421	자본 보조금				
05	전입금	51	전입금	511	전입금				
				512	차입금				
06	이월금	61	이월금	611	전년도 이월금				
				612	이월 사업비				

[별지 제13호서식] 세출결산서

세출결산서

(단위:천원)

과 목						예산액	예산현액	지출액	잔액	비고
관		항		목						
100	시설 운영비	110	인건비	111	급여					
				112	일용잡급					
				113	제수당					
				114	퇴직금 및 퇴직적립금					
				115	사회보험 부담비용					
				116	기타 후생경비					
		120	업무 추진비	121	기관운영비					
				122	직책급					
				123	회의비					
		130	관리 운영비	131	여비					
				132	수용비 및 수수료					
				133	공공요금					
				134	제세공과금					
				135	차량비					
				136	연료비					
				137	기타운영비					
200	사업비	210	사업 운영비	211	급간식비					
				212	교재교구비					
				213	행사비					
				214	수익자 부담금 지출					
300	재산 조성비	310	시설비	311	시설비					
				312	자산취득비					
				313	시설장비 유지비					
400	전출금	410	전출금	411	법인회계 전출금					
				412	차입금 상환					
				413	반환금					
500	과년도 지출	510	과년도 지출	511	과년도지출					
600	잡지출	610	잡지출	611	잡지출					
700	예비비	710	예비비	711	예비비					

[별지 제14호서식] 수입결의서

수입결의서

증빙서 번호		20 년도 수입 아래와 같이 수입함.		결재	담당	시설장
관		발 의	20 . . .			(인)
항		현금출납부등재	20 . . .		(인)	
목		총계정원장등재	20 . . .			
금 (₩ 원정)						
적 요						
비 고						

[별지 제15호서식] 지출결의서 (앞면)

① 봉급 ② 구입 ③ 수선 ④ 공사 ⑤ 여비   지 출 결 의 서

증빙서번호	20 년도 지출		결재	담당	시설장
	아래와 같이 지출함.				

발 의	200 . . .	(인)	관		발 의	200 . . .	(인)
주 문(계약)	200 . . .	(인)	항		현금출납부 등 재	200 . . .	(인)
납 품(준공)	200 . . .	(인)			총계정원장 등 재	200 . . .	(인)
검 수	200 . . .	(인)	목		물품대장등재 (공사대장, 봉급대장)	200 . . .	(인)

금   원정
(₩   )

적 요	

본 계약에 있어 이면 (1, 2) 기재 사항을 승낙함.

200 년 월 일

주소
성명

채 주	위 금액을 청구함. . . . (인)	위 금액을 영수함. . . . (인)

품 의 서	담당	시설장

시 행: 문서번호
1. 예산금액 :
2. 산출기초 :
3. 예산과목: 관)   항)   목)
4. 내역서는 별첨 및 뒷면이용

[별지 제15호서식] 지출결의서 (뒷면)

1. 승낙사항(물품구입)
1) 년   월   일까지 지정한 장소에 납품할 것이며 그 물품 중 검사 불 합격품이 있을 때에는 지정기일까지 교환할것.
2) 납품기일내에 완납치 못한 때에는 그 지연일수 1일당 납품되지 아니한 물품대가의 미납대가의 1000분의 1.5에 상당하는 지체상금을 징수하여도 이의가 없음.
3) 납품기한 또는 교환기일 경과후 10일에도 완성치 못하는 때, 납품된 물품이 사양서 견본 등에 적합지 않을 때 또는 계약담당 공무원이 계약이행이 불가능하다고 인정할 때에는 그 계약을 해제하여도 이의신청 또는 기타의 청구를 못한다.
4) 전호에 의하여 계약해제를 하였을 때에는 손해배상으로서 계약 해제 물품의 대가에 대하여 납부기일 내에는 100분의 5, 납부기일 후에는 100분의 10에 상당하는 금액을 납부할 것.
5) 전 각호에 의하여 납부하여야 하는 금액은 물품대금과 상쇄하여도 이의가 없을 것.

2. 승낙사항(공사집행)
1) 시방서 및 도면에 의하여 년 월 일 기공하고 년   월   일까지 완전히 준공하겠음.
2) 관서의 형편에 의하여 일시 공사를 중지하거나 또는 공사의 설계를 변경하는 일이 있다 할지라도 이에 대하여 이의 또는 하등의 청구를 못할 것. 단, 설계변경으로 인하여 도급금액에 증감이 생길 때에는 명세의 단가로서 증감하고 그 단가에 의하기 어려울 때에는 관서에서 상당하다고 인정하는 단가에 의할 것.
3) 기간내에 공사를 완성치 못할 때에는 지체일수 1일에 대하여 도급금액의 1000분의( )에 상당하는 지체상금을 청구금액에서 공제하여도 이의가 없을 것.
4) 도급금은 전 공사준공 검사후에 지급함.
5) 도급자는 공사준공 인도일부터 1년간 공작물의 흠에 대하여 담보의 책임을 질것.

3. 구입물품명세서

품 명	규 격	수 량	단 위	단 가	금 액	비 고

4. 공 사(수선) 명 세 서

명 칭	품 질	규격용량	단위칭호	수 량	단 가	금 액	비 고

승 낙 사 항 본 계약에 있어서는 이면의 사항을 승낙합니다. 　　　　　　년　　월　　일 공급자　　상　　호 : 　　　　　사업자번호 : 　　　　　성　　명 : 　　　　　주민등록번호 : 　　　　　주　　소 : 　　　　　계 좌 번 호:	공급가액	₩
	부 가 세	₩
	합　　계	₩
	지 급 액	₩

[별지 제16호서식] 반납결의서

반납결의서

증빙서 번호	20 년도 반납 아래와 같이 반납함.			결재	담당	시설장
관		발 의	20 . . .			(인)
항		현금출납부 등 재	20 . . .			(인)
목		총계정원장 등 재	20 . . .			
금 (₩)	원정					
적 요						
비 고						

반납결의서

증빙서 번호	20 년도 반납 아래와 같이 반납함.		결재	담당	시설장
발 의	200 . . . (인)	관	발 의	200 . . .	(인)
주 문(계약)	200 . . . (인)	항	현금출납부 등 재	200 . . .	(인)
납 품(준공)	200 . . . (인)		총계정원장 등 재	200 . . .	(인)
검 수	200 . . . (인)	목	물품대장등재 (공사대장, 봉급대장)	200 . . .	(인)
금 _____원정 (₩)					
적 요					
본 계약에 있어 이면 (1, 2) 기재 사항을 승낙함. 　　　　　　　　　200　년　월　일 주소 성명					
채 주	위 금액을 청구함. 　　. 　. 　. (인)			위 금액을 영수함. 　　. 　. 　. (인)	

[별지 제17호서식] 세입·세출결산 총괄설명

<h3 align="center">세입·세출결산 총괄설명</h3>

○ 세입 예산   원에 대하여
   수납액은   원이며

○ 세출 예산   원에 대하여
   지출액은   원이며

○ 그 차인잔액은   원으로서
   보조금집행잔액   원이 포함되어 있으며
   이를 공제한 순이월금은   원이다.

○ 세입세출결산 총괄

수 납 액	
지 출 액	
차인잔액	

[별지 제18호서식] 추가경정세입예산서

추가경정세입예산서

(단위:천원)

과 목					예산액	기정 예산액	비교 증감	산출기초
관		항		목				
01	입소자 부담금수입	11	입소비용 수입	111 보육료 수입				
				112 수익자 부담금				
02	과년도수입	21	과년도수입	211 과년도 수입				
03	잡수입	31	잡수입	311 이자수입				
				312 후원금 수입				
				313 기타 잡수입				
04	보조금수입	41	경상 보조금 수입	411 인건비 보조금				
				412 보육료 보조금				
				413 기본 보조금				
				414 기타 지원금				
		42	자본 보조금 수입	421 자본 보조금				
05	전입금	51	전입금	511 전입금				
				512 차입금				
06	이월금	61	이월금	611 전년도 이월금				
				612 이월 사업비				

[별지 제19호서식] 추가경정세출예산서

추가경정세출예산서

(단위:천원)

과목					예산액	기정 예산액	비교 증감	산출기초
관		항		목				
100	시설 운영비	110	인건비	111	급여				
				112	일용잡급				
				113	제수당				
				114	퇴직금 및 퇴직적립금				
				115	사회보험 부담비용				
				116	기타 후생경비				
		120	업무 추진비	121	기관운영비				
				122	직책급				
				123	회의비				
		130	관리 운영비	131	여비				
				132	수용비 및 수수료				
				133	공공요금				
				134	제세공과금				
				135	차량비				
				136	연료비				
				137	기타운영비				
200	사업비	210	사업 운영비	211	급간식비				
				212	교재교구비				
				213	행사비				
				214	수익자 부담금 지출				
300	재산 조성비	310	시설비	311	시설비				
				312	자산취득비				
				313	시설장비 유지비				
400	전출금	410	전출금	411	법인회계 전출금				
				412	차입금 상환				
				413	반환금				
500	과년도 지출	510	과년도 지출	511	과년도지출				
600	잡지출	610	잡지출	611	잡지출				
700	예비비	710	예비비	711	예비비				

[별지 제20호서식] 예비비사용조서

예비비사용조서

(단위:원)

사 용 일 자	금 액	사 유	사 용 내 역

[별지제21호서식] 과목전용조서

과목전용조서

(단위: 원)

관	항	목	전 용 년월일	예산액(1)	전용액 (2)	현액 (1)+(2)	전 용 사 유	내 역	비 고

군 어린이집 관리·운영 훈령

[시행 2018. 5. 18.] [국방부훈령 제2163호, 2018. 5. 18., 일부개정]

제1장 총 칙

제1조 (목적) 이 규정은 군 보육업무 수행과 관련된 군 어린이집을 합리적이고 효율적으로 관리 및 운영할 수 있도록 규정함으로써 군 복지 증진에 따른 장병사기 앙양을 도모하고 군 전투력 증강에 기여함을 목표로 한다.

제2조 (정의) 이 훈령에서 사용하는 용어의 정의는 다음 각 호와 같다.
1. "어린이집"이라 함은 자녀의 보호자(현역, 군무원 및 공무원 및 그 가족)의 위탁을 받아 영유아를 건강하고 안전하게 보호, 양육하고 발달특성에 따라 적합한 교육을 제공하는 복지시설로서 명칭은 '***어린이집'으로 하되, 설립·운영주체에 따라 직장어린이집, 국·공립어린이집, 민간어린이집 등의 유형으로 구분한다. 다만, '***유치원'은 교육기관에 속하므로 「영유아보육법」상의 어린이집에 해당되지 않는다.
2. "직장어린이집"(상시 영유아 5명 이상)이라 함은 사업장의 근로자를 위하여 단독 또는 공동으로 사업장내 또는 그에 준하는 인근지역에 설치·운영하는 어린이집(국가 또는 지방자치단체의 장이 소속 공무원을 위하여 설치·운영하는 어린이집도 포함된다)으로서, 군에서 건설·공급하여 각 군 및 국직부대 자체 재정으로 설치 운영되는 군 어린이집이 이에 해당한다. 다만, 어린이집 운영은 부대 직영 또는 위탁 등 부대 여건에 따라 달리할 수 있다.
3. "국·공립어린이집(상시 영유아 11명 이상)"이라 함은 국가나 지방자치단체가 설치·운영(위탁운영 포함)하는 시설로서 지역주민 자녀를 보육아동 정원의 50% 이내 보육하는 어린이집으로서 군 시설의 사용임대 등 국가와 지자체가 협력하여 설치·운영하는 어린이집을 포함한다.
4. "어린이집운영위원회"라 함은 어린이집 운영의 자율성과 투명성을 제고하고 지역실정에 맞는 보육을 도모하도록 어린이집 내에 설치·운영되는 협의체를 말한다.
5. "보육원아"라 함은 어린이집을 이용하는 영·유아(만0~만5세)로서 어린이집에 입소된 자를 말한다.
6. "보육교직원"이라 함은 어린이집의 원장, 보육교사, 취사원 등으로 소정

의 자격을 갖춘 자를 말한다.
7. "보육서비스"라 함은 어린이집 제공 및 보육료 지원을 통한 자녀양육 지원을 말한다.
8. "보육료"라 함은 입소 자녀의 보호자가 납부하는 어린이집 이용료를 말한다.
9. "작은도서관"이라 함은 「주택건설기준 등에 관한 규정」 제55조제5항에 따라 300세대 이상 공동주택건설시 설치되는 시설(군 관사 내 설치된 문고를 포함한다)을 말하며 어린이집 부속시설로 운영한다.

제3조 (다른 법령과의 관계) 군 어린이집의 제반 관리·운영 업무에 관하여는 이 훈령에 의하되, 이 훈령에서 정하지 아니한 사항은 관련 법령(영유아보육법령 및 보건복지부 「보육사업안내지침」, 각 지방자치단체의 보육조례)을 준용한다.

제4조 (관리감독) 국방부장관, 각 군 참모총장의 명을 받아, 해당부대장이 관리·감독한다. 다만, 효과적인 시설운영을 위해 당해 원장 또는 위탁기관과 필요한 사항을 협의할 수 있다.

제5조 (운영원칙) 효과적인 군 어린이집 확보 및 이용자 편의적인 시설운영을 통해 군 자녀의 보호와 교육을 향상시키며 보호자의 경제적·사회적 활동을 원활하게 하여 군 가족 복지 향상 및 군의 안정적 근무여건을 조성할 수 있도록 한다.

제2장 확보정책

제6조 (소요기준) ① 부대(군 자녀 및 군 가족) 및 지역의 보육수요와 어린이집 공급 상황을 종합적으로 고려하되, 군 복지향상을 위한 기반시설 구축을 위해 부대 필요시 어린이집을 설치하도록 한다.
② 직장어린이집 설치의무 사업장에 해당되는 기관은 다음 각 호의 기준에 따른다.
1. 상시 여성근로자 300인 이상 또는 근로자 500인 이상 고용사업장에 해당되는 기관은 직장어린이집을 설치하여야 한다.
2. 직장보육서비스 제공 의무 대상 사업장인지 여부의 판단기준은 다음 각 목과 같다.
가. '상시 근로자'란 일반사병을 제외한 임시직, 정규직, 일용직 등을 총

망라하여 평균적으로 사용하는 근로자를 말함.(전년도 매월 말일 근로자수를 12개월로 나누어 산정)
  나. 상시 근로자의 수 산정은 전체 사업장 규모가 아닌 단위사업장을 기준으로 한다(본부와 소속기관이 동일 장소에 설치되어져 있지 않은 경우에는 각각의 사업장으로서 상시 근로자수를 별도 산정).
 3. 시설설치외 의무이행방법(공동설치 또는 보육료지원) : 의무사업장의 사업주가 직장어린이집을 단독으로 설치하기 어려운 경우에는 사업주 공동으로 직장어린이집을 설치운영하거나 지역의 어린이집과 위탁계약을 체결하여 근로자의 자녀의 보육을 지원하거나 또는 근로자에게 보육수당을 지급하여야 한다(재정 범위 내에서 지원하며 지급기준은 매년 보건복지부에서 정하는 정부보육료 지원단가의 100분의 50 이상).

제7조 (군 관사건립과 연계한 어린이집 설치 추진) ① 「사회기반시설에 대한 민간투자법」에 의거 BTL방식으로 군 관사 건립시 군인 및 군가족의 자녀양육에 필요한 어린이집을 확보하도록 한다.
② 일정규모(100세대 이상)의 군 관사 건립시 자녀양육에 필요한 어린이집을 확보하도록 한다.
③ 부대여건에 따라 BTL방식 또는 재정사업을 통해 어린이집을 설치한다.
④ 거주규모, 근무인원 밀집지역을 우선으로 하여 건립하고, 자체건립 애로지역은 부대 인근지역 민간시설을 이용할 수 있도록 재정범위내에서 보육료를 지원한다.

제8조 (보육서비스 수요조사 실시) ① 보육 수요 및 보육서비스 제공 실태 파악을 위한 정기조사(연 1회 이상)를 실시한다.
② 영유아(만0~만5세), 재학자녀 등 연령별 군인자녀 현황조사를 실시하고 이를 반영한다.
③ 수요 조사결과 및 시설 노후화 정도 등을 고려하여 매년초 익년도 확보 소요를 예산에 반영한다.

제9조 (설치기준) ① 어린이집 시설기준은 「영유아보육법 시행규칙」 제9조를 참조하여 반영한다.
다만, 보육실을 포함한 시설면적(놀이터 면적은 제외한다)은 영유아 1명당 6.6㎡ 이상으로 하고, 보육실은 거실, 포복실 및 유희실을 포함하여 영유아 1명당 3.9㎡ 이상으로 한다.
② 옥외놀이터의 시설면적은 영유아 1인당 2.50㎡ 이상으로 50인 이상의 영유

아를 보육하는 시설에 한한다.
③ 직장어린이집에만 완화 적용되는 설치기준은 다음과 같다.
   1. 사업장내에 직장어린이집을 설치하는 경우에 한하여 안전사고 및 재난에 대비한 시설을 갖춘 건물 내 5층까지 보육실 설치 가능
   2. 상시 영유아 20명 이하를 보육하는 직장어린이집은 가정어린이집 설치 장소(공동주택, 다중주택·다가구·공관이 아닌 단독주택)에도 설치 가능
④ 작은도서관 설치기준은 다음과 같다.
   1. 작은도서관 설치시 설계면적은 최소 112㎡ 이상을 원칙으로 한다. 다만, 불가피한 경우는 설계면적을 제한적으로 조정할 수 있다.
   2. 작은도서관은 어린이집과 근거리에 위치하도록 설계하여야 한다.
   3. 작은도서관 설치·운영관련 사항은 「도서관법」 등 관련 법령 및 문화체육관광부 지침에 따른다.

제10조 (설치·운영 협의) ① 지자체에서 제공하는 '어린이집 설치상담제'를 활용하여 군 어린이집의 입지조건, 내부구조, 설치기준 등이 영유아 보육 환경에 적합한지 여부를 사전 점검한다.
② 국·공립 어린이집 확충시 군내 부지나 공간 활용방안 등 군-지자체간 역할을 협의한다.
③ 지역과 연계한 보육수요 파악을 위하여 수요조사, 설치방법 등을 협의한다.
④ 관사건립과 병행한 어린이집 확보를 위해 사전 관련부서(복지-소요산정/시설-설계 등)간 긴밀한 협조체제를 유지하여 어린이집 소요 및 설치규모, 예산을 적기 반영하도록 한다.
⑤ 시설사업 기본계획, 제안서(RFP) 공고, 기본설계 등 사업절차에 따라 지속적으로 반영한다.
⑥ 설치 후 원아, 학부모의 군 어린이집 이용을 위한 원활한 출입 지원 방안을 마련한다.

제11조 (설치점검) ① 각 군은 어린이집 확보계획에 따라 해당 BTL사업장 등 공사 진도를 수시 점검한다.
② 국·공립어린이집 설치시 군 어린이집 건물 준공이전 관할 지자체(보육담당)와 국·공립시설 인가 협의, 리모델링 공사 등 실제 개원에 필요한 기초공사를 실시, 군 관사지역 국·공립어린이집이 적기에 개원, 운영될 수 있도록 한다.

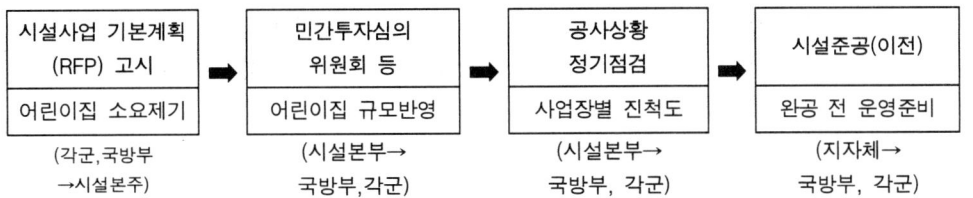

③ 어린이집을 위탁 운영시는 사용·운영자 요구사항에 부합된 어린이집으로 건립될 수 있도록 위탁운영기관을 조기 선정하여야 한다.

제12조 (예산계획 수립) ① 각 군, 국직부대 및 소속기관의 장은 어린이집 설치 소요 및 보육료 지원소요를 토대로 확보계획을 수립하고 매년 예산편성지침 및 기준에 따라 연도별 예산에 반영하도록 한다.
② BTL 사업과 일반재정 사업을 구분하여 편성하되, BTL 방식으로 확보시 운영비, 인건비 반영하고, 재정사업으로 확보시 신축비, 운영비, 인건비 반영한다.
③ 지역 어린이집과 위탁보육 실시 또는 보육수당을 지급하는 부대의 경우에는 시설예산, 운영예산, 보육료 지원예산으로 구분하여 편성하되, 기본조사 설계비, 실시설계비 및 시설부대비 등을 공사비에 따라 일정비율로 반영하고, 리모델링(어린이집 인테리어 비용) 및 50명 이상 영유아를 보육하는 시설에는 실외놀이터 구축비를 반영하고, 초기 구축시에는 교구재 비품(교육용 기자재) 및 시설 비품(주방, 가전품 등) 예산을 반영하며, 교사 및 시설 관리자 등 인건비, 보험료 및 각종 공과금 등의 관리비, 급식비 및 교육비 등의 운영비는 매년 일정액을 반영한다.
④ 지자체와 협의하여 국·공립어린이집을 설치하는 부대의 경우에는 최초 설치 예산외에 별도의 시설·운영예산 편성이 필요하지 아니하다(지자체 부담).

제13조 (어린이집 설치과정) 어린이집 설치과정은 별표1에 따라한다.

제3장 유지 관리

제14조 (유지관리 원칙) ① 어린이집은 영유아 뿐 만 아니라 보육교직원와 학부모, 방문자 등의 성인이 같이 사용하는 건물이며 성인과 유아가 공존하는 보육환경이 되어야 한다.
② 군 어린이집 관리·운영부대는 어린이집의 운영전반에 관하여 정기적으로 지도, 점검하여야 한다.
③ 지자체와 협력하여 국·공립어린이집으로 운영 시에는 해당 지자체가 유지관

리 및 운영책임이 있다. 이 경우, 국·공립어린이집으로 전환·운영시에도 군 자녀의 보육에 지장이 없도록 해당부대는 지자체와 협조체계를 구축하고 지속적으로 협의하여야 한다.

④ 어린이집의 원장은 「영유아보육법」 등 관계법령과 보건복지부 「보육사업안내지침」에 따라 어린이집을 운영하여야 하며, 이에 따른 조직·인사·급여·회계·물품 기타 시설의 운영관리에 필요한 규정을 제정·시행하여야 한다.

⑤ 군 어린이집 관리·운영부대는 다음 각 호의 사항을 중점적으로 살펴 적정한 영유아 보육이 이루어지도록 노력하여야 한다.
   1. 영유아보육법령 위반 등을 확인
   2. 어린이집 운영시간이 보호자의 근로시간 등을 참작하여 운영되고 있는지의 여부를 확인
   3. 보육내용 및 보육환경이 적정한 지의 여부를 확인
   4. 보육료는 수납기준에 맞게 수납하고 있는지 여부를 확인
   5. 부당하게 보호자를 동원하여 강제로 어린이집 운영에 협조시키는 행위를 확인
   6. 시정 등의 조치가 필요시는 간단한 것은 시정 및 문서로 지도하고 그 이행결과를 확인

⑥ 어린이집의 원장은 보육서비스의 질적 수준 향상을 위하여 보건복지부에서 주관하는 평가인증을 조기에 획득하고 자격을 지속적으로 유지하여야 한다.

제15조 (유지관리 및 운용범위) 운영기관이 수행하는 유지관리 및 운영의 범위는 다음 각 호와 같다.
   1. 어린이집의 유지관리
   2. 어린이집의 청소 및 환경위생관리
   3. 어린이집 이용자에 대한 정보제공
   4. 보육료 수납에 관한 업무
   5. 제1호 내지 제4호의 업무에 수반하여 발생하는 제반 운영업무
   6. 협약서(위탁, 임대계약 등)에서 제시한 사항
   7. 그 밖에 관련 규정상 어린이집 운영을 위해 준수하여야 하는 사항

제16조 (책임과 권한) 어린이집 관련자의 책임과 권한은 다음과 같다.
   1. 각 군 부대장은 군 어린이집의 유지 및 위탁운영기관에 대한 관리책임이 있다.
   2. 원장은 자체 운영규정의 작성, 검토, 배포, 개정에 관한 책임과 권한이 있으며 운영기간동안 어린이집의 유지 및 관리책임이 있다.

3. 보육교직원은 「영유아보육법」과 「보육사업 안내지침」(매년 보건복지부 발간)에서 규정하고 있는 사항과 각 군 어린이집과의 위탁계약 내용을 준수한다.

제4장 협의기구

제17조 (어린이집운영위원회 설치) 어린이집 운영의 효율성과 투명성을 제고하고 지역특성과 실정에 맞는 보육사업 추진을 위해 「영유아보육법」 제25조 및 동법 시행령 제21조의 2, 동법 시행규칙 제26조에 따라 군 어린이집내 운영위원회를 의무적으로 설치·운영하여야 한다.

제18조 (위원구성) ① 어린이집운영위원회는 당해 어린이집의 원장, 보육교사 대표, 학부모 대표 및 지역사회 인사(직장어린이집인 경우에는 당해 직장의 어린이집 업무담당자)를 포함한 5명 이상 10명 이내의 범위 안에서 시설규모 및 운영의 현실성 등을 고려하여 구성한다.
② 위원장은 보육교직원이 아닌 위원 중에서 호선하며 운영위원회를 대표하여 회의를 총괄한다.
③ 총무는 보육교직원 이외 위원 중에서 호선하며 회의의 기록 및 사무 등을 담당한다.
④ 위원은 아래 표(예시)를 참고하여 학부모, 부대, 원장, 지자체 등 관계자가 균형 있게 참여할 수 있도록 구성하여야 한다.

위원수	위원구성
5명	• 원장, 교사 1인, 학부모 2인, 지역인사(보육업무 담당자, 전문가 등) 1인
10명	• 원장, 교사 3인, 학부모 4인, 지역인사 2인 • 원장, 교사 2인, 학부모 5인, 지역인사 2인

제19조 (운영 및 기능) ① 어린이집운영위원회는 분기 1회 개최를 원칙으로 하며, 다음 각 호의 사항을 심의한다.
 1. 어린이집 운영규정 제·개정에 관한 사항
 2. 어린이집의 예산 및 결산에 관한 사항
 3. 영유아의 건강·영양·안전 및 학대예방에 관한 사항
 4. 보육시간·보육과정의 운영방법 등 어린이집의 운영에 관한 사항
 5. 그 밖에 어린이집 운영에 대한 제안 및 건의사항(보육료, 보육시간 등)
② 운영위원회 심의는 원장에 대한 기속력은 없으나 특별한 사유가 없는 한

운영위원회 심의대로 처리하도록 노력하여야 한다.
③ 위원회의 심의대로 처리하지 못할 사유가 있는 때에는 원장은 운영위원회에 그 사유를 밝히고 동의를 구하여야 한다.

제19조의2 (회의록 작성 및 비치) 어린이집 운영위원회는 회의록을 작성 및 보관하고, 전체 학부모를 대상으로 공개할 수 있도록 하여야 한다.

제5장 운 영

제20조 (운영 일반) ① 어린이집의 장은 운영기간 동안 어린이집의 관리·운영 책임을 지고 영유아보육법령 및 「보육사업 안내지침」에 따라 반 편성, 이용시간, 입소관리 보육료, 보육교직원 교육 등 효율적인 어린이집 운영을 위한 제반 관리업무를 수행한다.
② 어린이집은 독립채산제로 운영하며, 운영방식에 있어 부대별 여건에 따라 부대직영 또는 위탁관리(전문법인/개인) 할 수 있다.
③ 어린이집의 운영을 위탁하고자 하는 경우 미리 위탁의 기준, 절차 및 방법 등을 자체 게시판이나 인터넷 홈페이지 등을 이용하여 공고하여야 한다.
④ 위탁업체에 의해 운영되는 군 어린이집은 유지, 관리 및 입소자 의무사항(보육료부담, 시설유지/보수, 공공요금 납부 등) 등은 해당 관리규약에 따른다. 다만, 해당 관리규약은 부대 승인을 사전 득해야 한다.
⑤ 부대 직영시 효율적인 어린이집 운영을 위하여 별도의 운영기구(조직 및 임무)를 둘 수 있다.

제21조 (어린이집의 반 편성) ① 어린이집은 정원 및 반별 정원을 준수하여야 하며, 3, 4세 이상 유아만 보육할 수 없다. 단, 정원 20인 이하 시설은 영아 또는 유아만을 구분하여 보육할 수 있다.
② 반별 정원을 준수하되 유동 아동수를 감안하여 총 정원의 범위 내에서 일시적으로 반당 1인을 초과 보육할 수 있다. 다만, 0세 미만은 제외한다.
③ 어린이집 운영은 「영유아보육법 시행규칙」 제23조 별표8의 규정에 의하여 가능한 한 만2세 미만 영아반, 만2세 영아반과 만3세 이상의 유아반을 동시에 운영하여야 한다.
④ 연령별 반편성 기준일은 보육료 수납연령 기준일과 동일하게 1월 1일을 기준으로 한다.
⑤ 반편성은 아래 표(예시)를 참고하여 기준을 설정한다.

기본형	반 편 성				
	만 0세	만 1세	만 2세	만 3세	만 4세이상
50인	1	1	1	1	1
77인	1	1	2	1	2
97인	1	2	2	2	2

⑥ 혼합반 운영시 교사 대 아동 비율은 낮은 연령의 교사 대 아동비율을 준수하여야 한다.

혼합반 운영	만0세와 만1세 영아	만1세와 만2세 영아	만0세와 만2세 영아	만2세이하 영아와 만3세이상 유아	만3세와 만4세 이상 유아
가능 여부	가능	가능	불가능	불가능	가능
교사 대 아동비율	1 : 3	1 : 5	-	-	1 : 15

※ 장애아는 연령이 아닌 장애(발달)정도에 따라 적절한 반에 편성 운영할 수 있음

제22조 (입소대상) ① 군 자녀 및 인근 주민자녀로서 만0세~만5세의 취학 전 아동을 원칙으로 하되, 필요한 경우 어린이집의 장은 만12세까지 연장하여 보육할 수 있다.
② 직장어린이집의 경우에는 1/3이상이 소속 직원 자녀이어야 하고, 국공립어린이집의 경우에는 군 자녀와 지역주민 자녀가 공동 이용을 하여야 한다.
③ (삭제)
④ 어린이집의 장은 입소신청에 의한 입소신청자 명부를 작성하고, 이를 상시 관리하여야 한다.(입소신청 순위는 연령을 구분하여 순위를 정한다)
⑤ 국·공립어린이집 설치부대는 해당 지자체와 군 자녀 우선 입소비율에 대해 사전 협의할 수 있다.
⑥ 이용가능 대체 어린이집의 유무, 보육의 곤란도 등을 고려하여 원장의 승인(어린이집운영위원회가 있는 경우 심의·의결 후)을 받아 한시적으로 입소할 수 있다.
⑦ 입소결정 결과는 보호자에게 통보하여야 한다.
⑧ 입소제한지역은 부대를 중심으로 보육원아가 어린이집 차량 또는 대중교통수단 등으로 출·퇴근 가능지역 범위를 고려하여 원장이 설정, 운영한다.
⑨ 어린이집의 장은 당해시설에 결원이 생겼을 때마다 상기 "입소 우선순위"를 기준으로 우선 순위자를 우선 입소 조치하여야 하고, 동일 순위에서 경합자가 있는 경우에는 추첨 등에 의해 합리적으로 입소자를 결정한다.
⑩ 권역별 보육서비스 지원을 위해 어린이집 관리부대 인근에 거주하는 타부대 군 가족도 어린이집을 이용할 수 있으며, 해당관리부대 군 가족과 동일

한 우선순위를 부여하여야 한다.

제23조 (입소 우선순위) ① 군 어린이집은 직장어린이집으로 군 자녀가 우선적으로 입소하여야 한다. 다만, 군 자녀의 입소에 지장이 없는 범위 내에서 「영유아보육법」제28조, 동법 시행령 규칙 제29조,「보육사업 안내지침」에 따른 입소우선순위를 고려하여야 한다.
② 군 자녀의 입소 우선순위는 다음 각 호와 같다.
  1. 「한부모 가족지원법」 제5조의 규정에 의한 보호대상자의 자녀
  2. 부부군인 자녀
  3. 맞벌이 부부의 자녀
  4. 다자녀 가구의 자녀(자녀가 3명 이상인 가구)

제24조 (관계부서 시설이용 협조) ① 부대 국·공립어린이집을 이용하는 입소원아, 해당 학부모의 어린이집 출입지원 등 원활한 시설이용 편의를 제공한다.
② 보안업무, 필요시 교통수단 제공, 대외협조 업무 및 그 밖의 필요한 시설활동을 지원한다.

제24조의2 (관리부대의 어린이집 편의지원) 군 어린이집은 직장의 부속시설로서 군 관사지역을 포함하여 설치 위치에 상관없이 원활한 운영을 위하여 유류, 전기, 가스 및 상수도 등 제반 편의를 제공하여야 한다.

제25조 (어린이집의 보육교직원 구성) 어린이집에는 원장과 교사, 사무원, 간호사, 취사부 등 여러 직무의 담당들이 있기 때문에 설립 주체와 시설유형, 연령별 아동수, 보육 프로그램 등에 따라 보육교직원 구성이 달라진다.

<보육교직원 구성>

구 분	배 치 기 준	자격기준	비 고
원장	전 어린이집별 1인 ※ 다만, 영유아 20인 이하를 보육하는 어린이집의 장이 보육교사를 겸임할 수 있음	영유아보육법 시행령 별표 1	정원 기준
보육교사	• 만 1세미만 ➡ 영아 3인당 1인 • 만 1세이상 만 2세미만 ➡ 영아 5인당 1인 • 만 2세이상 만 3세미만 ➡ 영아 7인당 1인 • 만 3세이상 만 4세미만 ➡ 영아 15인당 1인 • 만 4세이상 미취학 유아 ➡ 영아 20인당 1인 단, 유아 40인당 1인은 보육교사 1급자격자 취학아동 ➡ 20인당 1인 • 장애아 3인당 1인 장애아 9인당 보육교사 1인은 특수교사 자격소지자	영유아보육법 시행령 별표 1	현원 기준

간호사 1)	• 영유아 100인 이상을 보육하는 시설		현원 기준
영양사 2)	• 영유아 100인 이상을 보육하는 시설		현원 기준
취사부	• 영유아 40인 이상을 보육하는 시설		현원 기준

주 1) 간호조무사도 가능함
 2) 어린이집 단독으로 영양사를 두는 것이 곤란한 때에는 동일 시·군·구의 5개 이내 어린이집의 공동으로 영양사를 둘 수 있으며, 영양사 채용 시 현원을 기준으로 함

제25조의2 (보육교직원의 군인가족 채용) 어린이집 보육교직원 채용시 동일한 자격기준인 경우 군인가족 중 유자격자를 보육교사 등으로 우선적으로 채용할 수 있다.

제26조 (어린이집 운영시간) ① 운영시간은 주 6일, 평일 12시간이 원칙이다.
② 어린이집은 통상적인 근로시간(09:00~18:00)을 고려하여 07:30~19:30까지 운영하는 것을 원칙으로 하고(공휴일 및 임시휴일은 휴무), 보호자의 근로시간 등을 고려하여 해당아동의 보육시간을 조정 운영할 수 있다.
③ 기준시간 초과보육 및 휴일보육은 보호자와 원장의 협의에 의해 실시할 수 있다.
④ 훈련, 긴급대기 등 필요시 원장과 협의, 휴일(공휴일/주말) 보육을 실시할 수 있다.
⑤ 보육시간은 아래 표(예시)를 참고하여 작성한다.

구 분	시 간	비 고
기본 보육 시간	07:30 ~ 19:30	기준 보육시간 12시간(월~금요일)
시간 연장 보육	21:00 ~ 24:00	교사 교대 근무·부모연락체계 유지
휴일 보육	07:30 ~ 15:30	일요일·공휴일
24시간 보육	24시간	시·도지사에 의해 24시간 어린이집으로 지정

⑥ 어린이집은 공휴일을 제외하고 연중 계속 운영하여야 하며, 지역 대체시설 상황 및 시설여건에 따라 보호자와 원장의 협의에 의하여 공휴일에도 운영할 수 있다.
⑦ 토요일에도 어린이집을 운영하여야 하나, 토요 휴무제 확대에 따라 보육아동 수가 감소할 경우에는 보육에 지장을 주지 않는 범위 내에서 교사배치를 달리하여 운영할 수 있다.

제27조 (보육교사의 근무시간) ① 보육교사의 근무시간은 1일 8시간을 원칙으로 하고, 어린이집의 통상 운영시간(07:30~19:30)을 고려하여 출퇴근 시간은 탄력적으로 할 수 있다.
② 1일 8시간을 초과하여 근무하는 경우에는 어린이집을 운영하는 자가 해당 교사에게 시간외수당을 지급할 수 있다.
③ 추가 보육은 부모의 연장근무(OT)로 인한 경우에 실시하며, 해당일 부모는 추가 급식 신청서를 작성한 후 확인 서명을 한다.

제28조 (보육료) ① 보육료의 산정은 영유아법령 및 매년「보육사업 안내지침」에 따른 연령별 정부표준 보육단가를 적용한다.
② 보육료 인상은 매년 보건복지부 장관이 고시하는 정부보육료 단가 인상비율을 적용한다.
③ 위탁보육료는 매년 보건복지부 장관이 고시하는 정부보육 단가를 기준으로 한다.
④ 그 밖의 기타 해당 시군구별 보육료(조례)를 초과하지 않는 보육료를 적용한다.
⑤ 보육료 수납은 해당부대의 ***어린이집 전용 통장으로 학부모 개별 입금을 원칙으로 한다.
⑥ 보육료를 제외한 입소료, 현장학습비, 특기교육 수업료 등 여타 잡부금품은 원칙적으로 금지한다. 다만, 추가비용 수납 필요시는 어린이집운영위원회 의결을 거쳐 해당관리부대에서 타당성 검토 후 제한적으로 승인할 수 있다.
⑦ 그 밖의 수입·지출 등 어린이집의 재무회계에 관한 사항은 보건복지부 「어린이집 재무회계규칙」에 따라 실시하여야 하며, 항목별 기준을 준수하도록 노력하여야 한다.
⑧ 군 어린이집 관리·운영 부대(기관)의 장은 반기 1회 이상 재정참모(감사)로 하여금 어린이집 운영예산 결산현황을 점검하게 한다.

제29조 (퇴소) ① 입소, 퇴거에 대한 세부절차는「보육사업 안내지침」및 각 어린이집 운영 내규에 의한다.
② 퇴원식은 원칙적으로 해당 원아의 부모와 협의하여 자유롭게 결정한다. 다만, 시설이나 부모의 특별한 사정에 의해 분기중간에 퇴원할 경우 별도의 상담절차를 거친다.
③ 일시 퇴원시에는 아동이 사용하던 개인용품(이불, 칫솔…)을 보호자에게 챙겨 전한다. 이 경우 일시퇴원이라 함은 부모의 근무지/시간 변경으로 한시적으로 퇴원하는 것을 말한다.

제30조 (원장의 영유아 안전을 위한 보험가입) ① 모든 어린이집에 입소하는 아동 전원에 대하여 영유아 생명·신체 피해보상관련 공제에 의무적으로 가입하여야 한다. 또한 모든 어린이집은 어린이집안전공제회(이하 '공제회'라 함) 회원 및 공제회 '영유아 생명·신체 피해' 공제에 가입하고, 영유아 등 입소 아동의 생명·신체 피해 보상을 위한 공제료를 납부하여야 한다. 또한 집단급식소로 신고·운영하는 어린이집이나 어린이 놀이시설 관리주체인 어린이집은 「영유아보육법」에 따라 공제회의 해당 공제에 가입하여야 한다. 그 밖의 관련 세부사항은 영유아보육법령 및 「보육사업 안내지침」에 따른다.
② 제1항에 따른 공제료는 어린이집에서 부담함을 원칙으로 한다.
③ 화재보험(공제), 자동차보험, 그 밖의 보육교직원 관련 보험 등은 영유아보육법령, 「보육사업 안내지침」에 따른다.

제31조 (장부 등의 작성·비치) ① 어린이집의 장은 영유아의 발달 등을 종합적으로 관찰·평가하여 영유아 생활지도 및 초등교육과의 연계지도에 활용할 수 있도록 하기 위하여 관련 장부를 작성·관리하여야 한다.
② 제1항에 따른 어린이집의 장이 비치하여야 할 장부는 다음 각 호와 같다.
  1. 시설 운영일지
  2. 시설의 장 및 직원의 인사기록부(이력서 및 사진을 포함한다)
  3. 금전 및 물품출납부와 그 증빙서류
  4. 보고서철 및 관계 행정기관과의 문서철
  5. 입소신청자 명부 및 입소아동 연명부
  6. 생활기록부, 영유아 보육일지, 건강진단카드
  7. 그 밖에 어린이집 운영에 필요한 서류

제31조의2 (정보공시) ① 어린이집의 장은 「영유아보육법」 제49조의2에 따라 어린이집 전반의 주요 정보를 보육포털에 공시하여야 한다.
② 정보공시 범위는 다음 각 호와 같다.
  1. 어린이집 시설, 설치·운영자, 보육교직원 등 기본현황
  2. 「영유아보육법」 제29조에 따른 보육과정 사항
  3. 「영유아보육법」 제38조에 따라 수납하는 보육료와 그 밖의 필요경비
  4. 어린이집 예·결산 등 회계에 관한 사항
  5. 영유아의 건강·영양 및 안전관리에 관한 사항
  6. 그 밖에 보육여건 및 어린이집 운영에 관한 사항으로서 「영유아보육법 시행령」에서 정하는 사항
③ 정보공시의 범위, 횟수 및 시기는 별표2에 따른다.

제32조 (안전관리 및 교육) ① 원장은 보육교직원 및 부모와 함께 영유아의 안전사고예방을 위해 성실하게 노력하고 안전교육을 실시하여야 한다.
② 어린이집은 인근 소방서, 경찰서 및 가스, 유류 등의 안전 상태를 점검하는 유관기관 등과 비상연락체계를 구축해야 하며 일일 점검제를 철저히 이행하여야 한다.
③ 어린이집 보육교직원은 영유아의 실내, 실외 활동시 안전을 위해 영유아를 지도, 감독해야 한다.
④ 원장은 영유아에 대한 물리적 환경과 인적 환경에 대한 안전 확보를 위해 제반시설 및 환경을 조성하고 관리해야 한다.

제33조 (분야별 안전관리) ① 원장은 관련법령에 따라 건강관리, 영양관리, 위생관리, 안전관리 및 교육을 실시한다.
② 어린이집의 보육교직원은 안전관리의 중요성을 인식하고 이를 실천하기 위하여 노력하여야 한다.
③ 주요 점검사항은 다음 각 호와 같다.
  1. 실내 환경 관리, 입소아동의 안전관리 및 위생관련 구비 서류, 영양사 교육
  2. 조리원 위생 관리, 식품 위생 관리, 식중독 예방, 시설, 설비 위생 관리 등

제34조 (유효기간) 이 훈령은 「훈령·예규 등의 발령 및 관리에 관한 규정」(대통령훈령 제248호)에 따라 이 훈령을 발령한 후의 법령이나 현실 여건의 변화 등을 검토하여야 하는 2021년 6월 11일까지 효력을 가진다.

부칙 <제1126호, 2009. 8. 14.>

이 훈령은 발령한 날부터 시행한다.

부칙 <제1440호, 2012. 7. 2.>

이 훈령은 발령한 날부터 시행한다.

부칙 <제1803호, 2015. 6. 12.>

이 훈령은 발령한 날부터 시행한다.

부칙 <제2163호, 2018. 5. 18.>

이 훈령은 발령한 날부터 시행한다.

[별표 1] 어린이집 설치과정(제13조관련)

어린이집 설치과정(제13조관련)

설치 준비와 수요 조사	
설치 준비	설립주체별 차별화: 직장/국공립 등 군 특성에 맞는 어린이집 설치
	어린이집 설치 사전상담제: 각군 부대-해당 지자체(보육담당부서)
	정부지원정책 확인: 지자체별/시설유형별 지원내역차이 확인
수요 조사	수요조사 필요성: 지역수요를 고려한 군 보육수요 산정, 운영 효율 도모
	수요조사 방법: 지자체 방문/인근 어린이집 견학/군 가족규모·수요 조사
설치 모형	규모별: 대·중·소부대별(사단급/함대사급/비행단급 등 부대여건 고려)
	지역별: 중·대도시/농어촌/격오지역(지역보육 시설고려)
	특성별: 국·공립어린이집/직장어린이집/시간연장형 및24시간어린이집

예산 산출과 규모 산정	
예산 산출	예산구성:설치비+운영비+인건비(대지매입비/공사비/비품비/교재교구비 등)
	공사비 구성: 공사비 항목별
면적 산정	예산과 연면적 산정: 영유아보육법령상 기준 참조
	연면적과 아동수 산정: 실사/수요조사(필요시 통계자료 적용)
인적 구성	아동 구성: 연령별 반 편성
	보육교직원 구성: 원장/교사/사무원/간호사/취사부

설계	
설계 발주 방식	수의계약/입찰/설계경기
설계 과정	기본계획/기본설계/실시설계
설계 자문	국공립 어린이집 자문 실시(관할 지자체 어린이집 설치상담제 등 활용)

시공	
시공 발주 방식	입찰/수의계약 등
시공시 역할 담당	건축가의 역할: 설계도면대로 진행 확인
	운영자의 역할: 공사관리자 지정
	원장, 보육 컨설턴트: 기능/안전/운영성 검토

비품/교재교구 구비	
교재교구 범위	교재: 영유아와 교사 사용 자료
	교구: 교육기기나 물품구매
교재교구 선정기준	연령별, 교육영역별 년간. 월간 필요 물품/사무실과 보육교직원 필요 물품

인가와 사업자 등록	
인가절차와 구비서류	인가 절차 : 국공립어린이집의 경우 시장/군수 인가
	인가시 필요사항 검토(관할 지자체 안내)
사업자 등록	신청방법, 구비서류(관할 지자체 안내)

[별표 2] 어린이집 정보공시의 범위 및 횟수·시기(제31조의2 관련)

어린이집 정보공시의 범위 및 횟수·시기(제31조의2 관련)

공시정보 항목	공시정보의 범위	공시 횟수	공시 시기
1. 기본 현황	가. 일반 현황		
	1) 어린이집 이름, 설립일, 설립유형, 제공서비스, 운영시간, 주소, 전화번호 등 어린이집 기본 현황	수시	수시
	2) 설치·운영자 이름, 원장 이름	수시	수시
	나. 시설 현황		
	1) 건축연도, 건물층수, 건물유형, 건물소유형태	수시	수시
	2) 건물 전용면적, 대지 총 면적, 보육실 수 및 면적, 놀이터 면적 등, 비상재해대비시설 종류	수시	수시
	다. 폐쇄회로 텔레비전 설치 대수, 장소, 기기 종류, 카메라 성능(화소), 운영방식 등 현황	수시	수시
2. 영유아 및 보육교직원에 관한 사항	가. 연령별 학급/반 현황	수시	수시
	나. 보육교직원 현황		
	1) 직종별·자격별 보육교직원 현황	수시	수시
	2) 어린이집 원장 및 보육교사의 현 기관 근속연수	연 1회	4월
3. 법 제29조에 따른 보육과정에 관한 사항	표준보육과정 운영에 관한 사항		
	1) 공통과정 주당 운영시간	수시	수시
	2) 보육과정 운영 계획	연 1회	4월
4. 법 제38조에 따라 수납하는 보육료와 그 밖의 필요경비에 관한 사항	가. 보육비용		
	1) 보육료의 연령별 최대 수납액	수시	수시
	2) 그 밖의 필요경비의 항목별 최대 수납액	수시	수시
	나. 특별활동에 관한 사항		
	1) 특별활동 영역, 프로그램명 및 대상 연령	월 1회	매월
	2) 주당 운영횟수 및 1회당 운영시간	월 1회	매월
	3) 프로그램 단가 및 업체명	월 1회	매월
5. 예산·결산 등 회계에 관한 사항	가. 세입예산서 및 세출예산서	연 1회	4월
	나. 세입결산서 및 세출결산서	연 1회	10월
6. 건강·영양 및 안전관리에 관한 사항	가. 급식관리 현황		
	1) 운영방식, 급식인원, 급식담당인력(영양사·취사인력), 집단급식소 신고 여부	수시	수시
	2) 식중독 발생 및 처리 현황	수시	수시
	3) 식단표	월 1회	매월
	나. 환경 안전 관리 현황		

	1) 실내공기질 관리 현황	수시	수시
	2) 정기소독 관리 현황	수시	수시
	3) 음용수 종류 및 수질검사 현황	수시	수시
	다. 안전교육 및 안전점검 실시 현황		
	1) 소방대피 훈련여부	수시	수시
	2) 놀이시설 안전검사 현황	수시	수시
	3) 가스점검, 소방안전점검, 전기설비 점검 여부	수시	수시
	라. 법 제31조의2에 따른 공제회 및 보험 가입 현황		
	1) 영유아의 생명·신체에 대한 공제 또는 보험 가입 현황	수시	수시
	2) 보육교직원 생명·신체 공제 또는 보험 가입 현황	수시	수시
	3) 화재보험 가입 현황	수시	수시
	4) 가스사고배상책임보험 가입 현황	수시	수시
	5) 어린이놀이시설 안전보험 가입 현황	수시	수시
	6) 통학버스 책임보험 또는 종합보험 현황	수시	수시
7. 그 밖에 보육여건 및 운영에 관한 사항	가. 어린이집 원장 및 보육교사의 보수교육 이수에 관한 사항	수시	수시
	나. 아동의 안전에 대한 교육 실시에 관한 사항	수시	수시
	다. 어린이통학버스 운영 현황		
	1) 통학버스 운영 여부, 신고 현황	수시	수시
	2) 통학버스 승차 인원	수시	수시
	3) 통학버스 안전교육 이수 여부 및 이수 날짜	수시	수시
	라. 「전기사업법」 제66조의2에 따른 전기안전점검실시 현황	수시	수시

보육시설종사자 자격검정위원회 운영규정

[시행 2010. 4. 23.] [보건복지부훈령 제4호, 2010. 4. 23., 타법개정]

제1조 (목적) 이 규정은 보육시설종사자 자격검정위원회(이하 "위원회"라 한다)의 설치 및 운영에 필요한 사항을 규정함을 목적으로 한다.

제2조 (설치) 보건복지부장관은 「영유아보육법」(이하 "법"이라 한다) 제22조에 따른 보육시설장 및 보육교사 자격검정과 관련된 사항을 심의·의결하기 위하여 동 법률 시행규칙(이하 "규칙"이라 한다) 제17조 제3항에 따라 보육시설종사자 자격검정위원회를 설치한다.

제3조 (위원회 기능) 위원회는 다음 사항을 심의·의결한다.
1. 보육시설장 및 보육교사의 자격검정과 관련된 개별·특수사례의 자격인정 여부
2. 규칙 제12조제1항 [별표4]에 따른 유사교과목의 인정 여부
3. 규칙 제12조제1항 [별표4]에 따른 보육실습 조건의 충족 여부
4. 기타 보육시설장, 보육교사 등의 자격검정을 위하여 위원회의 심의가 필요하다고 보건복지부장관이 인정하는 사항

제4조 (구성) ① 위원회는 위원장 1인을 포함하여 9인 이상 13인 이내의 위원으로 구성한다.
② 위원장은 위원 중에서 호선한다.
③ 위원은 다음 각 호의 1에 해당하는 자 중에서 보건복지부장관이 위촉한 자가 되며, 제5호에 해당하는 자는 당연직으로 한다.
1. 전문대학 또는 이와 동등 이상 학교의 보육관련학과 교수
2. 보육과 관련된 단체의 임직원
3. 보육행정업무에 3년 이상 종사한 경력이 있는 5급이상 공무원
4. 변호사 등 법률전문가
5. 보건복지부의 자격검정 업무 담당자
6. 기타 자격검정의 심의를 위하여 필요하다고 보건복지부장관이 인정하는 전문가

④ 위원회 업무를 처리하기 위해 간사 1인을 두되, 간사는 제16조에 따른 업무

대행의 경우 자격검정 및 자격증 발급에 관한 업무를 수탁받은 기관의 업무담당 부서의 장이 된다.

제5조 (위원장 등의 직무) ① 위원장은 위원회를 대표하며 그 업무를 총괄하고, 위원회의 회의를 주재한다.
② 위원장이 부득이한 사유로 회의를 주재할 수 없을 때에는 출석한 위원 중에서 그 직무를 대신할 자를 선출한다.
③ 위원장을 포함한 위원은 위원회의 회의에 출석하여 발언할 수 있으며 심의·의결할 권한을 가진다.

제6조 (위원의 의무) 위원장을 포함한 위원은 위원회의 활동으로 취득한 개인의 정보 및 권익에 관련된 사항을 외부에 누설하여서는 안 된다.

제7조 (위원장 등의 임기) ① 위원장 및 위원의 임기는 2년으로 하되, 연임할 수 있다.
② 위원회 운영의 연속성을 위하여 새로운 위원의 임명은 1년에 재적위원 3분의 1을 초과하지 않도록 한다.

제8조 (회의개최) ① 위원회는 매월 1회 정기회의를 개최하는 것을 원칙으로 하고, 자격검정 업무에 필요한 경우 임시회의를 개최할 수 있다.
② 간사는 정기회의 또는 임시회의 개최 5일전까지 이를 위원에게 통보하고 회의를 소집하여야 한다. 다만, 심의가 시급한 경우에는 회의개최 1일전까지 통보하여야 한다.
③ 위원회의 회의는 재적위원 과반수의 출석으로 개회한다.

제9조 (안건의 상정) ① 간사는 보육시설장 및 보육교사 자격검정과 관련하여 위원회의 심의·의결이 필요한 사항은 회의에 상정할 수 있다.
② 간사는 안건을 상정하기 이전에 관련 서류의 완비 여부 및 내용 등을 미리 검토하여야 하고, 확정된 안건은 별지 제1호서식에 따라 관리하여야 한다.

제10조 (심의·의결) ① 회의에 상정된 안건은 출석위원 3분의 2 이상의 찬성으로 의결한다.
② 회의에 출석한 위원은 별지 제2호서식에 따라 심의·의결서에 서명하여야 한다.

제11조 (심의·의결서의 작성) 간사는 회의에 상정된 안건에 대하여 위원의 의사를 수합하고 별지 제2호서식에 따라 심의·의결서를 작성하여 위원의 서명을 받아야 한다.

제12조 (심의·의결의 효력) ① 위원회의 심의·의결로 보육시설장 및 보육교사의 자격검정은 완료되고, 이후 유사한 사례의 자격검정 기준으로서 효력을 발생한다.
② 간사는 상정된 안건 및 이와 유사한 사안에 대해서 위원회의 심의·의결에 따라 자격증 발급 업무를 수행하여야 한다.

제13조 (회의록의 작성) 간사는 위원회의 회의록을 작성·비치하여야 한다.

제14조 (수당지급 등) 보건복지부장관은 위원회의 회의에 참석한 위원에 대하여 예산의 범위 안에서 회의수당과 여비를 지급할 수 있다.

제15조 (운영세칙) 이 규정에서 정한 것 이외에 위원회의 운영에 필요한 사항은 위원회의 의결로 정한다.

제16조 (업무의 대행) 보건복지부장관은 위원회의 운영과 관련된 업무를 자격검정 및 자격증 발급업무를 수탁받은 기관에서 대행하게 할 수 있다.

부칙 <제25호, 2007.7.27>

제1조 (시행일) 이 규정은 발령한 날부터 시행한다.
제2조 (위원의 임기에 대한 경과조치) 이 규정 시행 이전에 위촉된 위원은 보건복지가족부장관이 위촉한 것으로 본다.

부칙 <제4호, 2010. 4. 23.> (부처명칭 변경을 위한 가족보건업무규정 등 일괄 개정)

이 훈령은 발령한 날로부터 시행한다.

어린이집 평가인증에 관한 수수료 고시

[시행 2013. 4. 3.] [보건복지부고시 제2013-58호, 2013. 4. 3., 일부개정]

제1조 (목적) 이 고시는 「영유아보육법」 제30조 및 같은 법 시행규칙 제32조에 따른 어린이집 평가인증에 관한 수수료를 정함을 목적으로 한다.

제2조 (어린이집 평가인증에 관한 수수료) 「영유아보육법 시행규칙」 제32조에 따른 어린이집 평가인증에 관한 수수료는 다음과 같이 한다.

구 분		금 액
평가인증 참여수수료	100인 이상 어린이집	450,000원
	40인 이상 어린이집	300,000원
	39인 이하 어린이집	250,000원
확인방문 수수료	관찰자 1인당	200,000원

※ 평가인증 재참여의 경우 위 "평가인증 참여수수료"의 절반에 해당하는 금액(천원단위 절상)을 수수

부칙 <제2012-94호, 2012.7.27>

이 고시는 고시한 날부터 시행한다.

부칙 <제2013-58호, 2013. 4. 3.>

이 고시는 고시한 날부터 시행한다.

보건복지부 고시 제 2013 - 8호

어린이집 표준보육과정 고시

영유아보육법 시행규칙 제30조에 의거하여 만0~5세 보육과정의 영역 및 구체적 내용 등 필요한 사항을 다음과 같이 고시한다.

2013년 1월 21일
보건복지부장관

제2차 표준보육과정 고시 개정

「제2차 표준보육과정 고시」를 다음과 같이 개정한다.
고시명 "제2차 표준보육과정 고시"를 "제3차 어린이집 표준보육과정 고시"로 한다.

제3차 어린이집 표준보육과정을 다음과 같이 한다.

부 칙

이 고시는 2013년 3월 1일부터 시행한다.

제1장 어린이집 표준보육과정 총론

어린이집 표준보육과정(이하, '표준보육과정'이라 함)은 어린이집의 만 0-5세 영·유아들에게 국가수준에서 제공하는 보편적이고 공통적인 보육의 목표와 내용을 제시한 것이다. 어린이집 표준보육과정은 0-1세 보육과정, 2세 보육과정, 3-5세 보육과정(누리과정 포함)으로 구성한다. 국가수준의 어린이집 표준보육과정을 시행함으로써 영·유아의 전인적 발달과 우리 문화에 적합한 내용을 일관성 있고 연계적으로 실천하며, 궁극적으로 사회에서 추구하는 인간상을 구현하고 전국 어린이집의 질적 수준을 높이는 데 기여하고자 한다.

Ⅰ. 표준보육과정의 기초

1. 추구하는 인간상

가. 심신이 건강하고 행복한 사람
나. 자율적이고 창의적인 사람
다. 자신과 타인을 존중하고 배려하는 사람
라. 자연과 우리문화를 사랑하는 사람
마. 다양성을 인정하는 민주적인 사람

2. 표준보육과정의 기본전제

가. 영·유아는 개별적인 특성을 지닌 고유한 존재이다.
나. 영·유아는 연령에 따라 발달적 특성이 질적으로 다르다.
다. 영·유아는 그 자체로서 존중 받아야 하는 존재이다.
라. 영·유아는 직접적으로 경험할 때 의미 있는 지식, 기술 및 바람직한 태도를 형성해 간다.
마. 영·유아는 일상생활이 편안하고 학습과 경험이 놀이중심으로 이루어질 때, 최대의 능력이 발휘된다.
바. 영·유아는 민감하고 반응적인 성인과의 신뢰로운 관계 속에서 최적의 발달을 이룬다.
사. 영·유아가 속한 가정, 지역사회가 함께 협력할 때 영유아에게 가장 긍정적인 영향을 미친다.

3. 구성 방향 및 체계

가. 구성방향

(1) 영·유아의 발달 특성과 개인차를 고려하여 연령 및 수준별로 구성한다.
(2) 어린이집에서 편안하고 행복한 일상생활이 되도록 중점을 두어 구성한다.
(3) 질서, 배려, 협력 등 기본생활습관과 바른 인성을 기르는 데 중점을 두어 구성한다.
(4) 자율성과 창의성을 기르는 데 중점을 두고, 전인발달을 이루도록 구성한다.
(5) 사람과 자연을 존중하고, 우리 문화를 이해하는 데 중점을 두어 구성한다.

나. 구성 체계

(1) 어린이집 표준보육과정은 0-1세 보육과정, 2세 보육과정, 3-5세 보육과정으로 구성한다.
(2) 어린이집 표준보육과정은 영역, 내용범주, 내용, 세부 내용으로 구분하고, 내용 간에 연계가 이루어지도록 구성한다.
(3) 세부내용이라 함은 0-1세 보육과정, 2세 보육과정에서는 수준별 세부내용을 의미하고 3-5세 보육과정에서는 연령별 세부내용을 의미한다.
(4) 0-1세 보육과정은 기본생활, 신체운동, 의사소통, 사회관계, 예술경험, 자연탐구의 6개 영역을 중심으로 구성한다.
(5) 2세 보육과정은 기본생활, 신체운동, 의사소통, 사회관계, 예술경험, 자연탐구의 6개 영역을 중심으로 구성한다.
(6) 3-5세 보육과정은 신체운동·건강, 의사소통, 사회관계, 예술경험, 자연탐구의 5개 영역을 중심으로 구성한다.
(7) 3-5세 보육과정은 초등학교 교육과정과의 연계성을 고려하여 구성한다.

II. 목적과 목표

1. 목적

영·유아의 심신의 건강과 전인적 발달을 도와 행복을 도모하며 민주시민의 기초를 형성하려는 것 목적으로 한다.

2. 목표

가. 0-1세 보육과정

(1) 건강하고 안전한 일상생활을 경험한다.
(2) 감각 및 기본 신체운동 능력을 기른다.
(3) 말소리를 구분하고 의사소통의 기초를 마련한다.
(4) 친숙한 사람과 관계를 형성한다.
(5) 아름다움에 관심을 가진다.
(6) 보고, 듣고, 만지면서 주변 환경에 관심을 가진다.

나. 2세 보육과정

(1) 건강하고 안전한 생활습관의 기초를 마련한다.
(2) 감각, 신체조절 및 기본 운동 능력을 기른다.
(3) 의사소통 능력의 기초를 기른다.
(4) 나를 인식하고 다른 사람과 더불어 생활하는 경험을 한다.
(5) 아름다움에 관심을 가지고 예술경험을 즐긴다.
(6) 주변 환경에 호기심을 갖고 탐색하기를 즐긴다.

다. 3-5세 보육과정

(1) 기본 운동 능력과 건강하고 안전한 생활 습관을 기른다.
(2) 일상생활에 필요한 의사소통 능력과 바른 언어 사용 습관을 기른다.
(3) 자신을 존중하고 다른 사람과 더불어 생활하는 능력과 태도를 기른다.
(4) 아름다움에 관심을 가지고 예술 경험을 즐기며, 창의적으로 표현하는 능력을 기른다.
(5) 호기심을 가지고 주변세계를 탐구하며, 일상생활에서 수학적·과학적으로 생각하는 능력과 태도를 기른다.

Ⅲ. 편성과 운영

1. 편성

가. 어린이집의 운영시간에 맞추어 편성한다.
나. 표준 보육과정에 제시된 각 영역의 내용을 균형 있게 통합적으로 편성한다.

다. 영·유아의 발달 특성 및 개인차, 경험을 고려하여 놀이를 중심으로 편성한다.
라. 영·유아의 일과 중 일상생활을 포함하여 편성한다.
마. 어린이집과 보육실의 특성에 따라 융통성 있게 편성한다.
바. 성별, 종교, 신체적 특성, 가족 및 민족 배경 등으로 인한 편견이 없도록 편성한다.

2. 운영

가. 보육계획(연간, 월간, 주간, 일일 계획 등)에 의거하여 운영한다.
나. 실내·외 환경을 다양한 흥미 영역으로 구성하여 운영한다.
다. 영·유아의 능력과 장애정도에 따라 조정하여 운영한다.
라. 부모와 각 기관의 실정에 따라 부모교육을 실시한다.
마. 가정과 지역사회와의 협력과 참여에 기반하여 운영한다.
바. 교사 재교육을 통해 어린이집 표준보육과정 운영을 개선해 나간다.

3. 교수·학습 방법

가. 주도적인 놀이를 중심으로 교수·학습활동이 이루어지도록 한다.
나. 흥미를 중심으로 활동을 선택하고 지속할 수 있도록 한다.
다. 생활 속 경험을 소재로 하여 지식, 기술, 바람직한 태도를 기르도록 한다.
라. 교사와 신뢰감을 형성하고 개별적인 활동이 이루어지도록 한다.
마. 교사, 환경, 또래와 능동적인 상호작용이 이루어지도록 한다.
바. 주제를 중심으로 여러 활동이 통합적으로 이루어지도록 한다.
사. 만 0-1세아, 만 2세아는 일상생활 및 개별 활동, 휴식 등이 균형 있게 이루어지도록 한다.
아. 만 3-5세아는 실내·실외활동, 정적·동적활동, 대·소집단활동 및 개별 활동, 일상생활 및 휴식 등이 균형 있게 이루어지도록 한다.

4. 평가

가. 운영평가

(1) 어린이집 표준보육과정의 목표와 내용에 근거하여 보육내용이 적절히 편성·운영되는지 평가한다.
(2) 어린이집 표준보육과정의 운영 내용 및 활동이 영유아의 발달 수준과 흥미,

요구에 적합한지 평가한다.
(3) 영·유아의 발달수준, 흥미, 요구에 적합한 경험 및 학습을 촉진할 수 있는 다양한 활동과 교수학습 방법이 계획되고 통합적으로 운영되는지 평가한다.
(4) 일과 운영 및 보육활동 구성 시 놀이 활동과 일상생활 활동의 양과 내용이 영아 및 유아 각 연령의 발달에 적합하게 계획되고 운영되는지 평가한다.
(5) 만 0-1세아, 만 2세아는 집단 활동보다 개별적인 상호작용과 교수법을 중심으로 상호작용이 진행되는지를 평가한다.
(6) 어린이집 표준보육과정 운영 평가 결과를 수시로 반영하여 보육과정 운영 계획을 수정·보완하거나 다음 연도의 계획 수립 및 운영에 반영하는지 평가한다.

나. 영·유아평가

(1) 어린이집 표준보육과정의 목표와 내용에 근거하여 영·유아의 특성과 변화 정도를 평가한다.
(2) 지식, 기술, 태도 등을 평가한다.
(3) 일상생활과 보육과정 활동 전반에 걸쳐 평가한다.
(4) 관찰, 활동 결과물 분석, 부모면담 등 다양한 방법을 사용하여 종합적으로 평가하고, 그 결과를 기록한다.
(5) 평가 결과는 영·유아에 대한 이해와 어린이집 표준보육과정운영 개선 및 부모 면담 자료로 활용한다.

제2장 0-1세 보육과정

제1절. 0-1세 보육과정의 영역별 목표

Ⅰ. 기본생활

건강하고 안전한 일상생활을 경험한다.
1. 건강하고 편안한 일상생활을 경험한다.
2. 안전한 생활을 경험한다.

Ⅱ. 신체운동

감각 및 기본 신체운동 능력을 기른다.
1. 감각기능을 발달시키고 자신의 신체를 탐색한다.
2. 대소근육을 조절하고 걷기 등의 능력을 기른다.
3. 규칙적으로 신체활동에 참여한다.

III. 의사소통

말소리를 구분하고 의사소통의 기초를 마련한다.
1. 주변의 소리와 말소리 듣기에 관심을 보인다.
2. 표정, 소리, 몸짓으로 자신의 생각과 느낌을 표현한다.
3. 짧은 그림책이나 친숙한 환경 인쇄물에 관심을 가진다.
4. 끼적이기에 관심을 가진다.

IV. 사회관계

친숙한 사람과 관계를 형성한다.
1. 자신과 다른 사람을 구별된 존재로 인식한다.
2. 기본 정서를 표현하고 다른 사람의 감정에 주의를 기울인다.
3. 안정적인 애착을 형성하고 또래나 교사와 함께 지낸다.

V. 예술경험

아름다움에 관심을 가진다.
1. 자신의 신체와 주변의 감각 자극에 호기심을 가지고 반응한다.
2. 소리와 움직임으로 반응하고, 단순한 미술을 경험하며, 모방 행동을 즐긴다.
3. 친근한 소리나 노래를 즐겨 듣고, 자연물, 사물, 주변 환경에 관심을 가진다.

VI. 자연탐구

보고, 듣고, 만지면서 주변 환경에 관심을 가진다.
1. 주변 사물에 대한 탐색을 시도한다.
2. 주변에서 일어나는 수학적 상황을 지각한다.
3. 감각과 조작을 통하여 주변 사물과 자연환경에 대해 지각한다.

제2절. 0-1세 보육과정의 영역별 내용

Ⅰ. 기본생활

1. 내용체계

내용범주	내용
건강하게 생활하기	몸을 깨끗이 하기
	즐겁게 먹기
	건강한 일상생활하기
안전하게 생활하기	안전하게 지내기
	위험한 상황에 반응하기

2. 세부내용

내용범주	내용	1수준	2수준	3수준	4수준
건강하게 생활하기	몸을 깨끗이 하기	몸이 깨끗해졌을 때 기분이 좋음을 안다.			
		도움을 받아 손을 씻는다.			
		도움을 받아 이를 닦는다.			
	즐겁게 먹기	편안하게 안겨서 우유(모유)를 먹는다.	이유식에 적응한다.	고형식에 적응한다.	다양한 음식을 먹어본다.
				도구로 음식을 먹어 본다.	
		즐겁게 먹는다.			
	건강한 일상생활하기	수면을 충분히 취한다.			
		편안하게 쉰다.			
		하루 일과에 편안하게 참여한다.			
				배변 의사를 표현한다.	
안전하게 생활하기	안전하게 지내기	안전한 상황에서 놀이한다.			놀잇감을 안전하게 사용한다.
		안전한 장소에서 놀이한다.			
		차량 승하차 시 안전 장구를 착용한다.			
안전하게 생활하기	위험한 상황에 반응하기		위험하다는 말에 반응을 보인다.	위험하다고 알려주면 주의한다.	

II. 신체운동

1. 내용체계

내용범주	내용
감각과 신체 인식하기	감각적 자극에 반응하기
	감각기관으로 탐색하기
	신체 탐색하기
신체조절과 기본운동하기	신체 균형잡기
	대근육 조절하기
	소근육 조절하기
	기본운동하기
신체활동에 참여하기	몸 움직임 즐기기
	바깥에서 신체 움직이기
	기구를 이용하여 신체활동 시도하기

2. 세부내용

내용범주	내용	1수준	2수준	3수준	4수준
감각과 신체 인식하기	감각적 자극에 반응하기	시각, 청각, 촉각, 후각, 미각으로 자극을 느낀다.			
		시각, 청각, 촉각, 후각, 미각으로 자극에 반응한다.			
	감각기관으로 탐색하기	감각기관으로 주변 환경을 탐색한다.			
	신체 탐색하기	손과 발 등을 바라보며 탐색한다.	주요 신체 부분의 움직임을 탐색한다.		
신체조절과 기본운동하기	신체 균형잡기	몸의 균형을 잡기 위한 자세를 시도한다.	붙잡고 서 있기 등의 자세를 취한다.	안정되게 서 있기 등의 자세를 시도한다.	
	대근육 조절하기	뒤집기 등 몸을 조절하여 위치를 바꾼다.	누웠다 앉기 등 몸의 움직임을 조절한다.		
	소근육 조절하기	보이는 물체에 손을 뻗는다.	눈과 손을 협응하여 소근육을 활용해 본다.		
신체조절과 기본운동하기	기본운동하기	배밀이 등 이동운동을 시도한다.	기기, 걷기 등 이동운동을 시도한다.	걷기 등 이동운동을 시도한다.	
		팔 다리 뻗기, 흔들기 등 제자리 운동을 시도한다.	서 있기, 앉기 등 제자리 운동을 시도한다.		
신체활동에 참여하기	몸 움직임 즐기기	몸을 활발히 움직인다.	몸의 움직임을 다양하게 시도한다.		
	바깥에서 신체 움직이기	규칙적으로 바깥환경을 경험한다.	규칙적으로 바깥에서 신체활동을 한다.		
	기구를 이용하여 신체활동 시도하기		간단한 기구를 이용하여 신체활동을 시도한다.		

III. 의사소통

1. 내용체계

내용범주	내용
듣기	주변의 소리와 말소리 구분하여 듣기
	경험과 관련된 말 듣고 알기
	운율이 있는 말 듣기
	말하는 사람을 보기
말하기	발성과 발음으로 소리내기
	표정, 몸짓, 말소리로 말하기
	말할 순서 구별하기
읽기	그림책과 환경 인쇄물에 관심 가지기
쓰기	끼적이기

2. 세부내용

내용범주	내용	1수준	2수준	3수준	4수준
듣기	주변의 소리와 말소리 구분하여 듣기	여러 가지 소리와 말소리 듣기에 흥미를 보인다.			친숙한 낱말의 발음에 흥미를 보인다.
			익숙한 목소리를 듣고 그것에 반응한다.		
				높낮이와 세기 등 말소리의 차이에 반응한다.	
	경험과 관련된 말 듣고 알기	눈 앞에 보이는 경험과 관련된 말에 반응한다.			
			자신의 이름이 불리면 듣고 반응한다.		
	운율이 있는 말 듣기	운율이 있는 짧은 말소리를 관심 있게 듣는다.			
	말하는 사람을 보기	말하는 사람의 눈을 마주 바라본다.		말하는 사람의 표정, 몸짓을 관심 있게 본다.	
말하기	발성과 발음으로 소리내기	여러 가지 소리를 내고 옹알이를 한다.		여러 말소리를 즐겁게 내 본다.	
				의미 있는 음절을 내 본다.	
		옹알이와 말소리에 대해 말로 반응해 주면 모방하여 소리 낸다.		교사의 말을 모방하여 발음한다.	
	표정, 몸짓, 말소리로 말하기	표정과 소리로 의사표현을 한다.	표정, 몸짓, 소리로 의사표현을 한다.	표정, 몸짓, 말소리로 의사표현을 한다.	
	말할 순서 구별하기	말할 순서에 따라 표정, 몸짓, 말소리로 반응한다.			
읽기	그림책과 환경 인쇄물에 관심 가지기		다양한 감각 책을 탐색해 본다.		
				사물과 주변의 친숙한 환경 인쇄물에 관심을 가진다.	
			읽어주는 짧은 그림책에 관심을 가진다.		
쓰기	끼적이기			끼적이기에 관심을 가진다.	

IV. 사회관계

1. 내용체계

내용범주	내용
나를 알고 존중하기	나를 구별하기
	나의 것 인식하기
나와 다른 사람의 감정 알기	나의 감정을 나타내기
	다른 사람에게 주의 기울이기
더불어 생활하기	안정적인 애착형성하기
	또래에 관심 갖기
	자신이 속한 집단 알기
	사회적 가치를 알기

2. 세부내용

내용범주	내용	1수준	2수준	3수준	4수준
나를 알고 존중하기	나를 구별하기	거울 속의 나에게 관심을 가진다.		거울 속의 나를 알아본다.	
	나의 것 인식하기	자기 이름을 부르는 소리에 반응한다.			
				친숙한 자기 물건을 안다.	
나와 다른 사람의 감정 알기	나의 감정을 나타내기	나의 욕구와 감정을 나타낸다.			
	다른 사람에게 주의 기울이기	다른 사람의 말과 표정, 몸짓에 주의를 기울인다.		다른 사람이 나타내는 여러 가지 감정에 주의를 기울인다.	
더불어 생활하기	안정적인 애착형성하기	양육자와 시선을 맞춘다.	양육자에게 적극적으로 관심과 욕구를 표현한다.		
		주변의 친숙한 사람의 얼굴과 목소리를 인식한다.		주변의 친숙한 사람에게 애정을 표현한다.	
	또래에 관심갖기	다른 영아와 함께 지내는 것을 경험한다.			
	자신이 속한	담임교사를 구별한다.		자기 반에서 지내며 안정감을	

	집단 알기		가진다.
	사회적 가치를 알기		친숙한 물건의 자리를 안다.
		만나고 헤어지는 인사를 해본다.	

V. 예술경험

1. 내용체계

내용범주	내용
아름다움 찾아보기	예술적 요소에 호기심 가지기
예술적 표현하기	리듬 있는 소리로 반응하기
	움직임으로 반응하기
	단순한 미술 경험하기
	모방행동 즐기기
예술 감상하기	아름다움 경험하기

2. 세부내용

내용범주	내용	1수준	2수준	3수준	4수준
아름다움 찾아보기	예술적 요소에 호기심 가지기	주변의 소리와 움직임에 호기심을 가진다.			
		주변 환경에서 색, 모양에 호기심을 가진다.			
예술적 표현하기	리듬 있는 소리로 반응하기	리듬 있는 소리에 관심을 가진다.		노래를 부분적으로 따라 부른다.	
		리듬과 노래에 소리로 반응한다.		리듬과 음높이에 맞추어 소리를 낸다.	
	움직임으로 반응하기	손발 흔들기와 몸 움직임으로 반응한다.			
				간단한 도구를 활용하여 움직인다.	
	단순한 미술 경험하기			감각적으로 단순한 미술경험을 한다.	
	모방행동 즐기기	소리나 얼굴 표정, 몸 움직임 등을 모방한다.		단순한 모방 행동을 놀이처럼 즐긴다.	
예술 감상하기	아름다움 경험하기	일상생활에서 반복되는 소리와 노래에 관심을 가진다.		일상생활에서 리듬 있는 소리와 노래를 즐겨 듣는다.	
		일상생활에서 자연이나 사물의 아름다움을 경험한다.			

VI. 자연탐구

1. 내용체계

내용범주	내용
탐구하는 태도 기르기	사물에 관심 가지기
	탐색 시도하기
수학적 탐구하기	수량 지각하기
	주변 공간 탐색하기
	차이를 지각하기
	간단한 규칙성 지각하기
과학적 탐구하기	물체와 물질 탐색하기
	주변 동식물에 관심 가지기
	주변 자연에 관심 가지기
	생활도구 탐색하기

2. 세부내용

내용범주	내용	1수준	2수준	3수준	4수준
탐구하는 태도 기르기	사물에 관심 가지기		주변 사물에 관심을 가진다.		
	탐색 시도하기	나와 주변 사물을 감각으로 탐색한다.	주변의 사물에 대해 의도적인 탐색을 시도한다.		
수학적 탐구하기	수량 지각하기		있고 없는 상황을 지각한다.	'있다'와 '없다'를 구별한다.	'한 개'와 '여러 개'를 구별한다.
	주변 공간 탐색하기		도움을 받아 주변의 공간을 탐색한다.		
		주변 사물의 모양을 지각한다.			
	차이를 지각하기			주변 사물의 차이를 지각한다.	
	간단한 규칙성 지각하기			일상과 놀이에서 간단한 규칙성을 경험한다.	
과학적 탐구하기	물체와 물질 탐색하기	일상생활 주변의 몇 가지 친숙한 것들을 양육자와 함께 탐색한다.			
	주변 동식물에 관심 가지기			주변 동식물의 모양, 소리, 움직임에 관심을 가진다.	
	주변 자연에 관심 가지기		생활 주변의 자연물을 감각으로 느껴본다.		
			바람, 햇빛, 비 등을 감각으로 느껴본다.		
	생활도구 탐색하기			도움을 받아 생활도구를 탐색한다.	

제3장 2세 보육과정

제1절. 2세 보육과정의 영역별 목표

Ⅰ. 기본생활

건강하고 안전한 생활습관의 기초를 마련한다.
1. 건강한 생활습관의 기초를 경험한다.
2. 안전한 생활습관의 기초를 경험한다.

Ⅱ. 신체운동

감각, 신체조절 및 기본 운동 능력을 기른다.
1. 감각능력을 기르고, 자신의 신체 움직임을 탐색한다.
2. 안정된 자세로 대소근육을 조절하고 기본운동능력을 기른다.
3. 규칙적으로 신체활동에 참여한다.

Ⅲ. 의사소통

의사소통 능력의 기초를 기른다.
1. 다른 사람의 말과 짧은 이야기 듣는 것을 즐긴다.
2. 자신의 생각과 느낌을 말로 주고받기를 즐긴다.
3. 그림책이나 환경 인쇄물에 관심을 가지며 글의 내용에 흥미를 가진다.
4. 글자 형태 끼적이기에 관심을 가진다.

Ⅳ. 사회관계

나를 인식하고 다른 사람과 더불어 생활하는 경험을 한다.
1. 자기 존중감을 형성한다.
2. 자신의 감정을 알고 다른 사람의 감정에 반응을 보인다.
3. 가족을 사랑하고 또래, 교사와 즐겁게 지내며 간단한 규칙 등을 지킨다.

Ⅴ. 예술경험

아름다움에 관심을 가지고 예술경험을 즐긴다.
1. 주변 생활에서 예술적 요소를 발견하고 흥미롭게 탐색한다.
2. 간단한 리듬이나 노래, 움직임, 자발적인 미술활동을 자유롭게 시도하고 모방이나 상상놀이로 표현한다.
3. 주변의 환경과 자연 및 다양한 표현에서 예술적 요소를 관심 있게 보고 즐긴다.

VI. 자연탐구

주변 환경에 호기심을 갖고 탐색하기를 즐긴다.
1. 호기심을 가지고 주변 세계에 대해 다양하게 탐색한다.
2. 주변에서 경험하는 수학적 상황을 인식한다.
3. 다양한 탐색을 통하여 주변 사물과 자연환경을 인식한다.

제2절. 2세 보육과정의 영역별 내용

Ⅰ. 기본생활

1. 내용체계

내용범주	내용
건강하게 생활하기	몸을 깨끗이 하기
	바르게 먹기
	건강한 일상생활하기
	질병에 대해 알기
안전하게 생활하기	안전하게 놀이하기
	교통안전 알기
	위험한 상황알기

2. 세부내용

내용범주	내용	1수준	2수준
건강하게 생활하기	몸을 깨끗이 하기	스스로 손과 몸 씻기를 시도한다.	
		스스로 이 닦기를 시도한다.	
	바르게 먹기	음식을 골고루 먹는다.	
		도구를 사용하여 스스로 먹는다.	
		정해진 자리에서 먹는다.	
	건강한 일상생활하기	일과에 따라 규칙적으로 잠을 잔다.	
		정해진 시간에 알맞게 휴식한다.	
		하루 일과에 즐겁게 참여한다.	
		정해진 곳에서 배변한다.	화장실에서 배변한다.
	질병에 대해 알기	질병의 위험을 안다.	
안전하게 생활하기	안전하게 놀이하기	놀이기구나 놀잇감을 안전하게 사용한다.	
		안전한 장소에서 놀이한다.	
	교통안전 알기	교통수단의 위험을 안다.	교통수단의 위험을 알고 조심한다.
	위험한 상황알기	위험한 상황과 위험한 것을 안다.	위험한 상황과 위험한 것을 알고 조심한다.
		위험한 상황 시 어른의 지시에 따른다.	

II. 신체운동

1. 내용체계

내용범주	내용
감각과 신체 인식하기	감각능력 기르기
	감각 기관 활용하기
	신체를 인식하고 움직이기
신체조절과 기본운동하기	신체 균형잡기
	대근육 조절하기
	소근육 조절하기
	기본운동하기
신체활동에 참여하기	신체활동에 참여하기
	바깥에서 신체활동하기
	기구를 이용하여 신체활동 하기

2. 세부내용

내용범주	내용	1수준	2수준
감각과 신체 인식하기	감각능력 기르기	다양한 감각적 차이에 반응한다.	
	감각 기관 활용하기	감각기관으로 주변 환경을 탐색한다.	
	신체를 인식하고 움직이기	신체 각 부분의 명칭을 안다.	
		신체 각 부분의 움직임을 탐색한다.	
신체 조절과 기본 운동하기	신체균형잡기	안정된 자세를 취하려고 시도한다.	
	대근육 조절하기	팔, 다리, 목, 허리 등 움직임을 조절한다.	
	소근육 조절하기	눈과 손을 협응하여 소근육을 조절해본다.	
	기본운동하기	걷기, 계단 오르기 등 이동운동을 한다.	
		제자리에서 몸을 움직여본다.	
신체 활동에 참여하기	신체활동에 참여하기	신체활동에 자발적으로 참여해 본다.	
	바깥에서 신체활동하기	규칙적으로 바깥에서 신체활동을 한다.	
	기구를 이용하여 신체활동하기	간단한 기구를 이용하여 신체활동을 한다.	

III. 의사소통

1. 내용체계

내용범주	내용
듣기	말소리 구분하여 듣고 의미알기
	짧은 문장 듣고 알기
	짧은 이야기 듣기
	말하는 사람을 주의 깊게 보기
말하기	낱말과 간단한 문장으로 말하기
	자신이 원하는 것을 말하기
	상대방을 바라보며 말하기
읽기	그림책과 환경 인쇄물에 흥미 가지기
쓰기	끼적이며 즐기기

2. 세부내용

내용범주	내용	1수준	2수준
듣기	말소리 구분하여 듣고 의미알기	친숙한 낱말의 발음에 흥미를 보인다.	친숙한 낱말의 발음에 관심을 가지고 듣는다.
		다양한 말소리의 차이를 구분한다.	
	짧은 문장 듣고 알기	낱말을 듣고 친숙한 사물과 사람을 찾아본다.	일상생활과 관련된 친숙한 낱말을 듣고 뜻을 이해한다.
		친숙한 짧은 문장을 듣고 반응한다.	
	짧은 이야기 듣기	짧은 이야기와 노랫말 등을 즐겁게 듣는다.	
	말하는 사람을 주의 깊게 보기	말하는 사람의 표정, 몸짓, 억양 등을 주의 깊게 보고 듣는다.	
말하기	낱말과 간단한 문장으로 말하기	눈앞에 보이는 친숙한 사물의 이름을 발음해본다.	친숙한 낱말을 발음해 본다.
		일상생활에서 경험한 새로운 낱말에 관심을 가진다.	
		일상생활의 반복적인 일이나 친숙한 상황을 한 두 낱말이나 간단한 문장으로 말해본다.	
	자신이 원하는 것을 말하기	표정, 몸짓, 말소리로 의사표현을 한다.	
		자신이 원하는 것을 한 두 낱말로 말해본다.	자신이 원하는 것을 낱말이나 짧은 문장으로 말해본다.
	상대방을 바라보며 말하기	말할 순서에 상대방을 바라보며 말을 주고 받는다.	
읽기	그림책과 환경 인쇄물에 흥미 가지기	그림책과 환경 인쇄물에 있는 그림과 내용에 관심을 가진다.	
		친숙한 그림과 환경 인쇄물을 보고 읽는 흉내를 내 본다.	
		선호하는 그림책들을 읽어주면 집중하여 듣는다.	
쓰기	끼적이며 즐기기	의도적으로 끼적인다.	
		자기 이름 끼적이기에 관심을 가진다.	

IV. 사회관계

1. 내용체계

내용범주	내용
나를 알고 존중하기	나를 구별하기
	좋아하는 것 해보기
나와 다른 사람의 감정 알기	나의 감정을 나타내기
	다른 사람의 감정에 반응하기
더불어 생활하기	내 가족 알기
	또래와 관계하기
	자신이 속한 집단 알기
	사회적 가치를 알기

2. 세부내용

내용범주	내용	1수준	2수준
나를 알고 존중하기	나를 구별하기	나와 다른 사람의 모습을 구별한다.	
	좋아하는 것 해보기	내가 좋아하는 것을 찾아본다.	
		좋아하는 놀이나 놀잇감을 선택해 본다.	스스로 선택한 놀이나 놀잇감을 즐긴다.
나와 다른 사람의 감정 알기	나의 감정을 나타내기	여러 가지 감정을 말과 행동으로 나타낸다.	
	다른 사람의 감정에 반응하기	다른 사람이 나타내는 여러 가지 감정에 반응을 보인다.	
더불어 생활하기	내 가족 알기	내 가족에게 애정을 표현한다.	내 가족에게 다른 사람과는 구별된 특별한 감정을 갖는다.
더불어	또래와	또래에게 관심을	또래의 모습과 행동을

내용범주	내용	1수준	2수준
생활하기	관계하기	보인다.	모방한다.
		또래의 이름을 안다.	또래가 있는 곳에서 놀이를 한다.
	자신이 속한 집단 알기	자신이 속한 반과 교사를 안다.	자신이 속한 반의 활동에 즐겁게 참여한다.
	사회적 가치를 알기	도움 받아 물건을 정리한다.	스스로 물건을 정리한다.
		자기 순서를 안다.	순서를 기다린다.
		바른 태도로 인사한다.	
		간단한 약속을 지킨다.	

V. 예술경험

1. 내용체계

내용범주	내용
아름다움 찾아보기	예술적 요소 탐색하기
예술적 표현하기	리듬 있는 소리와 노래로 표현하기
	움직임으로 표현하기
	자발적으로 미술활동하기
	모방과 상상놀이하기
예술 감상하기	아름다움 즐기기

2. 세부내용

내용범주	내용	1수준	2수준
아름다움 찾아보기	예술적 요소 탐색하기	주변 환경에서 나는 다양한 소리와 움직임을 탐색한다.	
		주변 환경에서 색, 모양을 탐색한다.	

예술적 표현하기	리듬있는 소리와 노래로 표현하기	친근한 노래를 따라 부른다.	
		신체, 사물, 리듬악기 등을 이용하여 간단한 리듬과 소리를 만든다.	
	움직임으로 표현하기	노래나 리듬에 맞춰 몸으로 표현한다.	
		간단한 도구를 활용하여 몸으로 표현한다.	
	자발적으로 미술활동하기	자발적으로 그리기, 만들기를 한다.	
		간단한 도구와 미술재료를 다룬다.	
	모방과 상상놀이하기	모방행동을 놀이처럼 즐긴다.	일상생활 경험을 상상놀이로 즐긴다.
예술 감상하기	아름다움 즐기기	자연이나 생활의 소리나, 움직임, 친근한 음악과 춤을 관심 있게 듣거나 본다.	
		일상생활에서 자연과 사물의 아름다움에 관심을 가지고 즐긴다.	
		자신과 또래가 표현한 노래, 춤, 미술품 등에 관심을 가지고 즐긴다.	

VI. 자연탐구

1. 내용체계

내용범주	내용
탐구하는 태도 기르기	호기심 가지기
	반복적 탐색 즐기기
수학적 탐구하기	수량 인식하기
	공간과 도형에 관심 가지기
	차이에 관심 가지기
	단순한 규칙성에 관심 가지기
	구분하기
과학적 탐구하기	물체와 물질 탐색하기
	주변 동식물에 관심 가지기
	자연을 탐색하기
	생활도구 사용하기

2. 세부내용

내용범주	내용	1수준	2수준
탐구하는 태도 기르기	호기심 가지기	주변 사물과 자연 세계에 호기심을 가진다.	
	반복적 탐색 즐기기	관심 있는 사물을 반복하여 주도적으로 탐색하기를 즐긴다.	
수학적 탐구하기	수량 인식하기	많고 적음을 구별한다.	
		두 개 가량의 수 이름을 말해본다.	세 개 가량의 구체물을 말하며 세어본다.
		구체물을 일대일로 대응해본다.	
	공간과 도형에 관심 가지기	나를 중심으로 익숙한 위치, 장소를 인식한다.	
		주변 사물의 모양에 관심을 가진다.	
	차이에 관심 가지기	주변 사물의 크기(속성의 차이)에 관심을 가진다.	
수학적 탐구하기	단순한 규칙성에 관심 가지기	주변에서 단순하게 반복되는 규칙성에 관심을 가진다.	
	구분하기	주변 사물의 같고 다름에 따라 구분한다.	
과학적 탐구하기	물체와 물질 탐색하기	친숙한 물체와 물질을 능동적으로 탐색한다.	
	주변 동식물에 관심 가지기	주변 동식물의 모양, 소리, 움직임에 관심을 가진다.	
	자연을 탐색하기	돌, 물, 모래 등의 자연물을 탐색한다.	
		날씨를 감각으로 느낀다.	
	생활도구 사용하기	생활 속에서 간단한 도구에 관심을 가진다.	
		간단한 도구를 사용한다.	

제5장 3-5세 보육과정(누리과정)

제1절. 3-5세 보육과정(누리과정)의 영역별 목표

Ⅰ. 신체운동·건강

기본 운동 능력과 건강하고 안전한 생활 습관을 기른다.
1. 감각 능력을 기르고, 자신의 신체를 긍정적으로 인식한다.
2. 신체를 조절하고 기본 운동 능력을 기른다.
3. 신체 활동에 즐겁게 참여한다.
4. 건강한 생활 습관을 기른다.
5. 안전한 생활 습관을 기른다.

Ⅱ. 의사소통

일상생활에 필요한 의사소통 능력과 바른 언어 사용 습관을 기른다.
1. 다른 사람의 말을 주의 깊게 듣는 태도와 이해하는 능력을 기른다.
2. 자신의 생각과 느낌을 말하는 능력을 기른다.
3. 글자와 책에 친숙해지는 경험을 통하여 글자 모양을 인식하고 읽기에 흥미를 가진다.
4. 말과 글의 관계를 알고 자신의 생각, 느낌, 경험을 글로 표현하는 데 관심을 가진다.

Ⅲ. 사회관계

자신을 존중하고 다른 사람과 더불어 생활하는 능력과 태도를 기른다.
1. 자신을 소중히 여기며 자율성을 기른다.
2. 자신과 타인의 감정을 알고, 자신의 감정을 적절하게 표현하고 조절한다.
3. 가족과 화목하게 지내며 서로 협력한다.
4. 친구, 공동체 구성원들과 서로 돕고, 예의·규칙 등 사회적 가치를 알고 지킨다.
5. 우리 동네, 우리나라, 다른 나라에 관심을 가진다.

Ⅳ. 예술경험

아름다움에 관심을 가지고 예술 경험을 즐기며, 창의적으로 표현하는 능력을 기른다.
1. 자연과 주변 환경에서 발견한 아름다움과 예술적 요소에 관심을 갖고 탐색한다.
2. 자신의 생각과 느낌을 음악, 움직임과 춤, 미술, 극놀이를 통해 창의적으로 표현하는 것을 즐긴다.
3. 자연과 다양한 예술 작품을 감상하며, 풍부한 감성과 심미적 태도를 기른다.

Ⅴ. 자연탐구

호기심을 가지고 주변세계를 탐구하며, 일상생활에서 수학적·과학적으로 생각하는 능력과 태도를 기른다.
1. 주변의 사물과 자연 세계에 대해 알고자 하는 호기심을 가지고 탐구하는 태도를 기른다.
2. 생활 속의 여러 상황과 문제를 논리·수학적으로 이해하고 해결하기 위한 기초 능력을 기른다.
3. 주변의 관심 있는 사물과 생명체 및 자연현상을 탐구하기 위한 기초능력을 기른다.

제2절. 3-5세 보육과정(누리과정)의 영역별 내용

Ⅰ. 3세 보육과정(누리과정)

1. 신체운동·건강

가. 내용체계

내용범주	내용
신체인식하기	감각능력 기르고 활용하기
	신체를 인식하고 움직이기
신체 조절과 기본 운동하기	신체 조절하기
	기본 운동하기

신체 활동에 참여하기	자발적으로 신체 활동에 참여하기
	바깥에서 신체 활동하기
	기구를 이용하여 신체 활동하기
건강하게 생활하기	몸과 주변을 깨끗이 하기
	바른 식생활하기
	건강한 일상생활하기
	질병 예방하기
안전하게 생활하기	안전하게 놀이하기
	교통안전 규칙 지키기
	비상 시 적절히 대처하기

나. 세부내용

내용범주	내용	세부내용
신체 인식하기	감각능력 기르고 활용하기	감각적 차이를 경험한다.
		감각기관을 인식하고, 활용해 본다.
	신체를 인식하고 움직이기	신체 각 부분의 명칭을 알고, 움직임에 관심을 갖는다.
		자신의 신체를 긍정적으로 인식하고 움직인다.
신체 조절과 기본 운동하기	신체 조절하기	신체균형을 유지해본다.
		공간, 힘, 시간 등의 움직임 요소를 경험한다.
		신체 각 부분의 움직임을 조절해 본다.
		눈과 손을 협응하여 소근육을 조절해 본다.
	기본 운동하기	걷기, 달리기 등 이동운동을 한다.
		제자리에서 몸을 움직여 본다.
신체 활동에 참여하기	자발적으로 신체 활동에 참여하기	신체 활동에 자발적으로 참여한다.
		다른 사람과 함께 하는 신체 활동에 참여한다.
	바깥에서 신체 활동하기	규칙적으로 바깥에서 신체 활동을 한다.
	기구를 이용하여 신체 활동하기	여러 가지 기구를 이용하여 신체 활동을 한다.
건강하게 생활하기	몸과 주변을 깨끗이 하기	손과 이를 깨끗이 하는 방법을 알고 실천한다.
		주변을 깨끗이 한다.

내용범주	내용	세부내용
	바른 식생활하기	음식을 골고루 먹는다.
		몸에 좋은 음식에 관심을 갖는다.
		바른 태도로 식사한다.
	건강한 일상생활하기	규칙적으로 잠을 자고, 적당한 휴식을 취한다.
		하루 일과에 즐겁게 참여한다.
		스스로 화장실에서 배변한다.
	질병 예방하기	질병의 위험을 알고 주의한다.
		날씨에 맞게 옷을 입는다.
안전하게 생활하기	안전하게 놀이하기	놀이기구나 놀잇감, 도구를 안전하게 사용한다.
		안전한 놀이장소를 안다.
		TV, 인터넷, 통신기기 등을 바르게 사용한다.
	교통안전 규칙 지키기	교통안전 규칙을 안다.
		교통수단을 안전하게 이용한다.
	비상 시 적절히 대처하기	학대, 성폭력, 실종, 유괴상황을 알고 도움을 요청한다.
		재난 및 사고 등 비상 시 적절하게 대처하는 방법을 안다.

2. 의사소통

가. 내용체계

내용범주	내용
듣기	낱말과 문장 듣고 이해하기
	이야기 듣고 이해하기
	동요, 동시, 동화 듣고 이해하기
	바른 태도로 듣기
말하기	낱말과 문장으로 말하기
	느낌, 생각, 경험 말하기
	상황에 맞게 바른 태도로 말하기
읽기	읽기에 흥미 가지기
	책 읽기에 관심 가지기
쓰기	쓰기에 관심 가지기

나. 세부내용

내용범주	내용	세부내용
듣기	낱말과 문장 듣고 이해하기	낱말의 발음에 관심을 가지고 듣는다.
		일상생활과 관련된 낱말과 문장을 듣고 뜻을 이해한다.
	이야기 듣고 이해하기	다른 사람의 이야기를 관심 있게 듣는다.
	동요, 동시, 동화 듣고 이해하기	동요, 동시, 동화를 다양한 방법으로 듣고 즐긴다.
	바른 태도로 듣기	말하는 사람을 바라보며 듣는다.
말하기	낱말과 문장으로 말하기	친숙한 낱말을 발음해 본다.
		새로운 낱말에 관심을 가진다.
		일상생활에서 일어나는 일들을 간단한 문장으로 말한다.
	느낌, 생각, 경험 말하기	자신의 느낌, 생각, 경험을 말해본다.
	상황에 맞게 바른 태도로 말하기	상대방을 바라보며 말한다.
		바르고 고운 말을 사용한다.
읽기	읽기에 흥미 가지기	주변에서 친숙한 글자를 찾아본다.
		읽어 주는 글의 내용에 관심을 가진다.
	책 읽기에 관심 가지기	책에 흥미를 가진다.
		책의 그림을 단서로 내용을 추측해 본다.
쓰기	쓰기에 관심 가지기	말을 글로 나타내는 것에 관심을 보인다.
		자기 이름의 글자에 관심을 가진다.

3. 사회관계

가. 내용체계

내용범주	내용
나를 알고 존중하기	나를 알고, 소중히 여기기
	나의 일 스스로 하기
나와 다른 사람의 감정 알고 조절하기	나와 다른 사람의 감정 알고 표현하기
	나의 감정 조절하기
가족을 소중히 여기기	가족과 화목하게 지내기
	가족과 협력하기
다른 사람과 더불어 생활하기	친구와 사이좋게 지내기
	공동체에서 화목하게 지내기
	사회적 가치를 알고 지키기
사회에 관심 갖기	지역사회에 관심 갖고 이해하기
	우리나라에 관심 갖고 이해하기

나. 세부내용

내용 범주	내용	세부내용
나를 알고 존중하기	나를 알고, 소중히 여기기	나에 대해 관심을 갖는다.
		나와 다른 사람의 차이에 관심을 갖는다.
		나를 소중하게 여긴다.
	나의 일 스스로 하기	내가 할 수 있는 일을 알아본다.
		내가 하고 싶은 일을 선택해 본다.
나와 다른 사람의 감정 알고 조절하기	나와 다른 사람의 감정 알고 표현하기	자신에게 여러 가지 감정이 있음을 안다.
		다른 사람의 감정에 관심을 갖는다.
	나의 감정 조절하기	자신의 감정을 조절해 본다.
가족을 소중히 여기기	가족과 화목하게 지내기	가족의 소중함을 안다.
	가족과 협력하기	가족 구성원을 알아본다.
		가족을 위하여 내가 할 수 있는 일을 알아본다.
다른 사람과 더불어 생활하기	친구와 사이좋게 지내기	친구와 함께 놀이한다.
		나와 친구의 의견에 차이가 있음을 안다.

	공동체에서 화목하게 지내기	교사 및 주변 사람과 화목하게 지낸다.
	사회적 가치를 알고 지키기	다른 사람의 소유물을 존중한다.
		약속과 규칙을 지켜야 함을 안다.
사회에 관심 갖기	지역사회에 관심 갖고 이해하기	우리 동네의 이름을 안다.
		우리 동네 사람들에 관심을 갖는다.
	우리나라에 관심 갖고 이해하기	우리나라를 상징하는 것에 관심을 가진다.
		우리나라의 전통놀이와 풍습에 관심을 갖는다.

4. 예술경험

가. 내용체계

내용범주	내용
아름다움 찾아보기	음악적 요소 탐색하기
	움직임과 춤 요소 탐색하기
	미술적 요소 탐색하기
예술적 표현하기	음악으로 표현하기
	움직임과 춤으로 표현하기
	미술 활동으로 표현하기
	극놀이로 표현하기
	통합적으로 표현하기
예술 감상하기	다양한 예술 감상하기
	전통예술 감상하기

나. 세부내용

내용범주	내용	세부내용
아름다움 찾아보기	음악적 요소 탐색하기	다양한 소리, 음악의 셈여림, 빠르기, 리듬 등에 관심을 갖는다.
	움직임과 춤 요소 탐색하기	움직임과 춤의 모양, 힘, 빠르기 등에 관심을 갖는다.
	미술적 요소 탐색하기	자연과 사물의 색, 모양, 질감 등에 관심을 갖는다.
예술적 표현하기	음악으로 표현하기	간단한 노래를 듣고 따라 부른다.
		전래동요를 즐겨 부른다.

내용범주	내용	세부내용
		리듬악기로 간단한 리듬을 표현해 본다.
		간단한 리듬과 노래를 즉흥적으로 만들어 본다.
	움직임과 춤으로 표현하기	신체를 이용하여 주변의 움직임을 자유롭게 표현한다.
		움직임과 춤으로 자신의 생각과 느낌을 표현한다.
		도구를 활용하여 다양한 움직임으로 표현한다.
	미술 활동으로 표현하기	다양한 미술활동을 경험해 본다.
		미술활동에 필요한 재료와 도구에 관심을 가지고 사용한다.
	극놀이로 표현하기	일상생활의 경험을 극놀이로 표현한다.
	통합적으로 표현하기	예술 활동에 참여하여 표현과정을 즐긴다.
예술 감상하기	다양한 예술 감상하기	다양한 음악, 춤, 미술작품, 극놀이 등을 듣거나 본다.
		나와 다른 사람의 예술 표현을 소중히 여긴다.
	전통예술 감상하기	우리나라의 전통예술에 관심을 갖는다.

5. 자연탐구

가. 내용체계

내용 범주	내용
탐구하는 태도 기르기	호기심을 유지하고 확장하기
	탐구과정 즐기기
수학적 탐구하기	수와 연산의 기초개념 알아보기
	공간과 도형의 기초개념 알아보기
	기초적인 측정하기
	규칙성 이해하기
	기초적인 자료 수집과 결과 나타내기
과학적 탐구하기	물체와 물질 알아보기
	생명체와 자연환경 알아보기
	자연현상 알아보기
	간단한 도구와 기계 활용하기

나. 세부내용

내용 범주	내용	세부내용
탐구하는 태도 기르기	호기심을 유지하고 확장하기	주변 사물과 자연세계에 대해 호기심을 갖는다.
	탐구과정 즐기기	궁금한 점을 알아보는 과정에 흥미를 갖는다.
수학적 탐구하기	수와 연산의 기초개념 알아보기	생활 속에서 수에 관심을 갖는다.
		구체물 수량의 많고 적음을 비교한다.
		다섯 개 가량의 구체물을 세어보고 수량에 관심을 갖는다.
	공간과 도형의 기초개념 알아보기	나를 중심으로 앞, 뒤, 옆, 위, 아래를 알아본다.
		물체의 모양에 관심을 갖는다.
	기초적인 측정하기	두 물체의 길이, 크기를 비교해 본다.
	규칙성 이해하기	생활주변에서 반복되는 규칙성에 관심을 갖는다.
	기초적인 자료 수집과 결과 나타내기	같은 것 끼리 짝을 짓는다.
과학적 탐구하기	물체와 물질 알아보기	친숙한 물체와 물질의 특성에 관심을 갖는다.
	생명체와 자연환경 알아보기	나의 출생과 성장에 대해 관심을 갖는다.
		주변의 동식물에 관심을 가진다.
		생명체를 소중히 여기는 마음을 갖는다.
	자연현상 알아보기	돌, 물, 흙 등 자연물에 관심을 갖는다.
		날씨에 관심을 갖는다.
	간단한 도구와 기계 활용하기	생활 속에서 간단한 도구와 기계에 관심을 갖는다.
		도구와 기계의 편리함에 관심을 갖는다.

Ⅱ. 4세 보육과정(누리과정)

1. 신체운동·건강

가. 내용체계

내용범주	내용
신체인식하기	감각능력 기르고 활용하기
	신체를 인식하고 움직이기
신체 조절과 기본 운동하기	신체 조절하기
	기본 운동하기
신체 활동에 참여하기	자발적으로 신체 활동에 참여하기
	바깥에서 신체 활동하기
	기구를 이용하여 신체 활동하기
건강하게 생활하기	몸과 주변을 깨끗이 하기
	바른 식생활하기
	건강한 일상생활하기
	질병 예방하기
안전하게 생활하기	안전하게 놀이하기
	교통안전 규칙 지키기
	비상 시 적절히 대처하기

나. 세부내용

내용범주	내용	세부내용
신체 인식하기	감각능력 기르고 활용하기	감각적 차이를 구분한다.
		여러 감각기관을 협응하여 활용한다.
	신체를 인식하고 움직이기	신체 각 부분의 특성을 이해하고 활용하여 움직인다.
		자신의 신체를 긍정적으로 인식하고 움직인다.
신체 조절과 기본 운동하기	신체 조절하기	다양한 자세와 움직임에서 신체균형을 유지한다.
		공간, 힘, 시간 등의 움직임 요소를 활용하여 움직인다.
		신체 각 부분을 협응하여 움직임을 조절한다.
		눈과 손을 협응하여 소근육을 조절해 본다.
	기본 운동하기	걷기, 달리기, 뛰기 등 다양한 이동운동을 한다.
		제자리에서 몸을 다양하게 움직인다.

신체 활동에 참여하기	자발적으로 신체 활동에 참여하기	신체 활동에 자발적이고 지속적으로 참여한다.
		다른 사람과 함께 하는 신체 활동에 참여한다.
		자신과 다른 사람의 운동능력의 차이에 관심을 갖는다.
	바깥에서 신체 활동하기	규칙적으로 바깥에서 신체 활동을 한다.
	기구를 이용하여 신체 활동하기	여러 가지 기구를 이용하여 신체 활동을 한다.
건강하게 생활하기	몸과 주변을 깨끗이 하기	손과 이를 깨끗이 하는 방법을 알고 실천한다.
		주변을 깨끗이 하는 습관을 기른다.
	바른 식생활하기	음식을 골고루 먹는다.
		몸에 좋은 음식을 알아본다.
		음식을 소중히 여기고 식사예절을 지킨다.
	건강한 일상생활하기	규칙적으로 잠을 자고, 적당한 휴식을 취한다.
		하루 일과에 즐겁게 참여한다.
		바른 배변습관을 가진다.
	질병 예방하기	질병을 예방하는 방법을 알고 실천한다.
		날씨와 상황에 알맞게 옷을 입는다.
안전하게 생활하기	안전하게 놀이하기	놀이기구나 놀잇감, 도구를 안전하게 사용한다.
		안전한 장소를 알고 안전하게 놀이한다.
		TV, 인터넷, 통신기기 등의 위해성을 알고, 바르게 사용한다.
	교통안전 규칙 지키기	교통안전 규칙을 알고 지킨다.
		교통수단을 안전하게 이용한다.
	비상 시 적절히 대처하기	학대, 성폭력, 실종, 유괴상황 시 도움을 요청하는 방법을 알고 행동한다.
		재난 및 사고 등 비상 시 적절하게 대처하는 방법을 알고 행동한다.

2. 의사소통

가. 내용체계

내용범주	내용
듣기	낱말과 문장 듣고 이해하기
	이야기 듣고 이해하기
	동요, 동시, 동화 듣고 이해하기
	바른 태도로 듣기
말하기	낱말과 문장으로 말하기
	느낌, 생각, 경험 말하기
	상황에 맞게 바른 태도로 말하기
읽기	읽기에 흥미 가지기
	책 읽기에 관심 가지기
쓰기	쓰기에 관심 가지기
	쓰기 도구 사용하기

나. 세부내용

내용범주	내용	세부내용
듣기	낱말과 문장 듣고 이해하기	낱말의 발음에 관심을 가지고 듣는다.
		일상생활과 관련된 낱말과 문장을 듣고 뜻을 이해한다.
	이야기 듣고 이해하기	다른 사람의 이야기를 듣고 이해한다.
		이야기를 듣고 궁금한 것에 대해 질문한다.
	동요, 동시, 동화 듣고 이해하기	동요, 동시, 동화를 다양한 방법으로 듣고 즐긴다.
		전래 동요, 동시, 동화를 듣고 우리말의 재미를 느낀다.
	바른 태도로 듣기	다른 사람의 이야기를 주의 깊게 듣는다.
말하기	낱말과 문장으로	친숙한 낱말을 정확하게 발음해 본다.

	말하기	다양한 낱말을 사용하여 말한다.
		일상생활에서 일어나는 일들을 간단한 문장으로 말한다.
	느낌, 생각, 경험 말하기	자신의 느낌, 생각, 경험을 말한다.
		주제를 정하여 함께 이야기를 나눈다.
		이야기를 지어 말한다.
	상황에 맞게 바른 태도로 말하기	듣는 사람의 생각과 느낌을 고려하여 말한다.
		차례를 지켜 말한다.
		바르고 고운 말을 사용한다.
읽기	읽기에 흥미 가지기	주변에서 친숙한 글자를 찾아본다.
		읽어 주는 글의 내용에 관심을 가진다.
	책 읽기에 관심 가지기	책 보는 것을 즐기고 소중하게 다룬다.
		책의 그림을 단서로 내용을 이해한다.
		궁금한 것을 책에서 찾아본다.
쓰기	쓰기에 관심 가지기	말이나 생각을 글로 나타낼 수 있음을 안다.
		자기 이름을 써 본다.
		자신의 느낌, 생각, 경험을 글자와 비슷한 형태로 표현한다.
	쓰기 도구 사용하기	쓰기 도구에 관심을 가지고 사용해 본다.

3. 사회관계

가. 내용체계

내용범주	내용
나를 알고 존중하기	나를 알고, 소중히 여기기
	나의 일 스스로 하기
나와 다른 사람의 감정 알고 조절하기	나와 다른 사람의 감정 알고 표현하기
	나의 감정 조절하기

가족을 소중히 여기기	가족과 화목하게 지내기
	가족과 협력하기
다른 사람과 더불어 생활하기	친구와 사이좋게 지내기
	공동체에서 화목하게 지내기
	사회적 가치를 알고 지키기
사회에 관심 갖기	지역사회에 관심 갖고 이해하기
	우리나라에 관심 갖고 이해하기
	세계와 여러 문화에 관심 가지기

나. 세부내용

내용범주	내용	세부내용
나를 알고 존중하기	나를 알고, 소중히 여기기	나에 대해 알아본다.
		나와 다른 사람의 차이점을 알아본다.
		나에 대해 긍정적으로 생각하고 나를 소중하게 여긴다.
	나의 일 스스로 하기	내가 할 수 있는 일을 해 본다.
		하고 싶은 일을 계획하고 해 본다.
나와 다른 사람의 감정 알고 조절하기	나와 다른 사람의 감정 알고 표현하기	자신의 감정을 알고 표현한다.
		다른 사람의 감정을 안다.
	나의 감정 조절하기	자신의 감정을 조절해 본다.
가족을 소중히 여기기	가족과 화목하게 지내기	가족의 소중함을 안다.
	가족과 협력하기	가족 구성원의 역할에 대해 알아본다.
		가족을 위하여 내가 할 수 있는 일을 알아보고 실천한다.
다른 사람과 더불어 생활하기	친구와 사이좋게 지내기	친구와 협동하며 놀이한다.
		친구와의 갈등을 긍정적인 방법으로 해결한다.
	공동체에서 화목하게 지내기	도움이 필요할 때 다른 사람과 도움을 주고받는다.
		교사 및 주변 사람과 화목하게 지낸다.

내용범주	내용	세부내용
사회에 관심 갖기	사회적 가치를 알고 지키기	정직하게 말하고 행동한다.
		다른 사람의 생각, 행동을 존중한다.
		친구와 어른에게 예의 바르게 행동한다.
		다른 사람과 한 약속이나 공공규칙을 지킨다.
		자연과 자원을 아끼는 습관을 기른다.
	지역사회에 관심 갖고 이해하기	우리 동네에 대해 알아본다.
		우리 동네 사람들이 하는 일에 관심을 갖는다.
		물건을 살 때 돈이 필요함을 안다.
	우리나라에 관심 갖고 이해하기	우리나라를 상징하는 것을 안다.
		우리나라의 전통놀이와 풍습에 관심을 갖는다.
		우리나라에 대해 자부심을 갖는다.
	세계와 여러 문화에 관심 가지기	세계 여러 나라에 대해 관심을 갖는다.
		다양한 인종과 문화에 관심을 갖는다.

4. 예술경험

가. 내용체계

내용범주	내용
아름다움 찾아보기	음악적 요소 탐색하기
	움직임과 춤 요소 탐색하기
	미술적 요소 탐색하기
예술적 표현하기	음악으로 표현하기
	움직임과 춤으로 표현하기
	미술 활동으로 표현하기
	극놀이로 표현하기
	통합적으로 표현하기
예술 감상하기	다양한 예술 감상하기
	전통예술 감상하기

나. 세부내용

내용범주	내용	세부내용
아름다움 찾아보기	음악적 요소 탐색하기	다양한 소리, 음악의 셈여림, 빠르기, 리듬 등에 관심을 갖는다.
	움직임과 춤 요소 탐색하기	움직임과 춤의 모양, 힘, 빠르기 등에 관심을 갖는다.
	미술적 요소 탐색하기	자연과 사물의 색, 모양, 질감 등에 관심을 갖는다.
예술적 표현하기	음악으로 표현하기	노래로 자신의 생각과 느낌을 표현한다.
		전래동요를 즐겨 부른다.
		리듬악기를 연주해 본다.
		간단한 리듬과 노래를 즉흥적으로 만들어 본다.
	움직임과 춤으로 표현하기	신체를 이용하여 주변의 움직임을 자유롭게 표현한다.
		움직임과 춤으로 자신의 생각과 느낌을 표현한다.
		도구를 활용하여 다양한 움직임으로 표현한다.
	미술 활동으로 표현하기	다양한 미술활동으로 자신의 생각과 느낌을 표현한다.
		협동적인 미술활동에 참여한다.
		미술활동에 필요한 재료와 도구를 다양하게 사용한다.
	극놀이로 표현하기	일상생활의 경험이나 간단한 이야기를 극놀이로 표현한다.
		소품, 배경, 의상 등을 사용하여 협동적으로 극놀이를 한다.
	통합적으로 표현하기	음악, 움직임과 춤, 미술, 극놀이 등을 통합하여 표현한다.
		예술 활동에 참여하여 표현과정을 즐긴다.
예술 감상하기	다양한 예술 감상하기	다양한 음악, 춤, 미술작품, 극놀이 등을 듣거나 보고 즐긴다.
		나와 다른 사람의 예술 표현을 소중히 여긴다.
	전통예술 감상하기	우리나라의 전통예술에 관심을 갖는다.

5. 자연탐구

가. 내용체계

내용범주	내용
탐구하는 태도 기르기	호기심을 유지하고 확장하기
	탐구과정 즐기기
	탐구기술 활용하기
수학적 탐구하기	수와 연산의 기초개념 알아보기
	공간과 도형의 기초개념 알아보기
	기초적인 측정하기
	규칙성 이해하기
	기초적인 자료 수집과 결과 나타내기
과학적 탐구하기	물체와 물질 알아보기
	생명체와 자연환경 알아보기
	자연현상 알아보기
	간단한 도구와 기계 활용하기

나. 세부내용

내용범주	내용	세부내용
탐구하는 태도 기르기	호기심을 유지하고 확장하기	주변 사물과 자연세계에 대해 지속적으로 호기심을 갖는다.
	탐구과정 즐기기	궁금한 점을 알아보는 탐구과정에 관심을 가지고 참여한다.
	탐구기술 활용하기	일상생활의 문제를 해결하는 과정에서 탐색, 관찰 등의 방법을 활용해 본다.
수학적 탐구하기	수와 연산의 기초개념 알아보기	생활 속에서 사용되는 수의 여러 가지 의미를 안다.
		구체물 수량에서 '같다', '더 많다', '더 적다'의 관계를 안다.
		열 개 가량의 구체물을 세어보고 수량을 알아본다.
	공간과 도형의 기초개념 알아보기	위치와 방향을 여러 가지 방법으로 나타내 본다.
		기본 도형의 특성을 인식한다.
		기본 도형을 사용하여 여러 가지 모양을 구성해 본다.

내용범주	내용	세부내용
	기초적인 측정하기	일상생활에서 길이, 크기, 무게 등을 비교해 본다.
	규칙성 이해하기	생활주변에서 반복되는 규칙성을 알아본다.
		반복되는 규칙성을 인식하고 모방한다.
	기초적인 자료 수집과 결과 나타내기	필요한 정보나 자료를 수집한다.
		한 가지 기준으로 자료를 분류해 본다.
과학적 탐구하기	물체와 물질 알아보기	친숙한 물체와 물질의 특성을 알아본다.
		물체와 물질을 여러 가지 방법으로 변화시켜 본다.
	생명체와 자연환경 알아보기	나의 출생과 성장에 대해 관심을 갖는다.
		관심 있는 동식물의 특성을 알아본다.
		생명체를 소중히 여기는 마음을 갖는다.
		생명체가 살기 좋은 환경에 대해 관심을 갖는다.
	자연현상 알아보기	돌, 물, 흙 등 자연물의 특성과 변화를 알아본다.
		날씨와 기후변화에 관심을 갖는다.
	간단한 도구와 기계 활용하기	생활 속에서 간단한 도구와 기계를 활용한다.
		도구와 기계의 편리함에 관심을 갖는다.

Ⅲ. 5세 보육과정(누리과정)

1. 신체운동·건강

가. 내용체계

내용범주	내용
신체인식하기	감각능력 기르고 활용하기
	신체를 인식하고 움직이기
신체 조절과 기본 운동하기	신체 조절하기
	기본 운동하기
신체 활동에 참여하기	자발적으로 신체 활동에 참여하기
	바깥에서 신체 활동하기
	기구를 이용하여 신체 활동하기

건강하게 생활하기	몸과 주변을 깨끗이 하기
	바른 식생활하기
	건강한 일상생활하기
	질병 예방하기
안전하게 생활하기	안전하게 놀이하기
	교통안전 규칙 지키기
	비상 시 적절히 대처하기

나. 세부내용

내용 범주	내용	세부 내용
신체 인식하기	감각능력 기르고 활용하기	감각으로 대상이나 사물의 특성과 차이를 구분한다.
		여러 감각기관을 협응하여 활용한다.
	신체를 인식하고 움직이기	신체 각 부분의 특성을 이해하고 활용하여 움직인다.
		자신의 신체를 긍정적으로 인식하고 움직인다.
신체 조절과 기본 운동하기	신체 조절하기	다양한 자세와 움직임에서 신체균형을 유지한다.
		공간, 힘, 시간 등의 움직임 요소를 활용하여 움직인다.
		신체 각 부분을 협응하여 움직임을 조절한다.
		눈과 손을 협응하여 소근육을 조절해 본다.
		도구를 활용하여 여러 가지 조작운동을 한다.
	기본 운동하기	걷기, 달리기, 뛰기 등 다양한 이동운동을 한다.
		제자리에서 몸을 다양하게 움직인다.
신체 활동에 참여하기	자발적으로 신체 활동에 참여하기	신체 활동에 자발적이고 지속적으로 참여한다.
		다른 사람과 함께 하는 신체 활동에 참여한다.
		자신과 다른 사람의 운동능력의 차이를 이해한다.
	바깥에서 신체 활동하기	규칙적으로 바깥에서 신체 활동을 한다.
	기구를 이용하여 신체 활동하기	여러 가지 기구를 이용하여 신체 활동을 한다.

건강하게 생활하기	몸과 주변을 깨끗이 하기	스스로 몸을 깨끗이 하는 습관을 기른다.
		주변을 깨끗이 하는 습관을 기른다.
	바른 식생활하기	적당량의 음식을 골고루 먹는다.
		몸에 좋은 음식을 선택할 수 있다.
		음식을 소중히 여기고 식사예절을 지킨다.
	건강한 일상생활하기	규칙적으로 잠을 자고, 적당한 휴식을 취한다.
		하루 일과에 즐겁게 참여한다.
		규칙적인 배변습관을 가진다.
	질병 예방하기	질병을 예방하는 방법을 알고 실천한다.
		날씨와 상황에 알맞게 옷을 입는다.
안전하게 생활하기	안전하게 놀이하기	놀이기구나 놀잇감, 도구의 바른 사용법을 알고 안전하게 사용한다.
		안전한 장소를 알고 안전하게 놀이한다.
		TV, 인터넷, 통신기기 등의 위해성을 알고, 바르게 사용한다.
	교통안전 규칙 지키기	교통안전 규칙을 알고 지킨다.
		교통수단을 안전하게 이용한다.
	비상 시 적절히 대처하기	학대, 성폭력, 실종, 유괴상황 시 도움을 요청하는 방법을 알고 행동한다.
		재난 및 사고 등 비상 시 적절하게 대처하는 방법을 알고 행동한다.

2. 의사소통

가. 내용체계

내용범주	내용
듣기	낱말과 문장 듣고 이해하기
	이야기 듣고 이해하기
	동요, 동시, 동화 듣고 이해하기
	바른 태도로 듣기
말하기	낱말과 문장으로 말하기
	느낌, 생각, 경험 말하기
	상황에 맞게 바른 태도로 말하기
읽기	읽기에 흥미 가지기
	책 읽기에 관심 가지기
쓰기	쓰기에 관심 가지기
	쓰기 도구 사용하기

나. 세부내용

내용범주	내용	세부내용
듣기	낱말과 문장 듣고 이해하기	낱말의 발음에 관심을 가지고 비슷한 발음을 듣고 구별한다.
		다양한 낱말과 문장을 듣고 뜻을 이해한다.
	이야기 듣고 이해하기	다른 사람의 이야기를 듣고 이해한다.
		이야기를 듣고 궁금한 것에 대해 질문한다.
	동요, 동시, 동화 듣고 이해하기	동요, 동시, 동화를 다양한 방법으로 듣고 이해한다.
		전래 동요, 동시, 동화를 듣고 우리말의 재미를 느낀다.
	바른 태도로 듣기	다른 사람의 이야기를 끝까지 주의 깊게 듣는다.
말하기	낱말과 문장으로 말하기	정확한 발음으로 말한다.
		다양한 낱말을 사용하여 상황에 맞게 말한다.
		일상생활에서 일어나는 일들을 다양한 문장으로 말한다.

	느낌, 생각, 경험 말하기	자신의 느낌, 생각, 경험을 적절한 낱말과 문장으로 말한다.
		주제를 정하여 함께 이야기를 나눈다.
		이야기 지어 말하기를 즐긴다.
	상황에 맞게 바른 태도로 말하기	듣는 사람의 생각과 느낌을 고려하여 말한다.
		때와 장소, 대상에 알맞게 말한다.
		바르고 고운 말을 사용한다.
읽기	읽기에 흥미 가지기	주변에서 친숙한 글자를 찾아 읽어 본다.
		읽어 주는 글의 내용에 관심을 가지고 읽어 본다.
	책 읽기에 관심 가지기	책 보는 것을 즐기고 소중하게 다룬다.
		책의 그림을 단서로 내용을 이해한다.
		궁금한 것을 책에서 찾아본다.
쓰기	쓰기에 관심 가지기	말이나 생각을 글로 나타낼 수 있음을 안다.
		자신의 이름과 주변의 친숙한 글자를 써 본다.
		자신의 느낌, 생각, 경험을 글자와 비슷한 형태나 글자로 표현한다.
	쓰기 도구 사용하기	쓰기 도구의 바른 사용법을 알고 사용한다.

3. 사회관계

가. 내용체계

내용범주	내용
나를 알고 존중하기	나를 알고, 소중히 여기기
	나의 일 스스로 하기
나와 다른 사람의 감정 알고 조절하기	나와 다른 사람의 감정 알고 표현하기
	나의 감정 조절하기
가족을 소중히 여기기	가족과 화목하게 지내기
	가족과 협력하기

다른 사람과 더불어 생활하기	친구와 사이좋게 지내기
	공동체에서 화목하게 지내기
	사회적 가치를 알고 지키기
사회에 관심 갖기	지역사회에 관심 갖고 이해하기
	우리나라에 관심 갖고 이해하기
	세계와 여러 문화에 관심 가지기

나. 세부내용

내용범주	내용	세부내용
나를 알고 존중하기	나를 알고 소중히 여기기	나에 대해 알아본다.
		나와 다른 사람의 신체적, 사회적, 문화적 차이를 존중한다.
		나에 대해 긍정적으로 생각하고 나를 소중하게 여긴다.
	나의 일 스스로 하기	내가 할 수 있는 일을 스스로 한다.
		하고 싶은 일을 계획하고 해 본다.
나와 다른 사람의 감정 알고 조절하기	나와 다른 사람의 감정 알고 표현하기	자신의 감정을 알고 표현한다.
		다른 사람의 감정을 알고 공감한다.
	나의 감정 조절하기	자신의 감정을 상황에 맞게 조절한다.
가족을 소중히 여기기	가족과 화목하게 지내기	가족의 의미와 소중함을 안다.
		가족과 화목하게 지낸다.
	가족과 협력하기	다양한 가족구조에 대해 알아본다.
		가족은 서로 도와야 함을 알고 실천한다.
다른 사람과 더불어 생활하기	친구와 사이좋게 지내기	친구와 협동하며 놀이한다.
		친구와의 갈등을 긍정적인 방법으로 해결한다.
	공동체에서 화목하게 지내기	다른 사람과 도움을 주고받고, 서로 협력한다.
		교사 및 주변 사람과 화목하게 지낸다.

	사회적 가치를 알고 지키기	정직하게 말하고 행동한다.
		다른 사람을 배려하여 행동한다.
		친구와 어른께 예의 바르게 행동한다.
		다른 사람과 한 약속이나 공공규칙을 지킨다.
		자연과 자원을 아끼는 습관을 기른다.
사회에 관심 갖기	지역사회에 관심 갖고 이해하기	우리 동네에 대해 알아본다.
		다양한 직업에 관심을 갖는다.
		일상생활에서 돈의 쓰임에 대해 안다.
	우리나라에 관심 갖고 이해하기	우리나라를 상징하는 것을 알고 예절을 지킨다.
		우리나라의 전통, 역사, 문화에 관심을 갖는다.
		우리나라에 대해 자부심을 갖는다.
	세계와 여러 문화에 관심 가지기	세계 여러 나라에 대해 관심을 갖고, 서로 협력해야 함을 안다.
		다양한 인종과 문화를 알아보고 존중한다.

4. 예술경험

가. 내용체계

내용범주	내 용
아름다움 찾아보기	음악적 요소 탐색하기
	움직임과 춤 요소 탐색하기
	미술적 요소 탐색하기
예술적 표현하기	음악으로 표현하기
	움직임과 춤으로 표현하기
	미술 활동으로 표현하기
	극놀이로 표현하기
	통합적으로 표현하기
예술 감상하기	다양한 예술 감상하기
	전통예술 감상하기

나. 세부 내용

내용범주	내용	세부내용
아름다움 찾아보기	음악적 요소 탐색하기	다양한 소리, 악기 등으로 음악의 셈여림, 빠르기, 리듬 등을 탐색한다.
	움직임과 춤 요소 탐색하기	움직임과 춤의 모양, 힘, 빠르기, 흐름 등을 탐색한다.
	미술적 요소 탐색하기	자연과 사물에서 색, 모양, 질감, 공간 등을 탐색한다.
예술적 표현하기	음악으로 표현하기	노래로 자신의 생각과 느낌을 표현한다.
		전래동요를 즐겨 부른다.
		리듬악기를 연주해 본다.
		리듬과 노래 등을 즉흥적으로 만들어 본다.
	움직임과 춤으로 표현하기	신체를 이용하여 주변의 움직임을 다양하게 표현하며 즐긴다.
		움직임과 춤으로 자신의 생각과 느낌을 표현한다.
		다양한 도구를 활용하여 창의적으로 움직인다.
	미술 활동으로 표현하기	다양한 미술활동으로 자신의 생각과 느낌을 표현한다.
		협동적인 미술활동에 참여하여 즐긴다.
		미술활동에 필요한 재료와 도구를 다양하게 사용한다.
	극놀이로 표현하기	경험이나 이야기를 극놀이로 표현한다.
		소품, 배경, 의상 등을 사용하여 협동적으로 극놀이를 한다.
	통합적으로 표현하기	음악, 움직임과 춤, 미술, 극놀이 등을 통합하여 표현한다.
		예술 활동에 참여하여 창의적으로 표현하는 과정을 즐긴다.
예술 감상하기	다양한 예술 감상하기	다양한 음악, 춤, 미술작품, 극놀이 등을 듣거나 보고 즐긴다.
		나와 다른 사람의 예술 표현을 소중히 여긴다.
	전통예술 감상하기	우리나라의 전통예술에 관심을 갖고 친숙해진다.

5. 자연탐구

가. 내용체계

내용범주	내용
탐구하는 태도 기르기	호기심을 유지하고 확장하기
	탐구과정 즐기기
	탐구기술 활용하기
수학적 탐구하기	수와 연산의 기초개념 알아보기
	공간과 도형의 기초개념 알아보기
	기초적인 측정하기
	규칙성 이해하기
	기초적인 자료 수집과 결과 나타내기
과학적 탐구하기	물체와 물질 알아보기
	생명체와 자연환경 알아보기
	자연현상 알아보기
	간단한 도구와 기계 활용하기

나. 세부내용

내용범주	내용	세부내용
탐구하는 태도 기르기	호기심을 유지하고 확장하기	주변 사물과 자연세계에 대해 지속적으로 호기심을 갖고 알고자 한다.
	탐구과정 즐기기	궁금한 점을 알아보는 탐구과정에 참여하고 즐긴다.
		탐구과정에서 서로 다른 생각에 관심을 갖는다.
	탐구기술 활용하기	일상생활의 문제를 해결하는 과정에서 탐색, 관찰, 비교, 예측 등의 탐구기술을 활용해 본다.
수학적 탐구하기	수와 연산의 기초개념 알아보기	생활 속에서 사용되는 수의 여러 가지 의미를 안다.
		구체물 수량의 부분과 전체 관계를 알아본다.
		스무 개 가량의 구체물을 세어보고 수량을 알아본다.
		구체물을 가지고 더하고 빼는 경험을 해 본다.
	공간과 도형의 기초개념	위치와 방향을 여러 가지 방법으로 나타내 본다.
		여러 방향에서 물체를 보고 그 차이점을 비교해 본다.

	알아보기	기본 도형의 공통점과 차이점을 알아본다.
		기본 도형을 사용하여 여러 가지 모양을 구성해 본다.
	기초적인 측정하기	일상생활에서 길이, 크기, 무게, 들이 등의 속성을 비교하고, 순서를 지어 본다.
		임의 측정 단위를 사용하여 길이, 면적, 들이, 무게 등을 재 본다.
	규칙성 이해하기	생활주변에서 반복되는 규칙성을 알고 다음에 올 것을 예측해 본다.
		스스로 규칙성을 만들어 본다.
	기초적인 자료 수집과 결과 나타내기	필요한 정보나 자료를 수집한다.
		한 가지 기준으로 분류한 자료를 다른 기준으로 재분류해 본다.
		그림, 사진, 기호나 숫자를 사용해 그래프로 나타내 본다.
과학적 탐구하기	물체와 물질 알아보기	주변의 여러 가지 물체와 물질의 기본 특성을 알아본다.
		물체와 물질을 여러 가지 방법으로 변화시켜 본다.
	생명체와 자연환경 알아보기	나와 다른 사람의 출생과 성장에 대해 알아본다.
		관심 있는 동식물의 특성과 성장 과정을 알아본다.
		생명체를 소중히 여기는 마음을 갖는다.
		생명체가 살기 좋은 환경과 녹색환경에 대해 알아본다.
	자연현상 알아보기	돌, 물, 흙 등 자연물의 특성과 변화를 알아본다.
		낮과 밤, 계절의 변화와 규칙성을 알아본다.
		날씨와 기후변화 등 자연현상에 대해 관심을 갖는다.
	간단한 도구와 기계 활용하기	생활 속에서 간단한 도구와 기계를 활용한다.
		변화하는 새로운 도구와 기계에 관심을 갖고 장단점을 안다.

표준보육과정의 구체적 보육내용 및 교사지침

[시행 2012.2.29] [보건복지부고시 제2012-28호, 2012.2.29, 제정]

Ⅰ. 영유아보육법 시행규칙 제30조 [별표 8의 2]에서 정하고 있는 표준보육과정에 의거한 보육과정의 영역 및 연령별 구체적 보육내용, 교사지침 등은 별책과 같다.

Ⅱ. 재검토기한

「훈령·예규 등의 발령 및 관리에 관한 규정」(대통령훈령 제248호)에 따라 이 고시 발령 후의 법령이나 현실여건의 변화 등을 검토하여 이 고시의 폐지, 개정 등의 조치를 하여야 하는 기한은 2015년 2월 29일까지로 한다.

부칙 <제2012-28호, 2012.2.29>

① (시행일) 이 고시는 2012년 2월 29일부터 시행한다.
② (경과조치) 이 고시 시행 전 표준보육과정에 의거한 보육과정의 영역 및 연령별 구체적 보육내용, 교사지침 등은 보건복지부 고시 제2012-28호에 따른 것으로 본다.

제2차 표준보육과정 (영유아보육법 제30조 관련)

1. 보육 과정의 목적

보육 과정의 목적은 영유아의 전인적인 성장과 발달을 돕고 민주시민으로서 자질을 길러 영유아가 심신이 건강하며 조화로운 사회구성원으로 자랄 수 있도록 하는데 있다. 어린이집의 보육 과정을 통해 추구하는 인간상은 다음과 같다.

    가. 자율적인 사람
    나. 창의적인 사람
    다. 다양성을 인정하는 사람
    라. 민주적인 사람
    마. 자연과 우리문화를 사랑하는 사람

2. 보육 과정의 목표

보육 과정의 목표는 다음과 같다.

가. 건강하고 안전하며 바르게 생활하는 지식·기술·태도와 습관을 가진다.
나. 자신의 신체를 긍정적으로 인식하고 기본 운동능력을 기른다.
다. 자신을 존중하고 가족, 또래, 공동체내 다른 사람들과 더불어 생활하는 태도를 가지며 필요한 사회적 지식과 태도를 습득한다.
라. 기초적인 언어능력 및 일상생활에 필요한 의사소통능력과 기초적인 문해능력을 기른다.
마. 탐구 능력을 토대로 수학적, 과학적 탐구에 필요한 지식과 이해를 기른다.
바. 주변의 친근한 환경과 일상생활의 아름다움에 관심을 가지고 예술적 요소를 즐김으로써 감성과 창의성을 기른다.

3. 보육 과정의 내용

보육 과정은 기본생활, 신체운동, 사회관계, 의사소통, 자연탐구, 예술경험의 6개 영역으로 구성한다. 각 영역은 영유아가 건강하고 안전하며 바르게 생활하는 데 필요한 내용과 신체, 사회, 언어, 인지, 정서 등의 전인 발달을 위해서 영유아가 갖춰야 할 지식, 기술, 태도와 가치를 포함한다.

    가. 기본생활

        기본생활 영역은 일생의 기초이며 사회생활의 기본이 되는 건강, 영양, 안전에 관한 지식과 기술을 습득하고 바르게 생활하는 태도를 기르는 내용으로 구성한다.

나. 신체운동

신체운동 영역은 다양한 신체 활동을 통하여 자신의 신체에 대해 긍정적으로 인식하고, 일상생활에 필요한 기본 운동 능력을 기르며, 신체 활동에 즐겁게 참여하는 내용으로 구성한다.

다. 사회관계

사회관계 영역은 자신을 존중하고, 가족과 또래 및 공동체와 긍정적인 사회관계를 형성하며, 유능한 사회 구성원이 되기 위해 필요한 사회적 지식과 태도를 기르는 내용으로 구성한다.

라. 의사소통

의사소통 영역은 듣고 말하는 것을 즐기고, 상황에 맞는 의사소통 능력과 기초적인 읽고 쓰는 능력을 익히는 데 필요한 올바른 언어생활 태도와 능력을 기르는 내용으로 구성한다.

마. 자연탐구

자연탐구 영역은 다양한 감각을 이용하여 주변 사물과 환경을 지각하고 탐색하며, 이러한 과정에서 발생하는 의문점을 해결하는 데 필요한 수학적·과학적 기초 능력을 기르는 내용으로 구성한다.

바. 예술경험

예술경험 영역은 사물이나 소리·자연·예술 작품의 아름다움에 관심을 가지고 탐색하며, 생각이나 느낌을 음악·동작·극·미술로 표현하고, 표현된 것들을 보고 즐김으로써 풍부한 감성 및 창의성을 기르는 내용으로 구성한다.

4. 보육 과정의 운영

어린이집은 영유아보육법의 보육 이념과 목표를 달성하기 위하여 보육 과정을 다음과 같이 편성·운영하여야 한다.

가. 보육 계획 수립

어린이집은 보육 과정의 총론에 기초하되 영역별 목표와 내용에 따라 연령별 보육 계획을 편성하고 운영한다. 연간, 월간, 주간 보육 계획을 수립하되 계절이나 지역 내 특별 행사 또는 어린이집의 환경 등을 고려한다.
나. 보육 과정 편성
   어린이집은 영유아의 연령, 발달 수준, 흥미, 장애 등 개인차와 가정환경을 반영하여 수준별 보육 내용을 편성하되, 각 어린이집과 지역사회의 특성을 고려한다.
다. 보육 과정 실시
   어린이집은 보육 목표와 보육 내용에 적합한 보육 활동을 다양하게 선정하여 통합적으로 운영하고, 영역별 경험이나 활동을 균형 있게 제공한다.
라. 보육 과정 운영 평가
   어린이집은 보육 계획을 문서화하여 보육 내용의 선정과 실시 과정이 적절하였는지를 정기적으로 평가한다.
마. 가정 및 지역사회의 협력
   어린이집은 보육 과정의 목표와 내용을 부모와 지역사회에 다양한 방법으로 알리고, 보육 과정 운영 시 부모가 적극적으로 참여할 기회를 제공함으로써 가정과 지역사회의 긴밀한 협조를 얻는다.

5. 그 밖의 사항

보육과정의 총론, 6개 영역 및 연령별 보육내용, 교사지침 등의 구체적 사항은 보건복지부장관이 정하여 고시한다.

I. 총론

1. 보육과정의 기초

  가. 표준보육과정의 개념 및 근거

    1) 표준보육과정의 개념

  표준보육과정이란 영유아가 어린이집에서 경험하게 될 질적으로 우수한 양육과 의미 있는 학습에 대한 국가 수준의 보육목표와 포괄적 보육내용을 제시한 것이다. 영유아라 함은 출생에서부터 초등학교 입학 전까지의 어린이를 말한다. 표준보육과정의 내용은 어린이집에서 영유아가 심신이 건강하고 행복하게 생활하며, 전인적 발달을 도모하고, 미래 민주시민으로 성장하기 위해 필요한 구체적인 지식, 기술, 태도 및 가치로 구성한다.

    2) 표준보육과정의 법적 근거

  표준보육과정은 영유아보육법 제29조 보육과정에 근거하며, 모든 어린이집은 제 29조 3항에 근거하여 표준보육과정에 따라 영유아를 보육하도록 노력하여야 한다. 구체적인 보육과정과 내용은 영유아보육법 시행규칙 30조에 의거한다.

    3) 표준보육과정의 학문적 근거

  표준보육과정을 통해 영유아가 경험할 바람직한 지식 및 기술의 내용은 그동안 누적되어 온 이론과 연구결과들에 근거한다. 즉 영유아의 신체, 정서, 사회성, 언어, 인지 및 창의성 발달과 학습, 영유아의 놀이에 대한 국내외 학문적 결과들을 포함한다. 또한, 부모와 영유아와의 관계, 양육 및 가족환경 등이 영유아에게 미치는 영향에 대한 이론과 연구결과들도 표준보육과정의 내용을 구성하는데 기초를 이룬다.
  영유아에게 있어서 어린이집 교사는 영유아의 삶에 결정적인 영향력을 미치는 생애 최초의 교사이다. 교사는 보육과정에 대한 전문적 지식, 의사결정, 민감한 상호작용, 자료 제시 및 환경구성 등을 통해 지속적으로 영유아에게 영향을 미친다. 따라서 교사가 보육과정을 깊이 알고 실천할 수 있도록 보육과정과 연계된 교사지침을 별도로 제공하는 것이 바람직할 것이다.

4) 표준보육과정의 사회문화적 근거

표준보육과정에는 우리나라 사회에서 시대적으로 누적된 보육의 실제와 보육현장에서의 우수한 실제들을 반영한다. 우리나라 헌법에 의하면 '(중략) ... 자율과 조화를 바탕으로 자유 민주적 기본질서를 더욱 확고히 하여 정치·경제·사회·문화의 모든 영역에 있어서 각인의 기회를 균등히 하고, 능력을 최고도로 발휘하게 하며, 자유와 권리에 따르는 책임과 의무를 완수하게 하여..(중략)'라고 기술되어 있다. 어린이집은 영유아가 최초로 집단 경험을 하는 곳으로써 다양한 배경의 또래와 성인을 만나게 된다. 그러므로 표준보육과정은 자유민주주의의 가치에 따라 미래의 건전한 민주시민을 기르고자 하는 기본적 내용을 포함한다.

또한, 우리나라의 전통적인 고유문화는 세계화의 시대적 배경에서 더 중요시 고려되어야 할 내용이다. 우리나라 문화에 대해 자부심을 지님은 물론 다른 문화, 인종, 성, 연령, 사회경제적 지위, 피부색, 직업, 장애, 가족구조, 종교, 출신지역 등에 편견 없이 접근함으로써 모든 영유아가 건전한 개인의 정체성은 물론 사회적 정체성을 형성하도록 한다.

나. 표준보육과정의 아동관

1) 영유아는 연령에 따라 성장, 발달해 간다.

영유아는 자신의 생각을 타인에게 언어로 표현하는 것이 처음에는 미숙하다. 그러나 영아기와 유아기를 거치면서 만 5세가 될 때까지 자조능력, 신체발달, 운동능력, 표상 및 인지적 능력과 지식, 의사소통능력, 심미적 감각과 예술적 표현능력, 창의력, 문제해결력 등이 급속히 발달한다. 영유아기는 이러한 능력이나 지식, 기술을 가장 잘 습득할 수 있는 결정적 시기이므로, 발달에 적합한 내용을 경험한다면 영유아는 타고난 잠재력을 최대한 발휘할 수 있다.

2) 영유아의 발달과 학습은 연속적으로 이루어진다.

출생부터 초등학교 입학 전까지 영유아가 경험하는 보육 내용은 발달수준에 적합하되, 계열적으로 이루어지는 것이 바람직하다. 영유아의 생애 초기 발달 및 학습은 다음 발달의 기초가 되고, 이전 경험이 누적되어 다음 단계로 발달하기 때문에 경험의 연속이 중요하다. 출생에서부터 초등학교 입학 전까지 이러한 경험이 연속적으로 이루어지도록 한다.

3) 영유아는 개별적인 특성을 지닌 독특한 존재로서 서로 다르다.

영유아는 기질과 성향이 모두 다르게 태어나며 주변 사람과 환경을 받아들이고 해석하는 방식에 있어서도 서로 차이가 있다. 연령에 따른 보편적인 발달과정을 거치지만, 발달의 양상과 속도는 개인마다 독특하고 흥미와 요구에 있어서 개별적인 특성이 있다.

4) 영유아는 직접 경험에 참여할 때 가장 의미 있는 학습, 지식, 기술 및 바람직한 성향을 형성해 간다.

영유아는 성인으로부터 지식과 정보를 듣기보다는 현재 자신이 할 수 있는 것부터 출발하여 다른 또래나 사물과 직접 경험하고 의견이나 느낌을 주고받을 때 가장 잘 배운다. 특히 자신의 흥미에 따라 스스로 선택한 활동을 오감을 사용하며 집중할 때 다양한 능력과 지식, 기술이 확장되어 간다. 활동에 집중할 때 영유아는 새로운 활동에 대한 호기심을 지속하고 독창성, 인내심, 융통성, 책임감, 상상력, 새로운 것을 개발하는 창의적 능력이 형성되고 발달해 간다.

5) 영유아는 민감하고 반응적인 성인과의 신뢰로운 관계 속에서 자신의 지식과 기술, 태도를 가장 잘 성장, 발달해 간다.

영유아는 부모 뿐 아니라 어린이집 교사와의 신뢰롭고 긍정적인 애착관계를 형성할 때 전인적 발달을 이루며, 또래나 다른 성인과의 긍정적 관계를 형성해 간다. 영유아는 정서적 안정감을 느끼고 심리적으로 수용해 주는 환경에서 두려움 없이 새로운 사물에 대한 탐색을 시도할 수 있다. 교사는 영유아의 생각이나 행동, 정서, 표현 방식 등을 민감하게 파악하며 반응하고 영유아가 자신을 중요하고 소중한 사람으로 여기도록 친밀한 관계 형성에 노력해야 한다. 이렇게 심리적으로 안전한 환경에서 영유아는 자신에게 필요한 지식, 기술, 태도 등을 가장 잘 형성해 간다.

6) 영유아의 생활이 놀이 중심으로 이루어질 때 새로운 학습과 경험을 의미 있게 지속적으로 해나간다.

놀이는 영유아들에게는 새로운 학습과 경험을 이끄는 가장 중요한 방법이다. 영유아의 경우 어린이집에서의 경험 자체가 놀이 중심의 생활이어야 한다. 어린이집에서 영유아는 집단생활을 하기 때문에 대부분의 활동이 대집단이나 교사

주도의 구조적인 활동이 되기 쉽다. 놀이는 영유아 자신의 내적동기로 시작하여 즐거움을 느끼게 하고 지루하지 않으며 끊임없이 시도하는 힘을 제공하기 때문에, 영유아가 가장 편안하게 새로운 활동에 도전하고 지속적으로 경험하게 하는 바람직한 수단이 된다. 놀이는 발달에 적합하고 질적으로 우수한 놀이 환경, 적절한 공간, 충분한 놀이 시간이 주어질 때 활발히 이루어지므로 실내외에서 자유롭게 놀이가 이루어지도록 환경을 제공한다.

    7) 영유아는 어린이집은 물론 가정과 지역사회의 생태학적 환경과 직간접의 영향을 주고받으며 성장, 발달해 간다.

영유아는 주변의 의미 있는 환경으로부터 직간접 영향을 지속적으로 받는다. 또한 그 환경에 영향을 미치며 성장, 발달한다. 어린이집이 영유아의 부모와 가족, 지역사회와 긴밀한 협력을 이루며 신뢰로운 관계를 형성한다면, 영유아의 발달에 바람직한 영향을 미치게 된다. 뿐만 아니라 어린이집과 가족 모두 자신과 타인, 사회와 자연, 환경을 존중하고 서로 공존할 때 영유아는 건강한 자아감 및 사회적 다양성에 대한 인정과, 편견 없는 사회문화적 가치와 태도를 형성하게 된다.

어린이집 교사는 부모들과 서로 긴밀하게 소통함으로써 영유아의 학습과 발달을 더 지지하고 확장하는데 기여해야 한다. 교사는 영유아의 성장과 발달에 대해 지속적으로 기록하고 이를 토대로 부모와 내용을 나누며, 부모는 가정에서의 행동이나 습관을 살펴 교사와 영유아에 대한 정보를 교환하는 것이 바람직하다.

  다. 추구하는 인간상

표준보육과정의 목표를 통해 궁극적으로 기르고자 하는 인간상은 다음과 같다.

  1) 자율적인 사람

미래사회는 정보화, 다양화, 첨단기술의 발달이 더 강화될 것이다. 이러한 사회에 유능한 사람으로서 역할을 다하기 위해서는 자율적인 능력을 습득하고 새로운 환경이나 문제에 당면했을 때 스스로 노력하여 해결하고자 하는 특성이 요구된다.

  2) 창의적인 사람

창의적 성향은 오랜 기간에 걸쳐서 형성된다. 영유아기는 인간의 기본 자질과 태도 및 품성을 형성하는 중요한 기초 시기이다. 영유아기에 독특한 생각을 장려하고 탐색을 격려하며 새로운 것을 즐기도록 다양한 경험을 제공하는 것이 중요하다. 한 사람의 창의적 사고와 산물은 고부가가치를 창출하게 되며 우리나라의 국가경쟁력과 안정된 발전에 기여할 것이다.

3) 다양성을 인정하는 사람

자신만의 독특한 생각과 느낌, 표현을 즐기고 세계화의 흐름에 적극적으로 대처하기 위해서, 영유아는 다양한 사람의 생각이나 표현, 행동을 소중하게 받아들여야 한다. 다른 사람이 나와 다른 외모, 인종, 종교, 성, 연령, 가족구조, 출신지역, 사회경제적 지위, 장애, 문화, 등에 편견 없이 공평하게 접근하며 상대방이 누구인가에 관계없이 서로의 차이에 대해 존중하는 태도를 기른다.

4) 민주적인 사람

우리 사회는 자유민주주의를 기본 사상으로 하고 있다. 영유아는 성장하며 점차 자신이 속한 사회에서 적극적인 역할을 담당하게 된다. 다른 사람과 긍정적인 관계를 맺으며 여럿이 더불어 살아가기 위해서는, 자신에 대한 높은 자존감과 자유 의지를 지니지만 타인의 자유와 평등을 존중하는 태도가 필요하다.

5) 자연과 우리문화를 사랑하는 사람

미래사회는 세계화가 강화되고 지구가 보유하고 있는 자원이 심각하게 고갈되어 갈 것이다. 우리가 살고 있는 지구를 보존하기 위해서는 인간이 자연을 소중히 하고 함께 살아가는 방법에 대한 지혜가 더 요구된다. 자연은 우리 곁에 있지만 이를 어떻게 민감하게 지각하고 소중히 다루며 사랑해야 하는가를 배우고 경험해야 한다. 또한 우리 문화의 가치와 독특함을 소중하게 여길 때 세계화에서 경쟁력이 있다. 따라서 다양한 기회를 통해 자연과 우리문화의 전통과 그 소중함을 알고 사랑하는 마음을 기르도록 한다.

라. 표준보육과정의 개정 방향

1) 표준보육과정에 총론을 새로 추가하여 표준보육과정의 방향성과 각 영역의 기초를 강화한다.

가) 개정안

현행 보건복지부 고시(제2010-71호)인 '표준보육과정의 구체적 내용 및 교사지침'은 표준보육과정의 구성, 표준보육과정의 영역별, 연령집단별, 수준별로 제시된 구체적 보육내용, 교사 지침, 평가로 기술되어 있다.

본 2차 개정에서는 표준보육과정을 크게 총론과 영역별 표준보육과정의 두 부분으로 편성하여 안내한다. 총론은 표준보육과정의 기초, 표준보육과정의 구성, 표준보육과정의 운영의 세 장을 새로 추가하고, 영역별 내용인 부분은 표준보육과정의 여섯 영역별로 표준보육과정 개정 신구 비교표 및 개정근거, 목표와 내용, 교사지침, 해설서로 구성한다.

나) 개정 배경

현행 표준보육과정에 대한 안내용 책자는 2010년 9월 7일 보건복지부령으로 '표준보육과정의 구체적 내용 및 교사지침'(보건복지부 고시 제2010-71호)을 고시하였다. 이 고시는 6개 영역의 목표와 내용, 연령집단별 내용, 수준별 내용 등이 포함되어 있으나 그 근거가 되는 부분이 제시되지 않았다. 그리하여 어린이집 현장에서는 표준보육과정에 근거하여 보육을 실시하여야 함에도 불구하고 그 개념이나 방향성을 파악하는데 어려움이 있었다. 또한 표준보육과정에 근거하여 개발된 연령별 보육프로그램이 보급됨에 따라, 연령별 보육프로그램과 표준보육과정의 내용을 혼동하는 경우도 있었다. 그러므로 표준보육과정의 제 2차 개정과 더불어 표준보육과정의 개념 및 아동관, 표준보육과정의 구성과 운영을 제시한 총론을 추가할 필요가 있고 이를 기존의 영역별 내용과 분리하였다.

2) 보육과정의 목적 일부 내용을 수정하여 지속가능한 생태환경의 중요성을 강조한다.

가) 개정안

현행 영유아보육법 시행규칙 별표 8의2 표준보육과정(제30조 관련)에 명시된 보육과정의 목적은 다음과 같다.

보육과정의 목적은 영유아의 전인적인 성장과 발달을 돕고 민주시민으로서의 자질을 길러 영유아가 심신이 건강하고 조화로운 사회 구성원으로 자랄 수 있도록 하는 데 있다. 보육과정을 통해 추구하는 인간상은 다음과 같다.

가. 자율적인 사람
나. 창의적인 사람
다. 다양성을 인정하는 사람
라. 민주적인 사람
마. 우리 문화를 사랑하는 사람

　이를 다음과 같이 개정한다. 이를 표로 나타내면 <표 I-1>과 같다.
　보육과정의 목적은 어린이집에서 전인적인 성장발달과 의미있는 학습을 통해 영유아의 잠재력을 최대한 개발하고 민주시민으로서의 역량을 키워 영유아가 심신이 건강하고 조화로운 개인과 사회 구성원으로 자랄 수 있도록 하는 데 있다. 보육과정을 통해 추구하는 인간상은 다음과 같다.
가. 자율적인 사람
나. 창의적인 사람
다. 다양성을 인정하는 사람
라. 민주적인 사람
마. 자연과 우리 문화를 사랑하는 사람

〈표 I-1〉 표준보육과정에서 보육과정의 목적 일부 개정 내용과 개정근거

표준보육과정 (2007)	제 2차 개정 표준보육과정(2010)	개정 근거
보육과정의 목적은 영유아의 전인적인 성장과 발달을 돕고 민주시민으로서의 자질을 길러 영유아가 심신이 건강하고 조화로운 사회 구성원으로 자랄 수 있도록 하는 데 있다. 보육과정을 통해 추구하는 인간상은 다음과 같다. 가. 자율적인 사람 나. 창의적인 사람 다. 다양성을 인정하는 사람 라. 민주적인 사람 마. 우리 문화를 사랑하는 사람	보육과정의 목적은 전인적인 성장발달과 의미있는 학습을 통해 영유아의 잠재력을 최대한 개발하고 민주시민으로서의 역량을 키워 영유아가 심신이 건강하고 조화로운 개인과 사회 구성원으로 자랄 수 있도록 하는 데 있다. 보육과정을 통해 추구하는 인간상은 다음과 같다. 가. 자율적인 사람 나. 창의적인 사람 다. 다양성을 인정하는 사람 라. 민주적인 사람 마. 자연과 우리 문화를 사랑하는 사람	표준보육과정이 영유아 개인의 타고난 특징과 발달단계 및 경험에 적합한 활동과 실행에 대한 기준을 제공하여 영유아의 전인적 성장발달과 의미 있는 학습이 이루어지도록 하는 점을 강조하였다. 또한 보육과정이 영유아의 잠재력을 최대한 개발하고 민주시민의 역량을 키우는데 기여하는 좀 더 적극적인 의미의 중요성을 강조한다. 또한 영유아가 사회 구성원인 민주시민으로서 뿐 아니라 한 개인으로서도 존중되어야 함을 반영한다. 추구하는 인간상에 지속가능한 생태환경의 중요성과 글로벌화의 사회적 변화를 반영하여 우리 문화를 사랑하는 사람에서 나아가 자연과 우리 문화를 사랑하는 사람으로 수정한다.

　나) 개정 배경

표준보육과정이 영유아 개인의 타고난 특징과 발달단계 및 경험에 적합한 활동과 실행에 대한 기준을 제공하여 영유아의 전인적 성장발달과 의미있는 학습이 이루어지도록 하는 점을 강조한다. 또한 보육과정이 영유아의 잠재력을 최대한 개발하고 민주시민의 역량을 키우는데 기여하는 좀 더 적극적인 의미의 중요성을 강조한다. 또한 영유아가 사회 구성원인 민주시민으로서 뿐 아니라 한 개인으로서도 존중되어야 함을 반영한다.

추구하는 인간상에 지속가능한 생태환경의 중요성을 반영하여 우리 문화를 사랑하는 사람에서 나아가 자연과 우리 문화를 사랑하는 사람으로 수정한다.

3) 연령집단 및 연령집단별 수준 구분 체제는 누리과정 제정에 따라 만 3-4세로 변경하고, 만 2세 미만 연령집단의 수준별 내용을 4 수준으로 세분화하여 발달상의 차이를 반영한다.

가) 개정안

현행 표준보육과정은 만 2세 미만, 만 2세, 만 3-4세의 연령집단으로 구분하여 영유아의 발달정도에 따라 보육목표와 내용을 계열성 있게 경험하도록 제시하고 만 3-4세의 보육과정은 만5세 누리과정과 연계가 이루어지도록 고려하였다. 또 각 연령집단별 보육내용은 만 2세 미만의 경우 1·2·3수준으로, 만 2세는 1·2수준, 만 3~4세는 1·2수준으로 구분하고 있다.

이를 연령집단 구분은 그대로 유지하며, 만 2세 미만 연령집단의 경우 1·2·3수준 구분에서 1·2·3·4수준 구분으로 변경하고 만3-4세 연령집단은 1·2·3수준에서 만 5세가 누리과정으로 제외됨에 따라 1·2수준으로 변경한다.

나) 개정 배경

영유아의 발달은 특히 만 2세 미만에서 가장 급격하게 이루어지는 점과 교사들은 영유아의 발달단계를 대체로 연령별, 또는 월령별로 인식하는데 비해 만 2세 미만 연령집단의 경우 내용이 3가지 수준으로 구분되어 있었다. 이는 영유아의 연령이나 월령에 따른 수준 적용이 원활히 이루어지지 못해 어린이집 교사들에게 혼동을 주게 되는 점을 감안하여 이 시기의 수준을 4수준으로 세분화하여 개정하고자 한다. 대체로 6개월 단위로 수준이 구분되는 셈이다. 또한 2011년 9월 5일 '5세 누리과정'이 제정됨에 따라 표준보육과정의 만 3-5세 연령집단이 만 3-4세로 변경되었고, 수준도 3수준으로 구분되었던 것이 2수준으로 변경되어 개정되었다. 이때, 만3-4세 보육과정의 경우 만5세 누리과정과의 연계 측면을 고려하여 내용을 개정하고자 하였다.

　　　　4) 보육관련 주요 용어를 통일하여 법률적 명확성을 가지도록 한다.

　가) 개정안

　보육관련 주요 용어 중 두 가지 이상으로 표현된 것은 동일한 용어로 통일한다. 가령 어린이집과 보육시설, 영유아와 어린이 및 어린 유아, 또는 영영아 등, 보육교사와 교사 및 종사자, 보육실과 보육교실 및 교실 등으로 동일한 개념이 다른 용어로 사용되는 것을 통일하여 어린이집, 영유아, 어린이집 원장, 보육교사, 보육실로 통일한다.

　나) 개정 배경

　표준보육과정이 법령으로서의 지위를 가지고 있으므로 용어의 명확성을 확보하여야 하며, 내용이 동일하게 이해되어야 할 필요가 있다. 따라서 어린이집 원장과 보육교사로 통일하여 사용하고자 한다.

　　　　5) 초등교육과정과 용어를 통일하여 연계성을 강화한다.

　가) 개정안

　표준보육과정에서 사용하고 있는 용어와 초등학교 교육과정의 용어가 같은 개념인데도 다르게 사용하고 있을 경우 용어를 통일한다.

　나) 개정 배경

　영유아보육법 제27조에 의하면 '보육시설 이용 대상은 보육이 필요한 영유아를 원칙으로 한다. 다만 필요한 경우 12세까지 연장하여 보육할 수 있다,'고 규정되어 있다. 영유아보육법 제2조는 '영유아란 6세 미만의 취학 전 아동을 말한다,'로 정의하고 있다. 그러므로 보육과정은 보육과정으로서 정체성을 가져야 할 뿐 아니라 초등교육과정과 잘 연계되어야 한다. 초등교육과정과의 연계를 위해서는 보육 내용 면에서 논리적 위계를 갖추는 것과 용어의 통일성이 필요하다.

6) 표준보육과정 영역별 구성 체계와 서술방법을 일부 개정하고 내용을 보강하며, 해설서를 상세히 기술하여 강화한다.

가) 개정안

현행 영역별 표준보육과정의 서술을 상세히 기술하고자 한다. 즉 각 영역은 전체 목표와 연령집단별 목표(목표와 목표의 중요성, 의미), 내용(내용범주, 내용, 수준별내용, 내용범주간 상호연계성, 연령집단간 연계성), 교사지침(인적, 물리적 환경구성 원리, 효과적인 교사 상호작용 원리와 교수법에 대한 내용범주별 지침)에 관한 내용을 각각 포함하여 서술하도록 한다. 또 해설서는 각 영역에서 내용별로 수준별 내용의 의미와 중요성, 각 수준과의 연계, 보육교사의 상호작용과 주요 활동, 환경 구성, 교재 교구, 내용 적용 시 유의할 점 등을 중심으로 상세히 설명하여 표준보육과정의 내용 및 수준별 내용에 대한 교사들의 이해도를 높이고자 한다.

나) 개정 배경

현행 표준보육과정에서는 해설서를 개발하였음에도 불구하고 어린이집과 교사들에게 보급되지 못한 측면이 있어서 연령집단별 내용이나 수준별 내용을 이해하는데 어려움이 있었다. 그러므로 제 2차 개정에서는 표준보육과정의 내용에 대한 자세한 해설서를 강화함으로써 교사의 이해력을 높이며, 내용을 정확하고 적절히 적용하는데 도움이 되도록 할 필요가 있다.

2. 표준보육과정의 구성

가. 표준보육과정의 구성방향

표준보육과정은 다음과 같은 방향으로 구성하였다.

1) 표준보육과정은 총론과 영역별 내용으로 나눈다. 영역별 내용은 6개 영역으로 구분한다.

표준보육과정의 총론은 표준보육과정의 기초, 구성 및 운영으로 구분한다. 표준보육과정의 영역별 내용은 기본생활, 신체운동, 사회관계, 의사소통, 자연탐구, 예술경험의 총 6개 영역으로 구분한다.

2) 영유아의 발달적 특성에 따라 표준보육과정은 연령집단별로 구분한다.

만 0-5세 이하의 영유아는 발달적 특성에 따라 만 2세미만, 만 2세, 만 3-4세의 세 연령집단으로 나누고, 표준보육과정은 이러한 세 연령집단별로 구분하여 목표와 내용을 제시한다. 만5세는 누리과정으로 연계한다.

3) 연령집단별 표준보육과정은 내용범주별로 서로 연계하여 제시한다.

표준보육과정 6개 영역의 내용은 범주에 따라 묶여져 있다. 내용범주는 각 영역의 내용들을 하나로 묶는 주요 개념으로써 각 영역별로 3-4개씩 총 20개 내용범주로 구성되어 있다. 표준보육과정의 내용범주에 따라 연령집단별 표준보육과정의 내용이 서로 연계되어 있는 것이 특징이다. 따라서 한 내용범주 내의 내용은 연령이 높아짐에 따라 내용 수준도 높아지도록 연계성을 강조하였다.
표준보육과정의 영역과 내용범주는 수많은 내용을 개념으로 묶어서 보육교사의 이해도를 높이고 찾아보기 쉽게 구분한 것이다. 표준보육과정을 어린이집에서 적용할 때에는 내용범주와 영역들이 통합적으로 운영하여야 한다.

4) 표준보육과정의 각 영역은 내용범주, 내용과 수준별 내용으로 세분화한다.

표준보육과정 영역의 내용은 내용범주 → 내용 → 수준별 내용으로 구성하였다. 수준별 내용의 구분은 연령집단별로 다르다. 즉 만 2세미만 표준보육과정의 내용은 4수준으로 구분하였고, 만 2세 보육과정은 2수준으로, 만 3-4세 보육과정은 2수준으로 구분하였다.

나. 표준보육과정의 체제

표준보육과정은 장기적 목적인 추구하는 인간상, 구체적인 목표, 6개 영역별 내용, 각 영역에서 연령별·수준별 내용과 교사 지침으로 구성한다.

1) 목적

보육과정은 어린이집에서 영유아의 전인적 성장과 발달을 돕고 민주시민으로서의 자질을 길러 심신이 건강하며 조화로운 사회구성원으로 자라도록 하는데 그 장기적 목적이 있다.

보육과정의 구체적인 목표를 통해 궁극적으로 기르고자 하는 인간상은 다음과 같다.
가) 자율적인 사람
나) 창의적인 사람
다) 다양성을 인정하는 사람
라) 민주적인 사람
마) 자연과 우리문화를 사랑하는 사람

2) 목표

보육과정의 목표는 다음과 같다.
가) 건강하고 안전하며 바르게 생활하는 지식·기술·태도와 습관을 가진다.
나) 자신의 신체를 긍정적으로 인식하고 기본 운동능력을 기른다.
다) 자신을 존중하고 가족, 또래, 공동체내 다른 사람들과 더불어 생활하는 태도를 가지며 필요한 사회적 지식과 태도를 습득한다.
라) 기초적인 언어능력 및 일상생활에 필요한 의사소통능력과 기초적인 문해능력을 기른다.
마) 탐구 능력을 토대로 수학적, 과학적 탐구에 필요한 지식과 이해를 기른다.
바) 주변의 친근한 환경과 일상생활의 아름다움에 관심을 가지고 예술적 요소를 즐김으로써 감성과 창의성을 기른다.

3) 총론

표준보육과정의 총론은 표준보육과정의 개념을 정의하고 표준보육과정의 법적, 학문적, 사회문화적 근거를 제시한다. 표준보육과정의 대상인 영유아에 대한 발달적, 철학적, 이론적 관점을 제시하며 아동관을 기술하였다. 아동관은 표준보육과정에서 추구하는 인간상, 목적, 목표의 기초가 되며 어린이집의 대상인 영유아와 보육에 대한 기본 방향을 제시한다.

표준보육과정의 구성에서는 표준보육과정이 어떤 체제로 구성되고 있는가에 대한 이해를 돕기 위해 각 부분을 정의하고, 그 내용을 구체적으로 설명하고 있다. 또한 각 부분이 어떻게 상호 연결되고 있는가를 각 영역의 내용에 대한 예를 제시하고 있다.

표준보육과정의 운영에서는 표준보육과정의 편성과 이를 운영하는데 기본이 되는 지침 및 환경구성, 상호작용과 교수법을 제시하고 있다. 마지막 부분에서는 보육과정의 평가를 위한 기본원리와 지침을 제시하고 있다. 총론은 각 영역별 내용을 활용하기 전에 숙지하는 것이 바람직하다. 이를 통해 보육교사들이 표준보육과정에 대한 기본 방향과 구성 체제, 운영방법에 대한 이해도와 활용도를 높이는데 기여하고자 한다.

4) 영역별 내용

가) 표준보육과정의 내용은 6개 영역과 내용범주로 구성한다.

표준보육과정의 영역은 기본생활, 신체운동, 사회관계, 의사소통, 자연탐구, 예술경험의 총 6개 영역으로 구성되어 있다. 각 영역은 총괄적인 목표를 먼저 제시한 후 내용범주별로 내용을 제시하고 있다. 내용범주는 각 영역의 내용을 구성하는 핵심 범주로서 3-4개로 되어 있다. 모든 6개 영역의 내용범주를 모두 합하였을 때 '만 2세미만'과 '만 2세' 연령집단별 보육과정에서는 총 19개 범주(사회관계에서 사회적 지식의 내용범주가 없음)가, '만 3-4세'보육과정에서는 총 20개 내용범주가 있다.

다음의 표에서 각 영역별로 내용범주를 제시하였다.

〈표 Ⅰ-2〉 표준보육과정 6개 영역별 내용범주

기본생활	신체운동	사회관계	의사소통	자연탐구	예술경험
건강한 생활	감각과 신체 인식	자아존중	듣기	탐구하기	심미적 탐색
안전한 생활	신체조절과 기본운동	정서인식과 조절	말하기	수학적 탐구	예술적 표현
바른 생활	신체활동 참여	사회적 관계	읽기	과학적 탐구	예술감상
		사회적 지식	쓰기		

나) 연령집단별 표준보육과정의 내용은 내용범주별로 제시되며 내용범주별 내용은 상호 연계된다.

연령집단별 표준보육과정의 내용은 대상 연령에게 적합한 보육내용으로 구성되며, 각 영역의 내용범주로 묶여 제시하고 있다. 다음의 표 <Ⅰ-3>은 표준보육과정의 내용 중 만 2세미만 보육내용을 영역별, 내용범주별로 재조직한 것이다. 만

2세와 만 3-4세 보육과정도 이런 표로 재조직하여 연령별로 사용할 수 있다.

〈표 Ⅰ-3〉 만 2세 미만 표준보육과정의 내용을 영역과 내용범주별 재조직표

기본생활	신체운동	사회관계	의사소통	자연탐구	예술경험
건강한 생활 • 몸을 깨끗이 하기 • 즐겁게 먹기 • 알맞게 잠자기와 휴식하기 • 즐거운 생활하기 • 규칙적인 배설 습관 갖기	감각과 신체 인식 • 감각적 자극에 반응하기 • 감각 기관으로 탐색하기 • 신체 탐색하기	자기 존중 • 나를 다른 사람과 구별된 존재로 인식하기	듣기 • 주변의 소리와 말소리 구분하여 듣기 • 경험과 관련된 말의 의미 알기 • 운율이 있는 말 듣기	탐구하기 • 주변 세계 지각하기 • 반복하여 탐색하기	심미적 탐색 • 소리, 움직임, 시각적 자료에 호기심 갖기
안전한 생활 • 놀잇감을 안전하게 사용하기 • 위험한 상황을 알기	신체조절 및 기본 운동능력 • 대근육 조절하기 • 균형감 기르기 • 소근육 조절하기 • 협응력 기르기 • 이동운동 시도하기 • 제자리 운동 시도하기	정서인식과 조절 • 나의 감정을 느끼고 표현하기	말하기 • 발성과 발음으로 소리내기 • 표정, 몸짓, 말소리로 의사표현하기 • 친숙한 사람과 사물의 이름 말하기	수학적 탐구 • 수량 지각하기 • 주변 공간 탐색하기 • 지각적으로 비교하기 • 간단한 규칙성 지각하기	예술적 표현 • 리듬 있는 소리로 반응하기 • 몸 움직임으로 표현하기 • 단순한 미술 경험 시도하기 • 모방 행동 즐기기
바른 생활 • 예절 바르게 생활하기 • 질서 지키며 생활하기	신체활동 참여 • 몸 움직임 즐기기 • 기구를 이용하여 신체 활동 시도하기	사회적 관계 • 다른 사람에게 관심 갖기 • 양육자와 애착 형성하기	읽기 • 그림책과 환경 인쇄물에 관심갖기	과학적 탐구 • 주변의 사물 지각하기 • 주변 생명체 지각하기 • 자연 현상 지각하기	예술감상 • 소리나 노래 즐겨듣기 • 주변의 아름다움 경험하기
			쓰기 • 끼적이기를 시도하기 • 쓰기 도구에 관심갖기		

각 내용범주에 있는 연령집단별 보육 내용은 만 0-4세까지 지속적으로 연계되며 난이도가 높아지도록 구성하였다. 다음의 표 <I-4>는 기본생활영역의 내용범주에 따른 내용을 연령집단별로 제시한 예이다. 건강한 생활의 내용범주에서 연령집단별로 내용이 지속적으로 연계되고 난이도가 높아지는 것을 진한 글자로 제시하였다. 이 표에서 보면 만 2세 보육과정의 건강한 생활 내용범주에는 '스스로 옷 입고 벗기'의 내용이 있고 이 내용이 만3-4세 보육과정에서는 '상황에 맞게 옷입기'로 연계된다. 그러나 만 2세 미만보육과정에는 이에 해당하는 내용이 없음을 알 수 있다.

〈표 Ⅰ-4〉 기본생활영역의 내용범주별 보육내용과 내용의 연령간 연계

내용 범주	만 2세 미만	만 2세	만 3~4세
건강한 생활	• 몸을 깨끗이 하기 • 즐겁게 먹기 • 건강한 일상생활하기	• 몸을 깨끗이 하기 • 바른 태도로 먹기 • 건강한 일상생활 하기 • 건강에 관심 갖기	• 몸과 주변을 깨끗이 하기 • 바른 식생활 하기 • 건강한 일상생활하기 • 질병 예방하기
안전한 생활	• 놀잇감을 안전하게 사용하기 • 위험한 상황을 알기	• 안전하게 놀이하기 • 교통수단의 위험을 알고 조심하기 • 위험한 상황을 알고 조심하기	• 안전하게 놀이하기 • 교통안전 규칙 지키기 • 비상시 적절히 대처하기
바른 생활	• 바른 예절에 관심 갖기 • 기본 질서에 관심 갖기	• 바른 예절에 관심 갖기 • 기본 질서에 관심 갖기	• 바른 예절을 알고 지키기 • 사회적 가치를 알고 지키기

5) 연령집단별, 수준별 보육내용

연령집단별 보육과정은 각 연령집단에 따른 영역의 보육목표를 구체적으로 제시하고 있다. 각 연령집단에서 추구하고자 하는 영역의 최종 목표가 문장으로 먼저 기술이 되었고 이것을 구체화하여 번호로 제시하였다. 즉 의사소통 영역을 예를 들면 다음의 표와 같이 의사소통의 전체적인 목표와 각 연령집단별로 목표가 다르게 제시되어 있음을 알 수 있다.

〈표 Ⅰ-5〉 의사소통영역의 연령집단별 보육목표

	만 0-4세 의사소통
전체목표	듣고 말하는 것을 즐기며 상황에 맞는 언어를 익혀 바른 언어생활을 하도록 하고 일상생활에 필요한 의사소통능력과 기초적인 문해능력을 기른다. 1) 다른 사람의 이야기와 다양한 동요, 동시, 동화를 듣는 경험을 통해 주의 깊게 듣는 태도와 이해력을 기른다. 2) 정확한 발음으로 바르게 말하는 태도를 기르고 다른 사람들과 대화하며 서로의 의견을 나누는 능력을 기른다. 3) 글과 글자에 친숙해지는 경험을 통해 글자모양을 인식하고 글의 의미를 이해하며 읽기에 흥미를 가진다. 4) 여러 가지 쓰기 도구에 관심을 갖고 자신의 느낌, 생각, 경험을 글로 표현하는데 흥미를 가진다.

	만 2세 미만	만 2세	만 3-4세
연령집단별 목표	듣고 말하는 것을 즐거워하고, 상황에 따라 적절한 언어로 표현한다.	듣고 말하는 것을 즐기고, 상황에 맞는 언어와 바른 언어생활 태도를 익히고, 주변의 문해환경에 흥미를 가진다.	일상생활에 필요한 의사소통능력과 기초적인 문해능력을 기르고, 바른 언어생활 태도와 습관을 형성한다.
	1) 주변의 소리와 말소리를 듣고 좋아하며 반응한다.	1) 다른 사람의 이야기와 운율이 있는 동요, 동시, 짧은 이야기를 듣는 것을 즐기며 반응한다.	1) 다른 사람의 이야기와 동요, 동시, 동화를 주의 깊게 듣는 태도와 이해력을 기른다.
	2) 표정, 소리, 몸짓으로 의사를 표현하여 주고받기를 즐긴다.	2) 생각과 느낌을 말로 주고받기를 즐긴다.	2) 정확한 발음으로 바르게 말하는 태도와 다른 사람과 대화하며 자신의 느낌, 생각, 경험을 말로 표현하는 능력을 기른다.
	3) 그림책과 환경 인쇄물에 관심을 가진다.	3) 그림책이나 환경 인쇄물에 관심을 가지며 글자 모양과 글의 내용에 흥미를 가진다.	3) 글과 글자에 친숙해짐으로써 글자 모양을 인식하고 글의 의미를 이해하며 읽기에 흥미를 가진다.
	4) 끼적이기를 시도하며 쓰기 도구에 관심을 가진다.	4) 글자형태와 비슷한 끼적거리기를 시도하며 다양한 쓰기 도구에 흥미를 가진다.	4) 말과 글의 관계를 알고 자신의 느낌, 생각, 경험을 글로 나타내는데 흥미를 가진다.

한편, 연령집단별 보육내용은 수준에 따라 구체적인 보육내용으로 구성되어 있다. 수준이라 함은 영유아의 생활연령에 따라 내용을 구분하기보다는 현재의 영역별 발달 수준에 따라 내용이 제시되어야 함을 의미한다. 예를 들면 만3-4세의 보육과정은 2수준으로 구분되어 있으므로 1수준은 만 3세, 2수준은 만 4세에 해당될 수도 있지만, 만 4세 유아 중에 발달 수준이 많이 느린 아동은 1수준의 내용을 경험하도록 배려해야 함을 의미한다. 다음은 기본생활영역의 내용범주 중 '건강한 생활' 한 범주만 만 2세미만 보육과정의 수준별 내용을 제시한 것이다. '건강한 생활'의 범주에는 5개의 내용이 있으며, 각 내용은 그 내용에 해당하는 수준별 보육내용을 제시하고 있다.

〈표 Ⅰ-6〉 기본생활영역(건강한 생활)의 만 2세미만 수준별 보육내용

내용범주	내용	1수준	2수준	3수준	4수준
건강한 생활	몸을 깨끗이 하기		도움을 받아 이를 닦는다.		
			도움을 받아 손을 씻는다.	스스로 손 씻기를 시도한다.	
			몸이 깨끗해졌을 때 기분이 좋음을 안다.		
	즐겁게 먹기	편안하게 안겨서 우유(모유)를 먹는다.	고형식에 적응한다.	음식을 골고루 먹는다.	
			도구를 사용하여 먹는다.	스스로 도구를 사용하여 먹는다.	
			정해진 자리에서 먹는다.		
	건강한 일상생활하기		수면을 충분히 취한다.		
			편안하게 쉰다.		
			익숙한 공간에서 안정된 마음을 갖는다.		
			하루 일과에 즐겁게 참여한다.		
			배변 의사를 표현한다.		정해진 곳에서 배변한다.

6) 교사지침

교사지침은 각 영역의 내용범주별, 연령집단별로 제시되어 있다. 교사지침에 포함된 내용은 각 내용범주의 보육내용에 관련된 활동들을 실시할 때 교사가 기본적으로 알아야 하는 영유아의 발달적 내용, 효과적인 상호작용방법, 인적 및

물리적 환경구성 방법, 주의할 점 등을 포함하고 있다. 다음은 기본생활영역의 내용 범주 중 '건강한 생활'에 해당하는 교사지침을 연령집단별로 제시하였다. 교사들이 연령집단별, 수준별 보육내용을 계획하고 운영할 때 지침으로 활용하면 효과적이다.

〈표 Ⅰ-7〉 기본생활영역(건강한 생활)의 연령집단별 교사지침

연령집단별	기본생활영역의 '건강한 생활' 내용 범주에 대한 교사 지침
만 2세 미만 보육과정	➢ 영아가 가정에서와 같이 편안하게 느끼도록 하여 영아의 심리적 안정성을 증진시킨다. ➢ 영아의 신호에 민감하게 반응하고, 영아의 다양한 표현 방식을 이해하고 격려하며, 신뢰감을 형성한다. ➢ 영아의 청결, 영양, 배설, 수면 그리고 상호작용 등 기본적인 욕구를 적절히 충족시킨다. 수유, 기저귀 갈기 등을 할 때 부드러운 대화로 영아를 격려하면서 진행한다. ➢ 영아기는 면역력이 약하고 생리적인 변화가 심하다는 것을 알고 질병에 걸리지 않도록 환경을 조성하고 영아의 상태변화를 민감하게 관찰하고 적절한 조치를 취하여야 한다. 특히 전염병이 있는 영아는 적절히 격리한다. ➢ 영아의 발달수준에 맞추어 컵이나 수저를 사용하여 음식을 먹을 수 있도록 하며, 또래와 함께 일정 장소에서 식사하는 법을 익히도록 지도한다.
만 2세 보육과정	➢ 영아가 식사, 수면, 배설 등에 긍정적인 기본생활습관이 길러지도록 여러 가지 방법으로 지속적으로 지도한다. ➢ 영아의 의사를 존중하여 자존감을 높여주고 다른 영아들과 다툼이 일어나지 않도록 공간과 놀잇감을 적절히 배치한다. ➢ 영아가 질병에 걸리지 않도록 예방에 힘쓰고 아플 때 적절히 표현할 수 있도록 지도하며, 영아의 표현에 따뜻하게 반응하고 적절한 조치를 한다. 특히 전염병이 의심될 때 보호자와 협력하여 적절히 격리·조치하고 보고한다. ➢ 영아가 스스로 주변을 정돈하고 손 씻기, 이 닦기 등을 수행했을 때 격려하여 기본적인 건강 생활 습관을 형성하도록 돕는다. ➢ 영아에게 예방접종의 중요성을 설명하여 주고, 건강에 관심을 갖도록 지도한다.
만 3-4세 보육과정	➢ 유아가 스스로 자신의 몸과 주변을 깨끗하게 하며 식사량, 활동량 및 휴식량을 조절할 수 있도록 지도한다. ➢ 수면과 휴식, 배설, 청결, 식생활과 의생활 등이 건강에 미치는 영향을 미치는 것을 고려하여 하루의 일과에서 일관성 있게 지도한다. ➢ 유아가 건강의 중요성을 알고, 적당한 운동과 바른 식습관을 실천하도록 지도하며 몸에 좋은 음식을 스스로 선택할 수 있도록 돕는다. ➢ 하루 일과를 일관성 있게 진행하여 유아가 하루 일과에 즐겁게 참여하고 규칙적으로 생활하도록 한다. ➢ 정기적인 건강검진과 예방접종의 중요성을 설명하며, 질병은 예방이 최선이라는 점을 인식하고 유아가 일상생활 속에서 질병을 예방할 수 있도록 지도한다. ➢ 유아의 안색이나 행동을 관찰하고 유아가 말로 표현하는 질병의 증상들을 주의 깊게 들어서, 적절한 휴식을 취하거나 보호자와 협력하여 치료를 받게 하고 전염병이 의심되면 격리시키고 조치한다.

7) 해설서

해설서는 6개 영역의 보육내용에 대한 구체적인 설명을 담고 있다. 즉 각 영역에서 내용범주에 제시되어 있는 개별 내용에 대한 발달적 의미와 중요성, 발달수준을 높이고 우수한 보육 경험을 제공하기 위해 보육교사가 할 수 있는 영유아 상호작용이나 교수법, 관련된 주요 활동의 종류, 환경구성 및 항시 필요한 교재 교구, 그리고 이 내용을 제공할 때의 유의할 점들을 상세히 제시하고 있다.

예를 들면 아래의 표에서 기본생활영역의 건강한 생활 내용범주 중 만 2세 미만의 경우 총 5개의 내용(몸을 깨끗이 하기, 즐겁게 먹기, 알맞게 잠자기와 휴식하기, 즐겁게 생활하기, 규칙적인 배설 습관 익히기)이 있고, 만 2세의 경우에는 총 7개의 내용, 만 3-4세의 경우에는 총 8개의 내용이 있다. 따라서 기본생활의 해설서에는 만 2세 미만의 경우 총 5개에 대한 개별 내용을 각각 해설서에서 기술하고 있다.

〈표 Ⅰ-8〉 기본생활영역의 건강한 생활 내용범주에 따른 보육내용

내용 범주	만 2세 미만	만 2세	만 3~4세
건강한 생활	・몸을 깨끗이 하기 ・즐겁게 먹기 ・건강한 일상생활하기	・몸을 깨끗이 하기 ・바른 태도로 먹기 ・건강한 일상생활 하기 ・건강에 관심 갖기	・몸과 주변을 깨끗이 하기 ・바른 식생활 하기 ・건강한 일상생활하기 ・질병 예방하기

한편, 위의 <표 I-8>에서 굵은 글자로 표시한 '몸을 깨끗이 하기'와 관련된 만 2세 미만, 만 2세, 만 3-4세의 해설서 내용을 연령집단별로 비교해 볼 수 있다. 이를 제시하면 다음과 같다.

〈표 Ⅰ-9〉 만 2세 미만 보육과정> 건강한 생활 내용범주

내용	1수준	2수준	3수준	4수준
몸을 깨끗이 하기		도움을 받아 이를 닦는다.		
		도움을 받아 손을 씻는다.	스스로 손씻기를 시도한다.	
		몸이 깨끗해졌을 때 기분이 좋음을 안다.		

영아는 신체활동과 대사활동이 왕성하여 피부를 통하여 노폐물을 활발하게 배

출하게 되므로 자주 목욕을 해야 하며, 흡수성이 좋은 의복으로 청결상태를 항시 유지하도록 한다. 교사는 수유, 식사 전후, 놀이가 끝났을 때, 배변 후에 영아의 손이나 몸을 씻어 주거나 영아 스스로 씻도록 도와주도록 한다. 교사는 영아를 씻어주고 닦아줄 때, 영아가 청결하고 위생적인 생활습관을 들이도록 도와주어야 함을 염두에 두고 지도한다.

영아는 치아가 완전히 나지 않아 구강 위생에 소홀해 질 수 있다. 구강 위생을 소홀히 하면 각종 호흡기 질환과 소화기 질환에 노출될 수 있다. 영아의 구강 점막에 붙어있는 우유나 토물 찌꺼기를 떼어 내기 위해서는 온수를 적신 거즈에 아기용 구강세정제를 묻혀 손가락 사이에 끼어 넣고 잇몸, 혀, 구강 점막을 깨끗이 닦아준다. 식사 후에는 영아들이 이를 닦도록 지도하고 이 닦는 것이 서투른 영아를 부드러운 개인용 칫솔을 사용하여 칫솔질을 해준다.

〈표 Ⅰ-10〉 만 2세 보육과정〉 건강한 생활 내용범주

내용	1 수준	2 수준
몸을 깨끗이 하기	스스로 이 닦기를 시도한다.	
	스스로 손과 몸 씻기를 시도한다.	

충치를 예방하기 위하여 이 닦기를 가르치기 시작한다. 2세의 영아는 칫솔을 입 안에 넣어서 겨우 닦는 동작을 할 수 있을 정도에 지나지 않지만, 양아가 스스로 양치질을 하도록 격려하고 뒷마무리는 교사가 도와주도록 한다. 이러한 시도는 영아로 하여금 이 닦기에 대한 관심을 높이고, 청결한 습관을 기르는 데 효과가 있다. 특히 젖병을 늦게까지 사용하는 영아는 앞니에 충치가 생기기 쉬우므로 이 닦기에 더 유의해야 한다.

손이 더러워지면 혼자 씻도록 도움을 준다. 식사 전후, 놀이가 끝났을 때, 배설 후, 애완동물을 만지거나 먹이를 준 후 손을 씻도록 지도하며 청결한 습관을 기르도록 한다. 손 씻기는 질병의 감염을 막고 건강을 유지하기 위한 일차적인 활동이다. 일과 속에서 손 씻는 방법, 손을 씻어야 되는 때를 영아에게 알려주고 지속적으로 반복시켜 바른 습관을 들일 수 있도록 한다.

〈표 Ⅰ-11〉 만 3~4세 보육과정〉 건강한 생활 내용범주

내용	1 수준	2 수준
몸과 주변 환경을 깨끗이 하기	스스로 이를 닦는다.	이를 깨끗이 닦는 습관을 갖는다.
	스스로 손과 몸을 씻는다.	손과 몸을 깨끗이 하는 습관을 갖는다.
	주변을 깨끗이 한다.	주변을 깨끗이 하는 습관을 갖는다.

몸을 깨끗이 하는 행동의 가장 기본이 되는 이 닦기와 손씻기는 질병 예방과 건강 증진의 기초이다. 이 닦기는 대근육 활동이지만 구석구석 깨끗하게 닦는 것은 소근육 활동이 발달해야 하기 때문에 만 3세 유아는 성인의 도움이 필요할 수 있다. 만 4세 이상이 되면 이를 닦는다는 행동 자체보다는 효과적으로 이를 닦고 있는가에 중점을 두어야 한다. 기본적으로 식후와 자기 전에 이를 닦도록 지도하며, 당분이 많은 음료수나 캐러멜, 초콜릿 등은 치아 사이에 침투하여 충치와 잇몸 질환을 일으키기 때문에 이러한 음식들을 먹은 후에는 즉시 닦도록 한다. 치아를 보호하기 위해서는 치아에 손상을 주는 딱딱한 음식이나 물건을 씹지 않도록 해야 한다. 치아는 한번 손상되면 재생이 되지 않는 특징이 있으므로 치아를 보호하고 청결하게 하는 일은 대단히 중요하다. 유아가 스스로 깨끗하게 이를 닦으면 칭찬으로 격려해 줌으로써 성인의 지시에 따라 이를 닦는 것보다는 유아 스스로 이를 깨끗하게 닦는 습관을 기르도록 하는 데 중점을 둔다.

전염병과 기생충 감염은 물론 각종 중금속 중독과 알레르기 질환을 일으키는 물질은 손을 거쳐 전해진다. 유아에게 비누를 사용하는 이유를 설명해 주고 비누 거품을 내고 손을 씻는 방법을 구체적으로 보여주어 유아 스스로 깨끗하게 손을 씻는 방법을 익히도록 한다. 만 4세 이상의 유아는 청결의 개념을 이해하고 스스로 손을 씻을 수 있다. 유아로 하여금 손을 씻어야 하는 시기를 알고 스스로 손을 깨끗하게 씻도록 지도하여 스스로 깨끗하게 씻는 습관을 생활화하도록 한다.

샤워나 목욕은 교사보다는 부모와 더 자주 경험을 갖게 된다. 가정마다 상황과 설비가 다르기 때문에 가정의 상황에 맞추어 몸을 씻는 습관을 들이는 것이 중요하기 때문에 가정과의 연계가 필수적이다. 얼굴을 씻으면서 코와 입 안에 있는 질병의 근원이 될 수 있는 콧물과 가래를 제거해야 한다. 유아가 어려워 할 수 있으므로 시범을 보이면서 지도한다. 손발톱 깎기와 같이 어른의 도움이 필요한 활동에 대해 부모에게 필요성을 인식시킨다. 머리 감기와 머리 빗기는 어른의 지도에 따라 유아 스스로 할 수 있도록 유도한다.

만 3세 이상의 유아에게는 콧물, 침, 가래 등의 체액이 전염병의 감염원이 될 수 있음을 유의하고 위생적으로 처리하는 방법을 지도한다. 유아가 점차 연령이 높아지면 콧물, 침, 가래뿐만 아니라 혈액이나 고름 등도 위험하다는 것을 이해시키고 상처에서 피가 나거나 고름이 흘러나올 때 어른에게 알려서 위생적으로 처리하도록 한다. 호흡기 질환의 병원체는 주로 기침이나 재채기를 통해 확산된다. 기침이나 재채기를 할 때, 사람들이 없는 쪽으로 고개를 돌리고 손이나 휴지로 적절히 입과 코를 반드시 가리도록 지도한다.

교사는 유아에게 옷 입기는 체온조절뿐 아니라 신체에서 배설되는 땀과 피지 등을 흡수하기 때문에 깨끗한 옷 입기는 건강의 기본이 된다는 점을 알려주고,

더러워진 옷을 깨끗이 하거나 옷을 갈아입어야 하는 상황에서 스스로 갈아입도록 지도한다.

유아에게 활동 후 주변을 깨끗이 정돈하는 방법이나 빗자루나 걸레로 주변을 청소하는 방법도 지도한다. 쓰레기 분리수거에 관심을 가지고 구체적으로 실천하는 방법을 지도하여 집이나 어린이집 등 유아가 생활하는 주위의 휴지 줍기를 생활화함으로써 환경을 아끼고 깨끗이 하는 습관을 기르도록 지도한다.

3. 표준보육과정의 운영

가. 보육과정의 편성

1) 보육과정 편성의 기본원리

가) 보육과정은 통합적으로 편성한다.

보육과정의 편성은 국가에서 고시한 표준보육과정을 개별 어린이집 수준에서 재구성하는 과정이다. 편성된 보육과정은 어린이집의 보육활동이 이루어지는 기본 틀이 되고, 이를 통해 보육의 효율성을 높일 수 있으며 교사의 전문성을 심화시킬 수 있다. 영유아기 발달특성 상 보육과정은 단일 교과목의 형태보다는 주제를 중심으로 통합적으로 편성하는 것이 바람직하다. 주제란 보육과정의 여러 영역에서 제시하는 내용을 통합하는 포괄적인 아이디어로써, 영유아의 일상적인 생활경험과 밀접한 관계가 있는 것이 적절하다.

어린이집에서는 표준보육과정의 내용을 전개할 수 있는 여러 개의 주제를 선정한 후, 주제목록을 대주제와 소주제로 구체화시켜 이를 중심으로 다양한 보육활동을 조직하게 된다. 주제를 어느 정도 수준까지 미리 정해놓을 것인지는 어린이집의 구체적인 보육철학이나 프로그램의 지향에 달라질 수 있다.

나) 보육과정은 영역별로 치우치지 않도록 균형있게 편성한다.

보육과정을 편성할 때는 표준보육과정의 영역별 내용을 골고루 반영하여 영유아가 다양한 보육영역의 내용을 폭넓게 경험할 수 있도록 해야 한다. 어린이집에 실외놀이터가 없다고 신체운동영역관련 활동을 축소시키거나, 학부모의 조기 교육 요구가 강하다고 자연탐구 영역 및 의사소통 영역의 일부 인지적 내용만을 중심으로 보육내용을 편성하지 않도록 한다.

어린이집에서는 운영하고자 하는 보육과정의 내용이 영유아의 연령에 따라 특정 영역으로 편중되지 않았는지 점검하여야 한다. 가령 영아는 기본생활영역과 사회관계영역관련 활동 위주로 편성한다거나, 아니면 유아의 경우 자연탐구영역과 예술경험영역관련 활동을 상대적으로 많이 편성하지는 않는지 살펴볼 필요가 있다.

다) 보육과정은 영유아의 발달특성과 흥미를 고려하여 편성한다.

어린이집의 보육과정은 영유아의 흥미와 요구를 반영한 놀이 활동을 중심으로 편성되어야 한다. 이를 위해 보육활동은 교사주도적인 활동의 형태로 전달되기보다는 영유아의 흥미와 선택을 고려할 수 있도록 흥미영역별 자유 선택 활동이나 소집단 및 개별 활동의 형태로 경험할 수 있게 하는 것이 바람직하다.
특히 영아를 위한 보육활동은 일상 활동과 놀이 활동으로 구성하되, 각 영아의 발달적 특성을 고려한 개별 활동이 중심이 되도록 고려할 필요가 있다. 보육활동의 단위 시간은 영유아의 연령과 흥미, 활동의 전개 상황을 고려하되 지나치게 길지 않도록 한다. 하루일과는 휴식 및 활동의 강약이 적절히 이루어져 영유아의 하루일과가 원활하게 진행되고, 자유 선택 활동을 통해 영유아의 발달적 흥미와 동기가 지속적으로 활성화될 수 있도록 운영한다.

라) 보육과정은 일상생활 활동과 놀이를 중시하여 편성한다.

어린이집의 보육과정은 놀이 활동뿐만 아니라 일상생활 활동을 통해서도 유의미하게 전개될 수 있어야 한다. 영유아를 위한 보육과정은 급·간식, 배변, 낮잠, 휴식 등 영유아의 신체적 욕구를 충분히 고려하여 운영하여야 한다. 이들 활동은 매일의 일과에서 반복적으로 일어나며 보육 시간의 많은 부분을 차지하므로 영유아의 발달특성에 맞추어 적합하게 운영함으로써 표준보육과정의 관련 내용들이 적절히 경험될 수 있도록 유의할 필요가 있다.
표준보육과정의 목표를 균형적으로 달성하기 위해 어린이집에서는 놀이 활동뿐만 아니라 급·간식활동을 위해 균형 잡힌 식단을 계획하고 영유아에게 영양이 풍부한 먹거리를 제공하여야 하며, 영유아의 발달수준에 따라 적합한 배변활동이 이루어지도록 지도하여야 한다. 또한 청결하고 위생적인 수면공간을 제공하고 영유아가 적절한 낮잠과 휴식을 통해 원기를 회복할 수 있도록 배려하여야 한다.

2) 보육과정 편성 지침

가) 어린이집의 보육목표 및 기본방향을 설정한다.

표준보육과정의 내용은 국가 수준의 보육목표를 토대로 전개되어 있다. 어린이집에서는 고유의 특성과 요구를 토대로 어린이집 수준의 구체적인 보육목표와 기본방향을 설정할 필요가 있다. 즉 모든 어린이집이 공통적으로 가지고 있는 영유아의 건강한 발달지원을 위한 목표와 개별 어린이집에서 특히 강조하고자 하는 목표를 감안하여 해당 어린이집의 특색에 맞는 보육목표를 수립한다. 이를 위해서는 어린이집에서 달성하고자 하는 장기적 목표와 중·단기 목표를 구별하여도 좋고, 어린이집의 제반 실정을 고려하여 실질적으로 달성할 수 있는 목표를 강조하여도 무방하다. 어느 경우이든 해당 어린이집이 궁극적으로 추구하고자 하는 목표의 기본방향을 제시하고 이를 구현시킬 수 있는 구체적인 보육목표를 설정하되, 영유아가 다양한 영역의 보육내용을 고르게 경험할 수 있도록 목표내용 간의 균형을 갖추는 것이 바람직하다.

나) 해당 어린이집의 특수성을 파악하여 보육과정의 편성에 반영한다.

어린이집에서 보육과정을 편성, 운영할 때는 해당 어린이집이 가지고 있는 고유 특성과 요구를 분석할 필요가 있다. 가령 어린이집의 규모가 작아 보육실을 연령별로 구성하지 않고 연령 통합으로 운영할 필요가 있는 경우, 어린이집이 복잡한 도시의 지가가 높은 곳에 위치해 있어 허용할 수 있는 보육공간이 상대적으로 좁은 경우, 어린이집이 농촌에 위치해 있어 영유아들의 등원 거리가 먼 경우 등, 어린이집마다 기관 고유의 특성과 이에 따른 다양한 요구가 발생한다. 그러므로 어린이집의 실정에 대해 정확하게 파악하고 이에 따른 요구를 보육과정의 편성과 운영에 반영할 수 있도록 노력한다.

가령 연령 통합 보육을 할 경우 해당 영유아들의 개별적 발달특성을 충분히 고려할 수 있도록 유의하여야 한다. 보육실이 좁을 경우 흥미 영역의 일부를 보육실 밖에 개별 혹은 공동으로 설치하거나, 일부 흥미 영역을 통합하여 운영할 수 있으며, 때로는 일부 흥미영역을 시기별로 순환하여 배치하는 등 해당 어린이집에 적합한 대안을 모색해볼 수 있을 것이다. 영유아들의 등원 거리가 먼 경우 영유아가 쉽게 피로해질 수 있으므로, 영유아의 낮잠 시간이나 휴식 시간을 더 길게 운영한다거나 등원한 후에는 정적인 활동을 함으로써 영유아가 다시 활기를 찾을 수 있도록 배려하는 등의 내용을 보육과정에 반영할 수 있다. 어린이집의 특수성을 보육과정에 반영한 내용에 대해서는 계획 및 실행, 평가 단계에서 부모와 지역사회가 이를 이해하고 필요한 협조를 할 수 있도록 지속적으로 논의하고 안내하여야 한다.

다) 영유아가 경험해야 할 표준보육과정의 보육내용을 숙지한다.

　보육교사에게 특정 연령대의 영유아가 배정되고 나면 교사는 자신이 담당한 영유아가 경험해야 할 표준보육과정의 내용을 분석하고 숙지할 필요가 있다. 표준보육과정의 가장 큰 특징은 영유아가 경험해야 할 보육내용을 기본생활, 신체운동, 사회관계, 의사소통, 자연탐구 및 예술경험의 전 영역에 걸쳐 제시하고 있다는 점이다. 보육교사는 보육과정을 계획, 전개하는 과정에서 보육내용에 편중된 부분은 없는지 주의 깊게 점검함으로써, 영유아가 보육내용을 전 영역에 걸쳐 골고루 경험할 수 있도록 배려하여야 한다.
　표준보육과정의 또 다른 특징은 영유아가 0세부터 만 4세까지의 연령발달에 따라 경험해야 할 보육내용이 연계성 있게 체계적으로 제시되어 있다는 점이다. 보육교사는 담당 영유아가 이전 연령대부터 현재까지 경험했어야 할 보육내용을 연령별로 연결하여 배열해 봄으로써, 담당 영유아가 현재 연령대에서 경험하기에 적합한 수준의 보육내용을 찾아낼 필요가 있다. 이 때 영유아가 내년도 이후의 보육과정에서 경험하기에 더 적합한 수준의 보육내용은 남겨둔 채 현재 전개시키기에 적합한 보육내용만을 중심으로 운영함으로써 영유아 개인이 연속적으로 경험할 전체 보육내용간의 계속성을 높이도록 한다.

라) 이전 보육과정의 운영 결과와 평가내용을 현재 보육과정에 반영한다.

　영유아의 보육경험은 연속적으로 이루어지기 때문에 보육과정을 편성할 때는 반드시 이제까지 전개된 보육과정의 내용을 반영하여야 한다. 보육교사는 새로 담당할 영유아가 결정되면 해당 영유아가 이제까지 경험한 보육내용을 점검할 필요가 있다. 이를 위해 어린이집에 보관된 이전 보육과정 운영결과와 평가관련 자료들을 수합하여 영유아가 어떤 보육내용을 어떠한 방식으로 경험해왔는지를 확인하고 아울러 개별 영유아의 고유 특성이 무엇인지 인식할 수 있도록 한다.
　즉 표준보육과정의 연령별·수준별 보육내용을 기준으로 보육과정 운영평가 자료에 나타난 영유아의 과거 경험 내용을 알아봄으로써 영유아가 경험해 온 보육내용이 어떻게 연계되고, 확장될 수 있을지 모색해 볼 필요가 있다. 만약 영유아가 경험해 온 보육과정의 내용이 일부 편중되었거나 수준에 적합하지 않은 부분이 있다면 새로 편성할 보육과정에서는 이를 어떻게 보완할 수 있을지 시설장과 보육교사들이 함께 논의하여야 한다.

마) 개별 영유아의 발달특성과 요구를 고려한다.

보육교사는 영유아의 연령차 뿐 아니라 같은 연령 내에서의 개인차를 반드시 고려하여 보육활동을 전개-해야 한다. 이를 위해 표준보육과정에서 수준별로 구성되어있는 보육내용을 개별 영유아의 발달 수준에 따라 적절히 차별화시켜 적용하여야 한다. 예를 들면, 2세반을 담당하는 보육교사의 경우 일차적으로는 만 2세의 영역별 목표와 보육내용을 중점적으로 사용하지만 영아 중 특별히 신체운동영역에서 다른 영아들보다 더 발달된 영아의 경우에는 3-4세 신체운동영역의 1수준을 사용하여 개별적 활동을 경험하도록 한다. 반면 언어발달이 다른 영아들보다 더디게 이루어지는 영아의 경우에는 2세 미만 보육내용의 4수준을 적용할 수 있다.

장애 영유아는 일반 영유아들이 가지는 발달적 요구 외에 여러 가지 특수한 요구를 갖게 된다. 장애 영유아를 위한 전담 어린이집이 아닌 경우 일반 영유아와 장애 영유아를 함께 고려한 통합프로그램을 운영할 필요가 있다. 우선 장애 영유아를 위해 어떤 내용을 보육프로그램에 반영시킬 것인지 함께 논의하여야 하며, 장애 영유아를 위한 개별화지도계획을 수립하여 이를 운영하여야 한다. 또한 일반 영유아에게는 장애 영유아의 특성을 어떻게 이해하고 또래와 함께 놀이할 수 있는지 안내하고 이를 적절히 지도하여야 한다. 장애 영유아와 일반 영유아의 부모 모두 서로를 이해하고 지원할 수 있도록 중재하도록 한다.

이외에도 영유아는 여러 가지 가정환경의 특성에 따른 고유한 요구를 가진다. 영유아가 빈곤가정의 자녀일 경우 영유아의 발달에 잠재적 위험이 되는 여러 가지 요소를 고려한 보육과정이 마련되어야 한다. 빈곤 가정의 영유아는 가정에서 충분한 보호와 양육을 받기 어렵기 때문에 어린이집에서 보육과정 편성 시 영양이 풍부한 식·간식 제공, 다양한 지적 자극과 경험, 영유아의 위축된 정서를 고양시키기 위한 배려 등을 반영한 보육경험을 제공해 줄 필요가 있다. 이외에 어린이집에 다문화가정의 영유아가 많을 경우 전체 영유아의 문화적 감수성을 높이기 위해 다문화 프로그램을 모색해 볼 필요가 있다. 보육교사는 개별 영유아의 발달 특성과 여러 가지 환경적 특성을 고려하여 이를 적극적으로 보육과정에 반영해냄으로써 보육과정이 건전하게 운영되도록 할 수 있다.

3) 보육계획안 구성

보육과정의 편성은 보육실별 보육계획의 수립으로 구체화된다. 어린이집에서 보육계획을 수립할 때에는 연간보육계획, 월간보육계획, 주간보육계획, 일일보육계획 등을 작성할 수 있는데, 구체적으로 어떤 수준의 보육계획까지 작성할 것인지는 어린이집의 실정에 맞추어 정하도록 한다. 가령 일일보육계획의 경우 보육교사의 역량에 따라 주간보육계획 내에서 상세히 풀어 서술한 형태로 생략할 수 있다.

가) 연간보육계획

연간보육계획은 일 년 동안 어린이집에서 실행해야 할 보육목표와 보육내용을 한 눈에 파악할 수 있도록 제시한 것으로 어린이집 보육과정 운영의 근간이 된다. 연간보육계획은 일반적으로 계절, 행사 등을 고려하여 주제를 중심으로 구성하지만, 연령이 어린 영아의 경우 반드시 주제에 얽매이지 않아도 무방하다. 보육주제는 연초에는 영유아의 주변 환경과 밀접한 관계가 있는 친숙하고 익숙한 내용에서 시작하여 점차 새로운 내용, 교사의 도움이 필요한 내용, 멀어진 환경을 다루는 내용으로 확장시켜간다. 연간보육계획은 연령별 연계성과 계열성을 고려하여 내용을 선정하여야 하는데, 이때 무엇보다 어린이집의 전체 영유아가 경험해야 할 보육내용의 수준이 다양한 영역의 보육내용을 균형 있게 연계시키고 있는지에 유의하여 수립하도록 한다.

나) 월간보육계획

보육실 별로 연간보육계획을 수립하고 나면, 소주제를 중심으로 월간보육계획을 수립할 수 있다. 월간보육계획을 수립할 때에는 활동의 형태를 고려하여 구성하는 것이 바람직하다. 영아의 경우 활동은 일상생활과 놀이 활동을 중심으로 구분할 수 있으며, 유아의 경우 실내외 자유선택활동과 대·소집단 활동, 기본생활습관 관련 활동 등으로 구분할 수 있다. 월간보육계획은 주제별로 3-5개의 소주제로 구성하되, 표준보육과정의 수준별 내용과 연관되도록 강조되는 지식, 기술, 태도 및 가치를 제시한다.

다) 주간보육계획

주간보육계획은 월간 보육계획을 기초로 작성한다. 주간보육계획은 선정된 활동을 요일별로 어떻게 배분할지를 결정하는 것으로 다양한 측면에서의 균형을 고려하여 수립한다. 가령, 영유아가 가정에서 주말을 보내고 오는 월요일에는 지난 금요일에 했던 친숙한 활동을 배치하는 것이 바람직하며 새롭게 집중을 해야 하는 활동은 화요일 정도에 배치한다. 주간보육계획을 구성할 때에는 연령별, 수준별 보육목표에 맞는 활동을 고르게 선정하고 이를 단계적, 연속적으로 배치한 후 표준보육과정의 각 영역별 활동이 골고루 경험될 수 있도록 한다. 활동은 필요시 연속성을 가지고 며칠에 걸쳐 진행될 수 있고, 통합 활동으로 확장될 수 있어야 하며 오전과 오후도 서로 연계되는 활동을 계획한다. 주간 보육계획을 통해 보육실의 운영을 한 눈에 볼 수 있고 일주일 동안의 준비사항이나 활동계획의 윤곽이 제시된다.

라) 일일보육계획

일일보육계획은 주간 보육계획에 기초하여 하루 일과의 시간대 별로 진행될 개별 활동의 순서를 정하여 활동의 목표와 내용, 활동에 필요한 준비물 등을 기록하는 것이다. 따라서 주간보육계획안에 이러한 구체적인 내용을 추가하거나, 개별활동서가 따로 있다면(예: 연령별 프로그램) 일일보육계획안을 사용하지 않고 주간보육계획안으로 대치할 수 있다.

보육교사는 일과를 계획할 때 급·간식, 배변, 낮잠, 휴식 등 영유아의 신체적 요구를 고려하여야 한다. 그리고 동적 활동과 정적 활동, 실내 활동과 실외 활동, 개별 활동과 대·소집단 활동, 교사주도 활동과 아동주도 활동 등을 균형 있게 배치하여야 한다. 하루 일과를 계획할 때는 주요 활동 내용별로 표준보육과정의 어떤 내용이 전개되는 것인지 살펴보고 영유아가 경험할 하루 일과가 지나치게 어느 한 쪽으로 편중되지 않도록 하는 것이 바람직하다. 또한 매일 반복되는 일상 활동이라도 그날 강조할 부분을 미리 생각해보고 이것이 표준보육과정의 내용과 어떻게 연계되는지 생각해볼 필요가 있다.

마) 활동계획안

실제 보육활동을 진행할 때에는 활동계획안을 준비함으로써 보다 효율적인 운영이 되도록 할 수 있다. 활동계획안은 활동의 목표, 활동 자료, 활동 방법 등을 기록하는 것이다. 보육교사는 활동계획안을 작성할 때 활동 목표가 표준보육과정의 어떤 영역, 어떤 내용과 수준을 고려하고 있는 것인지 분석해 본 후 영유아의 발달 특성에 적합하도록 활동 방법을 구성하여 운영하도록 한다.

나. 보육과정의 운영

1) 보육과정 운영 지침

가) 보육시간은 종일제를 원칙으로 운영한다.

어린이집의 보육과정은 오전 7시 30분에서 오후 7시 30분까지 일일 12시간의 종일제로 운영하는 것을 원칙으로 하며, 보호자의 근로시간 등 제반 요구를 감안하여 조정 운영할 수 있다. 즉, 공휴일을 제외하고 연중 운영하는 것을 원칙으로 하지만 토요일은 보육 아동 수가 감소할 경우 보육에 지장을 주지 않는 범위 내에서 교사 배치를 달리하여 운영할 수 있다. 이외에도 지역 및 시설 여건에 따라 초과 보육 및 휴일 보육, 야간 보육, 24시간 보육 등을 운영할 수 있다. 최근에는 서비스의 질 제고를 위해 종일형이나 시간연장형 외에도 단축형 등 이용시간을 다양화할 계획이 발표되었다. 보육계획을 수립할 때 시간대별, 시기별로 어떻게 보육내용이 조정될 필요가 있는지 판단하여 이를 적절히 반영해야 한다.

나) 일반적으로 출생에서 취학 전까지의 영유아를 대상으로 운영한다.

보육과정 대상은 원칙적으로 0세부터 5세까지의 취학 전 영유아이며, 필요한 경우 만 12세까지 포함할 수 있다. 영유아는 가정과 어린이집에서 모두 편안하고 안락함을 느낄 수 있도록 사려 깊게 보호되고, 안전하고 건강하게 지내며, 활발하게 놀이에 참여할 수 있어야 한다. 따라서 보육과정을 운영할 때는 영유아가 가정과 어린이집 간의 환경 변화에 순조롭게 적응할 수 있도록 특별히 배려하여야 한다. 예를 들어, 처음 등원하는 영유아를 위해 초기 적응 프로그램을 운영하고, 아침과 저녁의 등·하원 과정에서 영유아가 부모 및 보육교사와 헤어지고 다시 만나는데 어려움을 겪고 있지 않은지 주의 깊게 살펴볼 필요가 있다.

다) 보육과정 영역을 통합적으로 운영한다.

각 영역별 목표와 내용에 대한 활동들을 따로 제공하기보다는 6개 영역 전체 또는 일부가 서로 연계되고 통합적으로 운영될 수 있도록 하는 것이 좋다. 이를 위해 일상적인 활동과 계획된 활동을 진행할 때, 영유아에 대한 관찰을 통해 영유아의 관심과 흥미가 나타나는 과정을 파악하고, 이를 토대로 보육활동을 수정하여 통합 활동이 이루어지도록 한다.

〈표 Ⅰ-12〉 보육과정을 통합적으로 운영한 활동의 예

유아 연령	보육과정을 통합적으로 운영한 활동
4세	쌓기놀이 영역을 중심으로 유아들은 구슬치기 할 곳을 구성하고, 수·과학 영역에 배치된 구슬을 가져와 구슬치기 놀이를 하면서 직접 구슬을 세어 수를 비교하는 과정을 통해 스스로 놀이 결과를 알 수 있도록 하였다. 교사는 구슬치기 활동을 통해 유아들이 쌓기놀이 영역과 수·과학활

	동 영역 등 흥미영역간의 통합, 신체발달, 수 개념 발달 등 보육내용 간 통합을 경험할 수 있도록 하였다.

출처: 보육교사를 위한 보육프로그램 교육영상자료(2007)

라) 가족 및 지역사회와 연계하여 운영한다.

표준보육과정의 영역별 목표와 내용이 적절히 운영되려면 영유아가 속한 지역사회나 가정과 밀접한 협조 관계를 유지해야 한다. 이를 위해서는 각 기관에서 실행하고 있는 보육의 목표와 내용이 무엇인가를 지역사회와 가정이 알 수 있도록 다양한 방법을 통해 전달해야 한다. 그리고 부모나 지역사회가 어린이집에 참여할 기회를 다각도로 제공하는 꾸준한 노력이 필요하다.

마) 보육과정의 운영을 문서화하고 평가한다.

연간 및 월간 또는 주간 보육계획을 문서화하여 보육활동을 선정하고 실시하는 과정이 적절하였는가를 평가하여야 하며 국가나 지자체는 이를 주기적으로 감독해야 한다. 보육과정이 얼마나 잘 실시되었는가는 어린이집의 질을 평가하는 평가인증의 지표 중 보육과정에 대한 문항들과 연계하여 평가할 수 있다.

2) 환경구성

가) 인적 환경 구성

(1) 반편성
어린이집은 출생에서 만 5세까지의 다양한 연령대의 영유아를 위한 기관으로써 기관의 특성이나 상황에 따라 영유아의 연령별로 반편성을 하거나 혹은 혼합연령으로 반편성을 할 수 있다. 연령별 반편성은 동년도 1월 1일에서 12월 31에 태어난 영유아를 함께 반편성하는 것을 원칙으로 하되, 1, 2월 출생 영유아에 한하여 영유아의 발달 정도 등 부득이한 경우 보호자의 요청에 의해 상위연령반편성이 가능하다.
교사 대 영유아의 비율은 보육의 질을 결정짓는 중요한 구조적 요인이다. 보육교사가 영유아에게 민감하고 반응적이며 개별화된 상호작용을 제공하려면 교사 대 영유아의 비율을 낮게 편성하는 것이 바람직하다. 연령이 어릴수록 교사 대 영유아의 비율이 낮아야 하며, 최소한 다음 <표 I-13>와 같이 영유아보육법에 제시된 기준을 충족해야 한다. 또한 교사 대 영유아의 비율 외에 집단의 크기 즉, 반별 정원을 적정하게 편성하는 것도 중요하다. 유아의 경우에는 학급 내 유아의 수가 지나치게 적으면 집단의 역동성을 경험하기 어렵지만, 어린 영아들은 많은 사람들의 움직임이나 소음에 의해 놀라기 쉽기 때문에 학급 규모를 너무 크지 않게 하는 것이 안정감을 줄 수 있다. 혼합반을 편성할 경우에는 다음 <표 I-14>와 같이 낮은 연령의 교사 대 영유아의 비율을 준수해야 하며, 동일연령반과 마찬가지로 반별 최고정원을 지켜 운영한다.

〈표 I-13〉 연령별 반편성 원칙

	만 0세	만 1세	만 2세	만 3세	만 4세 이상
교사 대 아동 비율	1:3	1:5	1:7	1:15	1:20
반별 최고 정원	2:6	2:10	2:14	-	-

〈표 I-14〉 혼합연령 반편성 원칙

	만 0세와 만 1세	만 1세와 만 2세	만 0세와 만 2세	만 2세 이하와 만 3세 이상	만 3세와 만 4세 이상
가능 여부	가능	가능	불가능	불가능	가능
교사 대 아동 비율	1:3	1:5	-	-	1:15

(2) 집단 구성

보육교사는 학급 전체 영유아를 대상으로 보육을 제공하지만 상황에 따라 소집단 활동이나 개별 활동 등 다양한 형태로 보육활동을 진행하기도 한다. 이들 세 가지 유형의 집단 구성은 각기 장, 단점이 있으므로 활동 목표나 영유아의 특성, 상황 등에 따라 가장 적절한 집단 구성을 선택해야한다.

(가) 대집단

학급 전체 영유아를 대상으로 동일한 내용을 동일한 속도와 동일한 방법으로 진행하는 대집단 활동에서는 영유아가 능동적 역할을 하기 힘들고 교사중심의 주입식 수업이 되기 쉽다. 특히 영유아의 수가 너무 많거나 이들의 관심이나 능력에 개인차가 큰 경우에는 대집단 활동의 효과는 크게 감소할 수 있다. 그러나 대집단 활동은 교사가 학습 과제를 잘 조직하여 제시하므로 단 시간 내에 많은 지식과 기능을 습득하게 할 수 있는 장점도 있다. 대집단 활동이 특히 유용한 경우는 새로운 활동이나 자료를 소개할 때 그리고 활동 결과를 보고하거나 토의할 때 등이다. 대집단 활동을 진행할 때는 영유아를 지명해서 질문하지 않으며, 질문 후 영유아에게 답을 생각할 시간을 충분히 제공하고 정답이 나온 후에도 다른 영유아들에게 어떻게 생각하는지 이야기할 기회를 주는 것이 좋다. 따라서 대집단 활동에서 부족하기 쉬운 영유아 개개인에 대한 배려를 소집단이나 개별 활동으로 보완하면서 대집단 활동에서만 나타날 수 있는 학습 기회를 충분히 이용하도록 해야 한다.

(나) 소집단

어린이집에서는 흔히 공통적인 관심을 가진 영유아 4~5명이 자발적으로 소집단을 구성하거나 혹은 교사 자신이 계획한 활동을 실시하기 위해 의도적으로 소집단을 구성해주기도 한다. 교사가 소집단의 크기와 구성원을 임의로 선정하는 경우에는 영유아의 성별이나 능력, 특성 등을 고려해서 신중히 집단을 구성해야 한다. 예를 들어, 동질적인 영유아들로 집단을 구성하기보다는 이질적인 집단 구성을 하는 것이 집단에 활력을 주고 학습 효과를 높일 수 있어서 좋다. 또한 소집단 활동은 교사가 2인 이상 있을 경우 효과적으로 실시할 수 있으며, 성인과의 안정적인 관계가 필요한 영아에게 더욱 효과적이다. 한편 영유아는 교사와의 상호작용 시 서로 의견이 다르면 자신의 의견을 포기하고 교사의 의견을 그대로 수용하기 쉽지만 대등한 관계인 또래와의 상호작용에서는 인지적 갈등을 충분히 경험할 수 있다. 따라서 교사의 직접적인 지시가 감소하고 또래 간의 상호작용이 활발히 일어날 수 있는 소집단 활동을 충분히 제공해야 한다.

(다) 개별 활동

개별 활동은 교사가 계획한 활동과 관계없이 영유아가 흥미영역에서 자유롭게 활동을 선택하여 독립적으로 행하는 것으로써 새로운 개념이나 자료를 탐색하거나 습득한 개념을 반복 또는 연습할 때 특히 유용하다. 이와 같은 개별 활동이 가능한 자유선택활동 시간은 영유아들이 가장 즐거워하지만 교사의 입장에서는 어떠한 방식으로 영유아의 활동에 개입해야 할지 모호하게 느껴지는 시간일 수도 한다. 영유아가 자유선택활동 시간에 영유아가 몰입해 있을 경우 교사는 성급히 개입하기보다 충분한 시간과 자유를 주면서 영유아의 활동을 지켜보는 역할을 하는 것이 바람직하다. 그러나 영유아가 반복적인 활동만을 하고 더 이상 활동을 확장하지 못하거나 흥미를 잃고 활동을 중단하려고 하는 경우 교사는 활동을 심화시키고 촉진시킬 수 있는 역할을 해야 한다.

나) 물리적 환경 구성

1) 환경 구성의 일반적 원칙
   어린이집의 물리적 환경은 보육목표를 달성하기 위해 계획된 실내(보육실, 양호실, 조리실)뿐 아니라 실외(실외 놀이터, 식물 재배지)의 공간을 말하며 건축적 요소(건물, 현관), 설비(급수, 배수, 조명, 냉난방 설비) 등의 시설설비와 교재 교구(각 영역별 교재 교구와 실외 놀이기구) 등을 포함한다. 물리적 환경이 제대로 갖추어지지 않으면 보육과정이 효율적으로 운영되기 어려우므로 다음과 같은 사항을 고려하여 환경을 구성해야 한다.
   (가) 심리적 안정
      영유아는 심리적 안정을 느끼는 환경에서 자발적 탐색과 새로운 도전을 시도한다. 영유아가 부모와 떨어져서 많은 시간을 보내는 어린이집에서는 벽지나 가구 등을 부드러운 색으로 하여 가정처럼 따스하고 안락한 분위기를 조성해야 한다. 또한 지나친 소음이나 혼잡도 심리적 안정에 부정적인 영향을 미칠 수 있으므로 바닥에 소음 흡수를 위한 카펫을 깔고, 각 흥미영역에 제한된 수의 영유아만 참여하게 하거나 영유아가 과잉 자극으로부터 쉴 수 있는 혼자만의 장소를 마련해주는 것도 필요하다.
   (나) 신체적 안전
      장시간의 집단생활에서 영유아가 신체적 건강을 유지하기 위해서는 적절한 환기, 채광, 조명, 온도를 제공하고, 모든 물체와 물품, 공간의 위생과 청결을 유지해야 한다. 영유아는 매우 활동적이며 끊임없이 환경을 탐색하는 반면 자신에게 닥칠 위험에 대해 무관심하거나 무지한 특성이 있으므로 사고나 위험으로부터 보호하기 위해 실내외의 모든 시설 및 설비를 안전하게 설치, 관리하고, 비상사태에 대비한 안전 장치(예: 비상등, 소화기)를 구비해야 한다.
   (다) 자발적 탐색
      영유아의 탐색을 제한하는 환경은 인지발달에 부정적 영향을 미칠 수 있다. 예를 들어, 아기 침대 안에서는 영유아가 주변 환경을 탐색하거나 공간 이동을 하기 어렵고, 창문에 블라인드가 쳐있을 경우 바깥 풍경을 관찰할 수 없다. 따라서 필수적인 안전 기준은 충족하되 이로 인해 영유아의 활동이 제한되지 않도록 유의하고, 영유아가 성인의 도움 없이 자발적으로 탐색할 수 있도록 환경을 구성해야 한다.
   (라) 발달적 적합성
      발달에 적합한 환경이란 영유아의 발달 특성에 적합하고, 개별 영유아의 욕구와 흥미를 충족시키며, 적절한 도전을 제공할 수 있는 환경을 말한다. 따라서 어린이집에서 영유아가 사용하는 모든 가구와 교구는 영유아용으로 특별히 제작된 것이어야 하며, 영아와 유아가 공용으로 사용하게 하기보다는 연령별 신체 조건에 맞는 크기의 가구나 교구를 제공하는 것이 좋다. 또한 자료를 전시하거나 배치할 때에도 영유아의 키와 눈높이를 고려해야 한다.

(마) 다양성

어린 영아의 경우에는 모양과 색상이 동일한 놀잇감을 제공해야 서로 다툼이 줄어드는 경향이 있지만 성장함에 따라서는 다양한 자료를 제공해야 인지발달을 촉진할 수 있다. 또한 이는 단순히 여러 종류의 자료를 동시에 제공하라는 것뿐 아니라 자료를 언제 제공하고, 언제 교체해 주어야 하는지를 알고 있어야 한다는 의미이다(예: 영유아가 흥미를 잃어버렸을 때). 또한 공간 구성 시에도 개별활동, 소집단활동, 대집단활동 등 다양한 집단 구성의 활동을 할 수 있도록 계획해야 한다.

2) 흥미영역의 구성

영유아가 하루 일과 대부분의 시간을 보내게 되는 보육실은 보육 프로그램의 운영과 직결된 공간으로써 개별 보육교사의 역량에 따라 환경 구성이 크게 달라질 수 있다. 일반적으로 보육실은 다음과 같은 절차를 통한 흥미영역들로 구성된다.

(가) 연령과 보육실 크기를 기초로 흥미영역의 종류와 수를 정한다.

단일연령반이라면 이 연령대의 욕구를 충족하기 위해서는 환경을 어떻게 구성하고 영유아가 성장함에 따라 환경을 어떻게 변경해 나갈 것인지, 그리고 혼합연령반이라면 모든 연령의 영유아의 발달을 어떻게 극대화할 수 있을지를 생각한다. 예를 들어, 영아반의 경우 수유나 이유, 낮잠, 기저귀 갈이 영역 등 일상생활 공간을 우선적으로 확보하고, 연령이 증가함에 따라 이러한 영역을 없애거나 축소하는 대신 역할놀이 영역 등 다양한 흥미영역을 설치한다. 또한 보육실이 협소할 경우에는 수학영역을 과학영역을 통합하여 탐색영역으로 운영하거나 조작영역과 함께 배치할 수 있다.

(나) 활동의 성격을 고려하여 흥미영역의 위치를 정한다.

흥미영역의 종류를 결정한 다음에는 각 영역의 배치를 결정한다. 예를 들어, 언어영역과 같은 정적이고 조용한 영역과 음률영역처럼 동적이고 소음이 많은 영역을 서로 반대편에 배치하면 영유아가 서로 방해받지 않고 활동에 참여할 수 있다. 또한 일상생활영역(수유, 기저귀 갈이)이나 미술영역 등 물을 필요로 하는 영역은 싱크대 가까이에 설치하고, 역할놀이 영역과 쌓기놀이 영역은 놀이의 확장이 가능하도록 서로 가까이 두는 것이 바람직하다.

각 흥미영역의 위치가 정해진 다음에는 영역별로 필요한 공간의 넓이를 결정한다. 영역에 따라 넓이가 달라질 수 있지만 모든 영역에는 적어도 동시에 4~5명의 영유아가 자유롭게 활동할 수 있을 만큼의 공간이 있어야 한다. 흥미영역의 크기가 정해지면 낮은 교구장이나 소파, 쿠션, 책꽂이, 부분카펫, 매트 등을 이용하여 영역의 경계를 설정한다. 이러한 경계는 영유아의 놀이가 방해받지 않도록 해주며 각 흥미영역에 필요한 교구를 물리적으로 분리해준다. 그러나 경계가 보육교사의 시야를 가려서는 안 되며, 보육실 전체를 교사가 한눈에 관찰할 수 있도록 개방적으로 배치해야 한다.

(다) 활동의 목적과 기능에 부합한 영역별 환경을 구성한다.

각 흥미영역이 갖고 있는 고유한 목적과 기능에 따라 활동에 기본적으로 필요한 설비 및 자료를 배치해야 한다. 예를 들어, 언어영역은 듣기, 말하기, 읽기, 쓰기 활동을 통해 의사소통 능력을 길러주기 위해 콘센트가 있는 벽 쪽에 반원 책상을 붙여 놓고 부분 조명 장치를 할 수 있다. 또한 책 표지가 보이고 쉽게 책을 꺼낼 수 있는 책꽂이로 공간을 분리하거나 소파나 흔들의자, 매트리스 등을 이용하여 편안한 분위기에서 책을 읽을 수 있도록 하고, 교구장에는 다양한 책과 단어카드 및 그림카드, 필기도구, 손인형 등의 기본적인 자료를 비치할 수 있다.

(라) 생활주제를 반영하여 영역별 환경을 구성한다.

흥미영역의 기본적인 셋팅이 이루어지면 현재 진행 중인 생활주제를 반영하여 흥미영역을 구성할 수 있다. 예를 들어, 생활주제가 '우주'인 경우 과학영역은 태양계 모형으로 꾸미고, 역할영역에는 우주탐험 놀이를 할 수 있는 장비들 비치하고, 조작영역에는 별자리를 이용한 게임 판을 두고, 언어영역에는 별과 관련된 동요나 동시 자료 등을 제공함으로써 보육실 전체의 컨셉을 우주로 통일할 수 있다. 이상과 같이 구성한 흥미영역은 고정된 것이 아니라 영유아의 욕구나 계절 및 생활주제 등에 따라 일부 흥미영역을 확장이나 축소 또는 통합이나 추가하는 등 계속적으로 재구성해 나가야 한다.

3) 상호작용 및 교수법

이상과 같이 보육교사는 다양한 집단 구성을 통해 영유아와 직접적인 상호작용을 하게 된다. 보육교사와 영유아간의 긍정적인 상호작용은 보육의 과정적 질을 구성하는 핵심적인 요인으로써 영유아의 건전한 성장과 발달에 직접적인 영향을 미친다. 따라서 보육교사는 수유나 식사 및 간식, 기저귀 갈기 및 배변 훈련, 낮잠 시간 등과 같은 일상적인 양육 및 자유선택활동 시간이나 계획된 학습 상황 등 다양한 보육일과에서 다음과 같은 지침에 의거하여 보육활동을 진행해야 한다.

가) 영유아를 존중하고 평등하게 대한다.

보육교사는 영유아를 독립된 개체로 인정하고 존중하는 자세로 상호작용해야 한다. 예를 들어, 영유아의 이름을 불러주면서 온화한 표정으로 대화를 하는 것은 영유아를 존중하는 기본적인 태도이다. 유아와 대화를 할 때에는 항상 표현의 기회를 주고 그들의 이야기를 주의 깊게 듣고 대화를 일방적으로 이끌지 않아야 한다. 언어적 의사소통이 어려운 어린 영아에게 기저귀를 갈아주는 것과 같은 일상적인 상황에서도 교사는 영아의 기분을 존중하면서(예: 영아가 놀라지 않도록 천천히 다가감) 자신이 할 행동을 미리 말해주고(예: "선생님이 먼저 바지를 벗겨줄거야") 영아의 협조를 구할 수 있다(예: "배 좀 들어줄래?"). 또한 교사는 성별, 가정배경, 종교, 문화 등에 편견을 없애고 모든 영유아를 평등하게 대하고 공평한 기회를 제공해야 한다.

나) 반응적인 상호작용을 한다.

보육교사는 영유아의 요구와 질문을 잘 알아차리고 적절히 반응해야 한다. 이를 위해 교사는 영유아가 자유롭게 자신의 요구를 표현하고 질문을 할 수 있는 수용적인 분위기를 조성하고, 영유아의 요구나 질문에 언어적 반응뿐 아니라 미소, 끄덕임 등 비언어적인 반응을 나타내는 것이 좋다. 또한 영유아의 요구를 정확히 이해하기 어려울 때에는 이를 다시 분명하게 확인하거나 부모나 동료 교사와 협의할 필요가 있다. 특히 영아의 경우에는 언어적 표현 능력이 제한적이므로 울음이나 행동, 표정 등의 신호와 행동의 맥락을 관찰하여 반응해야 한다. 예를 들어, 교사는 주의 깊은 관찰을 통해(예: 울음소리) 영아의 욕구를 정확히 파악한 후(예: 수유한지 오래 되었다) 적절하고 즉각적인 반응을 제공할 수 있다(예: 곧바로 우유를 준다). 유아의 경우에도 학습이 일어날 수 있는 상황을 포착하여 우발적인 학습 기회로 삼는 것이 바람직하다. 이러한 반응적인 상호작용은 영유아의 애착을 촉진하고 자아존중감을 향상시킴으로써 주변 환경 탐색 및 학습 동기를 높일 수 있다.

다) 발달 특성 및 개인차에 따라 상호작용한다.

같은 연령의 영유아들은 발달의 제 측면에서 유사한 특성을 갖고 있으므로 보육교사는 각 연령의 전형적인 발달 특성을 정확히 이해하고 있어야 한다. 그러나 같은 연령의 영유아들일지라도 기질 등 개인적 특성이나 부모의 양육방식 등 가정환경의 특성이 각기 다르므로 사전 지식이나 경험 및 학습에 대한 태도, 접근법 등에 상당한 차이가 있을 수 있다. 따라서 동일한 활동을 진행하고 있을 경우에도 각각의 영유아들이 경험하거나 구성하는 내용은 서로 다를 수 있음을 이해하고, 이들이 각기 자신의 수준에서 자신만의 방법을 통해서 지식을 구성할 수 있도록 도와주고, 집단보육 상황에서도 가능한 개별적인 상호작용 기회를 제공하도록 노력해야 한다.

라) 태도나 성향을 기르는 데 초점을 둔다.

영유아기는 학습에 대한 태도와 습관을 형성하기 좋은 시기이고 이때 형성된 습관은 성장 후에도 쉽게 변하지 않는다. 따라서 보육교사는 영유아가 학습 과정에서 즐거움과 자신감을 경험하도록 할 필요가 있다. 이를 위해서는 영유아의 지식 습득만을 목표(예: 정답인지 아닌지)로 하기보다는 탐구하는 태도나 탐구 과정(예: 어떻게 해서 그런 결과에 도달했는지)에 관심을 기울이는 것이 효과적이다.

마) 영유아의 주도성을 인정한다.

보육교사가 활동을 주도하거나 주어진 문제에 영유아가 반응을 해야 하는 수동적인 학습방법은 영유아의 발달 특성이나 학습의 효율성 측면에서 바람직하지 않다. 지식을 구성하기 위해서는 영유아가 학습의 주체로써 능동적으로 문제를 탐색하고 다양한 방법으로 문제해결을 시도해야 한다. 따라서 교사는 자신의 계획이나 생각을 영유아에게 강요하기보다 영유아의 선택과 자발적 활동의 가치를 인정해주고, 영유아가 활동에 지속적으로 참여하고 싶은 내적 동기를 계속 유발하며 자발적인 참여에 대한 즐거움을 유지하도록 격려해야 한다.

바) 비형식적 경험을 학습 기회로 활용한다.

보육교사는 생활주제를 중심으로 영유아가 알아야 할 개념을 추출한 후 활동을 계획하고 자료를 준비한다. 그러나 영유아의 학습은 이와 같이 교사가 사전에 수업을 계획하는 형식적인 상황에서만 이루어지는 것은 아니다. 특히 영유아가 하루의 대부분을 보내게 되는 종일제 어린이집에서는 영유아의 일과를 통해 학습할 수 있는 기회가 많다(예: 간식시간에 수세기). 따라서 교사는 우연히 일어난 상황을 포착하고 적절히 개입하여 귀중한 학습 기회로 활용해야 한다. 또한 영유아의 자유놀이는 영향력이 매우 큰 학습과정이므로 교사는 영유아의 높이를 주의 깊게 관찰하고 적극적으로 참여하고 적절히 개입해야 한다. 이는 영유아의 발달 상태를 파악할 수 있을 뿐 아니라 놀이의 수준을 높여주고 놀이를 지속하게 해줌으로써 총체적인 발달을 촉진하게 해준다.

사) 다양한 교수법을 적절히 사용한다.

교수법은 교사의 설명이나 시범, 지시 등과 같은 교사 주도적인 접근법과 영유아 스스로의 행동이나 또래와의 상호작용을 통해 진행되는 영유아 주도적인 접근법이 있다. 보육교사는 활동 내용이나 학습 상황, 영유아의 특성 등에 따라 어떠한 교수법이 가장 적절할지 선택해서 사용해야 한다. 예를 들어, 도구의 사용법과 같이 정확한 기술과 안전이 요구되는 상황에서는 교사가 직접 설명하거나 시범을 보일 수 있다. 이러한 교사 주도적인 접근법을 사용할 경우 교사는 영유아의 흥미와 발달 수준, 활동 특성에 따라 적절히 운영하고 흥미로운 도입 활동(예: 손유희)으로 주의집중을 유도하되 일방적으로 활동을 이끌어가지 않도록 유의해야 한다. 반면 물에 뜨는 물체와 가라앉는 물체를 알아보는 활동의 경우에는 영유아의 탐색과 실험 지원하기, 영유아의 다양한 반응이 나올 수 있도록 질문하기, 영유아의 답을 충분히 기다려주기, 또래간의 상호작용을 통한 정보 공유를 격려하기 등 영유아 주도적인 접근법을 사용할 수 있다. 아울러 언어적 설명이나 문자를 통한 학습(예: 학습지)보다 사물을 직접 조작하는 직접적 경험에 의해 효과적으로 학습할 수 있다는 영유아기 인지발달 측면에서 볼 때 영유아 자신이 직접 주변 환경을 탐색하고(예: 현장학습) 자연물과 같은 실제 물체를 오감각을 통해 관찰하고 조작해보는 구체적인 경험(예: 씨앗 분류하기)을 제공하는 것이 중요하다.

다. 보육과정의 평가

1) 보육과정 평가란 보육과정 내에서 이루어지는 보육활동에 대한 포괄적이고 체계적인 가치판단의 과정이다.

국가 수준의 표준보육과정은 어린이집에서 영유아가 심신이 건강하고 행복하게 생활하며, 전인적인 발달을 도모하도록 우수한 양육과 의미있는 학습을 제공하기 위한 계획과 실천의 총체이다. 어린이집에서는 보육계획의 수립 및 보육내용의 구성과 실시 과정이 적절하였는지 분석하고 판단하는 평가를 정기적으로 실시하여 그 결과를 추후 보육과정에 반영함으로써 영유아에게 제공되는 보육의 질을 향상시켜야 한다. 따라서 보육과정의 평가는 보육과정의 마지막 단계이자 동시에 더 향상된 보육과정으로 전환하는 첫 단계라고 볼 수 있다.

2) 보육과정 평가는 보육과정에 대한 평가와 영유아에 대한 평가로 이루어진다.

보육과정에 대한 평가는 표준보육과정의 목표와 내용을 준거로 보육내용이 적절히 계획되고 편성되었는지, 그리고 편성된 보육과정에 따라 실제 운영이 잘 되었는지 등의 내용을 포괄적으로 포함하도록 한다. 한편 보육과정의 운영에 따른 보육목표의 달성 정도를 알아보기 위하여 실제 영유아에 대한 평가도 실시하여야 한다. 영유아에 대한 평가의 경우 관찰기록, 작품분석, 부모면담 등 형식, 시기, 방법을 달리하는 다양한 평가를 정기적으로 실시하여 영유아의 발달과 성장 변화 뿐 아니라 영유아의 환경까지 전반적으로 파악하도록 한다. 이렇게 수집한 영유아의 발달수준, 흥미, 요구에 대한 정보를 바탕으로 영유아에게 적합한 경험과 활동을 제공하도록 보육과정을 계획하고 운영한다.

3) 보육과정의 평가는 보육과정 운영동안 지속적이고 정기적으로 실시한다.

보육과정의 평가는 한 해의 시작이나 중반, 혹은 한 해를 마무리하는 연말, 한 달을 마무리하는 월말, 한 주를 마무리하는 주말 등에 실시하여 효율적인 보육과정 편성 및 운영에 반영하도록 한다. 또한 보육교사는 스스로 하루일과 운영을 되돌아보는 일일 평가를 통하여 자신의 교수법, 자료 활용, 영유아의 반응 등에 대하여 분석하고 이를 다음 날 일과 운영에 반영하는 것이 바람직하다. 어린이집에서 특별한 행사를 실시한 후에는 반드시 행사의 계획 및 실행에 관한 평가를 통하여 추후 행사에 반영하도록 한다. 보육과정 평가의 참여자는 일반적으로 교사와 시설장을 중심으로 이루어지나 어린이집의 운영 철학 및 상황과 필요에 따라 학부모나 외부 전문가를 포함하여 다양한 시각에서 평가해 보는 방안도 생각해 볼 수 있다.

4) 어린이집에서는 보육과정의 편성과 운영이 표준보육과정의 목표와 내용을 반영하는지 자체적으로 점검한다.

우리나라에서는 보육의 질적 수준을 향상시키기 위한 중·장기적 계획 하에 2003년 '보육시설 평가인증제 모형'을 개발, 2009년 제 1차 시행을 완료하고 2010년부터 제 2차 평가인증이 시작되었다. 이는 정부차원에서 개발한 구체적인 평가 기준으로 보육과정의 활용성 및 적합성을 평가하기 위하여 활용할 수 있다. 다음에는 평가인증문항을 준거로 어린이집에서 보육과정의 편성과 운영이 표준보육과정의 목표와 내용을 반영하는지 자체적으로 점검해 볼 수 있는 지침을 제시하였다.

먼저 보육환경과 자료를 적절히 갖추고 있는지 보육실의 공간구성, 영유아의 휴식 공간 활용, 실외놀이를 위한 공간과 자료를 점검해 보고 영유아의 연령에 맞는 신체활동, 언어활동, 자연탐구활동, 예술활동, 역할놀이 및 쌓기놀이 자료가 다양하고 충분하게 갖추어져 있는지 알아본다. 또한 영유아의 보육활동에 직접적으로 연관되지는 않으나 질높은 보육을 위한 지원환경으로 영유아를 위한 활동자료를 체계적으로 정리할 수 있는 공간과 시스템이 있는지, 보육교사를 위한 공간과 참고자료가 충분한지를 점검해 본다.

보육계획 영역에서는 어린이집의 특징과 요구에 맞추어 구체적이고 균형적인 보육목표를 설정하였는지 알아보고 표준보육과정의 목표와 내용을 반영하는 연령별 연간, 월간, 주간 보육계획이 서로 연계되어 수립되었는지 평가해 본다. 또한 보육활동을 계획할 때 영유아의 발달수준, 영유아 주도 활동과 교사 주도 활동의 비율, 영유아의 개별 및 대, 소집단 활동의 균형, 일상생활 활동에 대한 고려하였는지 점검하고 교사와 영유아, 영유아와 교구, 영유아간 상호작용의 기회가 골고루 계획되었는지 평가하여 본다.

일과 운영에 있어서는 하루 일과 중 자유선택활동 시간과 실외활동 시간이 충분하며 다양한 활동이 이루어지고 하루 일과를 통합적으로 운영하고 있는지 평가하여 본다. 구체적인 보육 활동 측면에서는 기본생활 관련 활동, 신체운동을 위한 신체활동, 의사소통을 위한 언어활동, 사회관계 증진 활동, 자연탐구를 위한 수·과학 활동, 예술경험을 위한 음악, 동작, 미술 활동 기회를 자주 제공하는지 평가하여 본다.

〈표 Ⅰ-15〉평가 지침

영역	평가 지침
보육	보육실의 공간이 영유아의 연령, 발달 특성을 고려한 흥미영역으로 적절히

영역	평가 지침
환경과 자료	구성되어 있는가?
	보육실내 영유아가 혼자 활동하거나 휴식을 취할 공간이 마련되어 있는가?
	영유아가 실외놀이를 할 수 있는 공간과 자료가 있는가?
	신체활동, 언어활동, 자연탐구활동, 예술활동, 역할놀이 및 쌓기놀이 자료가 다양하고 충분하게 갖추어져 있는가?
	보육 활동 자료를 보관할 자료실에 활동자료가 사용하기 쉽도록 체계적으로 정리가 되어 있는가?
	보육교사를 위한 공간이 있고 교사를 위한 참고자료가 충분한가?
보육 계획	보육과정의 목표는 표준보육과정 및 어린이집의 특징과 요구를 반영하여 구체적으로 진술되었는가?
	연간, 월간(또는 주간) 보육계획안이 영유아의 연령, 흥미, 계절 등을 고려하여 연계성있게 수립되었는가?
	보육활동이 균형있게 계획되어 있는가?
일과 운영 및 보육 활동 구성	하루 일과 중 자유선택활동 시간을 충분히 주며 다양한 영역의 활동이 이루어지는가?
	하루 일과 중 실외활동 시간이 충분하고 실외에서 다양한 활동이 이루어지는가?
	하루 일과를 통합적으로 운영하는가?
	기본생활 관련 활동을 적절히 하는가?
	신체운동을 위한 신체활동을 적절히 하는가?
	의사소통을 위한 언어활동을 적절히 하는가?
	사회관계 증진 활동을 연령에 맞게 적절히 하는가?
	자연탐구를 위한 수·과학 활동을 적절히 하는가?
	예술경험을 위한 음악, 동작, 미술 활동을 적절히 하는가?
상호 작용 및 교수법	보육교사는 영유아를 존중하고, 평등하게 대하는가?
	보육교사는 영유아의 요구와 질문에 민감하게 반응하는가?
	보육교사는 영유아의 행동지도에 긍정적인 방법을 사용하는가?
	보육교사는 영유아 또래 간 긍정적 상호작용을 격려하는가?
	보육교사는 영유아의 놀이를 활성화하는가?
	보육교사는 영유아 간의 다툼이나 문제 상황에 적절히 개입하는가?
	보육교사는 교수법을 효과적으로 사용하는가?
	보육교사는 영유아의 동기유발과 호기심을 장려하는가?
평가	정기적인 보육과정의 평가가 이루어지는가?
	보육과정 평가를 위해 다양한 평가 방법 적용을 위해 노력하고 있는가?
	개별 영유아 관찰을 실시하는가?
	영유아의 발달수준과 활동을 알아보기 위한 다양한 방법을 사용하는가?
	평가결과를 다음 보육계획 수립에 반영하는가?

실제로 보육활동을 실행함에 있어 중요한 역할을 하는 교사의 상호작용과 교수법 부분에서는 보육교사가 영유아를 존중하고, 평등하게 대하는지, 영유아의 요구와 질문에 민감하게 반응하는지, 영유아의 행동지도에 긍정적인 방법을 사용하고 나누기, 협동하기, 도와주기, 사이좋게 지내기, 배려하기 같은 또래 간 긍정적인 상호작용을 자주 격려하는지, 영유아의 놀이에 참여하고 놀이를 활성화시키는지, 영유아 간의 다툼이나 문제 상황에서 적절히 개입하는지 점검해본다. 또한 교사가 효과적인 교수법을 사용하고 영유아의 동기유발과 호기심을 장려하는지 평가해 본다.

마지막으로 평가와 관련해서는 정기적으로 다양한 방법을 적용하여 보육과정의 평가를 시도하는지 여러 시기에 거쳐 다양한 방법을 사용하여 개별 영유아를 관찰하여 발달수준과 활동에 대한 자료를 수집하는지, 이러한 평가 결과를 다음 보육계획 수립에 반영하는지를 점검해 본다.

II. 제 2차 표준보육과정의 영역별 구체적 보육내용

1. 기본생활 영역

1) 목표
건강, 안전, 바른 생활에 관한 지식·기술·태도를 배우고 익혀서, 건강하고 안전한 행동을 알고 실천하며 바른 습관을 갖는다.
(1) 몸을 청결하게 하고 바른 식생활과 건강한 일상생활을 실천하며 질병을 예방한다.
(2) 안전하게 놀이하고 위험을 알고 비상시 적절히 대처하는 능력을 기른다.
(3) 일상생활에서 바른 예절과 기본 질서 및 사회적 가치를 알고 지킨다.
2) 내용
영유아가 기본생활 영역에서 습득해야 할 내용으로 '건강한 생활', '안전한 생활', '바른 생활'이라는 세 가지 내용범주를 정했다. 이들은 영유아의 기본생활습관 형성과 관련된 중요한 구인이다. 각각의 내용범주는 상호 독립적이며, 이들 요인이 모이면 영유아기에 반드시 습득해야 하는 기본생활습관의 전체 내용이 된다. 세 가지 내용범주는 연령이 증가함에 따라 하위 내용의 수가 많아지고, 내용의 난이도 또한 높아진다. 그리고 각 연령별 수준은 발달수준에 따른 적절한 보육이 이루어질 수 있도록 내용을 세분화하여 동일 연령대에서도 수준 차에 따른 차별화된 내용을 제시하도록 하였다.

<표 Ⅱ-1-1> 기본생활 영역 내용범주

내용 범주	만 2세 미만	만 2세	만 3~4세
건강한 생활	· 몸을 깨끗이 하기 · 즐겁게 먹기 · 건강한 일상생활하기	· 몸을 깨끗이 하기 · 바른 태도로 먹기 · 건강한 일상생활 하기 · 건강에 관심 갖기	· 몸과 주변을 깨끗이 하기 · 바른 식생활 하기 · 건강한 일상생활하기 · 질병 예방하기
안전한 생활	· 놀잇감을 안전하게 사용하기 · 위험한 상황을 알기	· 안전하게 놀이하기 · 교통수단의 위험을 알고 조심하기 · 위험한 상황을 알고 조심하기	· 안전하게 놀이하기 · 교통안전 규칙 지키기 · 비상시 적절히 대처하기
바른 생활	· 바른 예절에 관심 갖기 · 기본 질서에 관심 갖기	· 바른 예절에 관심 갖기 · 기본 질서에 관심 갖기	· 바른 예절을 알고 지키기 · 사회적 가치를 알고 지키기

가) 만 2세 미만

(1) 목표
건강한 일상생활을 하며, 놀잇감을 안전하게 사용하고, 바른 예절과 기본 질서에 관심을 갖는다.
① 몸을 깨끗이 하고 즐겁게 먹고 건강한 일상생활을 한다.
② 놀잇감을 안전하게 사용하고 위험한 상황을 안다.
③ 일상생활에서 바른 예절과 기본 질서에 관심을 갖는다.

(2) 수준별 내용

내용 범주	내 용	1수준	2수준	3수준	4수준
건강한 생활	몸을 깨끗이 하기		도움을 받아 이를 닦는다.		
			도움을 받아 손을 씻는다.	스스로 손 씻기를 시도한다.	
		몸이 깨끗해졌을 때 기분이 좋음을 안다.			
	즐겁게 먹기	편안하게 안겨서 우유(모유)를 먹는다.	고형식에 적응한다.	음식을 골고루 먹는다.	
			도구를 사용하여 먹는다.	스스로 도구를 사용하여 먹는다.	
		정해진 자리에서 먹는다.			

건강한 생활	건강한 일상생활하기	수면을 충분히 취한다.	
		편안하게 쉰다.	
		익숙한 공간에서 안정된 마음을 갖는다.	
		하루 일과에 즐겁게 참여한다.	
		배변 의사를 표현한다.	정해진 곳에서 배변한다.
안전한 생활	놀잇감을 안전하게 사용하기		놀잇감을 안전하게 살핀다.	놀잇감을 용도에 맞게 사용한다.
	위험한 상황을 알기		위험하다는 말에 반응을 보인다.	위험하다고 알려주면 주의한다.
바른 생활	바른 예절에 관심 갖기			만나고 헤어질 때 인사한다.
	기본 질서에 관심 갖기			자기 순서를 안다.
			놀잇감이 있는 자리를 안다.	도와주면 놀잇감을 정리한다.

나) 만 2세

(1) 목표

건강에 관심을 가지고 위험을 알고 조심하며 바른 예절과 기본 질서에 관심을 갖는다.

① 몸을 깨끗이 하고 바른 태도로 먹고, 건강한 일상생활을 하고 건강에 관심을 갖는다.

② 놀이기구나 놀잇감을 안전하게 사용하고 교통수단의 위험과 위험한 상황을 알고 조심한다.

③ 일상생활에서 바른 예절과 기본 질서에 관심을 갖는다.

(2) 수준별 내용

내용 범주	내 용	1수준	2수준
건강한 생활	몸을 깨끗이 하기	스스로 이 닦기를 시도한다.	
		스스로 손과 몸 씻기를 시도한다.	
	바른 태도로 먹기	음식을 골고루 먹는다.	
		식사에 즐겁게 참여하며 스스로 먹는다.	

내용 범주	내 용	1수준	2수준
	건강한 일상생활하기	일과에 따라 규칙적으로 잠을 잔다.	
		정해진 시간에 알맞게 휴식한다.	
		또래와의 놀이에 즐겁게 참여한다.	
		하루 일과에 즐겁게 참여한다.	
		정해진 곳에서 배변한다.	
	건강에 관심 갖기	건강에 관심을 갖는다.	
		더러워진 옷을 갈아입으려 시도한다.	옷을 깨끗하게 입는다.
안전한 생활	안전하게 놀이하기	놀이기구나 놀잇감을 안전하게 사용한다.	
	교통수단의 위험을 알고 조심하기	교통수단의 위험을 안다.	교통수단의 위험을 알고 조심한다.
		신호등의 의미를 안다.	신호등의 신호에 맞춰 성인과 함께 횡단보도를 건넌다.
	위험한 상황을 알고 조심하기	화재의 위험을 안다.	화재의 위험성을 알고 조심한다.
		위험물질을 안다.	위험물질을 알고 만지거나 먹지 않는다.
		유괴의 위험을 안다.	유괴의 위험을 알고 혼자 다니지 않는다.
		성폭력의 위험을 안다.	성폭력의 위험을 알고 나의 몸을 소중히 여긴다.
바른 생활	바른 예절에 관심 갖기	다른 사람을 방해하지 않는다.	
		바른 태도로 인사한다.	
	기본 질서에 관심 갖기	간단한 약속을 지킨다.	
		자기 순서를 안다.	순서를 기다린다.
		물건을 도움 받아 정리한다.	물건을 스스로 정리한다.

다) 만 3~4세

(1) 목표

질병을 예방하고 비상시 적절히 대처하고 바른 예절과 사회적 가치를 알고 지킨다.

① 몸과 주변을 깨끗이 하고 바른 식생활과 건강한 일상생활을 하며 질병을 예방한다.
② 안전하게 놀이하고 교통안전 규칙을 지키며 비상시 적절히 대처한다.
③ 일상생활에서 바른 예절과 사회적 가치를 알고 지킨다.

(2) 수준별 내용

내용 범주	내 용	1 수준	2 수준
건강한 생활	몸과 주변을 깨끗이 하기	스스로 이를 닦는다.	이를 깨끗이 닦는 습관을 갖는다.
		스스로 손과 몸을 씻는다.	손과 몸을 깨끗이 하는 습관을 갖는다.
		주변을 깨끗이 한다.	주변을 깨끗이 하는 습관을 갖는다.
	바른 식생활 하기	음식을 골고루 먹는다.	적당량의 음식을 골고루 먹는다.
		영양이 건강에 중요함을 안다.	몸에 좋은 음식을 선택할 수 있다.
		감사하는 마음으로 음식을 소중히 여긴다.	
		바른 태도로 식사한다.	식사 예절을 안다.
	건강한 일상생활 하기	규칙적으로 잠을 잔다.	
		적당한 휴식이 필요함을 안다.	적당한 휴식을 취한다.
		하루 일과에 즐겁게 참여한다.	
		스스로 화장실에서 배변한다.	배변 후 적절한 뒤처리를 시도한다.
		화장실을 깨끗하게 사용한다.	
	질병 예방하기	건강에 관심을 가진다.	건강한 생활을 실천한다.
		건강검진과 예방접종의 중요성을 안다.	건강검진과 예방접종의 중요성을 알고 참여한다.
		질병의 위험성과 예방하는 방법을 안다	질병을 예방하는 방법을 알고 실천한다.
		날씨에 맞는 옷을 입는다.	때와 장소에 맞는 옷을 선택하여 입는다.
안전한 생활	안전하게 놀이하기	놀이기구나 놀잇감을 안전하게 사용한다.	
		안전한 놀이 장소를 안다.	안전한 장소에서 놀이한다.
	교통안전 규칙 지키기	교통규칙의 필요성을 안다.	교통규칙을 지켜서 안전하게 다닌다.
		교통수단을 안전하게 이용한다.	
	비상 시 적절히 대처하기	화재, 재난, 사고의 위험을 안다.	화재, 재난, 사고가 일어났을 때 안전하게 행동한다.
		학대, 성폭력, 유괴 사고의 위험을 인식한다.	학대, 성폭력, 유괴 상황을 알고 도움을 요청하는 방법을 안다.

내용 범주	내 용	1 수준	2 수준
바른 생활	바른 예절을 알고 지키기	정직하게 행동해야 함을 안다.	정직하게 말하고 행동한다.
		다른 사람의 생각, 행동, 소유물 등을 존중한다.	
		옳은 일과 그른 일을 구별한다.	
		친구와 어른께 예절바르게 행동한다.	
	사회적 가치를 알고 지키기	다른 사람과 한 약속의 의미를 안다	다른 사람과 한 약속을 지킨다.
		공공규칙을 안다.	공공규칙을 지킨다.
		자신의 물건을 소중하게 다룬다.	다른 사람이 사용하는 물건을 소중하게 다룬다.

2. 신체운동 영역

1) 목표

자신의 신체를 긍정적으로 인식하고 즐겁게 신체활동에 참여함으로써 영유아기에 필요한 기본 운동 능력을 기른다.
(1) 기본적 감각 능력을 기르고, 자신의 신체를 긍정적으로 인식한다.
(2) 신체를 조절하고, 기본 운동 능력을 기른다.
(3) 신체활동에 즐겁게 참여한다.

2) 내용

신체운동 영역은 '감각과 신체 인식', '신체조절과 기본 운동', '신체활동 참여'의 세 가지 내용범주로 구성된다. '감각과 신체 인식'에서는 영유아가 감각능력을 기르고 감각기관을 활용하며, 자신의 신체를 긍정적으로 인식하도록 한다. '신체조절과 기본 운동'에서는 영유아가 협응력과 신체조절 능력을 기르고 신체균형감을 익히면서 이동운동, 제자리운동, 조작운동 등의 기본 운동능력을 습득한다. '신체활동 참여'에서는 영유아가 신체활동을 할 때 자발적으로 참여하고, 다양한 기구를 활용하여 안전한 신체활동을 즐기면서, 이를 통해 기초 체력을 형성하고 일상생활 속에서 규칙적으로 운동할 수 있도록 한다.
세 가지 내용범주는 연령에 따라 상호 연계성과 계열성을 갖도록 구성했다. 상호 연계성은 신체운동 내용 범주들 사이에 나타나고, 점진적인 계열성은 신체운동의 수준별 내용에서 나타난다.

〈표 II-2-1〉 신체운동 영역 내용범주

내용	만 2세미만	만 2세	만 3~4세
감각과 신체인식	·감각적 자극에 반응하기 ·감각기관으로 탐색하기 ·신체 탐색하기	·감각능력 기르기 ·감각기관 활용하기 ·신체를 인식하고 움직이기	·감각능력 기르기 ·감각기관 활용하기 ·신체를 인식하고 움직이기
신체조절 및 기본운동	·대근육조절하기 ·균형감 기르기 ·소근육 조절하기 ·협응력 기르기 ·이동 운동 시도하기 ·제자리운동 시도하기	·신체조절력 기르기 ·신체균형감 기르기 ·조작운동하기 ·이동하며 운동하기 ·제자리에서 운동하기	·신체 조절하기 ·이동하며 운동하기 ·제자리에서 운동하기
신체활동 참여	·몸 움직임 즐기기 ·기구를 이용하여 신체활동 시도하기	·신체활동에 참여하기 ·안전하게 바깥에서 신체 활동하기 ·기구를 이용하여 신체활동하기	·자발적으로 신체활동에 참여하기 ·바깥에서 신체활동하기 ·기구를 이용하여 신체활동하기

가) 만 2세 미만

(1) 목표

　　기본적 감각 능력으로 주변 환경을 탐색하고, 신체조절 능력을 획득한다.
　　① 감각기능을 발달시키고 자신의 신체를 인식한다.
　　② 신체를 조절하고 기본 운동 능력을 기른다.
　　③ 신체활동에 참여한다.

(2) 수준별 내용

내용범주	내용	1 수준	2 수준	3 수준	4수준
감각과 신체 인식	감각적 자극에 반응하기	시각, 청각, 촉각, 후각, 미각 등 감각적 자극을 느낀다.			
		시각, 청각, 촉각, 후각, 미각 등 감각적 자극에 반응한다.			

	감각기관으로 탐색하기	감각기관으로 주변 환경을 탐색한다.		
	신체 탐색하기	손과 발 등을 바라보며 탐색한다.	얼굴, 몸 등 신체 부분을 탐색한다.	팔과 다리 등 신체 부분의 다양한 움직임을 탐색한다.
신체 조절과 기본 운동	대근육 조절하기	목을 가눈다. 뒤집기 등 몸을 조절하여 위치를 바꾼다.	누웠다 앉기 등 몸을 조절하여 위치를 바꾼다.	허리를 굽혔다 펴기 등 몸을 조절하여 위치를 바꾼다.
	균형감 기르기	앉히면 앉는다.	붙잡고 서 있기, 혼자 서 있기 등 자세를 시도한다.	안정되게 서 있기 등 자세를 취한다.
	소근육 조절하기	물체를 잡는다.	양손으로 물체를 잡거나 놓는다. 엄지와 검지로 물체를 잡는다.	물체를 잡고 조작을 시도한다.
	협응력 기르기	보이는 물체에 손을 뻗는 등 눈과 손의 협응을 시도한다.	물체 쌓기 등 눈과 손의 협응을 시도한다.	물체를 끼우기 등 눈과 손의 협응을 시도한다.
	이동운동 시도하기	배밀이 등 이동운동을 시도한다.	기기, 붙잡고 걷기, 걷기 등 이동운동을 시도한다.	걷기, 계단 기어오르기 등 이동운동을 한다.
	제자리 운동 시도하기	팔다리 뻗기 등 간단한 제자리 운동을 시도한다.	팔다리 흔들기 등 제자리 운동을 시도한다.	서 있기, 앉기 등 제자리 운동을 시도한다.
신체활동 참여	몸 움직임 즐기기		몸을 활발히 움직인다.	다양한 몸의 움직임을 시도한다.
	기구를 이용하여 신체활동 시도하기		밀고 끌기 등 기구를 이용하여 신체활동을 시도한다.	간단한 기구를 이용하여 신체활동을 시도한다.

나) 2세

(1) 목표

신체활동에 참여함으로써 기본적 운동수행능력의 발달을 꾀하여 기초체력을 기른다.
① 감각적 차이를 알고, 자신의 신체를 긍정적으로 인식한다.
② 신체를 조절하고 기본 운동 능력을 기른다.
③ 안전하게 신체활동에 참여한다.

(2) 수준별 내용

내용 범주	내 용	1수준	2수준
감각과 신체 인식	감각능력 기르기	감각적 차이에 반응한다.	다양한 감각적 차이에 반응한다.
	감각 기관 활용하기	감각 기관으로 주변 환경을 탐색한다.	
	신체를 인식하고 움직이기	손, 발, 얼굴 등 기본적인 신체 명칭을 안다.	신체 각 부분의 명칭을 안다.
		신체 각 부분의 움직임을 탐색한다.	
신체 조절과 기본 운동	신체 조절력 기르기	팔, 다리의 움직임을 조절한다.	팔, 다리, 목, 허리 등의 움직임을 조절한다.
	신체 균형감 기르기	안정된 자세를 취한다.	
	조작운동 하기	눈과 손을 협응하여 간단한 사물을 조작한다.	
	이동하며 운동하기	안정된 걷기 및 변형된 걷기, 초보적 뛰기 등 이동하며 운동을 한다.	
	제자리에 서 운동하기	몸을 펴고 굽히는 등 간단한 제자리 운동을 시도한다.	팔과 몸통을 움직여 보는 등 간단한 제자리 운동을 시도한다.
신체 활동 참여	신체활동 에 참여하기	신체활동에 참여한다.	
		몸의 움직임을 다양하게 시도한다.	

	안전하게 바깥에서 신체활동 하기	안전하게 바깥에서 신체활동에 참여한다.	
	기구를 이용하여 신체활동 하기	간단한 기구를 이용하여 신체활동 한다.	기구를 이용하여 신체활동 한다.

다) 만 3~4세

(1) 목표

여러 가지 신체활동에 적극적으로 참여하여 신체운동 능력을 증진한다.
① 감각능력을 기르고, 자신의 신체를 긍정적으로 인식한다.
② 신체를 조절하고 기본 운동 능력을 기른다.
③ 다양한 신체활동에 참여한다.

(2) 수준별 내용

내용 범주	내용	1 수준	2 수준
감각과 신체 인식	감각능력 기르기	감각적 차이를 구분한다.	
	감각기관 활용하기	여러 감각기관을 활용한다.	
		두 가지 이상의 감각기관을 동시에 활용한다.	
	신체를 인식하고 움직이기	신체 각 부분의 명칭을 안다.	
		신체 각 부분의 움직임을 인식한다.	
		자신의 신체를 긍정적으로 인식하고 움직인다.	
신체 조절과 기본 운동	신체 조절하기	안정된 자세를 취한다.	신체균형을 유지하면서 다양한 자세를 취한다.
		신체 각 부분의 움직임을 조절한다.	
		공간, 힘, 시간 등의 움직임의 요소를 인식한다.	공간, 힘, 시간 등의 움직임의 요소를 활용하여 움직인다.
		눈과 손을 협응하여 다양한 도구로 조작운동을 한다.	
	이동하며 운동하기	빨리 걷기, 달리기 등 다양한 이동 운동을 시도한다.	안정된 자세로 달리기 등 다양한 이동 운동을 한다.
	제자리에서 운동하기	팔과 몸통을 움직여 보는 등 제자리 운동을 한다.	몸을 흔들거나 꼬기 등 여러 가지 제자리 운동을 한다.

신체활동 참여	자발적으로 신체활동에 참여하기	자발적으로 신체활동에 참여한다.	자발적이고 지속적으로 신체활동에 참여한다.
		새로운 신체활동과 기술을 시도한다.	
			자신과 다른 사람의 신체 운동 능력의 차이를 존중한다.
	바깥에서 신체활동 하기	규칙적으로 바깥에서 신체활동을 한다.	
	기구를 이용하여 신체활동 하기	여러 가지 기구를 이용하여 신체활동을 한다.	

3. 사회관계 영역

1) 목표

자신에 대한 긍정적인 존중감을 형성하고, 자신과 타인의 다양한 정서를 인식하여 이를 다양한 사회적 관계에서 적절히 조절하여 활용할 수 있도록 한다. 또한 가족, 또래, 공동체에서의 긍정적인 관계를 형성하고, 유능한 사회 구성원으로서 능동적인 역할을 수행하기 위해 필요한 사회적 지식을 습득하도록 한다.

(1) 긍정적인 자아개념을 바탕으로 자기존중감 및 자조성을 형성한다.
(2) 자신과 타인에게 다양한 정서가 있음을 이해하고, 적절히 표현하며, 이를 통해 자신의 정서를 조절한다.
(3) 양육자와의 안정적인 애착관계를 바탕으로, 가족과의 긍정적인 상호관계를 발전시켜 나감으로써 공동체에서 필요한 태도와 기술을 습득한다.
(4) 자신을 둘러싼 사회 환경과의 지속적인 상호작용을 통해 사회적 지식을 습득한다.

2) 내용

사회관계 영역에서 다루는 내용범주는 '자기존중', '정서인식과 조절', '사회적 관계'와 '사회적 지식'으로, 이들 내용범주는 위계적으로 구성된다. 자신을 인식하고 소중하게 여기는 '자기존중'에서 시작하여, 자신과 타인의 정서를 알고 조절하는 '정서인식과 조절'을 거쳐서, 영유아는 가족, 또래, 공동체와의 '사회적 관계'를 형성한다. 그리고 지역사회, 우리나라, 세계에 관심을 갖고 사회적 가치를 실현하는 '사회적 지식'을 습득한다. 이러한 네 가지 내용범주는 주로 영아인 경우에는 일과 내에서 성인(보육교사)과의 다양한 상호작용을 통한 놀이활동에 참여함으로써, 유아인 경우에는 또래와의 다양한 놀이상황에서 형성되어 발전될 수 있다. 네 번째 내용범주인 '사회적 지식'은 내용 수준 상 만2세 이하의 영유아에게는 적합하지 않아 만3~4세 유아에게만 해당된다.

사회관계 영역은 영유아가 성장함에 따라 새로이 경험하고 습득해야 할 내용이 많아지므로 내용과 수준별 내용이 보다 다양하게 구성된다. 즉 내용범주는 연령이 증가함에 따라 내용의 수가 많아지며 수준별 내용의 수도 많아진다.

〈표 Ⅱ-3-1〉 사회관계 내용범주

내용 범주	만 2세 미만	만 2세	만 3~4세
자기존중	• 나를 다른 사람과 구별된 존재로 인식하기	• 나와 다른 사람을 구별하기 • 나에 대해 긍정적으로 생각하기	• 나를 알고 소중히 여기기 • 나의 일 스스로 하기
정서인식과 조절	• 나의 감정을 느끼고 표현하기	• 나의 감정을 적절히 표현하기 • 다른 사람의 감정에 관심 갖기	• 나와 다른 사람의 감정 알고 표현하기 • 나의 감정 조절하기
사회적 관계	• 다른 사람에게 관심 갖기 • 양육자와 애착 형성하기	• 가족관계 이해하기 • 또래관계 경험하기 • 자신이 속한 집단 알기	• 가족과 화목하게 지내기 • 가족과 협력하기 • 또래와 사이좋게 지내기 • 공동체에서 화목하게 지내기
사회적 지식			• 지역사회에 관심 갖고 이해하기 • 우리나라에 관심 갖고 이해하기 • 세계와 여러 문화에 관심 갖기

가) 만 2세 미만

(1) 목표

자신을 타인과 구별되는 독립된 존재로서 인식하고, 분화된 자신의 기본 정서를 인식하며 이를 표현한다. 또한 타인 및 양육자와 지속적인 상호작용을 통해 애착을 형성한다.
① 자신과 타인을 구별된 존재로 인식한다.
② 분화된 기본 정서를 인식하고 표현한다.
③ 주변 환경 및 주요 대상과의 지속적인 상호작용을 통해 친숙한 관계를 형성한다.

(2) 수준별 내용

내용범주	내용	1수준	2수준	3수준	4수준
자기존중	나를 다른 사람과 구별된 존재로 인식하기			거울 속의 자신을 보고 웃거나 알아본다.	
				자신의 모습과 다른 사람의 모습을 구별한다.	
		자신의 몸을 적극적으로 탐색한다.		자신의 몸을 스스로 움직일 수 있음을 안다.	
정서인식과 조절	나의 감정을 느끼고 표현하기			여러 가지 표정에 반응한다.	
				자신에게 여러 가지 다양한 정서가 있음을 안다.	
		다양한 음성과 소리를 듣고 반응한다.		자신의 감정과 욕구를 다른 사람이 알도록 표현한다.	
사회적 관계	다른 사람에게 관심 갖기	친숙한 사람의 목소리를 인식한다.	친숙한 사람에게 애정을 표현한다.		친숙한 대상의 관심을 끌기 위해 다양한 시도를 한다.
		다른 사람과 시선을 맞춘다.	다른 사람을 관찰한다.		다른 사람의 행동을 적극적으로 모방한다.

	양육자와 애착 형성하기	양육자와 시선을 맞추거나 목소리를 인식한다.	양육자에게 적극적으로 애정, 관심 및 욕구를 표현한다.	양육자와 안정적인 애착을 형성한다.

나) 만 2세

(1) 목표

자아를 정확하게 확립하고 자기존중감을 형성하며, 자신의 정서를 적절한 방식으로 표현하고 다른 사람의 정서를 이해한다. 또한 또래 및 주변 성인과의 긍정적인 관계를 형성한다.

① 자기존중감을 확고하게 형성한다.
② 자신 및 타인의 다양한 정서를 인식하고 적절히 표현한다.
③ 다양한 사회적 맥락 속에서 또래 및 성인과의 긍정적인 관계를 형성한다.

(2) 수준별 내용

내용범주	내용	1수준	2수준
자기존중	나와 다른 사람을 구별하기	자신의 신체 부분 명칭을 안다.	
		다른 사람이 자신을 부를 때 반응한다.	다른 사람과 구별되는 자신에 대해 안다.
	나에 대해 긍정적으로 생각하기	자신의 생김새와 신체적 능력에 대해 긍정적인 느낌을 갖는다.	
		스스로 할 수 있는 일에 대해 즐거움을 갖는다.	자신이 노력해서 성취한 일에 대해 자부심을 갖는다.
정서인식과 조절	나의 감정을 적절히 표현하기	자신의 욕구와 감정을 안다.	
		자신의 감정을 동작과 언어로 표현한다.	긍정적 정서와 부정적 정서를 적절한 방법으로 표현한다.
	다른 사람의 감정에 관심 갖기	다른 사람의 감정에 관심을 보인다.	다른 사람의 감정에 반응을 보인다.

사회적 관계	가족관계 이해하기	자신에게 가족이 있음을 안다.	가족 구성원을 안다.
	또래관계 경험하기	또래에게 관심을 보인다.	또래의 모습과 행동을 모방한다.
		또래의 이름을 안다.	또래와 의사소통을 하며 놀이활동에 참여한다.
	자신이 속한 집단 알기	자신이 속한 반과 보육교사를 안다.	자신이 속한 반의 활동에 참여한다.
			다른 사람에게 인사하고 고마움을 표시한다.

다) 만3~4세

(1) 목표

긍정적인 자아개념을 바탕으로 자기존중감과 자조성을 기르고, 자신과 타인의 정서를 이해하고 표현하며, 자신의 정서를 조절한다. 또한 타인과의 사회적 관계를 통해 더불어 살아가는 능력을 기르며, 자신을 둘러싼 사회 환경에 관심을 갖고 사회적 지식을 습득한다.

① 자신의 소중함을 알고 자신감과 자조성을 기른다.
② 자신과 타인의 정서를 이해하고 표현하며, 자신의 정서를 조절한다.
③ 타인과의 관계를 이해하고 더불어 살아가는 능력을 기른다.
④ 자신을 둘러싼 사회 환경에 관심을 갖고 사회적 지식을 습득한다.

(2) 수준별 내용

범주	내용	1수준	2수준
자기 존중	나를 알고 소중히 여기기	자신의 건강, 사회적 및 문화적 상태를 안다.	
		자신과 다른 사람의 같은 점과 다른 점을 안다.	
		자신에 대해 긍정적으로 생각하고, 자신의 소중함을 안다.	
	나의 일 스스로 하기	자신이 할 수 있는 일을 알고 해본다.	자신이 할 수 있는 일을 스스로 한다.
		자신이 원하는 것을 알고 선택한다.	
정서	나와	자신의 감정을 알고 표현한다.	

범주	내용	1수준	2수준
인식과 조절	다른 사람의 감정 알고 표현하기	다른 사람의 감정을 안다.	
	나의 감정 조절하기	자신의 감정을 긍정적으로 조절한다.	
사회적 관계	가족과 화목하게 지내기	가족의 소중함을 안다.	
		가족과 사이좋게 지낸다.	
	가족과 협력하기	가족구성원을 안다.	가족의 다양한 역할에 대해 안다.
		가족을 위하여 내가 할 수 있는 일을 한다.	가족은 서로 도우며 살아야 하는 것을 안다.
	또래와 사이좋게 지내기	다양한 상황에서 또래와 놀이하는 것을 즐긴다.	또래와 협동하며 놀이한다.
			자신과 또래의 의견에 차이가 있음을 안다.
	공동체에서 화목하게 지내기	자신이 속한 집단의 구성원으로서 소속감을 갖는다.	
		도움이 필요할 때 다른 사람과 도움을 주고받는다.	
		교사 및 주변 사람과 화목하게 지낸다.	
사회적 지식	지역사회에 관심 갖고 이해하기	우리 동네의 이름을 안다.	우리 동네에 대해 알아본다.
		다양한 직업의 특성을 알고 고마움을 갖는다.	
		일상생활에서 돈의 쓰임에 대해 안다.	
	우리나라에 관심 갖고 이해하기	우리나라를 상징하는 것을 안다.	우리나라를 상징하는 것을 알고 예절을 지킨다.
		우리나라 명절과 풍습 등의 전통문화에 관심을 갖는다.	
		우리나라에 대해 자부심을 갖는다.	
	세계와 여러 문화에 관심 갖기	세계 여러 나라에 대해 관심을 갖는다.	
		우리나라가 세계에 소속되어 있음을 안다	세계 여러 나라는 서로 협력해야 함을 안다.
			다양한 인종과 문화의 공통점과 차이점을 안다.

4. 의사소통 영역

1) 목표

듣고 말하는 것을 즐기며 상황에 맞는 언어를 익혀 바른 언어생활을 하도록 하고 일상생활에 필요한 의사소통능력과 기초적인 문해능력을 기른다.

(1) 다른 사람의 이야기와 다양한 동요, 동시, 동화를 듣는 경험을 통해 주의 깊게 듣는 태도와 이해력을 기른다.
(2) 정확한 발음으로 바르게 말하는 태도를 기르고 다른 사람들과 대화하며 서로의 의견을 나누는 능력을 기른다.
(3) 글과 글자에 친숙해지는 경험을 통해 글자모양을 인식하고 글의 의미를 이해하며 읽기에 흥미를 가진다.
(4) 여러 가지 쓰기 도구에 관심을 갖고 자신의 느낌, 생각, 경험을 글로 표현하는데 흥미를 가진다.

2) 내용

〈표 II-4-1〉 의사소통영역 내용범주

내용범주	만 2세 미만	만 2세	만 3~4세
듣기	• 주변의 소리와 말소리 구분하여 듣기 • 경험과 관련된 말의 의미 알기 • 운율이 있는 말 듣기	• 말소리 구분하여 듣고 의미 알기 • 운율이 있는 말과 짧은 이야기를 듣고 즐기기	• 낱말과 문장을 듣고 이해하기 • 이야기 듣고 이해하기 • 동요, 동시, 동화 듣고 이해하기 • 바른 태도로 듣기
말하기	• 발성과 발음으로 소리내기 • 표정, 몸짓, 말소리로 의사표현하기 • 친숙한 사람과 사물의 이름 말하기	• 바른 발음 시도하기 • 새로운 단어 말하기 • 자신의 느낌과 생각 말하기 • 행동에 맞는 말하기	• 낱말과 문장으로 바르게 발음하여 말하기 • 자신의 느낌, 생각, 경험 말하기 • 상황에 맞게 바른 태도로 말하기

읽기	• 그림책과 환경 인쇄물에 관심 갖기	• 글자 모양에 흥미 갖기 • 읽어주는 글 즐기기 • 그림책과 환경 인쇄물에 흥미 갖기		• 읽기에 흥미 갖기 • 책읽기에 관심 갖기
쓰기	• 끼적이기를 시도하기 • 쓰기 도구에 관심 갖기	• 끼적이기 • 쓰기 도구에 흥미 갖기		• 말과 글의 관계 알기 • 쓰기에 흥미 갖기 • 쓰기 도구 사용하기

가) 만 2세 미만

(1) 목표

듣고 말하는 것을 즐거워하고, 상황에 따라 적절한 언어로 표현한다.
① 주변의 소리와 말소리를 듣고 좋아하며 반응한다.
② 표정, 소리, 몸짓으로 의사를 표현하여 주고받기를 즐긴다.
③ 그림책과 환경 인쇄물에 관심을 가진다.
④ 끼적이기를 시도하며 쓰기 도구에 관심을 가진다.

(2) 수준별 내용

내용 범주	내용	1수준	2수준	3수준	4수준
듣기	주변의 소리와 말소리 구분하여 듣기	여러 가지 소리와 말소리 듣기에 흥미를 보인다.			
		익숙한 목소리를 듣고 반응한다.			
				높낮이와 세기 등 말소리의 차이를 구분한다.	
	경험과 관련된 말의 의미 알기	일상적인 행동과 말소리를 연결하여 듣는다.		행동과 관련된 말을 듣고 따른다.	
			익숙한 사물의 명칭과 자신의 이름을 알아듣는다.		
	운율이 있는 말 듣기	운율이 있는 짧은 말소리 듣기를 즐긴다.			
말하기	발성과 발음으로 소리내기	여러 가지 소리를 내고, 옹알이를 한다.	여러 가지 말소리를 낸다.		
				의미 있는 음절을 소리 낸다.	

내용 범주	내용	1수준	2수준	3수준	4수준
		옹알이와 말소리에 대해 말로 반응해 주면 모방하여 소리 낸다.		교사의 말을 모방하여 발음한다.	
	표정, 몸짓, 말소리로 의사표현 하기	표정과 소리로 의사표현을 한다.	표정, 몸짓, 소리로 의사표현을 한다.	표정, 몸짓, 말소리로 의사표현을 한다.	
	친숙한 사람과 사물의 이름말하기		친숙한 사물을 가리켜 말하려 한다.		친숙한 사람과 사물의 이름을 말한다.
읽기	그림책과 환경 인쇄물에 관심 갖기	그림책과 환경 인쇄물에 관심을 가진다.		이야기를 들을 때 그림과 환경 인쇄물을 알아본다.	
			선호하는 그림책을 자주 본다.		
쓰기	끼적이기를 시도하기			팔 전체를 사용하여 마음대로 끼적인다.	
				자신의 끼적이기에 관심을 가진다.	
	쓰기 도구에 관심 갖기		종이와 쓰기 도구를 반복하여 탐색한다.		

나) 만 2세

(1) 목표

듣고 말하는 것을 즐기고, 상황에 맞는 언어와 바른 언어생활 태도를 익히고, 주변의 문해환경에 흥미를 가진다.

① 다른 사람의 이야기와 운율이 있는 동요, 동시, 짧은 이야기를 듣는 것을 즐기며 반응한다.

② 생각과 느낌을 말로 주고받기를 즐긴다.

③ 그림책이나 환경 인쇄물에 관심을 가지며 글자모양과 글의 내용에 흥미를 가진다.

④ 글자 형태와 비슷한 끼적이기를 시도하며 다양한 쓰기도구에 흥미를 가진다.

(2) 수준별 내용

내용 범주	내 용	1수준	2수준
듣기	말소리 구분하여 듣고 의미알기	다양한 말소리의 차이를 구분하고 이에 담긴 감정을 느낀다.	
		친숙한 단어를 듣고 이해한다.	시키는 말에 따라 행동한다.
	운율이 있는 말과 짧은 이야기를 듣고 즐기기	짧은 이야기와 노랫말 듣기를 즐긴다.	짧은 이야기와 노랫말을 듣고 따라한다.
말하기	바른 발음 시도하기	바른 발음으로 말하기를 시도한다.	
	새로운 단어 말하기	사물의 이름을 알아보고 말하기를 즐긴다.	
		새로운 단어를 말한다.	
	자신의 느낌과 생각 말하기	자신이 원하는 것을 낱말이나 짧은 문장으로 표현한다.	
			자신의 감정이나 생각을 말로 표현한다.
	행동에 맞는 말하기	먹는다, 잔다와 같은 행동에 맞는 말을 한다.	
			고마워, 반가워 등 상황에 맞는 말을 한다.
읽기	글자 모양에 흥미 갖기	여러 가지 모양을 탐색한다.	글자의 기초가 되는 모양을 구분한다.
	읽어주는 글 즐기기	읽어 주는 글에 관심을 가진다.	
			글자를 읽는 흉내를 낸다.
	그림책과 환경 인쇄물에 흥미 갖기	그림책과 환경 인쇄물에 있는 그림과 내용에 관심을 보인다.	
		그림책과 환경 인쇄물을 보고 읽는 흉내를 낸다.	
쓰기	끼적이기	의도적으로 끼적인다.	글자형태로 끼적인다.
	쓰기 도구에 흥미 갖기	여러 가지 쓰기 도구를 사용하려고 시도한다.	

다) 만 3~4세

(1) 목표

일상생활에 필요한 의사소통능력과 기초적인 문해능력을 기르고, 바른 언어생활 태도와 습관을 형성한다.

① 다른 사람의 이야기와 동요, 동시, 동화를 주의 깊게 듣는 태도와 이해력을 기른다.

② 정확한 발음으로 바르게 말하는 태도와 다른 사람과 대화하며 자신의 느낌, 생각, 경험을 말로 표현하는 능력을 기른다.
③ 글과 글자에 친숙해짐으로써 글자 모양을 인식하고 글의 의미를 이해하며 읽기에 흥미를 가진다.
④ 말과 글의 관계를 알고 자신의 느낌, 생각, 경험을 글로 나타내는데 흥미를 가진다.

(2) 수준별 내용

내용 범주	내용	1 수준	2 수준
듣기	낱말과 문장을 듣고 이해하기	낱말의 발음에 관심을 가지고 비슷한 발음을 구별하여 듣는다.	
		일상생활과 관련된 낱말과 문장을 듣고 뜻을 이해한다.	
		교사가 말하는 내용을 듣고 적절히 행동한다.	
	이야기 듣고 이해하기	이야기를 듣고 내용을 이해한다.	
			이야기를 듣고 궁금한 것에 대해 질문한다.
	동요, 동시, 동화 듣고 이해하기	동요, 동시, 동화를 다양한 매체를 통하여 듣고 이해한다.	
	바른 태도로 듣기	다른 사람이 이야기 할 때 말하는 사람을 바라보며 주의 깊게 듣는다.	
말하기	낱말과 문장으로 바르게 발음하여 말하기		정확한 발음으로 말한다.
		새로운 단어에 관심을 가지고 그 단어를 사용하여 말한다.	
		일상생활의 경험을 낱말과 문장으로 말한다.	
	자신의 느낌, 생각, 경험 말하기	자신의 느낌, 생각, 경험을 다른 사람에게 말한다.	
		주제를 정하여 함께 이야기를 나눈다.	
			경험한 것을 동시나 간단한 이야기로 꾸며 말한다.
	상황에 맞게 바른 태도로 말하기	듣는 사람에게 적절하게 말한다.	듣는 사람의 생각과 느낌을 고려하여 말한다.
		듣는 사람과 마주 보며 말한다.	듣는 사람, 때, 장소에 알맞게 말한다.
		말할 차례를 지켜 말한다.	
읽기	읽기에 흥미 갖기	일상생활에서 자주 접하는 글자를 흥미를 가지고 읽어본다.	
		읽어 주는 글의 내용에 관심을 보인다.	
		주변에서 친숙한 글자를 알아본다.	

내용 범주	내용	1 수준	2 수준
	책읽기에 관심 갖기	책에 흥미를 가지고 책 보는 것을 즐긴다. 책을 소중하게 다룬다. 궁금한 것을 책에서 찾아본다.	
쓰기	말과 글의 관계 알기	말이 글로 바뀌는 과정에 관심을 보인다.	말이나 생각을 글로 옮길 수 있음을 안다.
	쓰기에 흥미 갖기	자신의 느낌, 생각, 경험을 그림으로 표현하거나 끼적거린다.	글자를 보고 모방하여 쓰기를 한다. 자신의 느낌, 생각, 경험을 그림으로 표현하거나 글자와 비슷한 형태나 글자로 쓴다.
	쓰기 도구 사용하기	여러 가지 쓰기 도구에 관심을 가진다.	쓰기 도구의 바른 사용법을 알고 사용한다.

5. 자연탐구 영역

1) 목표

일상생활에서 탐구 능력을 기르고 수학적·과학적 탐구를 위해 필요한 지식과 이해를 스스로 구성한다.

(1) 주변 사물과 자연환경에 대해 지각하고 호기심을 가지며, 수학적·과학적 문제 해결을 위해 기초 기술을 사용하여 탐구 능력을 기른다.
(2) 일상생활의 여러 상황과 문제를 수학적으로 이해하고 해결하는 기초 지식을 구성한다.
(3) 자연세계에 대한 기초 지식을 구성한다.

2) 내용

영아는 주변 사물과 자연환경을 지각하고 인식하는 수준에서 점차적으로 감각 경험을 통해 개인적 의미를 구성해가는 탐색 수준으로 이동한다. 유아는 탐구를 통해 자신의 이해를 정교화하고, 새로운 환경과 상황에 이를 적용할 수 있다. 자연탐구의 내용은 탐구하기, 수학적 탐구, 과학적 탐구로 구분된다. '탐구하기'는 태도와 기술에 관련되며, '수학적 탐구'와 '과학적 탐구'는 지식 구성에 관련된다.

⟨표 Ⅱ-5-1⟩ 자연탐구 영역 내용범주

내용범주	만 2세 미만	만 2세	만 3~4세
탐구하기	• 주변 세계 지각하기 • 반복하여 탐색하기	• 주변의 사물과 자연세계에 호기심 갖기 • 반복적인 탐색 즐기기 • 문제 해결을 시도하기	• 주변의 사물과 자연세계에 호기심을 유지하고 확장하기 • 탐구과정 즐기기 • 탐구기술 활용하기
수학적 탐구	• 수량 지각하기 • 주변 공간 탐색하기 • 지각적으로 비교하기 • 간단한 규칙성 지각하기	• 수량 인식하기 • 공간과 도형 인식하기 • 비교하기와 순서 인식하기 • 간단한 규칙성 인식하기 • 구분하기	• 수와 연산의 기초 개념 형성하기 • 공간과 도형의 기초 개념 형성하기 • 기초적인 측정하기 • 규칙성 이해하기 • 기초적인 자료 수집과 결과 나타내기
과학적 탐구	• 주변의 사물 지각하기 • 주변 생명체 지각하기 • 자연현상 지각하기	• 물체와 물질의 특성 탐색하기 • 주변 생명체의 외적 특성 알기 • 자연현상 인식하기 • 생활도구 사용하기	• 물체와 물질 알아보기 • 생명체와 자연환경 알아보기 • 자연현상 알아보기 • 간단한 도구와 기계 활용하기

가) 만 2세 미만

(1) 목표

주변 사물과 자연세계에 대하여 지각하고, 다양한 감각과 조작으로 반복하여 탐색한다.

① 주변 세계를 지각하고 탐색한다.
② 주변에서 일어나는 수학적 상황을 지각한다.
③ 감각과 조작을 통하여 주변 사물과 자연환경에 대해 지각한다.

(2) 수준별 내용

내용 범주	내용	1수준	2수준	3수준	4수준
탐구하기	주변 세계 지각하기		주변의 여러 가지 사물과 자연세계를 지각한다.		주변의 여러 가지 사물과 자연세계에 주의를 기울인다.
	반복하여 탐색하기	주변의 사물을 보고 만지고 빨기를 반복한다.	주변의 사물에 대해 의도적인 탐색을 시도한다.		
수학적 탐구	수량 지각하기		있고 없는 상황을 지각한다.	'있다'와 '없다'를 구별한다.	'한 개'와 '여러 개'를 구별한다.
	주변 공간 탐색하기		주변 공간을 탐색한다.		
			물체가 없어지는 상황에 관심을 보이며 없어진 물체를 찾는다.		
				주변 사물의 여러 가지 모양을 지각한다.	
	지각적으로 비교하기		주변 사물의 여러 가지 감각적 속성을 지각한다.	주변 사물의 여러 가지 감각적 속성의 차이를 지각한다.	
					크기를 지각하고 말한다.
	간단한 규칙성 지각하기		간단한 규칙성을 지각한다.		
과학적 탐구	주변의 사물 지각하기		주변의 여러 가지 자극에 반응한다.		주변 자극에 대해 반응하고 그 결과를 안다.
			보고 만지고 듣고 맛보는 등의 감각적 행위를 통하여 사물을 지각한다.		사물을 움직이거나 변화시키는 등의 조작을 통해서 사물을 지각한다.

주변 생명체 지각하기	주변의 움직이는 생명체를 지각한다.		동물과 식물을 구분할 줄 알며 주변의 생명체에 관심을 보이고 반응한다.
	자신과 주변 사람의 신체의 부분을 탐색한다.		자신과 주변 사람의 신체 부위를 명명한다.
자연현상 지각하기	주변의 자연현상(바람, 햇빛, 비, 눈 등)을 보고 만지고 느낀다.		날씨 상황을 감각을 통해 느낀다.

나) 만 2세

(1) 목표

주변의 사물, 사람, 사건, 자연 현상에 호기심을 가지고 탐색하여 일상생활에서 수학적, 과학적 경험을 한다.
① 호기심을 가지고 주변 세계에 대해 다양하게 탐색한다.
② 주변에서 경험하는 수학적 상황을 인식한다.
③ 다양한 탐색을 통하여 주변 사물과 자연환경을 인식한다.

나) 수준별 내용

내용 범주	내용	1 수준	2 수준
탐구하기	주변의 사물과 자연세계에 호기심 갖기	주변의 여러 가지 사물과 자연세계에 대해 궁금한 것을 알고자 한다.	
	반복적인 탐색 즐기기	관심 있는 사물을 주도적으로 반복하여 탐색하기를 즐긴다.	
	문제해결을 시도하기	다양한 감각을 사용하여 여러 가지 방법으로 문제를 해결하고자 한다.	
	수량	많고 적음을 구별한다.	많고 적음을 인식하고 수량 비교 어휘를 말한다.

수학적 탐구	인식하기	'하나', '둘' 가량의 수 이름을 말하고 센다.	'하나', '둘', '셋' 가량의 수 이름을 말하고 센다.
			친숙한 사물이 더해지고 줄어드는 것을 인식한다.
	공간과 도형 인식하기	익숙한 위치와 장소를 안다.	
		자신을 중심으로 물체의 위치 변화를 인식한다.	
		자신을 중심으로 위치와 방향을 인식한다.	
		주변 사물의 특성을 모양에 따라 인식한다.	
	비교하기와 순서 인식하기	주변 사물의 여러 가지 속성을 탐색한다.	
		일상에서 두 물체의 크기와 길이를 비교한다.	
		일상의 단순한 순서를 인식한다.	
	간단한 규칙성 인식하기	주변에서 단순하게 반복되는 규칙성을 인식한다.	
	구분하기	한 가지 지각적 속성에 따라 자료를 구분한다.	
		비슷한 것끼리 짝을 짓는다.	
과학적 탐구	물체와 물질의 특성 탐색하기	물체와 물질에 대한 여러 가지 탐색을 능동적으로 시도한다.	
	주변 생명체의 외적 특성 알기	주변의 애완동물이나 곤충 등의 특성을 지각한다.	친숙한 동물의 기본 특성을 구별한다.
			주변 식물의 기본 특성을 인지한다.
		자신의 신체 각 부분의 특성을 안다.	
		주변 사람의 신체적 특징(목소리, 움직임 등)을 구분한다.	
	자연현상 인식하기	다양한 자연현상(바람, 눈, 비, 낮, 밤 등)과 자연물(흙, 돌)을 인식한다.	
	생활 도구 사용하기	쌓고 넣고 끼우는 등의 조작 놀잇감을 사용한다.	
		주변의 간단한 도구를 사용한다.	

다) 만 3~4세

(1) 목표
주변 세계를 능동적으로 탐구하여 수학적·과학적 경험을 하고 지식을 스스로 구성한다.

① 주변의 사물과 자연 세계에 대해 알고자 탐구한다.
② 생활 속의 경험을 수학적 사고 과정으로 이해하고 해결하기 위하여 기초 지식을 구성한다.
③ 과학 경험을 통하여 주변의 사물, 생명체, 자연현상에 대한 기초 지식을 구성한다.

(2) 수준별 내용

내용 범주	내용	1 수준	2 수준
탐구하기	주변의 사물과 자연 세계에 호기심을 유지하고 확장하기	관심 있는 사물과 자연세계에 대해 지속적으로 궁금해 한다.	
			주변 사물과 자연세계에 대해 의문을 갖고 알고자 한다.
	탐구 과정 즐기기	궁금한 점을 알아내는 것에 흥미를 가진다.	궁금한 점을 알아내는 것에 능동적이고 지속적으로 참여한다.
	탐구기술 활용하기	궁금한 점을 알기 위해 방법을 찾고 시도한다.	궁금한 점을 알기 위해 다양한 방법을 활용한다.
수학적 탐구	수와 연산의 기초 개념 형성하기	처음과 끝을 안다.	생활 속에서 사용되는 수의 여러 가지 의미를 안다.
		'같다','더 많다','더 적다'의 관계를 안다.	적은 수의 구체물에서 수량의 부분과 전체 관계를 안다.
		다섯 개 가량의 구체물을 세고 수량을 안다.	열 개 가량의 구체물을 세고 수량을 안다.
		구체물 두 개에 한 개 더하기와 빼기를 해 본다.	적은 수의 구체물을 가지고 더하고 빼는 경험을 해 본다.
	공간과 도형의 기초 개념 형성하기	익숙한 위치와 장소를 안다.	익숙한 위치와 장소를 알고 나타내 본다.
		위치와 방향을 인식하고 말한다.	
		물체의 모양에 따른 특성을 인식한다.	다양한 기본도형의 공통점과 차이점을 인식한다.
			기본도형을 사용하여 다양하게 구성해 본다.

내용 범주	내 용	1 수준	2 수준
	기초적인 측정하기	측정할 수 있는 사물의 여러 가지 속성을 인식한다.	
		일상생활에서 길이, 크기, 무게, 들이, 시간 관련 어휘를 사용한다.	
		두 물체의 길이, 크기 비교를 한다.	길이, 크기, 무게, 들이, 시간 등의 속성에 따라 비교하고 순서를 지어 본다.
		일상생활의 간단한 순서를 인식한다.	일상생활에서 일어나는 사건의 순서를 안다.
		임의 측정 단위에 관심을 가진다.	임의 측정 단위를 사용하여 길이 등을 재 본다.
	규칙성 이해하기	생활주변에서 반복되는 규칙성을 알고 모방한다.	생활주변에서 반복되는 규칙성을 알고 다음에 올 것을 예측해 본다.
		소리, 동작, 단어, 문장 등의 간단한 규칙성을 인식한다.	
	기초적인 자료 수집과 결과 나타내기		필요한 정보나 자료를 수집해 본다.
		관계있는 것끼리 짝을 짓는다.	한 가지 기준에 따라 자료를 분류해 본다.
			구체물이나 그림, 사진을 사용해 그래프로 나타내 본다.
과학적 탐구	물체와 물질 알아보기	주변의 여러 가지 물체와 물질의 기본 특성을 인식한다.	
		물체를 움직이게 할 수 있음을 인식한다.	물체를 움직일 수 있는 여러 가지 방법을 안다.
		물질은 변화시킬 수 있음을 인식한다.	물질을 변화시킬 수 있는 여러 가지 방법을 안다.
	생명체와 자연환경 알아보기	다양한 동·식물의 기본 특성을 인지한다.	관심 있는 동·식물의 성장에 필요한 조건을 안다.
		관심 있는 동·식물의 탄생과 성장에 대해 인식한다.	다양한 동물과 식물의 탄생, 성장, 죽음에 대하여 인식한다.
		나의 출생과 성장에 대하여 인식한다.	나와 다른 사람의 출생과 성장에 대해 알아본다.
		생명체와 주변 생태 환경의 소중함을 안다.	

내용 범주	내 용	1 수준	2 수준
자연현상 알아보기		돌, 물, 흙 등 자연물의 특성을 인지한다.	
		계절의 변화에 대해 인식한다.	계절의 변화와 규칙성을 알아본다.
		하루에는 낮과 밤이 있음을 안다.	낮과 밤의 변화와 규칙성을 알아본다.
간단한 도구와 기계 활용하기		주변의 간단한 도구와 자료를 사용한다.	간단한 문제를 해결하기 위해 적합한 도구와 자료를 사용한다.
		생활 속에서 간단한 기계를 사용한다.	
		일상생활 속에서 변화하는 새로운 도구와 기계에 관심을 가진다.	
		도구와 기계의 편리성을 인지한다.	

6. 예술경험 영역

1) 목표

주변의 친근한 환경과 일상생활에 관심을 보이고 예술적 요소를 직접 경험하고 즐김으로써 창의성과 감성을 기른다.
(1) 주변 생활에서 발견한 예술적 요소와 아름다움에 관심을 보이고 탐색한다.
(2) 자신의 생각과 느낌을 다양한 방법으로 표현하는 것을 즐기며 창의적으로 표현한다.
(3) 자연물과 사물, 자신 및 또래의 작품, 예술 작품을 보고 느끼고 감상한다.

2) 내용

예술경험 영역은 '심미적 탐색', '예술적 표현', '예술감상'의 세 가지 내용범주로 구성된다. '심미적 탐색'에서는 영유아가 주변의 친근한 자연이나 생활환경에서 음악, 움직임과 춤, 미술, 상상 및 가작화 요소에 관련된 현상이나 사물을 흥미롭게 살펴보며 집중하여 탐색하도록 한다. '예술적 표현'에서는 영유아가 음악, 움직임과 춤, 미술, 모방 경험을 마음껏 시도하고 표현하며 자유롭게 즐기도록 한다. '예술감상'에서는 친근한 소리나 노래, 아름다운 사물이나 환경, 자신이나 또래의 표현물을 포함한 다양한 예술과 전통예술에 대해 지속적으로 흥미를 가지도록 한다. 예술경험의 세 가지 내용 범주들 간에는 상호관련성이 있고, 수준별 내용들 간에는 계열성을 가지고 있다.

〈표 Ⅱ-6-1〉 예술경험영역 내용범주

내용 범주	만 2세 미만	만 2세	만 3~4세
심미적 탐색	• 소리, 움직임, 시각적 자료에 호기심 갖기	• 주변 환경의 예술적 요소 탐색하기	• 음악적 요소 탐색하기 • 움직임과 춤 탐색하기 • 미술적 요소 탐색하기 • 가작화 요소 탐색하기
예술적 표현	• 리듬 있는 소리로 반응하기 • 몸 움직임으로 표현하기 • 단순한 미술 경험 시도하기 • 모방행동 즐기기	• 리듬 있는 소리, 노래, 움직임과 춤으로 표현하기 • 단순한 미술활동 즐기기 • 모방과 단순한 상상놀이하기	• 음악으로 표현하기 • 움직임과 춤으로 표현하기 • 미술활동으로 표현하기 • 극놀이로 표현하기 • 통합적으로 표현하기
예술 감상	• 소리나 노래 즐겨듣기 • 주변의 아름다움 경험하기	• 주변 환경의 예술적 요소에 관심 갖고 즐기기	• 다양한 예술 감상하기 • 전통예술 감상하기

가) 만2세 미만

(1) 목표

자신의 신체와 감각 자극에 호기심을 보이고, 소리나 간단한 노래를 즐겨 듣고 점차 소리나 몸 움직임 등의 복잡한 반응을 즐기며, 주변 사물이나 자연물에 관심을 보인다.

① 자신의 신체와 주변의 감각 자극에 호기심을 가지고 반응한다.
② 소리와 몸 움직임으로 반응하고, 단순한 미술 경험을 시도하며, 모방 행동을 즐긴다.
③ 친근한 소리나 노래를 즐겨 듣고, 자연물, 사물, 주변 환경에 관심을 가지고 눈여겨본다.

(2) 수준별 내용

내용 범주	내용	1수준	2수준	3수준	4수준
심미적 탐색	소리, 움직임, 시각적 자료에 호기심 갖기	주변의 소리와 움직임에 호기심을 가진다.			
		시각적 자료에 호기심을 가진다.		친근한 사물의 색, 질감, 모양 등에 호기심을 가진다.	
예술적 표현	리듬있는 소리로 반응하기	좋아하는 소리에 반응한다.		리듬과 음높이에 맞추어 소리를 낸다.	
				노래를 부분적으로 따라 부른다.	
				주변의 사물이나 리듬 악기로 단순한 소리를 만든다.	
	몸 움직임으로 표현하기	손 놀이와 몸 움직이기를 한다.		몸 움직임으로 반응한다.	
	단순한 미술 경험시도하기			간단한 감각적 경험을 한다.	
	모방행동 즐기기	소리나 얼굴 표정, 몸 움직임 등을 모방한다.		단순한 모방 행동을 놀이처럼 즐긴다.	
예술감상	소리나 노래 즐겨듣기	일상생활에서 반복되는 소리와 노래에 관심을 가진다.		일상생활에서 리듬 있는 소리와 노래를 즐겨 듣는다.	
	주변의 아름다움 경험하기	자연이나 주변 환경, 사물의 아름다움을 일상생활에서 경험한다.			

나) 만 2세

(1) 목표

주변 생활과 다양한 표현물에 관심을 가지고, 아름다움을 발견하고 즐기며, 다양한 표현 활동을 통해 창의성과 감성발달의 기초를 마련한다.

① 주변 생활에서 예술적 요소를 발견하고 흥미롭게 탐색한다.
② 간단한 리듬이나 노래, 움직임과 춤, 단순한 미술활동을 자유롭게 시도하고 모방이나 상상놀이로 표현한다.
③ 주변의 환경과 자연 및 다양한 표현에서 예술적 요소를 관심 있게 보고 즐긴다.

(2) 수준별 내용

내용 범주	내용	1 수준	2 수준
심미적 탐색	주변 환경의 예술적 요소 탐색하기	주변 환경에서 나는 다양한 소리와 움직임을 탐색한다.	
		주변 환경에서 색, 질감, 모양 등을 탐색한다.	
예술적 표현	리듬 있는 소리, 노래, 움직임과 춤으로 표현하기	신체, 악기, 사물을 이용하여 간단한 리듬과 소리를 만든다.	
		친근한 노래를 즐겨 부른다.	
		노래나 리듬에 맞춰 춤추기를 즐긴다.	간단한 도구를 이용하여 몸 움직이기를 한다.
	단순한 미술 활동 즐기기	그리기, 만들기를 자발적으로 한다.	
		간단한 도구와 미술 재료를 다룬다.	
	모방과 단순한 상상놀이하기	모방 행동을 놀이처럼 즐긴다.	일상생활에서 경험한 단순한 상상놀이를 즐긴다.
예술 감상	주변 환경의 예술적 요소에 관심 갖고 즐기기	자연과 생활의 소리나 움직임, 친근한 음악과 춤을 관심 있게 보고 듣는다.	
		자연과 사물에서 색, 질감, 모양 등에 관심을 가지고 즐긴다.	
		자신과 또래의 표현한 노래, 춤, 미술품 등에 관심을 가지고 즐긴다.	

다) 만 3~4세

(1) 목표
자연이나 생활, 예술작품에서 아름다움을 발견하며, 다양한 예술활동을 통해 자신의 느낌을 적극적으로 표현하고 감상하며 창의적 역량을 기른다.
① 음악, 움직임과 춤, 미술, 가작화와 관련된 다양한 예술적 요소에 적극적으로 관심을 가진다.
② 음악, 움직임과 춤, 미술활동, 극놀이에 적극적으로 참여하며 자신의 생각과 느낌을 창의적으로 표현한다.
③ 다양한 예술과 전통예술을 보고 듣는 것을 즐기며 풍부한 감성을 기른다.

(2) 수준별 내용

내용 범주	내용	1수준	2수준
심미적 탐색	음악적 요소 탐색하기	다양한 소리와 악기 등으로 강약, 속도, 리듬 등을 탐색한다.	
	움직임과 춤 탐색하기	움직임과 춤에 관심을 가지고 탐색한다.	
	미술적 요소 탐색하기	자연과 사물에서 색, 질감, 모양, 공간 등을 탐색한다.	
		여러 가지 재료와 도구를 자유롭게 탐색한다.	
	가작화 요소 탐색하기	상상적 움직임과 목소리를 탐색한다.	역할, 사물, 행동이나 상황 등 가작화 요소를 탐색한다.
예술적 표현	음악으로 표현하기	간단한 노래를 듣고 따라 부른다.	노래를 여러 가지 방법으로 부른다.
		전래동요를 즐겨 부른다.	
		리듬 악기를 이용하여 간단한 리듬을 만든다.	리듬 악기를 연주해 본다.
		목소리나 신체, 여러 자료를 이용하여 다양한 소리의 속도, 리듬, 셈여림 등을 만들어 본다.	
	움직임과 춤으로 표현하기	다양한 자극에 대해 느낀 것을 움직임으로 자유롭게 표현한다.	
			춤으로 자신의 생각과 느낌을 표현한다.
		다양한 도구를 활용하여 움직임으로 표현한다.	

내용 범주	내용	1수준	2수준
예술적 표현	미술활동으로 표현하기	다양한 미술 재료를 활용한 미술 활동으로 자신의 생각과 느낌을 표현한다.	
			협동적인 미술 활동에 참여하여 즐긴다.
		미술 활동에 필요한 재료와 도구를 다양하게 사용한다.	
	극놀이로 표현하기	일상생활의 경험을 극놀이로 표현한다.	
		간단한 이야기나 상상한 것을 극화 해 본다.	소품, 배경, 의상 등을 사용하여 일상생활의 경험을 극놀이로 표현한다.
	통합적으로 표현하기	음악, 움직임, 미술, 극놀이를 통합하여 표현한다.	
		예술 활동에 참여하여 표현과정을 즐긴다.	
예술 감상	다양한 예술 감상하기	자연과 사물의 아름다움을 감상한다.	
		다양한 음악, 춤, 미술작품, 극놀이 등을 듣거나 보고 즐긴다	
		다양한 음악, 춤, 미술작품, 극놀이 등을 듣거나 보고 자신의 생각과 느낌을 이야기 한다.	
		나와 다른 사람의 미술작품을 감상한다.	
	전통예술 감상하기	우리나라의 전통예술에 관심을 갖는다.	

III. 제2차 표준보육과정 교사지침

1. 기본생활 영역

가. 만 2세 미만

내용범주	지침
건강한 생활	➢ 영아가 가정에서와 같이 편안하게 느끼도록 하여 영아의 심리적 안정성을 증진시킨다. ➢ 영아의 신호에 민감하게 반응하고, 영아의 다양한 표현방식을 이해하고 격려하며, 신뢰감을 형성한다. ➢ 영아의 청결, 영양, 배설, 수면 그리고 상호작용 등 기본적인 욕구를 적절히 충족시킨다. 수유, 기저귀 갈기 등을 할 때 부드러운 대화로 영아를 격려하면서 진행한다. ➢ 영아기는 면역력이 약하고 생리적인 변화가 심하다는 것을 알고 질병에 걸리지 않도록 환경을 조성하고 영아의 상태변화를 민감하게 관찰하고 적절한 조치를 취하여야 한다. 특히 전염병이 있는 영아는 적절히 격리한다. ➢ 영아의 발달수준에 맞추어 컵이나 수저를 사용하여 음식을 먹을 수 있도록 하며, 또래와 함께 일정 장소에서 식사하는 법을 익히도록 지도한다.
안전한 생활	➢ 안전 점검표에 따라 정기적으로 보육실의 위험요인을 점검하여 위험요소를 제거하거나 안전장치를 하여 안전한 보육환경을 조성한다. ➢ 놀이 중 안전사고를 예방하기 위하여 지속적으로 영아를 관찰하고 영아가 위험한 상황에 놓이지 않도록 한다. ➢ 영아에게 응급상황이 발생하였을 때 가족과 관련기관에 재빨리 연락하고 적절한 조치를 취한다.
바른 생활	➢ 아는 사람에게 미소를 짓거나 간단한 인사를 하도록 한다. ➢ 놀이과정에서 영아가 순서 개념을 점차 이해하게 한다. ➢ 교구장 등에 사진이나 그림을 붙여 두어 영아가 사용한 놀잇감을 성인의 도움을 받아 정리할 수 있도록 한다.

나. 만 2세

내용범주	지침
건강한 생활	➢ 영아가 식사, 수면, 배설 등에 긍정적인 기본생활습관이 길러지도록 여러 가지 방법으로 지속적으로 지도한다. ➢ 영아의 의사를 존중하여 자존감을 높여주고 다른 영아들과 다툼이 일어나지 않도록 공간과 놀잇감을 적절히 배치한다. ➢ 영아가 질병에 걸리지 않도록 예방에 힘쓰고 아플 때 적절히 표현할 수 있도록 지도하며, 영아의 표현에 따뜻하게 반응하고 적절한 조치를 한다. 특히 전염병이 의심될 때 보호자와 협력하여 적절히 격리·조치하고 보고한다. ➢ 영아가 스스로 주변을 정돈하고 손 씻기, 이 닦기 등을 수행했을 때 격려하여 기본적인 건강생활습관을 형성하도록 돕는다. ➢ 영아에게 예방접종의 중요성을 설명하여 주고, 건강에 관심을 갖도록 지도한다.
안전한 생활	➢ 안전 점검표에 따라 정기적으로 실내외 시설물과 물품의 위험요인을 점검하고 위험요소를 제거하거나 안전장치를 하여 안전한 보육환경을 조성한다. ➢ 놀이 중 안전사고를 예방하기 위하여 주의깊게 영아를 관찰하고 놀이의 규칙을 알려주어 영아가 위험한 행동을 하지 않도록 지도한다. ➢ 영아가 길을 잃거나 낯선 사람을 따라가지 않도록 하고 자신의 몸을 소중히 여기도록 지도한다. ➢ 정기적으로 소방훈련, 교통안전교육, 실종·유괴의 예방 교육, 약물오남용 예방 교육, 재난대비 안전 교육, 성폭력 예방교육 등을 실시한다. ➢ 영아에게 응급상황이 발생했을 때 부모와 관련 기관에 재빨리 연락하고 적절한 조치를 한다.
바른 생활	➢ 다른 영아의 기분을 이해하도록 지도하고 놀이할 때 놀잇감을 충분하게 제공하여 다른 영아를 방해하지 않도록 한다. ➢ 아는 사람을 만났을 때 하는 바른 인사법을 가르쳐 주고 영아가 수행했을 때 격려한다. ➢ 영아가 간단한 약속을 이해하고 지키도록 격려한다. ➢ 식사시간이나 놀이시간에 자기 차례를 기다려야 함을 인식하게 하고 기다리는 동안 영아가 지루해 하지 않도록 다양한 활동거리를 마련한다. ➢ 놀잇감과 개인용품에 영아의 물건임을 표시해주고 각 영아의 개별 공간을 마련하여 영아가 정리·정돈할 수 있도록 한다.

다. 만 3~4세

내용범주	지침
건강한 생활	➢ 유아가 스스로 자신의 몸과 주변을 깨끗하게 하며 식사량, 활동량 및 휴식량을 조절할 수 있도록 지도한다. ➢ 수면과 휴식, 배설, 청결, 식생활과 의생활 등이 건강에 미치는 영향을 미치는 것을 고려하여 하루의 일과에서 일관성 있게 지도한다. ➢ 유아가 건강의 중요성을 알고, 적당한 운동과 바른 식습관을 실천하도록 지도하며 몸에 좋은 음식을 스스로 선택할 수 있도록 돕는다. ➢ 하루 일과를 일관성있게 진행하여 유아가 하루 일과에 즐겁게 참여하고 규칙적으로 생활하도록 한다. ➢ 정기적인 건강검진과 예방접종의 중요성을 설명하며, 질병은 예방이 최선이라는 점을 인식하고 유아가 일상생활 속에서 질병을 예방할 수 있도록 지도한다. ➢ 유아의 안색이나 행동을 관찰하고 말로 표현하는 질병의 증상들을 주의 깊게 들어서 적절한 휴식을 취하거나 보호자와 협력하여 치료를 받게 하고 전염병이 의심되면 격리시키고 조치한다.
안전한 생활	➢ 어린이집 안전점검표를 통해 실내·외 위험을 확인하고 위험요인을 제거하여 안전한 보육환경을 제공한다. ➢ 유아가 놀잇감이나 놀이기구의 사용법을 알고 용도에 맞게 사용하고 다른 사람의 안전을 배려하면서 놀이하도록 지도한다. ➢ 유아는 운동능력과 지각 판단 능력이 미숙하기 때문에 놀이 상황에서 자신과 타인에게 위험이 되는 행동을 할 수 있다는 점을 고려하여 유아를 주의 깊게 감독한다. ➢ 교통수단의 이용에 따른 위험을 알고 안전하게 이용하도록 한다. ➢ 유아가 학대나 유괴, 성폭력이 무엇이며 어떻게 발생하는지를 알고 위험한 상황에서 적절히 대처할 수 있도록 정기적, 반복적으로 지도한다. ➢ 정기적으로 소방훈련, 교통안전교육, 실종·유괴의 예방 교육, 약물오남용 예방 교육, 재난대비 안전 교육, 성폭력 예방교육 등을 실시한다. ➢ 유아에게 응급상황이 발생하였을 때 부모와 관련 기관에 재빨리 연락하여 적절한 조치를 취한다.
바른 생활 바른 생활	➢ 유아에게 정직의 중요성을 강조하고 정직하게 말하고 행동하도록 지도한다. ➢ 유아에게 다른 사람의 생각, 행동, 소유물 등을 존중하도록 지도한다. ➢ 유아가 자신과 또래의 생각이나 행동에 대해 옳고 그름을 이해하고 판단할 수 있게 자세하고 구체적으로 설명해 준다. ➢ 유아에게 옳은 일과 그른 일을 구별할 수 있는 기회나 활동을 제공하고 옳은 일을 하고자 할 때 칭찬을 통해 격려한다. ➢ 친구와 어른께 예절바르게 행동하도록 일상생활 속에서 지도하고 예절바른 행동을 칭찬하고 격려한다. ➢ 유아에게 지켜야 할 공공규칙을 알려주어 지키도록 한다. ➢ 자신의 물건을 소중히 다루고 제자리에 정리정돈 하도록 지도한다. ➢ 유아에게 소유개념이 생길 수 있도록 교실 내에 있는 모든 유아의 소지품과 작품에는 반드시 이름을 적도록 한다.

2. 신체운동 영역

가. 만 2세 미만

내용범주	지침
감각과 신체인식	➢ 감각운동이 발달의 기초가 되는 시기임을 고려하여 영아가 여러 가지 감각적 경험을 할 수 있도록 시각, 청각, 촉각, 후각 등의 감각적 자극을 제공한다. ➢ 일상생활 속에서 접할 수 있는 감각적 경험을 충분히 활용한다. ➢ 교사와 함께하는 신체활동에서 애착이 커지고 심리적 안정감을 얻도록 배려한다. ➢ 신체를 이용한 놀이를 통해 자연스럽게 신체 부분을 인식하도록 한다. ➢ 영아가 몸을 움직일 때 신체 부분이나 움직임에 대해 언어로 표현해 준다. ➢ 공간이 충분한지, 시설물과 자료들이 안전한지 수시로 영아들의 동선과 상태를 확인한다.
신체조절과 기본운동	➢ 머리를 가누는 시기나 걷기 위하여 습득해야 할 균형감 등 영아기의 신체조절력과 운동발달 특성을 이해하고, 또한 개인차가 많은 시기임을 고려한다. ➢ 영아의 신체 발달 속도가 매우 빠르므로 시간에 따라 달라지는 영아의 움직임과 신체 조절 능력을 시관찰한 후 적절히 상호 작용한다. ➢ 간단한 신체놀이를 반복함으로써 운동능력과 협응 능력이 발달할 수 있도록 돕는다. ➢ 움직임이 불안정한 영유아들을 위하여 바닥 재료를 적절히 선별하고 가구 모서리를 안전하게 처리한다. 영유아가 활동 중 물건에 걸려 넘어지지 않도록 하는 등 환경 준비를 철저히 한다. ➢ 높이가 낮은 오르고 내리기 기구, 매트, 스폰지 블록 등 대근육 활동을 촉진할 수 있는 기구를 제공한다. ➢ 물건 잡기, 밀고 당기기 등 손을 이용하는 다양한 활동과 놀잇감을 제공한다. ➢ 자신의 움직임과 또래와 어울려 창의적인 표현을 하는 모습을 볼 수 있도록 벽면에 전신이 보이는 안전 거울을 설치한다.
신체활동 참여	➢ 영아가 자유롭게 몸을 움직일 수 있는 개방된 공간을 제공하고, 안전을 위하여 반드시 교사가 지켜보도록 한다. ➢ 영아가 다양한 움직임을 시도해보도록 격려한다. ➢ 잡고 걸을 수 있도록 벽을 따라 설치된 봉, 밀고 끄는 차, 실내용 미니 종합 놀이터, 공 수영장, 1~2인용 흔들말, 승용 놀잇감, 계단이나 낮은 경사로, 건너뛰거나 통과하는 장애물 등을 제공한다. ➢ 영아용 그네(등받이가 있고, 앞 뒤 옆으로 바가 있는 영아용 그네), 기어오를 수 있는 언덕이나 계단이 있는 큰 스펀지 블록을 제공한다.

나. 만 2세

내용범주	지침
감각과 신체인식	➢ 먹고, 씻는 등의 일상생활과 자연 환경 속에서 접할 수 있는 다양한 감각적 경험을 충분히 활용한다. ➢ 영아의 감각적 차이에 대한 반응을 관찰하고 격려한다. ➢ 신체를 이용한 놀이나 게임을 통해 자연스럽게 신체 부분을 인식하도록 한다. ➢ 영아가 몸을 움직일 때 신체의 명칭이나 움직임에 대해 언어적 상호작용을 한다. ➢ 오감을 자극할 수 있는 다양한 자료를 준비하고 환경을 구성한다.
신체조절과 기본운동	➢ 안정된 걷기는 가능하나 동작기술이나 조절능력이 미숙한 영아기의 신체발달 특성을 이해한다. ➢ 빠르게 변화하는 영아의 움직임과 신체 조절 능력을 잘 관찰하고, 개인차를 고려하여 적절히 상호 작용한다. ➢ 영아용 정글짐이나 탈 것 등 대근육 발달이나 신체조절력과 균형 감각을 증진할 수 있는 놀이기구를 제공한다. ➢ 구슬 꿰기, 실 꿰기 등 간단한 조작 교구를 제공함으로써 영아들의 소근육 발달을 돕고 눈과 손의 협응력을 기르도록 돕는다.
신체활동 참여	➢ 영아가 자유롭게 신체를 움직일 수 있도록 적절한 공간을 제공한다. ➢ 기본적인 신체운동을 할 수 있는 시간을 규칙적으로 제공한다. ➢ 영아의 움직임에 적절히 반응함으로써 신체활동을 격려한다. ➢ 실내외 놀이기구를 안전하게 설치하고 관리함으로써 영아가 안전하게 실내외에서 신체활동에 참여할 수 있도록 배려한다. ➢ 위험 요소에 대해서 영아가 인식하도록 안내한다. ➢ 신체활동 후에는 간단한 휴식 시간을 마련하여 신체리듬의 조절을 돕는다.

다. 만 3세 ~4세

내용범주	지침
감각과 신체인식	➢ 일상생활과 자연 환경, 계절의 변화에서 접할 수 있는 다양한 감각적 자극에 대해 민감하게 느끼고 반응하도록 한다. ➢ 유아가 느끼는 감각적 차이를 표현해 보도록 격려한다. ➢ 신체의 명칭과 기능에 대해 인식하도록 돕는다. ➢ 놀이와 다양한 신체 활동을 통해 유아 스스로 신체에 대해 인식할 수 있도록 돕는다.

	➢ 자신의 신체적 특징이나 다른 사람과의 차이를 긍정적으로 인식할 수 있게 한다. ➢ 다양한 감각적인 경험과 유아의 흥미를 높일 수 있는 활동자료들이 무엇인지 미리 계획하여 환경을 구성한다.
신체조절과 기본운동	➢ 놀이 기구나 시설을 이용한 신체 활동 이외에도 다양한 신체 놀이나 게임 등을 계획한다. ➢ 신체활동을 위해 교육적으로 적절한 실내외 환경을 마련한다. ➢ 능동적이고 활동적이며 몸을 빠르게 움직이는 것을 좋아하는 유아기의 신체운동 특성을 이해하고 격려한다. ➢ 유아의 개별적인 신체조절능력을 세심하게 관찰하고, 신체활동이 안정되고, 숙달될 수 있도록 지도한다. ➢ 기본 동작을 변형한 다양한 신체활동을 시도해보도록 격려한다. ➢ 유아가 신체 활동을 하면서 공간, 힘, 시간, 흐름 등 움직임의 기본 요소를 인식하고, 이러한 요소를 반영하여 움직일 수 있도록 교사가 적극적으로 상호작용한다. ➢ 공, 고리, 상자, 수레, 타이어, 커다란 나무 쌓기 놀이, 손으로 운반 가능한 놀이기구, 줄, 자전거 등을 제공하여 신체조절 능력, 평형감각, 리듬감각 등을 길러줄 수 있도록 한다. ➢ 유아가 조작할 수 있는 다양한 소도구 (공, 리본, 실꿰기 실, 구슬 등)를 제공하여 유아가 스스로 조작해보는 경험을 하도록 계획한다. ➢ 신체활동을 위한 도구와 설비를 충분히 준비하고 유아가 적극적으로 참여하도록 한다. ➢ 사람들의 출입이 잦거나 소음이 많은 장소는 영유아의 주의가 산만해질 수 있으므로 가능한 한 안정된 공간에서 활동하도록 한다. ➢ 필요한 시설 외에 다른 놀이자료 등은 활동에 방해되지 않도록 치워둔다.
신체활동 참여	➢ 유아들이 다양한 신체활동을 할 수 있도록 일과 중에 신체활동 시간을 충분히 마련한다. ➢ 영유아들의 발달수준을 고려한 다양한 신체활동을 계획한다. ➢ 실내활동 뿐만 아니라 실외활동도 매일 규칙적으로 이루어질 수 있도록 계획한다. ➢ 영유아들의 활동량이 최대가 되도록 신체활동 시간을 충분히 마련한다. ➢ 유아의 신체조절 능력을 길러줄 수 있는 활동을 계획한다. ➢ 교사가 유아 안전에 세심한 주의를 기울이고, 유아 스스로도 자신의 안전을 지킬 수 있도록 지도한다. ➢ 휴식을 취할 수 있는 적절한 공간을 마련해주고, 신체활동 후에는 반드시 휴식하도록 한다.

> - 고정놀이기구 바닥은 모래나 쿠션이 있는 재료를 깔아 유아가 넘어지거나 떨어졌을 경우에도 큰 상처를 입지 않도록 안전을 고려하여 설치한다.
> - 그네, 미끄럼틀, 시소, 정글짐, 타이어 등의 고정 놀이기구들을 배치하여 평형성, 유연성, 근력, 지구력 등의 운동능력이 길러지는 활동을 할 수 있도록 한다.

3. 사회관계 영역

가. 만 2세 미만

내용범주	지침
자기존중	➤ 영아가 자신을 인식할 수 있도록 개별적인 침대, 침구, 서랍장, 기타 개인 소지품에 얼굴 사진을 붙여주고 이름을 적어준다. ➤ 영아가 자신을 볼 수 있도록 거울을 제공한다. ➤ 영아에게 신체적 접촉과 언어적 표현을 통해 자주 애정을 표현한다. ➤ 영아와 일대일로 얼굴을 마주보며 상호작용을 한다. ➤ 간식시간, 기저귀 갈이나 낮잠시간 등의 일상생활 중에서 영아와 대화하면서 함께 하루 일과를 진행한다. ➤ 영아가 몸을 움직이는 것을 스스로 알 수 있도록 관련 물품(예: 손목에 차는 영아용 딸랑이, 방울 달린 영아용 슬리퍼 등)을 제공한다. ➤ 영아가 친근한 대상이나 물건을 선호하고 선택하는 것을 존중해 준다.
정서인식과 조절	➤ 울음이나 몸 움직임은 영아의 주된 의사소통방법임을 인식한다. ➤ 영아는 부정적인 정서표현도 할 수 있음을 이해하고 영아의 부정적 정서표현을 수용한다. ➤ 영아의 기본적인 욕구에 신속하고 민감하게 지속적으로 반응함으로써 영아가 보육교사에 대해 신뢰감을 발달시키고 세상이 안전한 곳임을 알게 한다. ➤ 영아의 언어적, 비언어적 신호를 정확하게 해석하여 민감하고 일관성 있게 영아를 대한다. ➤ 영아의 기질적 특성을 이해하고 반응속도와 생물학적 리듬을 파악하여 영아와의 조화로운 관계를 유지한다. ➤ 넉넉한 수의 놀잇감을 준비하고 똑같은 놀잇감을 여러 개 준비하여, 놀잇감 부족으로 인해 발생 가능한 분쟁 또는 문제 상황을 사전에 예방한다.

내용범주	지침
사회적 관계	➤ 영아는 낯가림을 할 수 있고, 낯선 사람보다 친숙한 사람과 활발하게 상호작용을 한다는 것을 이해한다. ➤ 영아가 주양육자와 안정적인 애착을 형성하고, 보육교사와 신뢰로운 관계를 형성하는 것이 무엇보다 중요함을 안다. ➤ 부모와의 질 높은 상호작용의 중요성을 인식하고 부모에게 안정적인 애착 형성과 관련된 정보를 제공한다. ➤ 영아가 새로운 상황과 환경에 직면했을 때 안정감을 갖고 편안하게 적응할 수 있도록 배려한다. ➤ 영유아의 신뢰로운 관계에 바탕을 둔 안정적인 애착 형성을 위해서 실내보육환경을 가정과 같이 편안하고 안락하며 안전하게 구성한다. ➤ 부모가 언제든지 들어와서 참여할 수 있는 여유 공간을 따로 제공해 준다.

나. 만 2세

내용범주	지침
자기존중	➤ 영아 자신의 이름, 얼굴사진, 가족사진 등을 곳곳에 붙여준다. ➤ 영아의 성취에 대해 칭찬해 주고, 영아가 스스로 능력이 있다고 느끼고 자신을 조절할 수 있도록 도와준다. ➤ 영아가 친근한 물건이나 음식을 선호하고 친근한 사람을 선택하는 것을 존중해 준다. ➤ 영아가 혼자서 편안하게 쉬거나 놀 수 있는 독립적인 여유 공간을 따로 마련해준다. ➤ 영아 스스로가 다양한 일들을 시도하고 경험하게 하려면 많은 인내가 필요하다는 것을 인식한다. ➤ 영아가 하루일과 내에서 스스로 할 수 있는 일들을 시도하는 기회를 많이 제공해 준다. ➤ 영아가 독립적으로 수행하는 행동에 대해 지켜보고 기다려주어야 하며, 이를 성공적으로 수행한 경우에는 긍정적으로 반응해준다.
정서인식과 조절	➤ 정서를 표현하는 방법이 훨씬 다양해짐을 이해하고, 영아의 정서표현에 민감하게 반응한다. ➤ 영아가 다양한 방법으로 자주 정서를 표현할 수 있도록 영아의 정서표현을 격려하는 대화를 많이 해준다(예: "기분이 무척 좋구나, 기분이 안 좋니? 화가 많이 나있구나" 등). ➤ 영아가 부정적 정서를 나타낼 경우 영아의 신체적, 심리적 원인을 파악하고 상황을 바꾸어 주거나 적절한 방법으로 표현할 수 있도록 일러준다. 또한 보육교사가 직접 모델링을 제시한다.

내용범주	지침
사회적 관계	➢ 영아기는 또래에 대해 관심을 가지나 아직까지는 사물을 가지고 하는 대물놀이나 병행놀이 단계임을 이해한다. ➢ 영아는 좌절 상황에 대처할 수 있는 기술이 없기 때문에 공격적이 되고 다른 영아에게 상해를 입힐 수 있다는 것을 이해하고 사전에 대처한다. ➢ 넉넉할 수의 놀잇감을 준비하고 똑같은 놀잇감을 여러 개 마련하여, 발생할 수 있는 분쟁 가능성을 사전에 예방하도록 한다. ➢ 영아가 또래 친구들과 함께 놀이하고 생활하기 위해서는 지켜야할 기본적인 규칙과 약속이 있다는 것을 알고 지킬 수 있도록 일관성 있게 지도한다. ➢ 영아가 동일한 놀잇감을 서로 소유하려고 싸울 때 영아가 자신의 충동과 행동을 통제할 수 있도록 인내심을 가지고 도와준다.

다. 만 3세~4세

내용범주	지침
자기존중	➢ 유아 스스로가 자신에 대해 알아가며 자아를 형성하는 과정에서 자신은 남과 다른 독특하고 소중한 존재임을 깨달을 수 있도록 도와준다. ➢ 유아의 있는 모습 그대로를 수용해 주고 욕구나 필요, 그에 따른 행동을 가능한 한 존중해주어 유아 자신이 인정받고 존중받고 있음을 느끼도록 한다. ➢ 유아가 노력을 기울여 이루어 놓은 행동이나 활동의 결과물에 대하여 수시로 칭찬과 격려를 해준다. ➢ 유아와 대화할 때에는 이해하기 쉽도록 발달에 적합한 내용과 어휘, 문장 등으로 이야기한다. ➢ 유아의 이야기를 잘 들어주며 따뜻하고 친절한 표정으로 대한다. ➢ 훈육이 필요할 경우에는 어떤 행동이 좋고 나쁜지 유아가 의견을 말하고 상황을 판단할 수 있도록 돕는다. ➢ 유아의 모든 소지품에는 자신의 이름을 적어주고, 일과 중에 다양한 활동을 진행하면서 유아의 이름을 다정하게 불러준다. ➢ 보육실에 큰 거울을 준비하여 유아가 자신의 신체를 관찰할 수 있는 기회를 주고, 자신과 또래의 모습을 비교하여 자신만의 독특함과 소중함을 알 수 있도록 한다. ➢ 보육실 내에 일과표를 만들어 걸어주고, 전이 시간에는 신호 음악이나 악기를 정하여 유아가 자발적으로 활동을 마무리하고 다음 활동을 시작할 수 있도록 돕는다. ➢ 교구장에는 분류 표시를 해주어 놀잇감을 스스로 제자리에 정리할 수 있도록 해준다.

	➤ 유아가 자신의 신체나 성에 관한 이야기를 할 때 이를 진지하게 수용하도록 한다. ➤ 유아가 자신의 성을 정확하게 알 수 있고, 일생동안 같은 성을 갖게 된다는 것을 이해하며, 양성평등의식을 가질 수 있도록 지도한다. ➤ 고정화된 성역할을 벗어날 수 있도록 새로운 활동과 놀이를 계획하여 소개하고, 역할놀이나 극놀이를 하면서 다양한 성역할을 경험해 볼 수 있는 기회를 제공한다. ➤ 유아가 자신의 건강 상태를 알고, 건강이 좋지 않거나 장애가 있는 유아를 이해하고 도와주도록 지도한다. ➤ 유아가 자신의 사회적, 경제적, 문화적 환경의 상태를 알고, 다른 사람과의 차이를 인정하고 받아들일 수 있게 지도한다. ➤ 유아가 다양한 측면의 사회적 약자(장애유아, 다문화가정 유아, 저소득가정 유아 등)의 상황을 이해하고 배려하도록 지도한다.
정서인식과 조절	➤ 가정과 같은 분위기의 환경을 제공하여 긍정적인 정서를 가질 수 있게 한다. ➤ 그리기, 만들기, 상상놀이, 책보기 등 다양한 예술적 활동에 참여하는 기회를 제공하여 유아가 자신의 다양한 감정에 대해 이해하고 그와 관련된 욕구를 자유롭게 표현할 수 있게 한다. ➤ 영유아의 다양한 감정을 자유롭게 표현할 수 있도록 다양한 재료와 비품을 제공한다. 영아의 경우에는 다양한 재료를 탐색하고 경험하도록 하고, 유아인 경우에는 자신의 다양한 감정과 정서를 자유롭게 표현할 수 있도록 미술활동과 관련된 다양한 교구와 재료를 제공한다. ➤ 영유아가 실제 생활에서 경험한 것이나 관찰한 것을 자유롭게 표현할 수 있도록 역할놀이 영역을 구성하고 다양한 극놀이 활동과 관련된 복장 및 도구를 제공한다. ➤ 유아가 예술 작품을 감상할 수 있는 기회를 제공하여 다른 사람들이 어떠한 방법으로 정서를 표현했는지를 살펴보고 다른 사람의 정서에 공감할 수 있는 기회를 제공한다. ➤ 유아의 다양한 감정변화에 민감하게 반응해 주어 자신의 감정이 주변에 영향을 미칠 수 있음을 깨닫게 한다. ➤ 유아의 다양한 감정에 대해 언어로 표현해 주어 유아가 이를 통해 다양한 감정의 범주를 배우고 타인의 감정에 대한 이해의 폭을 넓힐 수 있도록 도와준다. ➤ 일상생활에서 '미안해', '고마워' 등의 사회적으로 바람직한 언어를 자주 사용하는 것을 직접 모델링해 줌으로써, 유아에게 적절히 감정을 표현할 수 있는 기회를 준다. ➤ 하면 안 되는 행동을 하고 싶은 유혹에 대해 유아 스스로 자제할 수 있도록 자기조절 능력을 키워준다.

사회적 관계	➤ 다양한 가족구성원이 있는 사진 등의 자료를 제공하여 각 가정 안에 다양한 문화와 가치, 태도가 있음을 이해하도록 돕는다. ➤ 교실의 환경을 가족에 관하여 생각해볼 수 있는 환경으로 구성한다. 가족 그림, 가족 이야기, 가족사진 등으로 액자를 만들어 꾸며줄 수도 있다. ➤ 언어영역과 도서영역에 가족의 소중함이나 다양한 가족 유형에 관련된 그림책과 각종 잡지 또는 가족 이야기책을 만들어서 비치해 둘 수 있다. ➤ 듣기영역에는 카세트에 유아나 가족 구성원이 편지를 녹음하여 유아가 들어볼 수 있도록 한다. ➤ 유아가 독립적으로 또는 협동하여 활동할 수 있도록 실내외 공간을 효율적으로 구성한다. ➤ 유아의 사회적 능력을 발달시키기 위해 집단토의, 역할놀이, 게임, 견학 등의 다양한 활동을 통합적으로 제공한다. ➤ 또래와 함께 다양한 교구와 재료를 나누어 사용함으로써 협동심과 사회성 발달에 도움을 줄 수 있도록 다양한 미술활동을 제공한다. ➤ 유아들 간에 다툼이나 이견이 있으면 유아 각자가 자신의 입장에서 생각해봄과 동시에 상대방의 입장에서 생각해 보도록 한다. ➤ 공동체의 구성원으로서 소속감을 갖도록 '나의 가족', '우리 교실의 친구들', '우리 동네' 등의 책을 함께 만들어 보는 기회를 가진다. ➤ 유아에게 타인과 나누고 협력하고 문제해결을 할 수 있도록 다양한 공동작업의 기회를 자주 제공한다. ➤ 보육실의 교재·교구를 구입할 때 다양한 문화를 반영한 것(예: 다양한 인종, 다양한 가족 형태, 다양한 직업을 나타내는 인형 등)을 구입하여 배치한다.
사회적 지식	➤ 지역사회나 지역사회 기관과 관련된 구체적인 경험을 할 수 있도록 기회를 제공한다. ➤ 지역사회에 관심을 갖고 지리적 관계를 탐색할 수 있도록 동네 돌아보기 등의 현장 견학을 한다. ➤ 보육실에 있는 역할놀이 영역에 다양한 직업을 체험해 볼 수 있도록 이에 필요한 의복과 도구 등을 준비한다. ➤ 유아에게 소유 개념이 생길 수 있도록 보육실 내에 있는 모든 유아의 소지품과 작품에는 반드시 이름을 적도록 한다. ➤ 경제 개념을 형성하는 데 도움이 되는 제과점, 백화점, 슈퍼마켓, 우체국, 은행 등의 다양한 소품들을 역할 영역에 구비하여 유아가 개별 또는 소집단으로 흥미에 따라 자유롭게 역할놀이를 할 수 있도록 격려한다. ➤ 우리나라의 상징, 국경일, 역사와 문화 등에 관심을 갖고 관련된 다양한 활동을 함으로써, 대한민국 국민으로서 자질과 능력을 기르고 자부심을 갖도록 지도한다.

	➤ 세계 여러 나라에 대한 구체적인 자료와 다양한 경험을 할 수 있도록 기회를 제공하여, 세계 여러 나라 사람들과 문화에 관심을 가질 수 있게 한다. ➤ 세계 여러 나라는 협력하며 더불어 살아가야 한다는 점을 강조해서 지도한다.

4. 의사소통 영역

가. 만 2세 미만

내용범주	지침
듣기	➤ 만 2세 미만의 영아는 소리 자극에 관심을 보이고, 다양한 소리에 다르게 반응하며, 익숙한 말소리에 반응하며, 표정과 몸짓, 소리로 반응한다. ➤ 영아가 말을 못 알아듣더라도 가능한 말로 반응하여 풍부한 언어적 자극을 제공한다. ➤ 자유롭게 만지거나 흔들면 소리가 나는 다양한 놀잇감과 교구들을 제공하고, 영아의 주의를 끌 수 있도록 손뼉 치기, 두드리기, 콧노래, 노래 등을 들려준다.
말하기	➤ 다양한 소리와 옹알이를 시도하고, 말소리 내기를 즐기며, 표정, 말소리와 몸짓으로 자기 의사를 교사와 주고받는 활동을 할 수 있다. ➤ 영아가 쿠잉이나 옹알이로 소리 낼 때 교사는 주의하여 들어주며, 눈을 맞추고 정다운 목소리로 반응하여 교사의 말을 영아가 모방하여 말해보게 한다. ➤ 인형이나 그림, 사진, 그림책 같은 여러 가지 자료를 갖추어 언어적 상호작용을 많이 할 수 있는 환경을 마련해주고, 매일 매일 대화를 하여 영아가 새로운 말과 발음을 익히며 의사소통 기술을 습득할 수 있도록 한다.
읽기	➤ 만 2세 미만의 영아는 책과 장난감을 구별하기 시작하며, 자신의 주변에 있는 친숙한 그림이나 사진이 포함되어 있는 그림책에 관심을 보이고, 영아는 이야기를 들을 때 말없이 그림만 쳐다보다가 그림을 지적하거나 그림의 명칭을 이해하게 된다. ➤ 작은 그림책 들고 다니기, 그림 보기, 책장 넘기기 등 그림책 자체의 속성에 대한 관심에서부터, 리듬감 있게 읽어주는 말소리를 즐기고, 좋아하는 그림책을 읽어달라고 요구하는 정도의 행동을 할 수 있는 분위기를 제공한다. ➤ 그림책을 읽어줄 때 그림에 묘사된 구체적인 상황에 대해 물어보고 이야기를 하며 그림을 함께 보도록 한다.

읽기	➢ 영아가 반복하여 같은 그림책을 듣고 싶어 하면, 교사는 새로운 책을 번갈아 가며 읽어주기보다는 영아들이 개별적으로 선호하는 책을 반복하여 각 영아에게 개별적으로 읽어주도록 한다. ➢ 편안하게 책을 보고 즐길 수 있도록, 교실의 조용하고 채광이 좋은 곳에 책보기 영역을 구성하고 큰 쿠션, 소파, 부드러운 카펫 등을 마련하여 아늑한 분위기를 조성하도록 한다. ➢ 넘기기 쉬운 딱딱한 종이책, 여러 가지 촉감을 느낄 수 있는 헝겊책, 비닐책, 소리 나는 책 등 다양한 책을 제공한다. ➢ 의성어와 의태어가 반복되어 운율과 리듬감이 있는 책, 배변훈련 등과 같은 일상생활의 습관을 다룬 내용이 담긴 책, 한 단어나 짧은 문장으로 구성된 책 등을 제공한다.
쓰기	➢ 간단한 손동작으로 작동되는 놀잇감을 영아의 손이 닿는 곳에 놓아 주고, 영아가 마음대로 흔들거나 누르면서 놀이해 보도록 한다. ➢ 손의 소근육을 사용하고, 손과 팔을 의도적으로 움직이는 즐거움과 선을 그을 때 나타나는 흔적을 즐기는 정도의 끼적이기 활동을 하도록 허용한다. ➢ 신문지, 한지, 복사지, 휴지 등 다양한 종류의 종이를 제공하여 마음대로 흔들고, 찢고, 구기고, 뭉치며 탐색해 보도록 한다. ➢ 무독성 크레용이나 색연필 등 쓰기 도구를 제공하여 마음껏 끼적이도록 배려하고, 영아가 끼적인 것에 관심을 보인다. ➢ 벽면이나 바닥에 커다란 종이를 붙여주거나, 낮은 상을 마련해 끼적거리기를 할 수 있는 종이를 제공해 준다.

나. 만 2세

내용범주	지침
듣기	➢ 사람의 말소리를 구분하여 듣기부터 짧은 이야기와 노래에 담긴 운율 있는 말을 듣고 즐길 수 있다. ➢ 일상생활의 다양한 상황을 구체적인 말로 표현하여 영아에게 들려준다. ➢ 유아가 이해하기 쉽게 간단명료하게 말한다. ➢ 영아에게 보통의 목소리, 큰소리, 작은 소리, 귀에 속삭이는 소리 등으로 변화 있게 말해줌으로써 영아가 소리크기에 따른 상황이나 분위기를 파악하게 한다. ➢ 교사가 하고 있는 일이나 생각을 영아에게 짧은 이야기로 들려주어 영아가 상황에 맞는 어휘와 표현을 익히도록 한다.
	➢ 말하고 싶은 것은 많으나 표현이 잘 안 되는 시기이므로, 교사는 영아가 천천히 말할 수 있도록 기다려주고 열심히 들어준다.

말하기	➢ 영아가 관심 있는 것에 대해 이야기할 기회를 자주 제공해 주고 말하는 내용에 대해 다양하게 생각해보고 표현할 수 있도록 격려한다. ➢ 영아의 발음이나 단어의 순서 등을 직접 고쳐주기보다는 적절한 시범으로 보여준다. ➢ 가작화 활동이 활발해지는 시기이므로 전화(마이크)놀이, 인형놀이 등 놀이를 하게 하여 혼잣말을 하거나 어른의 말투를 흉내 내며 인형과 대화놀이를 할 수 있도록 환경을 제공한다.	
읽기	➢ 책에는 그림과 글자가 있다는 것을 인식하는 데서부터, 교사가 읽어주는 글에 관심을 갖고 그림책을 읽는 흉내를 내는 정도의 활동을 하도록 한다. ➢ 이 시기에 들은 많은 이야기들이 중요한 언어적 정보가 된다는 점에서, 교사는 그림책을 많이 읽어주고 일상과 관련된 이야기나 자연의 변화에 대한 감정 표현하기 등 언어적 자극을 제공하도록 한다. ➢ 책을 읽어줄 때 왼쪽에서 오른쪽으로 시선을 옮기고 책장을 넘기는 등 바르게 글을 읽는 모습을 보여주고, 그림을 손가락으로 짚어가며 글을 읽어줌으로써, 영아가 그림과 글을 연결하여 내용을 인식하도록 도와준다. ➢ 읽기는 글자 모양에 흥미를 갖고 변별하는데서 시작되므로 '동그라미, 네모, 세모' 등의 기초 모양과 '동물퍼즐', '과일 모양 퍼즐' 등 형태 변별능력이 요구되는 다양한 놀잇감을 풍부하게 제공한다. ➢ 글자의 기본 형태로 구성된 조작놀잇감, 천으로 된 그림책, 그림과 글자가 함께 있는 광고지, 영아의 사진이 들어있는 가족 앨범 등을 갖추어 놓도록 한다. ➢ 보육실 한쪽 영역이나 언어영역 책꽂이에 그림책을 다양하게 제공해 준다. 이때 영아들이 그림책 표지의 그림을 볼 수 있도록 책을 놓아둔다.	
쓰기	➢ 끼적거리고 놀이하면서 손목의 힘이 길러지고, 자신만의 그림을 그리며, 글자와 비슷한 모양을 그려내기도 하고, 끼적이면서 영아의 생각을 담은 혼잣말을 하거나 영아가 자신의 그림에 대해 명명해보도록 격려하는 등 쓰기 활동이 이루어지도록 한다. ➢ 영아가 끼적거린 종이에 어떤 내용을 끼적거렸는지 적어주어 글자를 쓴 것을 영아의 이름을 적어 교실 벽에 게시하여 준다. ➢ 커다란 도화지, 신문지, 달력 뒷장, 벽지 등 다양한 질감의 종이류와 영아에게 무해한 크레파스나 두꺼운 펜, 사인펜, 색연필 등 여러 가지 쓰기도구를 제공하도록 한다.	

다. 만 3~4세

내용범주	지침
듣기	➢ 낱말 발음에 주의를 기울여 듣는 수준에서 낱말, 문장, 이야기를 듣고 이해할 수 있다. ➢ 유아가 말소리와 이야기에 관심을 가지도록 동물, 우리 가족, 주말 지낸 이야기 같은 유아가 좋아하는 주제의 이야기를 들려준다. ➢ 여러 가지 감정이나 기분 등을 표현하는 단어들을 자주 들려주어 말하는 사람의 감정이나 기분을 이해할 수 있도록 한다. ➢ 생활주제와 관련된 동요·동시·동화를 담고 있는 CD, 카세트레코더, CD/DVD 플레이어, 헤드폰, 컴퓨터 등을 언어영역에 제공하여 다양한 매체를 통해 듣고 이해해보는 기회를 준다.
듣기	➢ 유아가 이야기할 때 무릎을 낮추고 유아의 눈을 주시하며, 유아의 이야기를 적극적으로 들어주는 태도를 보여줌으로써, 유아도 다른 사람의 이야기를 집중해서 들으며 반응하는 바른 태도를 기르도록 한다.
말하기	➢ 여러 가지 말소리를 편하게 발음하기부터 정확한 발음으로 또렷하게 말하는 수준까지의 활동이 포함되도록 한다. ➢ 일상생활에 필요한 낱말이나 문장을 자유롭게 말하는 수준에서 점차 자신의 느낌, 생각, 경험을 문맥에 맞게 다양한 형태의 문장을 사용하여 말할 수 있다. ➢ 한 주제에 대해 여러 가지 질문을 하고, 유아가 생각하고 반응할 수 있도록 충분한 시간을 준다. ➢ 유아가 일상생활에서 접하는 여러 사물과 상황, 자신의 느낌, 생각, 경험에 대해 먼저 이야기를 할 수 있도록 개방적인 분위기를 조성하고, 1대 1, 소집단, 대집단 등의 다양한 그룹형태 내에서 말할 수 있는 기회를 제공한다. ➢ 존댓말, 예삿말 등으로 듣고 있는 상대방과 상황에 맞게 말할 수 있는 예절과 관련된 어휘를 유아에게 알려준다. ➢ 생활주제와 관련된 수수께끼 카드, 화보, 손 인형, 손가락인형, 인형극 틀 등의 교구를 제공한다.
	➢ 일상생활에서 접하는 글자에 관심을 갖는 수준에서 주변에서 자주 보는 글자를 읽을 수 있다. ➢ 그림책에서 그림으로 책 내용을 이해하는 수준에서 자주 보는 그림책에서 아는 글자를 읽고, 궁금한 것에 대해 책을 찾아보는 수준까지의 활동이 포함되도록 한다. ➢ 글자 읽기에 흥미를 갖고 즐겁게 참여할 수 있도록 글자퍼즐, 낱말카드, 글자짝짓기 게임 등 다양한 글자놀이를 제공한다.

읽기	➤ 유아가 글씨를 서툴게 읽더라도 다시 한 번 읽어주며 유아의 읽고자 하는 의욕을 북돋워준다. ➤ 동요, 동시, 동화를 읽은 느낌, 생각을 말이나 글, 그림, 신체표현 등 다양한 방법으로 표현해 볼 기회를 제공한다. ➤ 여러 가지 인쇄물(신문, 안내책자 등)을 제공하고, 교실에 있는 사물, 영역 표시판, 친구이름, 옷장 이름표 등을 문자로 적어 게시한다. ➤ 언어영역에 생활주제와 관련된 동화 CD/DVD, 컴퓨터, 그림동화, 융판동화, 테이블동화, 자석동화와 같은 여러 종류의 동화, 퍼즐, 읽기게임 교구 등을 제공하여 여러 매체를 이용하여 읽을 수 있도록 한다. ➤ 발달에 적합한 다양한 주제와 형태의 그림책을 제공하고, 하루 일과 중 유아가 흥미를 느끼거나, 활동과 연관되는 경우 언제라도 개별·소집단·대집단별로 그림책을 읽어준다.
쓰기	➤ 낱말과 문장, 자신의 느낌, 생각, 경험을 그림으로 표현하는 수준에서 글자와 비슷한 형태, 맞춤법에 맞지 않더라도 유아에게 친숙한 글자를 쓰는 정도까지 활동이 이루어지도록 한다. ➤ 유아의 느낌, 생각, 경험을 유아가 하는 말로 받아 적어주며, 글로 표현되는 과정을 보여준다. ➤ 맞춤법이나 글씨가 예쁘거나 미운 것과는 상관없이 유아의 쓰고자 하는 욕구와 글의 내용에 초점을 맞춰 상호작용 함으로써 '쓴다'는 행위에 흥미를 가질 수 있도록 격려한다. ➤ 편지쓰기와 같은 짧은 글 쓰기나 놀이할 때 필요한 쓰기 활동(병원 놀이 시 병원 이름 쓰기, 차트 쓰기 등)등 놀이와 일상생활에서 쓰기 활동이 자연스럽게 이루어지도록 한다. ➤ 커다란 도화지, 편지지, 편지봉투, 먹지, 하드보드지, 신문지, 달력 뒷장 등 다양한 재질과 크기의 종이류를 제공한다. ➤ 색연필, 사인펜, 연필 등 필기도구와 종이나 모래글자판, 도장 및 스탬프, 글자구성 놀이교구, 베껴 쓰기 교구, 컴퓨터, 프린터 등 쓰기 도구를 제공하여 여러 매체를 이용하여 쓰기 활동을 할 수 있도록 한다.

5. 자연탐구 영역

가. 만 2세 미만

내용범주	지침
	➤ 영아가 주변 사물과 자연 세계에서 관심을 보이는 것에 함께 주의를 기울이며 관심을 공유한다. ➤ 주변의 사물에 대해 반복하여 탐색할 때는 시간을 충분히 제공하고, 다

탐구하기	➤ 른 탐색활동으로 확장하도록 지원한다. ➤ 다양한 감각을 사용하여 주변의 사물과 자연세계에 주의를 기울여 관찰하는 것을 즐길 수 있도록 환경을 배려하고 분위기를 조성한다. ➤ 충분한 놀잇감을 제공하고 놀잇감을 제시할 때 먼저 충분히 탐색할 수 있는 기회를 주고 난 다음 놀잇감의 사용방법을 알려준다. ➤ 영아의 탐색 행동에 대해 감각적, 조작적 경험을 공유하고 표정, 몸짓, 언어를 통해 지원하고 격려한다. ➤ 조용하고 세밀한 탐색을 주로 하는 영아도 있고, 행동 반경이 크고 강도 높은 탐색을 좋아하는 영아도 있다는 점에 유의하여 기질과 성향을 유의하여 지도 한다. ➤ 주변의 여러 가지 자극에 반응하고 그 결과를 알 수 있도록 격려하고 지원한다. ➤ 영아의 탐색활동을 격려하기 위하여 자극을 주어야 할 때와 영아가 스스로 탐색에 몰두하고 있을 때 가만히 물러나 지켜보아 주어야 할 때를 잘 구별하도록 한다.
수학적 탐구	➤ 영아가 생활하는 장소를 중심으로 놀잇감이나 사물이 있다가 없는 상황을 경험하게 한다. ➤ 영아가 생활하는 공간 내에 익숙한 자리에 있던 물체의 위치를 하나씩 변화시켜 어떠한 물체가 달라졌는지 또는 놀잇감이 있던 곳의 위치가 변했는지에 관심을 갖게 한다. ➤ 주변 공간에서 자주 접하는 물체의 다양한 모양을 지각하고 만져보는 경험을 하도록 한다. ➤ 영아가 일상생활 속에서 자주 사용하고 접하는 다양한 사물의 속성을 감각을 통하여 지각하고 알아가는 탐색활동이 충분히 이루어 질수 있도록 한다. ➤ 영아가 일상생활 속에서 크고 작음을 지각하고, '크다, 작다' 등의 어휘를 듣는 경험을 자주 하게 한다. ➤ 영아가 일상생활에서 자주 사용하고 접하는 사물을 통해 수학적 어휘(하나, 둘, 있다, 없다, 많다, 적다, 여기, 저기)를 자주 접할 수 있도록 상호작용한다. ➤ 영아가 일상에서 까꿍 놀이, 숨기기 놀이, 짝짜꿍, 죄암죄암, 도리도리 놀이 등의 소리와 동작, 일과의 규칙성 등 다양하게 반복되는 것을 경험하게 한다.
	➤ 일상생활에서 시각, 청각, 촉각, 후각, 미각(빨기) 등의 다양한 감각적 자극을 제공한다. ➤ 영아들의 조작을 통해서 움직이거나 변화되는 놀잇감을 제공한다. ➤ 영아들도 움직이는 곤충이나 떨어지는 나뭇잎, 열매 등에 관심을 보이는

내용범주	지침
과학적 탐구	경우가 많다. 이때 세밀히 관찰할 수 있는 기회를 제공하여 생명체에 관심을 보이고 반응하도록 한다. ➤ 산책할 수 있는 기회를 충분히 줌으로써 바람, 햇빛, 비, 눈 등의 자연현상을 느끼고 즐길 수 있게 한다. ➤ 비 소리, 바람 소리 등 자연의 소리를 직접 경험하게 하거나 경험을 한 후에 사진자료를 함께 제시하면서 녹음된 소리를 들려준다. ➤ 영아가 버튼을 누르거나 돌리는 등의 조작을 하면 소리, 움직임, 영상 등이 발생하는 놀잇감을 제공한다.

나. 만 2세

내용범주	지침
탐구하기	➤ 일상생활의 여러 가지 경험을 통하여 호기심을 갖고 탐구할 수 있도록 다양한 사물과 현상을 탐색할 기회를 충분히 제공한다. ➤ 영아가 궁금한 것을 알고자 할 때 영아의 질문을 존중하여 성실하게 상호작용해서 영아들의 호기심을 유지하도록 지원한다. ➤ 영아가 주도적으로 한 가지에 지속적으로 관심을 가지고 반복적으로 탐구행동을 지속하도록 격려하고 지원한다. ➤ 영아가 관심을 가지는 문제에 대해 민감하고 적극적으로 반응한다. ➤ 영아가 호기심을 유지하고 다양한 감각을 사용하여 문제해결을 시도할 수 있도록 격려한다. ➤ 영아에게 직접적으로 지식을 전달하기보다는 탐색과정에서의 사고발달에 중점을 두고 지도한다.
수학적 탐구 수학적 탐구	➤ 영아가 일상생활에서 친숙한 물체나 대상의 양을 세면서 '하나, 둘', ;셋'으로 수 이름 말하는 것을 자주 경험하고 고유한 수 어휘를 학습하도록 지원한다. ➤ 일상생활에서 '하나·둘·셋', '많다·적다', '높다·낮다', '동그라미·네모', '크다·작다' 등의 어휘를 듣는 경험을 자주하게 한다. ➤ 영아가 일상생활에서 수학적 어휘를 적절히 사용해 보도록 격려한다. ➤ 일상생활에서 어느 것이 더 많은지 적은 지, 늘어난 것, 줄어든 것은 어떤 것인지 등의 질문을 통해 영아가 기초 수학적 사고를 하도록 격려한다. ➤ 영아가 자신을 중심으로 물체가 위치해 있던 익숙한 장소에서 물체의 위치를 변화시킬 때 공간을 나타내는 수학적 어휘를 사용하여 상호작용한다. ➤ 영아가 생활하는 곳에서 익숙한 위치와 장소를 알도록, 자신을 중심으로 위치와 방향을 나타내는 수학적 어휘를 사용하도록 격려한다. ➤ 영아가 사물의 여러 가지 속성을 탐색하고 비교하도록 하기 위해 자연스럽게 접하는 사물에 대한 탐색을 허용한다. 탐색할 수 있는 충분한 시간

내용범주	지침
	을 주고, 지켜봐 주어 탐구하는 분위기를 조성한다. ➤ 영아가 일상에서 자주 접하는 반복되는 동작과 리듬을 인식하고 반복적인 규칙성을 경험할 수 있도록 다양한 매체를 활용한다. ➤ 영아가 흥미를 보이는 그림책에 나타난 주인공의 특정 동작이나 의성어, 의태어를 통해서 간단한 규칙성을 경험하게 한다. ➤ 일상의 간단한 순서를 알고 지키도록 격려한다. ➤ 여러 가지 놀잇감(구슬 꿰기, 블록, 자연물, 자동차, 인형 등)을 제공하여 다양한 수학 활동을 하게 한다. ➤ 세어 보기, 모양 끼우기, 간단한 모양 맞추기, 점토놀이, 비교해 보기, 비슷한 것끼리 짝짓기 등의 활동을 통해 수학적 경험을 많이 하도록 한다.
과학적 탐구	➤ 자기 의지가 형성되는 시기로써 주변의 사물, 사람과 자연에 관해 특별히 흥미가 생기고 집중력이 발달하는 적기임을 고려한다. ➤ 물체를 움직이게 하거나 물질을 변화시키는 놀이를 통하여 능동적인 탐색을 북돋운다. 이 때, 영아의 시도를 그대로 따라해 보이며 "○○이가 ~하니 ‥ 되었구나?", "○○이가 ~해서 ‥ 만들었니?" 등의 질문을 하여 탐색을 격려한다. ➤ 탐색의 반경이 커지고 때때로 위험한 시도를 할 수 있으므로 안전에 유의한다. ➤ 다양한 사회적 상호작용을 시도하고 즐기기 시작하는 시기이므로, 공놀이, 물·모래놀이 등을 통하여 또래와 함께 물체와 물질을 탐색하도록 격려한다. ➤ 주변에서 동·식물을 접할 수 있는 기회를 충분히 제공함으로써 다양한 생명체가 있음을 인식할 뿐 아니라 외적인 특성도 발견하게 유도한다. ➤ 햇빛, 날씨, 계절의 변화를 느낄 뿐만 아니라 눈, 비, 바람 등의 관련된 현상을 경험하게 한다. ➤ 생활기기, 가구, 조립 놀잇감 등 일상생활에서 도구와 기계에 대한 탐색에 관심이 많아지므로 이를 적극 격려하고 여러 가지 도구를 사용해 볼 수 있도록 한다.

다. 만 3~4세

내용범주	지침
탐구하기	➤ 유아를 대상으로 하는 수학·과학교육의 목표에서 태도와 기술 즉, 탐구능력이 지식보다 중요함을 숙지한다. ➤ 유아들이 활동을 하는 과정에서 능동적이고 적극적인 태도를 가지고 참여할 수 있도록 지원한다.

	➤ 주제를 여러 가지로 바꾸기보다는 관심 있는 한 가지 주제를 지속적으로 탐구하도록 한다. ➤ 수학, 과학 활동을 하는 과정에서 탐구심을 갖고 궁금한 점을 해결할 수 있도록 교육적으로 풍부한 자료와 충분한 시간을 제공한다. ➤ 혼자서 뿐 아니라 친구들과 함께 탐구하는 기회를 갖도록 한다. ➤ 자신의 생각을 주장함과 동시에 다른 사람의 생각을 받아들이는 태도를 격려한다. ➤ 수학과 과학이 통합된 활동으로써, 수학적 기초 개념(비교, 분류, 측정 등)을 과학과정기술로 사용할 수 있는 활동, 특정한 문제해결을 위해 수학과정기술과 과학과정기술을 함께 사용할 수 있는 활동 등을 제공한다.
수학적 탐구	➤ 전화번호, 살고 있는 집의 주소, 돈의 표시 금액, 엘리베이터 내의 층을 표시하는 수, 생일에 꽂는 초의 수 등 일상생활에서의 수의 다양한 의미를 알도록 한다. ➤ 유아가 구체물을 셀 때 단순히 수 이름을 말하기보다 수와 수 사이의 관계를 경험하도록 수 세기와 물체의 수량을 연결시켜 보도록 격려한다. ➤ 일대일 대응하며 수를 세어보는 경험을 통하여 유아가 기계적 수 세기와 합리적 수 세기의 기본원리를 경험하게 한다. ➤ 바른 순서대로 수 이름을 말하면서 일상적 상황이나 비형식적인 교수 상황에서 수와 수량의 관계를 짝지어 보는 활동을 하게 한다. ➤ 기준의 변화에 따라 처음과 끝이 달라지는 것을 인식하도록 한다. ➤ 일상생활에서의 차례 지키기와 놀이를 통하여 처음과 끝을 알고, 순서수를 경험하도록 한다. ➤ 처음에는 두 개에 한 개를 더하고 빼는 경험을 하도록 하고, 다음에는 5개 가량의 적은 수의 구체물을 가지고 더하고 빼는 경험을 하도록 한다. ➤ 유아가 생활하는 장소에서 공간을 인식하여 자신이 살고 있는 집, 주위 건물 등 친숙한 장소에 대해 구체물을 이용하여 구성해 보도록 격려한다. ➤ 칠교놀이, 조각그림 맞추기 등의 놀이를 하면서 도형을 옆으로 옮겨 보는 것, 시계방향으로 돌려 이동해 보는 것, 데칼코마니, 모양 찍기를 하면서 대칭을 인식하고 찾고 만들어 보게 한다. ➤ 유아의 능동적 자발적인 학습과 우연한 상황에서의 비형식적 학습 뿐 아니라, 교사가 계획한 형식적 학습도 함께 이루어지도록 한다. ➤ 구체물의 조작이나 놀이만으로 수학학습이 저절로 이뤄지는 않으므로 일상적인 활동 속에서 수학적 개념을 유아가 발견할 수 있도록 지원한다. ➤ 일상생활에서 수 세기, 더하거나 빼기, 같은 분량으로 나누기 등을 자주 경험할 수 있게 한다. ➤ 일상생활에서 공간과 위치, 방향을 알게 하는 놀이의 기회를 제공한다.

수학적 탐구	➢ 수 세기를 위한 놀잇감을 제공하거나 유아 스스로 만들어 보도록 격려한다. ➢ 여러 도형을 이용하는 평면 퍼즐과 입체 퍼즐을 함께 활용한다. ➢ 수학적 용어를 의도적으로 일상적 상황에서 자주 사용한다. ➢ 같은 대상을 서로 다른 임의 측정 단위를 사용해서 측정해 보도록 격려하고 지원한다. ➢ 임의 측정 단위로 사용할 수 있는 재료(끈, 막대, 그릇 등)를 다양하게 사용하여 측정을 해 보도록 격려한다. ➢ 주변 환경에서 여러 종류의 규칙성을 발견하여 수학적 지식 구성으로 연결되도록 격려한다. ➢ 패턴그리기, 늘어놓기, 놓아보기, 구슬 꿰기 등의 활동을 통해 규칙성을 표현해 보도록 한다. ➢ 수집된 자료를 색, 크기, 모양 등의 속성별로 표나 그래프로 나타내 보도록 지원한다.
과학적 탐구	➢ 물체와 물질을 탐색하기 위한 충분한 시간을 주고, 교사가 섣불리 개입하기 보다는 기다려준다. ➢ 물체나 물질의 움직임이나 변화에 시간이 많이 걸리는 활동 보다는 유아들 눈앞에서 즉각적으로 움직이거나 변화가 일어나는 활동을 제공하는 것이 바람직하다. ➢ 유아들은 동시에 여러 가지 속성을 고려하여 인과관계를 이해할 수 없으므로 처음에는 탐구하고자 하는 하나의 속성으로 변인이 통제된 자료를 제시한 후에 점차 속성을 증가시킨다. ➢ 유아들은 자신이 직접 사물에 행위를 가하여 일어나는 반응에 관심을 많이 보이므로 다양한 반응을 만들어 볼 수 있는 기회를 줄뿐 아니라, 반응이 유아의 행위에 영향을 주는 역동적 관계가 될 수 있는 환경을 마련해 준다. ➢ 물체의 움직임에 관해서는 "어떻게 하면 이것을 움직이게 할 수 있을까?", 물질의 변화에 관해서는 "어떻게 하면 이것을 변화시킬 수 있을까?" 등으로 유아에게 실험을 발생시키는 질문을 한다. ➢ 유아가 자신의 경험과 관찰에서부터 유래된 "만일 내가 ~을 ‥한다면 어떻게 될까?"란 질문을 스스로에게 하고, 이에 따른 의아함을 바탕으로 실험과 이론 정립을 할 수 있게 지원 한다 ➢ 시험관과 화학용액 등의 실험 기구와 내용물에 중점을 두거나 실험방법이 정해진 상품화된 패키지를 사용하는 것은 유아의 과학적 지식구성에 부적합하다는 점을 유의하고, 실험, 창의성, 문제해결을 북돋기 위한 물체와 물질의 탐구 활동에 주안점을 두어야 한다. ➢ 한 가지로 사용하기 보다는 여러모로 쓸 수 있는 놀잇감이나 자료와 물

내용범주	지침
과학적 탐구	리적 환경을 준비하여 유아들의 유연한 사고를 지원함으로써 실험을 북돋운다. ➤ 움직임과 변화를 위해 활용될 수 있는 주변의 자료, 가령 길고 투명한 플라스틱 관, 반으로 절개한 종이 심대, 두꺼운 종이 상자, 실패, 두루마리 화장지, 모래, 흙, 점토, 밀가루 등을 수집하여 여러모로 사용한다. ➤ 도르래, 지렛대 등의 사회적 상호작용을 도모할 수 있는 활동과 자료를 제시한다. ➤ 단순히 동물과 식물을 접하거나 길러보는 것에 머무르지 말고 자연에 대한 경이감과 감사함을 느낄 수 있게 한다. ➤ 동물과 식물을 단순히 또는 수동적으로 관찰하는 것이 아니라, 관찰 대상에 몰입하여 동참 하도록 이끈다. ➤ 낮과 밤, 날씨, 계절에 대한 자연현상 이해는 변화와 규칙성을 인지하는 것에 중점을 두며, 유아가 쉽게 상상하거나 공유할 수 없는 지구나 태양계 등과 같은 관련 내용을 지나치게 강조하지 않도록 한다. ➤ 유아들이 흔히 하는 "왜 그래요?"라는 질문은 인과적인 답보다는 어떻게 그러한 결과가 나타났는지에 대한 현상적, 지각적 수준의 답을 요구하는 경우가 대부분임을 염두에 두고 답변한다. ➤ 교사는 유아에게 모델이 되어 물체의 움직임과 물질의 변화에 대해서 실험적 태도를 보여주고, 자연세계에 대한 존중, 관심, 호기심을 나타내도록 한다. ➤ 일상생활에서 사용하는 도구와 기계를 테크놀로지와 연계시킴으로써, 유아가 과학기술을 경험하도록 이끈다.

6. 예술경험 영역

가. 만 2세 미만

내용범주	지침
	➤ 누워서 생활하는 영아에게 모빌이나, 건드리기만 해도 소리가 나는 놀잇감, 딸랑이, 손목에 끼울 수 있는 방울 등을 제공해 주어 영아가 소리, 움직임, 색, 모양 등에 관심을 갖도록 한다. ➤ 혼자 앉을 수 있는 영아에게는 영아의 시선이나 영아의 손이 닿을 수 있는 위치에 누르거나, 때리거나, 흔들어서 소리가 나는 놀잇감을 구비해 두어 영아가 호기심을 가질 수 있도록 한다.

심미적 탐색	➤ 손 조작을 할 수 있는 영아에게는 사용하기에 쉽고 안전한 작은 북, 리듬악기나 물건(예: 냄비 뚜껑, 페트병)들을 자유롭게 두드리며 소리나 리듬을 탐색하도록 기회를 제공한다. ➤ 여러 가지 색깔이나 모양을 탐색할 수 있는 놀잇감이나 촉감책, 생활용품, 사물을 제공한다. ➤ 실내에서 제공되는 환경 이외에 야외(예: 산책 등)에서도 영아가 호기심을 가질 수 있는 여건을 제공한다. ➤ 주변 환경물(모빌)이나 소리 나는 놀잇감에 영아의 시선이 맞추어졌을 때, 영아가 소리를 듣거나 사물을 보려고 시도 할 때, 교사는 언어, 손 움직임, 얼굴표정 등을 활용하여 적극적으로 영아가 탐색할 수 있도록 도와준다. ➤ 교사는 영아가 상대적으로 관심을 보이는 소리나 움직임을 눈여겨 본 후 이와 유사한 놀잇감이나 물건을 제시하며 상호작용하도록 한다. ➤ 교사는 영아에게 안정된 톤의 소리를 자주 들려준다. 이를 통해 영아가 소리의 차이에 대하여 주의를 기울이고 관심을 갖도록 한다.
예술적 표현	➤ 2세 미만의 영아도 영아 개개인의 수준에 따라 다양한 표현을 시도할 수 있다. 그러므로 교사는 언어적, 비언어적 방법을 활용하여 적극적으로 영아와 상호작용해주며 영아의 반응을 격려하는 것이 필요하다. ➤ 의성어, 의태어, 반복되는 부분이 많은 노래의 일부분이나 리듬 있는 운율을 교사의 음성으로 자주 들려준다. ➤ 산토끼 같은 짧은 소절의 노래를 자주 들려주어 친근하게 하고, 즐겨 부를 수 있도록 한다. ➤ 보육실에서 영아가 다양한 표현을 할 수 있도록 두드리거나 흔드는 악기류(예: 손목 방울, 허리 방울, 머리띠 방울, 작은 북, 마라카스 등), 카세트테이프, 리본 등을 제공해 준다. ➤ 짝짜꿍이나 까꿍 놀이처럼 영아와 간단한 손 놀이를 하고 리듬에 맞춰 몸을 움직여 주거나 영아가 놀이를 시도할 때 이를 격려해준다. ➤ 다양한 소리, 표정, 몸 움직임 등을 일상생활에서 규칙적으로 들려주고 보여준다. ➤ 하루 일과에서 영아의 얼굴과 신체 부위의 이름을 자주 말해주며 영아의 팔과 다리를 움직이게 한다. ➤ 종이에 끼적거리기, 얇은 종이 찢기, 스티커 붙이기, 손바닥으로 문지르기 등 소근육을 사용하는 단순한 미술활동의 기회를 제공한다. ➤ 감각경험이 가능한 재료를 제공하여 미술경험을 하도록 한다. 영아가 간단한 도구를 경험할 수 있도록 제공해준다. 또한 미술활동을 위한 각종 자료(예: 밀가루 반죽, 물감, 걸쭉한 물감, 모래, 자연물, 면도크림, 종이, 크레파스 등)와 도구(예: 스탬프, 도장, 풀, 종이테이프, 페인트 붓 등)를 제공한다. 이때 교사는 영아와 함께 감각경험을 하며 영아의 행위

	나 교사의 행위에 대하여 언어로 묘사해 주는 것이 필요하다. ➢ 일상생활 활동에서 나타나는 영아의 자기 가작화 행동(예: 거울을 보고 표정을 지음), 모방행동, 상상놀이를 즐기도록 격려해 준다. ➢ 영아가 자신의 몸 전체를 비쳐볼 수 있는 크기의 안전거울을 제공한다. ➢ 모방놀이와 상상놀이에 필요한 물품(예: 구두, 모자, 목걸이, 화장품, 가방, 유모차, 운전대, 자동차 모형 박스, 동물모자, 끌차, 안전거울 등)을 구비해 준다.
예술 감상	➢ 영아와 익숙하게 상호작용하는 양육자(예: 부, 모, 조부, 조모, 교사 등)의 목소리로 리듬이 반복되는 말, 노래 등을 녹음해 두었다가 들려준다. ➢ 교사는 보육실에서 영아의 행위에 대하여 리듬이 반복되는 말로 표현해 주고, 영아의 반응에 대하여 격려한다. ➢ 자연에서 나는 소리(예: 새소리, 비소리 등), 동물의 소리에 관심이 많은 영아에게 동물의 소리가 녹음된 테이프를 들려주고, 영아가 동물의 소리를 흉내 낼 때 반응해준다. ➢ 산책이나 야외놀이 시간을 일과 중에 반복적으로 계획하여 실행하며, 영아가 자연물이나 자연현상에서 아름다움을 느낄 수 있는 여건을 마련해 준다. ➢ 영아가 익숙한 주변 환경에서 친근한 사물의 색과 모양 등에서 아름다움을 찾을 수 있도록 교사가 말로 언급해 준다. ➢ 영아가 자신이나 또래가 주무르거나 끼적거린 표현물, 움직임 등을 살펴볼 수 있는 기회를 준다. 이때 교사는 영아의 표현을 언급하거나 영아의 의도를 듣고 기록해주어 영유아의 관심을 유발할 수 있도록 한다. ➢ 예술 경험을 위한 환경구성으로 자연물, 사물에 관련된 사진, 화보, 또는 실제물을 구비해주도록 한다. ➢ 영아와 또래의 표현물이나 표현물을 찍은 사진 등을 게시해주어 영아가 관심을 가지고 즐기도록 한다.

나. 만 2세

내용범주	지침
심미적 탐색	➢ 주변의 물건이나 단순한 리듬악기(예: 안전한 탬버린, 작은북)를 이용하여 빠르고 느린 소리, 크고 작은 소리를 탐색하도록 한다. ➢ 일상생활에서 경험하는 자연의 모습(예: 낙엽 떨어짐, 눈 내림, 꽃이 핌)이나 사건(예: 크리스마스 장식에서 빛이 반짝거림), 물건 등에서 자연스럽게 아름다움과 변화를 경험하도록 한다. ➢ 다양한 자연의 소리나 움직임, 변화를 보고 들을 수 있도록 실외활동을 자주 계획한다.

예술적 표현	➢ 악기나 사물을 이용하여 여러 가지 방법(예: 치기, 흔들기, 문지르기)으로 자유롭게 소리 낼 수 있는 기회를 마련한다. ➢ 친근한 노래(전래동요)를 자주 들려주고, 영아가 노래를 부르려고 시도할 때 교사가 영아의 속도에 맞추어서 함께 불러준다. ➢ 하루 일과에서 신체 각 부분의 이름과 움직임을 표현한 낱말을 자주 사용한다. ➢ 영아가 남을 방해하지 않고 안전하고 편안하게 움직임을 표현해 볼 수 있도록 공간을 확보해 준다. 다양한 질감이나 색깔의 헝겊, 스카프를 이용하여 자유롭게 움직여 보도록 한다. ➢ 다른 사람의 행동을 모방하거나(예: 엄마처럼 마루 닦기) 놀잇감으로 가작화하는 행동(예: 인형에게 우유먹이기)을 장려하고 적극적으로 반응한다. ➢ 일상용품이나 소품(예: 접시, 컵, 모자, 옷, 신발)을 제공해주고 전신거울을 마련해준다. ➢ 영아가 시도한 미술표현에 대해 적극적으로 격려한다. ➢ 손쉽게 쓸 수 있는 기본적인 미술재료(예: 안전한 크레파스, 색연필, 밀가루반죽, 풀)를 항시 제공하고 기본적인 조작 기술(예: 풀칠하고 붙이기)을 습득하도록 지원한다.
예술 감상	➢ 실내에서 들을 수 있는 다양한 소리(시계 소리, 전화기 소리)를 녹음하여 들려주고 일상생활에서 자연스럽게 여러 종류의 음악을 들려준다(예: 잠자려고 할 때 조용한 음악, 등원할 때 가볍고 경쾌한 음악을 들려줌). ➢ 실외놀이에서 자연환경의 색이나 형태, 움직임이나 변화에 대한 것을 보고 느끼도록 언어적으로 반응한다(예: 나뭇잎이 노랗게, 빨갛게 되어 나무가 예뻐졌네). ➢ 영아 자신이나 또래의 노래, 춤, 미술품 등을 게시하거나 전시해 주어서 영아가 친숙한 내용으로 아름다움을 공감할 수 있도록 기회를 자주 제공한다. 이 때 교사는 영아의 표현에 대하여 존중하는 태도를 보여줌으로써 영아들이 작품에 대한 태도를 모델링 하도록 한다.

다. 만 3세~4세

내용 범주	지침
심미적 탐색	➢ 주변 환경이나 사물에서 들리는 다양한 자극(소리, 음악, 색감, 움직임, 모양, 배치 등)에 대해 유아들이 호기심을 가지고 자발적으로 탐색하도록 시간과 공간, 관련도구나 자료를 충분히 제공한다. ➢ 유아는 만3세가 되면 자신의 호기심을 유발하는 구체적인 자극과 상황을 인식할 수 있다. 이 때 교사는 주변의 자극에 대한 유아의 호기심을 격려하고 관련된 자료를 충분히 제공한다. ➢ 유아가 리듬악기로 소리나 리듬을 탐색할 수 있도록 여러 가지 악기를 준비한다. ➢ 유아가 자연현상과 주변 사물의 소리에 관심을 가지도록 교사는 꾸준히 격려하고 소리의 특징적 요소를 관찰하도록 돕는다. ➢ 자연 현상과 주변 환경에서 나타나는 움직임과 움직임간의 차이를 탐색할 수 있도록 배려한다. ➢ 자연현상과 일상생활 경험이 모두 예술표현의 주제가 될 수 있으므로 예술적 감성을 가지고 주변 환경을 탐색하도록 격려한다. ➢ 미술재료와 도구의 사용법을 자유롭게 습득하도록 배려하고 능숙하게 다룰 수 있도록 돕는다. ➢ 일상생활에서 미술적 요소 및 미술활동을 자연스럽게 탐색할 수 있도록 기회를 제공한다.
예술적 표현	➢ 유아의 연령, 흥미, 주제, 상황에 맞는 노래나 음악을 일상생활에서 자주 들려주고 부르는 것을 권장하되 좋아하는 노래는 반복적으로 부르도록 돕는다. ➢ 자연 현상과 일상생활에서의 느낌이나 생각을 목소리, 신체, 악기, 사물 등을 사용하여 다양한 소리나 리듬, 움직임과 춤을 만들어보도록 기회를 제공하고 즐거운 분위기가 되도록 격려한다. ➢ 익숙한 노래 및 유아가 만든 노래에 맞춰 리듬악기로 연주하거나 춤으로 표현할 수 있도록 격려한다. ➢ 하루 일과에서 음악, 춤 ,그리고 움직임을 규칙적으로 즐기도록 격려하고 기회를 제공한다. ➢ 다양한 움직임을 경험할 수 있는 도구(예: 리본테이프, 스카프, 다양한 형태의 모빌 등)를 충분히 제공한다. ➢ 자연환경과 사물에서 발견되는 움직임들 간의 차이를 표현할 수 있도록 격려하고 새로운 움직임을 만들어 보도록 기회를 제공한다. ➢ 유아가 친구의 움직임과 연계하여 새로운 움직임을 만들어 보는 경험을 제공한다. 더 나아가 이 활동을 동화나 이야기 속 인물의 특징이나 스토리를 표현하는 활동으로 확장해 본다. ➢ 유아가 자신의 경험을 반영한 주제의 극놀이를 할 수 있도록 의상과 소품을 제공해 주고 다양한 역할에 참여하여 즐기도록 배려한다. 극놀이 주제를 활성화하기 위해 견학, 새로운 사건, 인물소개, 그림책 읽기, 동화 들려주기, 배경 꾸미기 등의 경험을 제공한다. ➢ 극놀이 활동에서 배경음악을 사용하고 미술활동과 연계하며 무대장치를 꾸며서 통합적 예술표현을 할 수 있도록 기회를 제공한다. ➢ 하루 일과에서 자유놀이시간을 충분히 제공하여 유아가 여러 가지 극놀

	이에 협동적으로 참여할 수 있도록 한다. ➢ 교사는 유아의 미술표현에 대한 생각과 느낌을 존중해주는 언어적/비언어적(예: 미소, 고개 끄덕임) 표현으로 적절히 반응해 주고, 다양한 미술 활동 과정을 즐기도록 격려한다. ➢ 유아가 한 가지 미술 재료를 여러 방법으로 사용하여 표현하도록 한다. ➢ 유아들이 협동하여 하나의 작품을 만들도록 기회를 제공한다. ➢ 유아 주변에서 발견할 수 있는 다양한 물질들을 미술표현 재료로 사용해 보도록 기회를 제공하고 이를 격려한다. ➢ 유아의 예술활동 결과물을 전시하는 과정에서 전시의 방법이나 형태를 유아가 결정하도록 격려한다.
예술 감상	➢ 자연과 주변 사물에서 들리는 소리나 움직임, 미술적 요소(예: 색, 질감, 모양, 면, 선) 들을 즐겁게 듣고 볼 수 있는 시간과 장소를 충분히 제공한다. ➢ 우리나라와 다른 나라의 다양한 음악과 춤, 미술작품에 대해 가깝게 느끼고 즐길 수 있도록 관련 자료(예: 사진, 비디오, 공연인쇄물)를 전시하거나 실제 관람 기회를 제공한다. ➢ 다양한 장르의 음악, 미술작품, 춤에 대해 보고, 듣고, 즐길 수 있도록 관련 자료를 제공하고 느낌과 차이를 이야기 하도록 격려한다. ➢ 유아가 다른 사람의 미술작품이나 춤의 특성에 대해 이야기를 나눌 수 있는 경험을 제공한다. ➢ 다양한 예술감상 경험을 교사 및 친구들과 이야기 나눌 수 있도록 격려한다.

보육시설의 장 또는 보육교사의 자격 검정 및 자격증 교부에 관한 업무위탁고시

[시행 2010.2.2] [보건복지가족부고시 제2010-12호, 2010.2.2, 제정]

Ⅰ. 영유아보육법 제51조 및 동법시행령 제26조 제3항의 규정에 의하여 보육시설의 장 또는 보육교사의 자격 검정 및 자격증 교부에 관한 업무를 다음과 같이 위탁한다.

1. 수 탁 자 : (재)한국보육진흥원
2. 위탁업무 내용 : 영유아보육법 제22조, 동법시행규칙 제17조 및 제18조에 의한 보육시설의 장 또는 보육교사의 자격 검정 및 자격증 교부업무

Ⅱ. 행정사항

1. 시행일
   이 고시는 발령한 날부터 시행한다.

2. 재검토기간
   「훈련·예규 등의 발령 및 관리에 관한 규정」(대통령훈령 제248호)에 따라 이 고시 발령 후의 법령이나 현실 여건의 변화 등을 검토하여 이 고시의 폐지, 개정 등의 조치를 하여야 하는 기한은 2012년 12월 31일까지로 한다.

탁아시설 및 새마을유아원의 운영만을 목적으로 하는 기존 재단법인 등기부를 사회복지법인 등기부로 변경

[시행 1991.10.29] [대법원등기예규 제735호, 1991.10.29, 제정]
폐지 : 2013.12.24 등기예규 제1509호에 의하여 폐지

영유아보육법(법률 제4328호 91. 1. 14. 공포) 부칙 제7조의 규정에 의하여 동법 시행당시 아동복지법에 의한 탁아시설 및 유아교육진흥법에 의한 새마을유아원이 동법 부칙 제2조 및 제4조의 규정에 의하여 동법에 의한 보육시설로 인정받은 경우로서 동 탁아시설 내지 새마을유아원만을 운영하는 자가 민법에 의하여 설립된 재단법인인 경우에는 동 법인을 보육시설의 운영만을 목적으로 사회복지사업법에 의하여 설립된 사회복지법인으로 보게되므로, 이에 해당하는 법인(재단법인인 새마을유아원에 대해서는 시장.군수로부터 동법에 의하적 설치된 보육시설로 본다는 통보가 있는 경우에만 해당)에 관한 등기는 다음과 같이 처리한다.

다 음

가. 위 법인에 대하여는 직권으로 명칭변경등기를 하여야 한다.
나. 위 명칭변경등기는 위 통보가 있는 때 또는 위 법인에 대한 변경등기의 신청, 등기부등. 초본 또는 인감증명의 발급신청이 있는 때에 할 것이며, 그 변경등기 후에 그 신청에 대한 처리를 하고 인감증명은 신청인에게 인감의 재제출을 하게 한 후 발급하여야 한다.
다. 위 명칭변경등기를 함에 있어서는 변경란에 영유아교육법 부칙 제7조의 규정에 의하여 그 등기를 한다는 취지를 기재하고 사회복지법인 모○○○으로 그 명칭을 변경한다.

서울특별시 강남구 어린이회관 설치 및 운영 조례

[시행 2019. 1. 1.] [서울특별시강남구조례 제1449호, 2018. 11. 2., 일부개정]

제1조 (목적) 이 조례는 「아동복지법」 제53조 및 「영유아보육법」 제4조에 따라 영유아 및 어린이의 건강한 성장과 발달을 돕기 위해 다양한 교육·문화적 체험을 할 수 있는 서울특별시 강남구 어린이회관을 설치·운영하는 데 필요한 사항을 규정하는 것을 목적으로 한다. <개정 2013. 4. 5., 2015. 07. 10.>

제2조 (정의) 이 조례에서 사용하는 용어의 뜻은 다음과 같다.
  1. "어린이회관"이라 함은 영유아 및 어린이를 건강하고 안전하게 보호·양육하고 인성발달에 적합한 보육프로그램을 운영하며, 각종 보육관련 정보 및 자료를 제공하는 등 다양한 사회복지서비스를 제공하는 시설을 말한다.
  2. "사용료 등"이란 회관 시설의 사용료, 수강료 및 프로그램 이용료를 말한다.
  3. "체험시설" 이란 영유아 및 어린이의 창의력 증진과 정서·신체 발달에 기여할 수 있는 놀이와 체험을 통한 프로그램을 운영하는 시설을 말한다.

제3조 (명칭 및 위치) 명칭은 서울특별시 강남구 어린이회관(이하 "회관"이라 한다)으로 하고, 위치는 서울특별시 강남구 내에 둔다. <개정 2015. 07. 10.>

제4조 (시설 및 기능) ① 회관은 그 기능을 효과적으로 수행하기 위해 육아종합지원센터, 체험시설, 공연장, 사무실 및 그 밖의 시설로 구성한다. <개정 2015. 07. 10.>
  ② 회관에서 수행하는 기능은 다음과 같다.
    1. 영유아 및 어린이에 대한 창의적인 체험학습 기회 제공
    2. 육아정보서비스 제공
    3. 보육시설 등 관련기관에 대한 종합지원
    4. 건강한 가족문화 활성화 및 지역사회 보육 환경 향상을 위한 문화 사업
    5. 기타 구청장이 필요하다고 인정하는 사항

제5조 (설치기준) 체험시설의 설치기준은 「아동복지법」 제53조 및 「아동복지법

시행규칙」 제27조에 따른다. <개정 2013. 4. 5.>

제6조 (운영 등) ① 회관의 운영 및 관리는 서울특별시 강남구청장(이하 "구청장"이라 한다)이 한다. 다만, 회관의 보다 전문적이고 효율적인 운영을 위하여 필요하다고 인정하는 때에는 사업 수행에 적합한 법인이나 단체에 운영 및 관리를 위탁할 수 있다.
② 위탁의 경우 위탁체의 선정에 필요한 사항은 「서울특별시 강남구 행정사무의 민간위탁에 관한 조례」 제7조에 근거한 민간위탁기관 적격자 심사위원회의 구성 및 운영방법을 준용하여 규칙으로 정한다.
③ 제1항에 따라 회관을 위탁하는 경우 위탁기간은 계약일로부터 3년으로 하되 심의를 거쳐 1회에 한하여 재위탁할 수 있다.

제7조 (예산지원) 제6조제1항에 따라 회관을 위탁하는 경우 구청장은 위탁을 받은 자(이하 "수탁자"라 한다)에게 회관의 운영에 필요한 경비를 예산의 범위 안에서 지원할 수 있다. <개정 2015. 07. 10.>

제8조 (위원회 운영) ① 회관의 사업수행 및 운영에 관한 주요사항을 심의하기 위하여 운영위원회(이하 "위원회"라 한다)를 구성하여 운영한다.
② 위원회의 구성은 다음 각 호에 해당하는 사람으로 하며, 위원장을 포함하여 11명 이내로 구성한다. <개정 2015. 07. 10.>
  1. 구의회 의장이 추천한 구의원 1명
  2. 복지생활국장, 기획예산과장 <개정 2018. 11. 2.>
  3. 아동, 보육, 교육, 건축 등 분야별 전문가 <개정 2015. 07. 10.>
  4. 그 밖에 회관운영에 학식과 경험이 풍부한 사람 <개정 2015. 07. 10.>
③ 위원장은 위원 중에서 호선하고, 위원장 및 위원의 임기는 2년으로 하며 한 차례에 한정하여 연임할 수 있다. <개정 2015. 07. 10.>
④ 위원장은 위원회의 회의를 소집하며, 회의는 재적위원 과반수의 출석으로 개의하고 출석위원 과반수의 찬성으로 의결한다.
⑤ 위원회의 사무를 처리하기 위하여 위원회에 간사를 두되, 간사는 보육지원과장이 된다.
⑥ 위원회는 다음 각 호의 사항을 심의·의결한다.
  1. 회관 운영계획의 수립·평가에 관한 사항
  2. 회관 예산·결산에 관한 사항
  3. 회관 조직 및 인력에 관한 사항
  4. 회관이 수행하는 기능에 관한 사항

5. 그 밖에 위원장이 필요하다고 인정하여 회의에 부치는 사항

⑦ 운영위원회 위원에게는 예산의 범위에서 수당 및 여비를 지급할 수 있다.

제9조 (조직 및 인력) ① 구청장은 회관의 운영을 위하여 회관의 장(이하 "관장"이라 한다)과 보육전문요원·전산원·영양사·간호사 그 밖에 시설의 업무 수행에 필요한 종사자 등을 둘 수 있다. <개정 2015. 07. 10.>

② 관장은 구청장이 임명하며, 회관의 업무를 총괄하고 소속직원을 지휘·감독한다.

③ 제6조제1항에 따라 회관을 위탁하는 경우 관장은 수탁자가 구청장의 승인을 받아 임면하며, 그 밖의 종사자는 관장이 임면한 후 구청장에게 보고하여야 한다.

제10조 (위탁사무의 범위) 수탁자는 구청장의 사전승인을 받아 다음 각 호의 사무를 추진한다.

1. 회관 프로그램 개발·운영 및 운영인력 확보 <개정 2015. 07. 10.>
2. 홈페이지 구축 운영
3. 시설 유지관리
4. 운영관련 대외 협력사업, 관련분야 연구조사
5. 그 밖의 회관운영 관련사업

제11조 (수탁자의 의무) ① 수탁자는 위탁운영기간 중 관계법령과 이 조례의 규정을 준수하고 선량한 관리자로서 주의의무를 다하여 유지관리에 대한 책임을 진다.

② 수탁자는 위탁받은 시설의 운영에 관한 사항을 다른 법인이나 단체 또는 개인에게 재위탁하거나 대리하게 하여서는 아니 된다.

③ 수탁자는 위탁운영시설 등을 임의로 변경할 수 없으며 시설 훼손사항 등이 발생한 때에는 즉시 원상 복구하여야 한다. <개정 2015. 07. 10.>

④ 수탁자는 매년 예산·결산 보고 및 사업계획서를 제출하여 구청장의 승인을 받아야 한다.

제12조 (지도감독) ① 구청장은 정기적으로 수탁자로부터 회관의 운영에 관한 보고를 받으며, 필요시 관계공무원으로 하여금 수탁자의 운영 상황을 조사하게 할 수 있고 수탁자는 이에 응하여야 한다.

② 구청장은 제1항에 따라 보고를 받거나 조사결과 시정하여야 할 사항이 있는 경우에는 필요한 조치를 명할 수 있다.

제13조 (위탁의 취소) ① 구청장은 다음 각 호의 어느 하나에 해당하는 사유가 있는 때에는 그 위탁을 취소할 수 있다.
    1. 수탁자가 관계법령 및 조례가 규정한 사항을 이행하지 않을 때
    2. 수탁자가 협약조건을 위반한 때
    3. 그 밖에 위탁운영을 계속할 수 없는 사유가 발생한 때
② 구청장은 위탁을 취소할 경우 수탁자로 하여금 소명의 기회를 주어야 한다.
③ 수탁자는 제1항에 따라 위탁이 취소되거나 기간이 만료된 경우에는 각종 시설과 자료, 장비 및 비품을 지체 없이 반환하여야 한다. 또한 구청장은 교부한 비용 및 보조금의 반환을 명할 수 있다.

제14조 (자원봉사자) ① 관장은 회관의 효율적 운영을 위하여 자원봉사자를 활용하여 회관의 이용자 안내 및 시설관리, 기타 프로그램 보조인력 등의 임무를 수행하게 할 수 있다. <개정 2015. 07. 10.>
② 관장은 제1항의 규정에 의한 자원봉사자에게 교통비 또는 급량비를 예산의 범위 안에서 지급할 수 있으며, 자원봉사자 활동 관련 사항은 「서울특별시 강남구 자원봉사활동 지원 조례」의 규정을 준용한다.

제15조 (신청 및 허가) ① 회관의 시설 및 프로그램 등을 이용하고자 하는 자는 이용신청을 통해 관장의 허가를 받아야 한다.
② 회관의 원활한 운영을 위하여 회원제를 도입하고 회원 가입 시에는 회원증을 발급한다.

제16조 (사용료 등) ① 회관의 시설을 사용하고자 하는 자나 프로그램을 이용하고자 하는 자는 별표 1의 범위에서 규칙으로 정하는 사용료 등을 미리 납부하여야 한다.
② 시설의 사용자는 특별한 공연 등을 할 경우 관장의 승인을 얻어 입장권을 발행하고 관람객으로부터 소정의 입장료를 징수할 수 있다.
③ 제2항에 따라 입장권을 발행하는 때에는 사전 검인을 받아야 하며, 입장료는 회관의 수강료 및 프로그램 이용료를 초과할 수 없다.

제17조 (사용료 등의 감면) ① 구청장은 다음 각 호의 어느 하나에 해당하는 경우에는 회관 시설의 사용료 및 프로그램 이용료의 전부 또는 일부를 감면 할 수 있다.
    1. 강남구에서 주관하거나 후원하는 보육 행사
    2. 강남구에서 주관하거나 후원하는 보호자 및 보육시설종사자를 위한 교육

3. 그 밖에 구청장이 필요하다고 인정하는 경우

② 구청장은 다음 각 호의 어느 하나에 해당하는 경우에는 프로그램 이용료의 100분의 50을 감면할 수 있다.
1. 「국민기초생활 보장법」에 따른 수급자와 배우자 및 직계 존·비속 <개정 2015. 07. 10.>
2. 「한부모가족지원법」에 따른 수급자와 직계 존·비속 <개정 2015. 07. 10.>
3. 「국가유공자 등 예우 및 지원에 관한 법률」에 따른 유공자와 배우자 및 직계 존·비속 <개정 2015. 07. 10.>
4. 「장애인복지법」에 따른 장애인과 배우자 및 직계 존·비속 <개정 2015. 07. 10.>
5. 「다문화가족지원법」에 따른 다문화가족 <개정 2015. 07. 10.>
6. 다둥이 행복카드 소지자 중 세 자녀 이상을 둔 가족 <개정 2015. 07. 10.>

제18조 (사용료 등의 반환) 납부한 사용료 등의 반환기준은 별표 2와 같다. 다만, 반환에 따른 금융기관 수수료는 반환금에서 공제할 수 있다.

제19조 (이용의 제한) 구청장은 다음 각 호의 어느 하나에 해당하는 경우 회관에서 운영하는 프로그램의 이용을 제한하는 등 필요한 조치를 할 수 있다.
1. 수강증 또는 이용권을 타인에게 전매 또는 대여한 경우
2. 이용자가 프로그램 이용 조건을 위반한 경우
3. 회관의 안전에 현저한 위험이 발생하는 경우
4. 그 밖에 다른 이용자들의 보호를 위하여 이용을 제한하여야 할 필요가 있다고 구청장이 인정하는 경우

제20조 (사용허가의 취소) 다음 각 호의 어느 하나에 해당하는 경우에는 시설의 사용허가를 취소할 수 있다.
1. 사용허가 이외의 목적으로 이용할 경우
2. 사용허가의 조건을 위반할 경우
3. 사용료를 정해진 기일 내에 납부하지 아니할 경우

제21조 (사용자의 설비) ① 사용자가 사용기간 중 특별한 설비가 필요한 때에는 사전에 관장의 승인을 얻어 설치할 수 있다. 다만, 시설이용 후 원상회복을 원칙으로 한다.

② 특별한 설비의 설치나 철거는 모두 사용자 부담으로 한다.

제22조 (다른 조례의 준용) 회관의 관리·운영에 관하여 이 조례에서 정하지 아니한 사항은 「서울특별시 강남구 공유재산 및 물품 관리 조례」, 「서울특별시 강남구 행정사무의 민간위탁에 관한 조례」를 준용한다.

제23조 (시행규칙) 이 조례 시행에 관하여 필요한 사항은 규칙으로 정한다.

부칙 < 제1121호, 2013.4.5>

이 조례는 공포한 날부터 시행한다.

부칙 <2015. 7. 10.>

이 조례는 공포한 날부터 시행한다.

부칙 (서울특별시 강남구 행정기구 설치 조례)

제1조 (시행일) 이 조례는 2019년 1월 1일부터 시행한다.
제2조 및 제3조 생략
제4조 (다른 조례의 개정) ①부터 ⑯까지 생략
　⑰ 서울특별시 강남구 어린이회관 설치 및 운영 조례 일부를 다음과 같이 개정한다. 제8조제2항제2호 중 "복지문화국장"을 "복지생활국장"으로 한다.
　⑱부터 ㉞까지 생략

[별표 1] 회관시설 이용료 (제16조제1항관련)

1. 회관 시설의 사용료

시 설 명	사용목적	사용료	비 고
공연장	일반행사	50,000원	1. 1회 1시간 기준 사용료임 2. 사용시간이 초과할 경우, 1시간마다 50% 가산함 3. 사용시간 1시간 미만은 1시간으로 계산함 4. 행사 전 사용은 기준액의 50%로 함 5. 공휴일 및 일과 후 사용은 50%가 가산됨
야외시설 (운동장)		50,000원	
	업무협약	협약에 의함	
부대시설 ◦ 냉·난방 ◦ 음향시설 ◦ 피아노 ◦ 프로젝터 ◦ 조명		20,000원 10,000원 10,000원 10,000원 10,000원	1. 1회 1시간 기준 사용료임 2. 사용료 가산은 공연장 사용료의 가산기준과 같음

2. 회관 수강료 및 프로그램 이용료

구 분	개 인	단 체 (10명 이상)	비 고
공연프로그램	10,000원 이하	1인당 5,000원 이하	○ 1회 기준
전시체험프로그램	10,000원 이하	1인당 5,000원 이하	○ 1회 기준
체험활동프로그램	20,000원 이하	-	○ 1회 기준 ○ 각 프로그램별 교재비, 재료비는 별도
장난감도서관	10,000원 이하	-	
교육 및 세미나	10,000원 이하	-	○ 1회 기준 (재료비는 필요시 별도 수납)

[별표 2] 사용료 등의 반환기준(제18조 관련)

구분 (해당시설)	반환사유	반환기준
공 통	천재지변 등 불가항력의 사유로 인하여 사용이 불가능하게 된 때	전액환급
	회관의 특별한 사정으로 말미암아 사용이 취소 또는 정지 된 때	
공연장 · 야외시설 (운동장)	가. 이용일 7일전까지 취소하는 경우	전액환급 (금융기관 수수료 공제)
	나. 이용일 6일전부터 이용일 전일까지 취소하는 경우	이용료 총액의 10% 공제한 잔액 환급
	다. 이용일 이후 취소하는 경우	환급불가
프로그램	1. 공연 및 전시체험 프로그램	
	가. 공연시작 전 또는 프로그램 사용전	전액환급 (금융기관 수수료 공제)
	나. 공연시작 후 또는 프로그램 사용후	환급불가
	2. 체험활동 프로그램	
	가. 프로그램 개강이전	전액환급 (금융기관 수수료 공제)
	나. 프로그램 개강이후	이용료 총액의 10% 공제후 개강이후 일수만큼 일할계산한 나머지 환급

| 版 權 |
| 所 有 |

2020년 3월 1일 시행에 따른
영유아보육법 절차실무

2019年 11月 4日 初版 發行

編　著 : 법률연구회
發行處 : 법률정보센터

136-052 서울 성북구 동선동2가 62번지
전화　(02) 953-2112
등록　1993.7.26. NO.1-1554
www.lawbookcenter.co.kr

* 本書의 無斷 複製를 禁합니다.
ISBN 978-89-6376-406-1　　　　　　　定價 : 30,000원